Reiner Arntz · Heribert Picht · Klaus-Dirk Schmitz

Einführung in die Terminologiearbeit

Reiner Arntz · Heribert Picht · Klaus-Dirk Schmitz

Einführung in die Terminologiearbeit

8. Auflage

Georg Olms Verlag
Hildesheim · Zürich · New York
2021

Die Deutsche Nationalbibliothek verzeichnet diese Publikation
in der Deutschen Nationalbibliografie; detaillierte bibliografische Daten
sind im Internet über *http://dnd.d-nb.de* abrufbar.

8. Auflage
(Unveränderter Nachdruck der 7., vollständig überarbeiteten
und aktualisierten Auflage 2014)
Gedruckt auf säurefreiem und alterungsbeständigem Papier
Umschlaggestaltung: Anna Braungart, Tübingen

Printed in Hungary

www.olms.de
ISBN: 978-3-487-15056-7

Inhalt

Vorwort

Das vorliegende Buch ist die 7., inhaltlich und gestalterisch gründlich überarbeitete, strukturell den neuesten Erkenntnissen angepasste und auf den letzten Stand gebrachte Ausgabe der „Einführung in die Terminologiearbeit“. Bei der Aktualisierung wurde besonderes Augenmerk auf die Fortentwicklung der theoretischen Terminologielehre, der anwendungsbezogenen Terminologiearbeit und deren Einbindung in die Informationstechnik gelegt.

Die früheren Ausgaben dieses Handbuches erschienen in der Reihe „Studien zu Sprache und Technik“, die von den Professoren Arntz und Wegner der Universität Hildesheim betreut und vom Georg Olms Verlag herausgegeben wurde. Diese Publikationsreihe ist inzwischen eingestellt worden; daher erscheint diese Ausgabe in neuer graphischer Gestalt und ohne Bindung an eine bestimmte Serie, jedoch im selben Verlag.

Das Buch wendet sich an praktizierende und angehende Terminologen und Sprachmittler, gleichzeitig aber auch an technische Autoren, Normungsfachleute, Fachlexikographen, Betreiber von terminologischen Datenbanken und Sprachplaner. Daher spielen Fragen der praktischen Anwendung eine wichtige Rolle. Die speziellen Belange der Übersetzer und anderer Sprachmittler im mehrsprachigen Bereich werden insbesondere dadurch berücksichtigt, dass neben der einsprachigen Terminologiearbeit der Terminologievergleich und die Erarbeitung zwei- und mehrsprachiger Terminologiebestände breiten Raum einnehmen.

Durch den frühzeitigen Tod (2012) von Prof. Dr. Reiner Arntz, der dieses Buch seit seinen Anfängen entscheidend geprägt hat und der auch an dieser Auflage seinen unverkennbaren Anteil hat, verlor die Terminologie einen ihrer führenden Köpfe. Wir gedenken seiner auch als Mitautor dieser Auflage.

Wir danken ganz herzlich Lisa-Marie Heidrich, Master-Studierende und wissenschaftliche Hilfskraft an der Fachhochschule Köln, für die sehr hilfreiche Unterstützung bei der formalen und inhaltlichen Aufbereitung des Manuskriptes.

Wir hoffen, dass die „Einführung in die Terminologiearbeit“ in der vorliegenden Fassung eine ebenso freundliche Aufnahme finden wird wie die bisherigen Auflagen.

Februar 2014

Hildesheim,	Reiner Arntz †
Kopenhagen,	Heribert Picht
Köln,	Klaus-Dirk Schmitz

1 Einleitung: Terminologiearbeit und Terminologielehre

1.1 Fachliche Kommunikation und Terminologie

Wissenschaft und Technik haben in den letzten Jahrzehnten immer mehr an Bedeutung gewonnen; daher kommt der fachbezogenen Kommunikation heute eine entscheidende Rolle zu. Gleichzeitig mit der Zunahme menschlichen Wissens in allen Bereichen ist auch der Umfang der Fachwortbestände ständig gewachsen; es kommt immer häufiger zu Verständigungsschwierigkeiten zwischen Laien, aber auch zwischen Experten aus verschiedenen, manchmal sogar aus gleichen Fachgebieten.

Es ist daher wichtig, neue Fachwörter möglichst bald nach ihrer Entstehung zu erfassen, ihre exakte Bedeutung zu klären bzw. festzulegen und sie den Interessenten zugänglich zu machen. Eine solche Bedeutungsklärung ist auch deshalb wichtig, weil die Sprache zur Bezeichnung der bereits vorhandenen Millionen von Begriffen, zu denen täglich zahlreiche weitere hinzukommen, nur über einen begrenzten Vorrat an Benennungselementen verfügt.

Die genannten Probleme treten bereits bei der Kommunikation innerhalb einer einzigen Sprache auf. Sie nehmen zwangsläufig erheblich zu, wenn die Beteiligten unterschiedliche Sprachen sprechen – eine längst alltägliche Situation, da die internationale Zusammenarbeit heute auf allen Gebieten einen wichtigen Raum einnimmt. In entsprechendem Umfang hat die Tätigkeit des Fachübersetzers, der die Kenntnis eines oder mehrerer Fachgebiete mit fachsprachlichem Wissen verbindet, an Bedeutung gewonnen.

Die Menge der zu übersetzenden Texte nimmt ständig zu; ihr Schwierigkeitsgrad steigt. Mit dieser Entwicklung können die fachsprachlichen Wörterbücher weder quantitativ noch qualitativ Schritt halten. Das Übersetzen eines Fachtextes ist aber nur dann möglich, wenn man über den Wortschatz des betreffenden Fachgebietes, seine Terminologie, verfügt. Der Übersetzer ist daher häufig gezwungen, sich vor dem eigentlichen Übersetzen mit der Terminologie des betreffenden Textes vertraut zu machen. Diese Vorarbeit kann sehr viel Zeit in Anspruch nehmen, insbesondere dann, wenn der Übersetzer mit dem betreffenden Fachgebiet nicht hinlänglich vertraut ist, und noch mehr dann, wenn er es nicht gelernt hat, terminologisch zu arbeiten. Dies hat dazu geführt, dass sich der Beruf des Terminologen entwickelt hat, der Fachwortbestände sammelt, systematisiert und bearbeitet, um Übersetzern, technischen Redakteuren und Sprachplanern ihre Aufgabe zu erleichtern. Darüber hinaus beraten Terminologen Fachleute bei der Beurteilung bzw. Erarbeitung einsprachiger Terminologien, beispielsweise in der Normung und im Dokumentationswesen.

Der Vergleich von Terminologien in verschiedenen Sprachen und die Entwicklung neuer Terminologien sind nicht nur für den Sprachmittler von Bedeutung; sie spielen vielmehr in allen Bereichen des Technologietransfers eine wichtige Rolle. Dabei stellt sich ein doppeltes Problem: zum einen besteht zwischen verschiedenen Sprachräumen ein Gefälle im wissenschaftlich-technischen Entwicklungsstand, zum anderen verfügen die einzelnen Sprachen nicht in gleichem Maße über die sprachlichen Ausdrucksmittel zur Vermittlung des Wissens; dies wird deutlich, wenn beispielsweise Erkenntnisse aus dem Bereich der Hochtechnologie, die im deutschsprachigen Raum gesammelt wurden, an den arabischsprachigen Raum weitergegeben werden sollen.

Zwar verläuft der Wissenstransfer auf der Ebene der Forscher und Ingenieure oft problemlos, da ausreichende Sprachkenntnisse vorhanden sind. Sobald jedoch das vorhandene Wissen für die Produktion nutzbar gemacht werden soll, ist die sprachliche Umsetzung unumgänglich. Handelt es sich um Produktionsbereiche bzw. Fachgebiete, die im betreffenden Land bzw. Sprachgebiet noch nicht entwickelt oder noch in der Entwicklung begriffen sind, müssen die erforderlichen Terminologien geschaffen werden – nicht zuletzt im Interesse der Betriebssicherheit. So hat man z.B. in der norwegischen Ölindustrie die Wichtigkeit eines funktionstüchtigen fachlichen Kommunikationsmittels erkannt und systematisch Terminologien in norwegischer Sprache entwickelt. Dies ist auch in sprachpolitischer Hinsicht von Bedeutung, denn es stärkt die Position der „kleinen" Sprache Norwegisch gegenüber der „großen" Sprache Englisch und beugt damit einem möglichen Prestigeverlust des Norwegischen vor. Auch in den übrigen nordischen Staaten hat das Bemühen, die eigenen Sprachen als Mittel der Fachkommunikation zu stärken, im letzten Jahrzehnt durch gezielte Maßnahmen zugenommen. Anlass hierzu war der auffällige Domänenverlust besonders in den Naturwissenschaften und ihren technischen Umsetzungen (Jónsson et al. 2013).

Besonders kompliziert wird der Transferprozess, wenn neues Wissen auch den Forschern und Ingenieuren aus sprachlichen Gründen nicht mehr direkt zugänglich ist. Dieser Fall liegt z.B. bei japanischer Fachliteratur vor. Hier ist der Fachmann auf den Übersetzer, und zwar den Fachübersetzer, angewiesen, d.h., damit das neue Wissen genutzt werden kann, muss zunächst die Sprachbarriere überwunden werden. Das kann aber nur dann ohne Informationsverlust geschehen, wenn die entscheidenden Informationsträger, die Terminologien, vorhanden sind bzw. geschaffen werden können. Dieser kreative Prozess setzt voraus, dass der Fachübersetzer über terminologisches Grundsatzwissen verfügt und mit terminologischen Arbeitsmethoden vertraut ist.

1.2 Aufgaben der Terminologielehre

Terminologiearbeit, d.h. die Erarbeitung, Bearbeitung oder Verarbeitung von Terminologie, wird in sehr unterschiedlichen Bereichen geleistet, und auch die Ziele dieser Arbeit können je nach Tätigkeitsgebiet stark divergieren. Es herrscht jedoch Einigkeit darüber, dass die große Bedeutung der Terminologiearbeit und die hohen Kosten, die damit verbunden sind, ein methodisch korrektes Arbeiten zwingend erforderlich machen. Dazu gehört auch, dass in den verschiedenen Bereichen nach einheitlichen Grundsätzen gearbeitet wird, weil nur dann eine Arbeitsteilung und ein Austausch terminologischer Daten möglich werden.

Solche einheitlichen Grundlagen sind von der Terminologielehre entwickelt worden. Die Terminologielehre wird in der Norm DIN 2342 „Begriffe der Terminologie“ (2011) definiert als „die Wissenschaft von den Begriffen und ihren Bezeichnungen in den Fachsprachen“ (siehe dazu im Einzelnen Kap. 2.4).

Die Terminologielehre ist eine relativ junge Disziplin. Zwar haben sich über die Jahrhunderte hinweg immer wieder einzelne Forscher und Wissenschaftler um eine Systematisierung der Ausdrucksmittel ihres jeweiligen Fachgebiets bemüht, doch kann von einer breit angelegten systematischen Beschäftigung mit Terminologiefragen erst seit der Mitte des 19. Jahrhunderts die Rede sein. Die damals einsetzende Technisierung und der damit verbundene immer intensivere Warenaustausch machten Normungsmaßnahmen unerlässlich. Zunächst beschränkten sich die Bemühungen auf die Normung von Sachen, Maßen, Gewichten usw., doch bald schon zeigte sich, dass Sachnormung eine Normung der verwendeten sprachlichen Mittel (Sprachnormung) voraussetzt, da es sonst unweigerlich zu störenden – und zugleich kostspieligen – Missverständnissen kommt (siehe im Einzelnen Kap. 9).

Wie wichtig Sprachnormung für eine reibungslose Verständigung unter Fachleuten sein kann, soll ein Beispiel verdeutlichen, das dem 1931 erstmals erschienenen grundlegenden Werk „Internationale Sprachnormung in der Technik, besonders in der Elektrotechnik“ von Eugen Wüster entnommen ist (Wüster 1970:97):

Benennung einiger Keil- und Federarten vor und nach der Normung

Nach der Normung	Vor der Normung					
Treibkeil	Keil	Einlegekeil	Federkeil	Nutenkeil	Achskeil	versenkter Keil
Paßfeder	Keil	Einlegekeil	Federkeil	Flachkeil	Feder	Einlegfeder
Gleitfeder	Keil	-	Federkeil	Flachkeil	Feder	Führungskeil
Flachkeil	-	-	-	Flachkeil	-	Flächenkeil

In den waagerechten Zeilen der Tabelle sind jeweils gleichbedeutende Wörter (Synonyme) angegeben; d.h., der inzwischen bereits seit Langem im Sprachgebrauch der Fachleute verankerte *Treibkeil* (Zeile 1) wurde zunächst von den einen lediglich als *Keil*, von anderen als *Einlege-*, *Feder-*, *Nuten-* oder *Achskeil*, von wieder anderen als *versenkter Keil* bezeichnet; entsprechendes galt für *Paßfeder*, *Gleitfeder* und *Flachkeil*. Andererseits konnten sich bis zur Normung hinter dem Wort *Keil* so unterschiedliche Dinge wie Treibkeil, Paßfeder und Gleitfeder verbergen; ebenso mehrdeutig waren *Einlegekeil*, *Federkeil*, *Flachkeil* und *Feder*. Das besondere Problem der Synonyme liegt darin, dass derjenige, der das Fachgebiet nicht sehr gut kennt, zunächst annehmen muss, dass hinter jedem einzelnen unterschiedlichen Fachwort auch ein anderer Inhalt steht. Daher ist ein wichtiges Ziel der Terminologienormung, einem Begriff, d.h. einem fachlichen Inhalt, eine einzige Benennung zuzuordnen und somit Synonymie auszuschalten (siehe dazu insbesondere 3.10.1).

Die planmäßige Beschäftigung mit Terminologie hat also ihren Ursprung in Technik und Naturwissenschaften. Das bedeutet jedoch nicht, dass systematische Terminologiearbeit nur in diesen Bereichen möglich oder sinnvoll wäre; die Grundsätze der Terminologielehre sind vielmehr, wenn auch mit unterschiedlichen Schwerpunkten, auf alle Fächer anwendbar. Terminologiearbeit ist auch nicht auf den Bereich der Normung beschränkt, wenngleich die praktische Terminologiearbeit und die Terminologielehre der Normung entscheidende Impulse verdanken. Es ist vielmehr zwischen deskriptiver – d.h. den bestehenden Sprachgebrauch beschreibender – und normender Terminologiearbeit zu unterscheiden. Normende Terminologiearbeit setzt deskriptive Terminologiearbeit voraus, weil in jedem Falle zunächst der sprachliche Ist-Zustand ermittelt werden muss (siehe Kap. 6.4).

In vielen Fällen ist normende Terminologiearbeit – im Gegensatz zur deskriptiven – nicht möglich oder nicht sinnvoll; Fachwörterbücher sind im Allgemeinen deskriptiv orientiert (siehe Kap. 5).

1.3 Terminologielehre – eine „Transdisziplin“

Die Terminologielehre ist ihrem Wesen nach fächerübergreifend konzipiert. Besonders eng sind ihre Beziehungen zu Sprachwissenschaft und Semiotik, zu den Sachwissenschaften, zu Normung und Sprachplanung, zur Philosophie, zu Information und Dokumentation, zur Informatik und zur Wissenstechnik.

Terminologielehre und Sprachwissenschaft

Die Terminologielehre als die Wissenschaft von den Fachwortschätzen (Terminologien) ist der Sprachwissenschaft eng verbunden; sie ist in ihrer Entwicklung stark von strukturalistischen Strömungen beeinflusst worden (siehe insbesondere Wüster 1974). Im Gegensatz zu einer Reihe anderer sprachwissenschaftlicher Teildisziplinen ist die Terminologielehre allerdings ausschließlich am aktuellen Wortschatz, also nicht an sprachhistorischen Fragen, interessiert. Auch spielt in der Terminologielehre das Bemühen um eine aktive Beeinflussung der Sprachentwicklung eine entscheidendere Rolle als sonst in der Sprachwissenschaft. Enge Verbindungen bestehen nicht nur zu Lexikologie und Lexikographie, sondern auch zur Semantik, da für die Terminologielehre Fragen der Bedeutung ebenfalls eine zentrale Rolle spielen; die Beziehung zur Semiotik ist dadurch gegeben, dass Begriffe auch durch nichtsprachliche Systeme repräsentiert werden können oder sogar müssen (siehe 3.9).

Sehr eng ist die Beziehung zur Angewandten Sprachwissenschaft, und hier ganz besonders zur Fachsprachenforschung, die sich im Laufe der letzten Jahrzehnte zusammen mit der Fachsprachendidaktik dynamisch entwickelt hat. Die Verbindung zur Fachsprachenforschung liegt nahe, da diese die Einbettung terminologischer Einheiten in größere kommunikative Zusammenhänge untersucht (siehe Kap. 2). Beide Bereiche bieten dem Fachübersetzer und dem Verfasser von Fachtexten in ihrem Zusammenwirken wichtige Erkenntnisse und Anregungen für Ausbildung und Praxis.

Terminologielehre und Sachwissenschaften

Terminologien bilden in allen Fachgebieten die Grundlage der schriftlichen und mündlichen Fachkommunikation. Dies gilt gleichermaßen für Theorie und Praxis, für die Berufsausbildung und für die fächerübergreifende Kommunikation. Terminologiearbeit setzt die Kenntnis des betreffenden fachlichen Zusammenhangs zwingend voraus. Sprach- und Fachwissen müssen also immer zusammenkommen, sodass vielfach die interdisziplinäre Zusammenarbeit zwischen Terminologen und Fachleuten des betreffenden Gebiets unumgänglich ist.

Allerdings bieten nicht alle Fachgebiete die gleichen Voraussetzungen für die Entwicklung von Terminologien. Deshalb ist es nach Wüster (2001b: 132/133) sinnvoll, zwischen der allgemeinen und den speziellen Terminologielehren zu unterscheiden. Die allgemeine Terminologielehre ist nach DIN 2342 (1992, zurückgezogen) „die fachübergreifende oder sprachübergreifende Terminologielehre, die durch Abstraktion aus mehreren oder vielen speziellen Terminologielehren entsteht". Eine spezielle Terminologielehre ist dementsprechend die Lehre von der Terminologie *eines* Fachgebietes in *einer* Sprache.

Normung und Sprachplanung

Auf den großen Einfluss der institutionalisierten Normung bei der Entstehung und Entwicklung der Terminologielehre und der praktischen Terminologiearbeit wurde bereits hingewiesen. Auch heute besteht noch eine Beziehung zwischen beiden Bereichen, wenngleich wichtige terminologische Anwendungsgebiete hinzugekommen sind.

In einigen Ländern mit einer traditionell stark ausgeprägten Sprachpolitik nimmt die Terminologieplanung eine relativ klar definierte Stellung ein. In den letzten Jahren wächst das Interesse an der Terminologieplanung auch in kleineren Sprachgemeinschaften, z.B. im Baltikum, in Katalonien und im Baskenland; hier dient der Ausbau der Sprache als Mittel der Fachkommunikation auch der Festigung der ethnischen und kulturellen Identität.

Aber auch in Staaten mit einer seit Jahrhunderten gefestigten Identität, wie den nordischen Staaten, spielt die Terminologiearbeit eine wichtige Rolle; hier geht es vor allem darum, ein Gegengewicht zu den in vielen Bereichen dominierenden englischen Fachsprachen zu schaffen.

Terminologielehre, Philosophie und Wissenstheorie

Der Begriff als Denk- bzw. Wissenseinheit steht im Mittelpunkt der Terminologielehre. Auch die Philosophie beschäftigt sich seit ihren Anfängen unter den verschiedensten Gesichtspunkten mit der Frage nach dem Wesen des Begriffs und zeigt Wege zu seiner Beschreibung auf.

Unter den philosophischen Teildisziplinen, die sich der Begriffsproblematik widmen, ist an erster Stelle die Logik zu nennen; sie befasst sich u.a. mit der Bildung von Begriffen, ihrer Verknüpfung und ihrer Zusammenfassung in Systemen. Die enge Verbindung zwischen beiden Fächern kommt u.a. darin zum Ausdruck, dass die Terminologielehre Symbole zur Bezeichnung von Begriffsbeziehungen aus der formalen Logik übernommen und weitere Symbole in Analogie zu diesen entwickelt hat, z.B.: A > B (A ist größer als B), B < A (B ist kleiner als A); A —< B (A ist ein Teil von B), B

>— A (B ist die übergeordnete Bestandsstufe zu A) (vgl. Wüster 1985:9ff., Felber 1984:120ff.).

Eng verknüpft mit der Logik ist die Wissenstheorie, die u.a. versucht, das Verhältnis zwischen den einzelnen Wissenschaften zu klären und die Position neuer Wissenschaften im Gesamtzusammenhang der Wissenschaften zu definieren. Hierbei ist die Terminologie ein unverzichtbares Instrument (vgl. Heisenberg 1990).

Terminologielehre und IuD (Information und Dokumentation)

Aufgabe von Information und Dokumentation ist das Erschließen, Ordnen, Bewahren und Verfügbarmachen von Wissen; dabei spielt das Beschreiben von Dokumenten aller Art eine zentrale Rolle. Um die hierfür erforderlichen terminologischen Grundlagen schaffen und sichern zu können, benötigen Information und Dokumentation die von der Terminologielehre entwickelte Methodik. Besonders wichtig ist die Anwendung terminologischer Prinzipien beim Aufbau von Klassifikationssystemen und Thesauri. Gleichzeitig werden diese Instrumente intensiv bei der Informationssuche für terminologische Zwecke eingesetzt, z.B. für die Zusammenstellung von Dokumentationsmaterial zur Ausarbeitung von Terminologiebeständen und deren Strukturierung (siehe Kap. 8).

Terminologielehre, Informatik und Wissenstechnik

Die Wissenstechnik (Knowledge Engineering) hat die Erfassung und Verarbeitung menschlichen Wissens zum Gegenstand; diesem Ziel dient u.a. die Entwicklung von Wissensbanken und Expertensystemen, wobei oft Verfahren der Künstlichen Intelligenz eingesetzt werden. Heute werden besonders im Bereich des *Semantic Web* sogenannte Ontologien – formal beschriebene Darstellungen einer definierten Menge von Begrifflichkeiten einschließlich der Beziehungen zwischen ihnen – genutzt, um Wissen im Internet in digitaler und durch Programme verarbeitbarer Form verfügbar und austauschbar zu machen. Ontologien und andere Systeme der Wissensrepräsentation bauen auf den betreffenden Terminologien auf, woraus sich eine enge Verbindung und eine intensive Wechselwirkung zwischen Terminologielehre, Informatik und Wissenstechnik ergeben. Fragestellungen, die für die genannten Bereiche von Interesse sind, betreffen beispielsweise den Begriff als Wissens- oder Denkeinheit, Beziehungsarten und Begriffsstrukturen sowie Formen des Wissenserwerbs und der Wissensrepräsentation.

Vor diesem Hintergrund kann „Terminologielehre“ wie folgt definiert werden:

> Interdisziplinär entwickelte Wissenschaft, deren Forschungsgegenstand einerseits der Gegenstand und der Begriff mit ihren Darstellungsformen sowie die Beziehungen zwischen ihnen und andererseits deren systematische Darstellung und die Anwendung derselben innerhalb vieler verschiedener Wissensgebiete ist. (Laurén/Myking/Picht 1998:63).

1.4 Ziel und Aufbau der „Einführung in die Terminologiearbeit“

Angesichts der Fülle der fächerübergreifenden Aspekte, von denen hier nur die wichtigsten genannt wurden, muss der Gegenstandsbereich in einem Werk, das der Einführung dienen soll, zwangsläufig eingegrenzt werden; allerdings soll, soweit wie möglich, im Folgenden jeweils auf weiterführende Spezialliteratur verwiesen werden.

Die vorliegende Darstellung hat zum Ziel, anhand von Beispielen in die wichtigsten Bereiche der Terminologielehre einzuführen, eine Anleitung zur praktischen Terminologiearbeit zu geben und dabei in besonderem Maße Methoden und Probleme der mehrsprachigen Terminologiearbeit zu berücksichtigen.

Zu diesem Zweck sind die Ausführungen folgendermaßen gegliedert: Zunächst werden einige Aspekte von „Fachsprache“ erörtert, da „Terminus“ und „Terminologie“ im Zusammenhang mit ihrer sprachlichen Umgebung gesehen werden müssen (Kap. 2).

Auf der Basis grundlegender Modelle wird zunächst der Begriff als wichtiges Element der Terminologielehre analysiert. Dabei spielen der Aufbau von Begriffssystemen und ihre graphische Darstellung in Form von Begriffsplänen eine besondere Rolle.

Anschließend wird die Benennung als sprachliche Repräsentation des Begriffes behandelt, wobei die Möglichkeiten der Benennungsbildung im Mittelpunkt stehen. Nach einer Erörterung der Problemgruppe „Synonymie, Polysemie, Homonymie“ geht es um die Frage, wie in der Terminologie Eindeutigkeit erzielt werden kann (Kap. 3).

Nachdem so im ersten Teil des Buches Fragen behandelt werden, die jeweils eine Einzelsprache betreffen, werden im zweiten Teil Fragen des Sprachvergleichs in die Betrachtung einbezogen. Daher werden zunächst die Äquivalenzproblematik sowie Verfahren zur Bestimmung bzw. Erzielung begrifflicher Äquivalenz erörtert (Kap. 4).

Anschließend werden Methoden der terminologischen Lexikographie (Terminographie) beschrieben und anhand von Wörterbuchauszügen veranschaulicht (Kap. 5).

Eine Darstellung der in der Praxis üblichen terminologischen Arbeitsmethoden schließt sich an; dabei nehmen Anleitungen zur Anfertigung größerer terminologischer Arbeiten bzw. Projekte breiten Raum ein (Kap. 6).

Die Informationstechnologie spielt für die Terminologiearbeit eine immer wichtiger werdende Rolle. Die Nutzung von Software und Internet für die Terminologiearbeit sowie Aufbau und Einsatzmöglichkeiten terminologischer Datenbanken werden thematisiert und an praktischen Beispielen verdeutlicht (Kap. 7).

In engem Zusammenhang damit stehen Information und Dokumentation; daher wird anschließend die Wechselbeziehung zwischen diesem Bereich und der Terminologielehre bzw. den Terminologien beleuchtet (Kap. 8).

Anschließend werden die Möglichkeiten und Grenzen der Terminologienormung dargestellt (Kap. 9).

Es folgt eine Übersicht über die wichtigsten terminologischen Aktivitäten auf nationaler und internationaler Ebene und die Formen der Zusammenarbeit auf diesem Gebiet (Kap. 10).

Zum Abschluss werden Fragen der Terminologieaus- und -weiterbildung erörtert (Kap. 11).

2 Fachsprache und Fachwortschatz

2.1 Eingrenzung und Gliederung von Fachsprachen

„Terminologie“ wurde eingangs in einer ersten Annäherung als „Fachwortschatz eines bestimmten Gebiets“ bezeichnet. Eine präzise Definition gibt die Norm DIN 2342 (2011):

> Terminologie (Fachwortschatz): Gesamtbestand der Begriffe und ihrer Bezeichnungen in einem Fachgebiet

Terminologie wird hier als ein Teil der Sprache in einem Fachgebiet und damit als ein Teil von Fachsprache verstanden. Bevor die grundlegenden Zusammenhänge zwischen „Begriff“, „Bezeichnung“ und „Terminologie“ erörtert werden, soll in diesem Kapitel das Phänomen „Fachsprache“ inhaltlich etwas genauer beschrieben werden. Dazu zunächst wieder eine Definition aus der bereits zitierten Norm DIN 2342 (2011):

> Fachsprache: Bereich der Sprache, der auf eindeutige und widerspruchsfreie Kommunikation in einem Fachgebiet gerichtet ist und dessen Funktionieren durch eine festgelegte Terminologie entscheidend unterstützt wird

Diese Definition macht zunächst deutlich, dass Fachsprache sich auf die Kommunikation in jeweils einem bestimmten Fachgebiet bezieht und es somit nicht *die* Fachsprache, sondern eine größere Zahl unterschiedlicher Fachsprachen gibt. Die Definition von „Fachsprache“ muss im Zusammenhang mit der Definition von „Gemeinsprache“ gesehen werden, dem „Kernbereich der Sprache, an dem alle Mitglieder einer Sprachgemeinschaft teilhaben“ (DIN 2342 1992:1). Damit stellt sich jedoch die schwierige Frage, wo die Grenze zwischen der Gemeinsprache und den Fachsprachen einerseits, aber auch zwischen den einzelnen Fachsprachen andererseits verläuft – eine Frage, die die Fachsprachenforschung naturgemäß von Anfang an stark beschäftigt hat.

Im Folgenden sollen einige Ansätze zur Beantwortung dieser und einiger weiterer eng damit zusammenhängender Fragen in der Fachsprachenforschung vorgestellt werden. Dabei wird auch deutlich, dass man sich dem Phänomen „Fachsprache“ von unterschiedlichen Seiten und damit mit unterschiedlichen Erkenntnisinteressen nähern kann und dass man folglich auch zu unterschiedlichen Einteilungen kommt. Da die folgenden Ausführungen nur exemplarischen Charakter haben, sei hier bereits zur Vertiefung auf die einschlägige Fachliteratur verwiesen (z.B. Fluck 1996; v. Hahn 1983; Hoffmann/Kalverkämper/Wiegand 1998/1999; Roelcke 1999; Baumann/Kalverkämper 2004).

Zunächst soll hier ein Modell behandelt werden, das Baldinger schon 1952 in seinem Aufsatz „Die Gestaltung des wissenschaftlichen Wörterbuchs“ (1952:65ff.) vorgestellt hat (siehe Graphik 1).

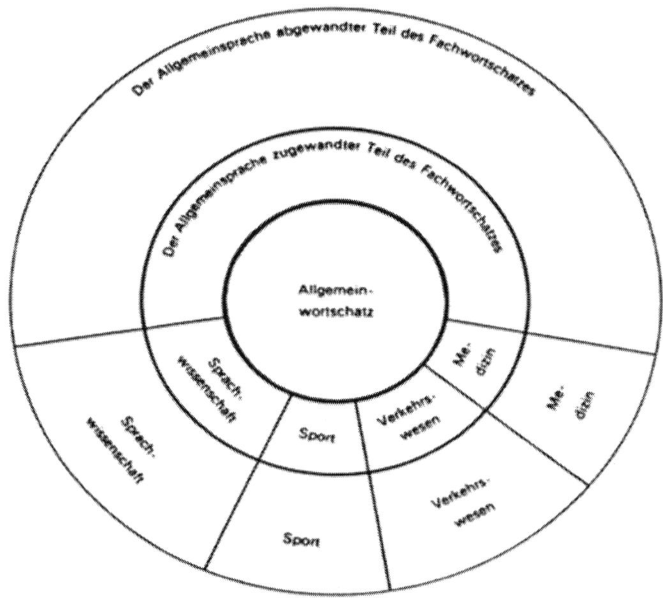

Graphik 1 (aus: Drozd/Seibicke 1973:102)

Aus der im Titel des Aufsatzes genannten Zielsetzung des Modells ergibt sich zwangsläufig die Begrenzung auf die Lexik, d.h. auf lediglich ein – wenn auch wichtiges – Element von Fachsprache. Das Verhältnis zwischen gemeinsprachlicher und fachsprachlicher Lexik wird mit Hilfe dreier konzentrischer Kreise dargestellt: Der innere Kreis verkörpert den im engsten Sinne gemeinsprachlichen Teil des Wortschatzes, der mittlere Kreis den der Gemeinsprache zugewandten Teil der Fachsprache; der äußere Kreis schließlich verkörpert den fachsprachlichen Wortschatz, d.h. die nur den Spezialisten geläufige Terminologie. Entsprechend weist Baldinger den mittleren Kreis seiner Graphik gleichzeitig der Gemein- und der Fachsprache zu und führt dazu aus (1952:90):

> Die Grenzen zwischen Fachsprache und Allgemeinsprache sind nicht nur individuell, sozial oder geographisch fließend, sondern auch generell, d.h., es findet zwischen den 3 Kreisen in beiden Richtungen ein dauernder Ausgleich statt, da ja alle 3 Kreise im gleichen Menschen zusammentreffen können.

Damit werden zugleich die Probleme deutlich, die der Lexikograph bei der Gliederung des Wortbestandes zu lösen hat (vgl. insbesondere Malige-Klappenbach 1986; Bergenholtz 1989). Das vorliegende Schema, das von Fall zu Fall präzisiert werden muss, bietet für lexikographische Zwecke eine gute Basis. Dabei müssen dann die einzelnen Fachgebiete, die hier als homogene Einheiten erscheinen (Verkehrswesen, Medizin usw.), weiter untergliedert werden.

Auch in dem Modell von Heller (1970) (siehe Graphik 2) geht es ausschließlich um den Wortschatz, doch wird dieser hier unter anderen Gesichtspunkten betrachtet, als dies in Graphik 1 der Fall war.

Im Mittelpunkt stehen hier die Gegensatzpaare „fachbezogene Lexik – nicht fachbezogene Lexik“ und „allgemeinverständlich – nicht allgemeinverständlich“. Während sich die erste Unterscheidung auch in Baldingers Graphik fand, wurde dort das Kriterium der Verständlichkeit nicht genannt. Auf die Verwendung der Begriffe „Fachsprache – Gemeinsprache“ wird bewusst verzichtet. Die Graphik macht deutlich, dass die Grenzen zwischen den einzelnen Bereichen trotz der waagerechten Trennungslinie nicht genau fixierbar und dass die Übergänge daher, wie dies auch in der Beschreibung zu Graphik 1 zum Ausdruck kam, fließend sind. Problematisch ist jedoch, dass Fremdwörter, Jargonismen und Dialektismen im Bereich 2 angesiedelt und damit eher dem gemeinsprachlichen Teil zugeordnet werden.

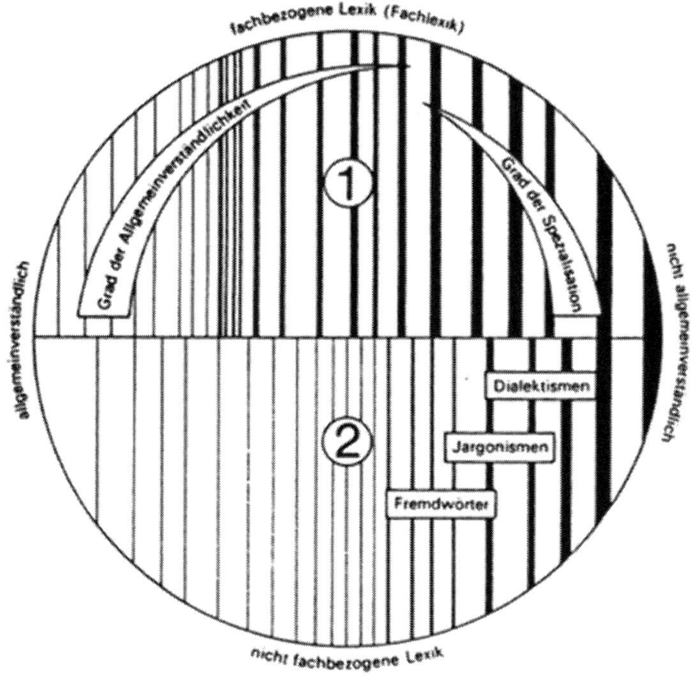

Graphik 2 (aus: Heller 1970:532)

Der kognitive Aspekt, der in dem Begriff „Verständlichkeit" zum Ausdruck kommt, tritt in dem wesentlich komplexeren Modell von Reinhardt (1966) (siehe Graphik 3) noch deutlicher zu Tage, in dem es um „die Fachsprache der Technik", also einerseits um eine *bestimmte* Fachsprache, andererseits aber nicht nur um Fachwortschatz geht. Reinhardt ist sich der Tatsache bewusst, dass die Aufgliederung der Technik in Spezialbereiche gebietet, von *den* Fachsprachen der Technik zu sprechen. Trotzdem entscheidet er sich für den Singular, da dieser „mehr das gemeinsame Besondere betont als der summierende Plural" (a.a.O.:184).

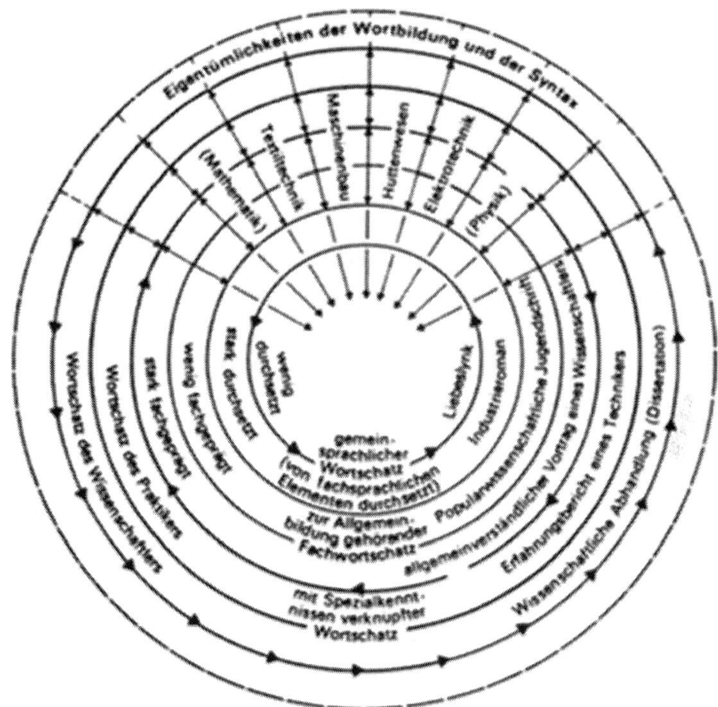

Graphik 3 (aus: Reinhardt 1966:185)

Der Einteilung liegen folgende Kriterien zugrunde:

1. das Fachgebiet,
2. der Grad der Fachlichkeit,
3. die Art der verwandten lexikalischen Mittel,
4. die Art der Stoffbehandlung.

Wie in den Graphiken 1 und 2 wird hier mit Gegensatzpaaren (z.B. stark fachgeprägt/wenig fachgeprägt) operiert, es wird jedoch stärker differenziert.

Eine deutliche Parallele zu dem Modell von Baldinger liegt in der exemplarischen Aufzählung von Fachgebieten sowie insbesondere in der Untergliederung in drei lexikalische Ebenen:

1. den von fachsprachlichen Elementen wenig oder stark durchsetzten gemeinsprachlichen Wortschatz,
2. den zur Allgemeinbildung gehörenden Fachwortschatz,
3. den mit Spezialkenntnissen verknüpften Fachwortschatz.

Problematisch bleibt dabei der schwer zu definierende bzw. zu quantifizierende Begriff „zur Allgemeinbildung gehörender Wortschatz".

Relativ präzise (allerdings jeweils an der Realität zu überprüfende!) Angaben ergeben sich durch die Kombination von Aussagen (z.B. Grad der Fachlichkeit: „stark fachgeprägt"; Art der verwandten lexikalischen Mittel: „zur Allgemeinbildung gehörender Fachwortschatz" usw.). Besonders wichtig ist, dass im Zusammenhang mit dem Kriterium „Art der Stoffbehandlung" auch die verschiedenen Textsorten (Vortrag, Erfahrungsbericht usw.) berücksichtigt werden, die anhand der übrigen Kriterien beschrieben werden können. Auch enthält dieses Modell (fach-)stilistische Elemente, insbesondere bei den Angaben zum Grad der Fachlichkeit. Damit wird der Wortschatz in einen sprachlichen Gesamtrahmen gestellt. Das Modell liegt also eher auf der Grenze zwischen Wortschatz- und Fachsprachenmodellen.

Im Mittelpunkt des folgenden, von Havránek (1932) entwickelten Modells (Graphik 4) stehen kommunikative Faktoren. Von der Lexik, die in den drei bislang vorgestellten Modellen die zentrale Rolle spielte, ist hier nur implizit die Rede. Ziel des Modells ist eine genauere Differenzierung einzelner Fachsprachen, sodass der Gegensatz „Fachsprache – Gemeinsprache" hier nur indirekt eine Rolle spielt.

In diesem Modell werden die Dimensionen „Art des Ausdrucks", „Ziele der Kommunikation" und „Fächer" zueinander in Beziehung gesetzt, d.h., es wird gefragt:

1. Wie wird kommuniziert (mündlich, z.B. im Rahmen einer Diskussion; schriftlich, z.B. im Rahmen eines Zeitungsartikels)?
2. Worüber bzw. innerhalb welcher Fachgebiete wird kommuniziert?

Die Frage nach der Textsorte und dem Fachlichkeitsgrad ergibt sich in diesem Modell indirekt aus der Kombination der Kriterien „Art des Ausdrucks" und „Ziele".

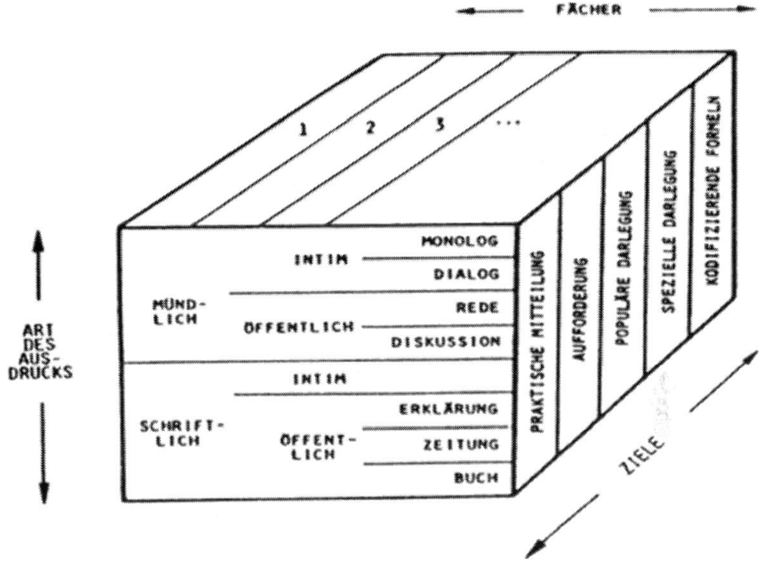

Graphik 4 (aus: von Hahn 1983:74)

Anders als die bisher zitierten Autoren hat Hoffmann (1976) den Versuch unternommen, sämtliche für Fachsprache(n) und Gemeinsprache – und damit zugleich für die Abgrenzung zwischen beiden – relevanten Aspekte in einem Modell darzustellen. In diesem Modell werden Fachsprache und Gemeinsprache nicht als ein auf gleicher Ebene liegendes Gegensatzpaar gesehen. Den Ausgangspunkt der Überlegungen bildet vielmehr die *Gesamtsprache*, die als das Reservoir *aller* sprachlichen Mittel betrachtet wird.

Gleichzeitig gibt es eine große Zahl von Subsprachen, die das sprachliche Material, das sie zur Realisierung konkreter Kommunikationshandlungen benötigen, aus der Gesamtsprache beziehen. Diese Subsprachen unterscheiden sich nach dem Gegenstand, über den gesprochen bzw. geschrieben wird. Die „Gemeinsprache“ wird so bei Hoffmann zu einer Subsprache, die ihre Mittel ebenso wie die anderen (fachlich geprägten) Subsprachen aus der Gesamtsprache schöpft; bei dieser Betrachtungsweise verliert die Frage nach der genauen Abgrenzung von Fach- und Gemeinsprache an Bedeutung. Die skizzierten Überlegungen veranschaulicht Graphik 5.

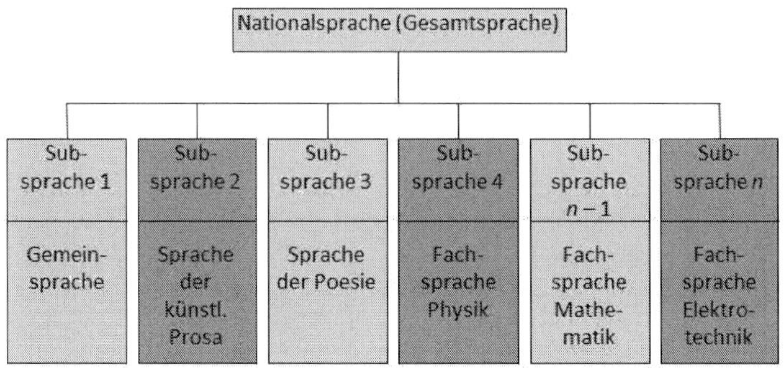

Graphik 5 (aus: Hoffmann 1976:167)

In dieser Graphik sind nur wenige Fachgebiete beispielhaft aufgeführt. Die Vervollständigung dieser Reihe wirft naturgemäß Probleme auf: Diese liegen zum einen in der großen und ständig zunehmenden Zahl der Wissensgebiete, zum anderen in den erheblichen Überschneidungen zwischen einzelnen Gebieten, was zu Abgrenzungsproblemen führt. Auch bilden sich dabei hierarchische Abstufungen heraus, d.h., nicht alle Fachgebiete bzw. Teilfachgebiete liegen auf derselben Ebene, wie sich – in Anlehnung an Laurén/Nordman (1987:43) – an folgendem Beispiel zeigen lässt:

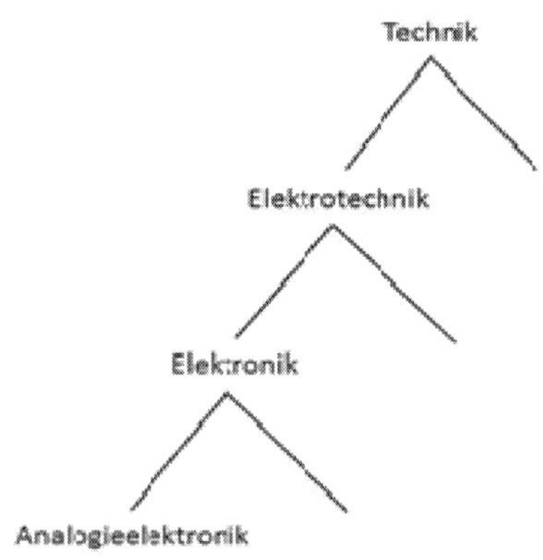

Graphik 6 (aus: Laurén/Nordman 1987:43)

Wesentlich komplizierter als eine solche „horizontale" Gliederung der Subsprachen nach Fachgebieten gestaltet sich der Versuch, die „vertikale" Gliederung der einzelnen Subsprachen, d.h. ihre innere Schichtung, aufzuzeigen.

Nach Auffassung von Hoffmann (1976:185ff.) gliedern sich die naturwissenschaftlich-technischen Fachsprachen in fünf Hauptschichten (A-E), die jeweils unter folgenden Gesichtspunkten beschrieben werden können:

1. Abstraktionsstufe
2. Äußere Sprachform
3. Umgebung
4. Kommunikationsträger bzw. Kommunikationsteilnehmer

Damit ergibt sich das in der Graphik dargestellte Beschreibungsschema:

	ABSTRAKTIONSGRAD	SPRACHFORM	MILIEU	KOMMUNIKATIONSTRÄGER
A	HÖCHST	KÜNSTLICHE SYMBOLE FÜR ELEMENTE UND RELATIONEN	THEORETISCHE GRUNDLAGENWISSENSCHAFTEN	WISSENSCHAFTLER ↔ WISSENSCHAFTLER
B	SEHR HOCH	KÜNSTLICHE SYMBOLE FÜR ELEMENTE NATÜRLICHE SPRACHE FÜR RELATIONEN	EXPERIMENTELLE WISSENSCHAFTEN	WISSENSCHAFTLER (TECHNIKER) ↔ WISSENSCHAFTLER (TECHNIKER) ↕ WISS.-TECHN. HILFSPERSONAL
C	HOCH	NATÜRLICHE SPRACHE SEHR HOHER ANTEIL FACHTERMINI; STRENG DETERMINIST. SYNTAX	ANGEWANDTE WISSENSCHAFT UND TECHNIK	WISSENSCHAFTLER (TECHNIKER) ↔ WISS.U.TECHN. LEITER DER PRODUKTION
D	NIEDRIG	NATÜRLICHE SPRACHE HOHER ANTEIL FACHTERMINI; RELATIV UNGEBUNDENE SYNTAX	MATERIELLE PRODUKTION	WISS.U.TECHN. LEITER DER PRODUKTION ↔ FACHARBEITER ↕ MEISTER
E	SEHR NIEDRIG	NATÜRLICHE SPRACHE EINIGE FACHTERMINI; UNGEBUNDENE SYNTAX	KONSUMPTION	VERTRETER DER PRODUKTION ↔ VERTRETER DES HANDELS ↕ KONSUMENTEN

Graphik 7 (aus: von Hahn 1983:75)

Der Gesichtspunkt der (Fach-)textsorte, der in dieser Systematik nur indirekt berücksichtigt wird, ist in den letzten Jahren immer stärker in den Blickpunkt des Interesses getreten (vgl. Schröder 1991; Gläser 1990; Göpferich 1995). Bei ihrer Gliederung von Textsorten der Naturwissenschaften und der Technik unterteilt Göpferich (1995:199ff.) die Texte in mehreren Schritten zunächst nach ihrer kommunikativen Funktion und anschließend nach ihrer eher theoretischen oder eher praktischen Orientierung bzw. nach der Art der

Informationsrepräsentation. Auf diese Weise gelangt sie zu acht Gruppen von Primärtextsorten. So gliedert sich beispielsweise der Fachtexttyp „wissenszusammenstellende Texte“ in zwei Typvarianten, die enzyklopädischen und die satzfragmentarischen Texte, denen sich die Textsorten *Enzyklopädie*, *Lexikon* usw. bzw. *Formelsammlung*, *Stückliste*, *Katalog* usw. zuordnen lassen. Diese Textsorten werden deshalb als Primärtextsorten bezeichnet, weil sich ihnen inhaltlich selektierende oder komprimierende Textsorten, z.B. Rezensionen, als Sekundärtextsorten zuordnen lassen.

Auf der Grundlage dieser Überlegungen dürfte es nicht allzu schwierig sein, die einzelnen Stufen von Hoffmanns Schema durch die Angabe typischer Textsorten zu ergänzen.

Natürlich müssen bei einer schematischen Darstellung, die für eine große Zahl von Fachsprachen gelten soll, Verallgemeinerungen in Kauf genommen werden. D.h., eine Fachsprache kann auf allen Stufen (A-E) in jeweils spezifischer Form repräsentiert sein; dies gilt jedoch nicht für alle Fachsprachen.

In wie differenzierter Weise der Fachwortschatz den jeweiligen Kommunikationsbedürfnissen Rechnung tragen kann, zeigt das folgende Beispiel, das dem Bereich des Maschinenbaus entnommen ist.

Das Fachwort *Spiel* im Zusammenhang mit *Spielpassung* wird in der einschlägigen Norm (DIN EN ISO 286-1) wie folgt definiert: „Differenz zwischen den Maßen der Bohrung und der Welle, wenn der Durchmesser der Welle kleiner ist als der Durchmesser der Bohrung“. In der Werkstattsprache ist die Verwendung von *Spiel* unüblich; hier spricht man von *Luft*. Der Laie wiederum wird von *Spielraum* – möglicherweise ebenfalls von *Luft* – sprechen. Man kann den zugrundeliegenden Begriff aber auch in einer Formel ausdrücken: SI = IBo - IWe (Das IST-Spiel der Passung ergibt sich als Differenz des IST-Maßes der Bohrung minus dem IST-Maß der Welle). Konkret lässt sich eine Spielpassung mit Hilfe der Formel H 8/e 8 beschreiben. Dabei gibt in Abhängigkeit von den Längenmaßen H 8 die Größe und Lage des Toleranzfeldes der Bohrung wieder, während e 8 dies für die Welle angibt. Überträgt man dies nun auf die von Hoffmann vorgeschlagene vertikale Gliederung in fünf Schichten, so ergibt sich folgendes Bild:

A: SI = Ibo - IWe
B: H 8 /e 8
C: Spiel
D: Luft
E: Spielraum/Luft

Die hier vorgestellten Fachsprachenmodelle, denen sich allein aus der deutschsprachigen Literatur weitere hinzufügen ließen, vermitteln einen Eindruck von der Komplexität des Phänomens „Fachsprache“. Sie machen zugleich deutlich, dass in immer stärkerem Maße Faktoren – insbesondere solcher kommunikativen Art – in die Betrachtung einbezogen werden, die nicht immer zum Gegenstandsbereich der Sprachwissenschaft gehört haben.

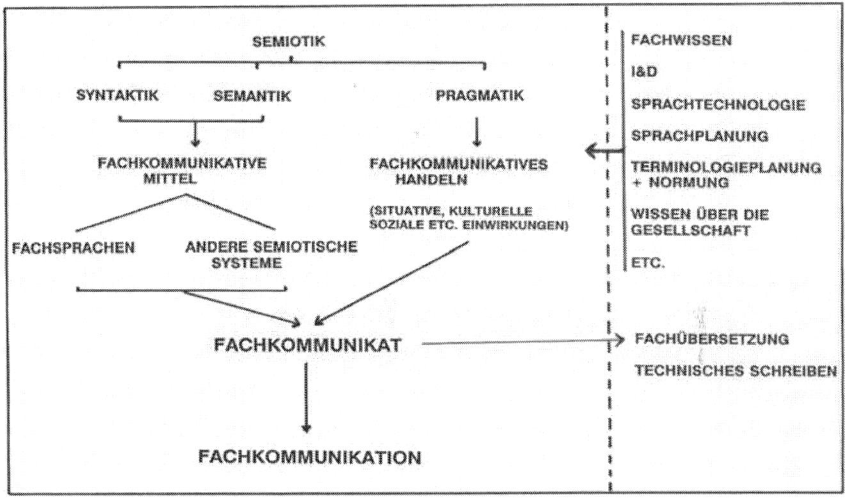

Graphik 8 (aus: Picht 1995:43)

Aus der klassischen Semiotik (Morris 1938/1971:367, zitiert nach Nöth 1985:49f.) ergeben sich die fachkommunikativen Mittel und das fachkommunikative Handeln. Unter die Mittel fallen die Fachsprachen sowie andere semiotische Systeme (nichtsprachliche Kommunikationsmittel). Das Handeln ist bestimmt von situativen, kulturellen, sozialen und anderen Faktoren. Mittel und Handeln fließen im Fachkommunikat zusammen, das in der Mehrzahl gebraucht die Fachkommunikation ausmacht.

In der rechten Seite des Modells ist eine Auswahl von Bedingungen angeführt, die die Kommunikationspartner erfüllen müssen, um an einer erfolgreichen Fachkommunikation teilnehmen zu können. Dies gilt sowohl für die mono- wie die multilinguale Kommunikation.

2.2 Zum Verhältnis zwischen Fachsprache und Gemeinsprache

Die Darstellung der unterschiedlichen Fachsprachenmodelle hat auch gezeigt, dass die Abgrenzung der Fachsprachen gegenüber der Gemeinsprache erhebliche Schwierigkeiten bereitet. Es liegt deshalb nahe, den Begriff der „Gemeinsprache“ grundsätzlich in Frage zu stellen und den jeweils unterschiedlich ausgeprägten Grad der Fachlichkeit von Texten zum Vergleichs- und Bewertungsmaßstab zu machen. Diesen Ansatz vertritt Kalverkämper

(1990:112ff.), der vorschlägt, den Fachlichkeitsgrad anhand einer gleitenden Skala darzustellen, die auf der einen Seite durch den Pol „(extrem) merkmalreich“, auf der anderen Seite durch den Pol „(extrem) merkmalarm“ begrenzt wird. Als Vergleichsmaßstab fungiert hier also die Fachsprachlichkeit.

Dieser Ansatz erscheint insofern plausibel, als er der ständig zunehmenden Bedeutung der Fachkommunikation in allen Lebensbereichen Rechnung trägt. Allerdings würde die Umsetzung des Vorschlags das Problem letztlich nicht lösen, sondern es auf eine andere Ebene verlagern, da es nun darum geht, möglichst exakte Kriterien für die Einstufung von Texten als mehr oder weniger fachlich zu finden. So stellt Hoffmann (1998:164f.) resümierend fest, die Gemeinsprache lasse sich offenbar nur schwer neutralisieren, geschweige denn eliminieren; die Polarisierung von Fachsprache und Gemeinsprache bleibe in der Skalierung mehr oder weniger deutlich erhalten. Trotzdem ist Hoffmann davon überzeugt, dass von Skalierungen eine differenziertere Beschreibung von Fachsprachen auf der Grundlage exakter Merkmalvergleiche zu erwarten sei.

Daher soll – trotz der begrifflich-methodischen Problematik, auf die Kalverkämper zu Recht hinweist – bei den folgenden Überlegungen das traditionelle Gegensatzpaar Fachsprache-Gemeinsprache im Mittelpunkt stehen. Dabei können nur einige besonders wichtige Aspekte der Wechselbeziehungen zwischen Fach- und Gemeinsprache behandelt werden; für eine vertiefende Betrachtung sei auf die einschlägige Literatur, z.B. Fluck (1996), verwiesen.

Die grundlegende Bedeutung der Gemeinsprache für die Fachsprache liegt auf der Hand. Ebenso wie die formalisierte Sprache (etwa mathematische Formeln) nicht ohne die natürliche Sprache bestehen kann, ist auch die Fachsprache nicht ohne die Gemeinsprache denkbar; dagegen kann die Gemeinsprache durchaus für sich allein existieren.

Eine besondere Rolle spielt für die Fachsprache die sogenannte Terminologisierung; dabei wird einer bekannten (oft gemeinsprachlichen) Wortform ein neuer Begriffsinhalt zugeordnet. Häufig liegen hier metaphorische Prozesse vor, die auf dem Erkennen von Ähnlichkeiten, z.B. in Bezug auf Form, Struktur und Funktion, beruhen. So werden in dem Beispielsatz *Das Gedächtnis des Rechners speichert* (vgl. Drozd/Seibicke 1973:50) Tätigkeiten und Eigenschaften, die ursprünglich allein dem Menschen zugeordnet waren (*Gedächtnis, rechnen, speichern*), auf eine Maschine übertragen.

Umgekehrt wirkt die zunächst aus der Gemeinsprache abgeleitete Fachsprache wieder auf die Gemeinsprache zurück (vgl. hierzu die ausführliche Darstellung bei Fluck 1996:160ff.). Die Beeinflussung der Gemeinsprache durch die Fachsprache ist keineswegs neu. Seit jeher hat die Gemeinsprache beispielsweise Elemente aus der Sprache des Handwerks in abgewandelter

Bedeutung übernommen, etwa Redensarten wie *Pläne schmieden, alles über einen Kamm scheren, einen Plan geschickt einfädeln* usw.

Allerdings ist diese Beeinflussung heute deutlich größer, da Wissenschaft und Technik im täglichen Leben immer stärker in Erscheinung treten. Dabei spielen Bereiche des Konsums, wie Auto, Fernsehen, Mobiltelefon und Notebook, die auch den Durchschnittsbürger in unmittelbaren Kontakt mit der Technik bringen, eine wichtige Rolle (siehe hierzu im Einzelnen Jakob 1991:95ff.). Daneben rücken die Massenmedien aber auch Gebiete, mit denen er nicht direkt in Berührung kommt – wie Weltraumfahrt, Gentechnologie usw. –, in sein Blickfeld (vgl. Petermann 1982:208f.). Auf diese Weise haben ursprünglich technische Wendungen (*abschalten, überdrehen, Kontakt aufnehmen*) oder solche aus dem Bereich des Sports (*eine Hürde nehmen*) Eingang in die Umgangssprache gefunden, ohne dass sich die meisten Sprecher des Ursprungs dieser Wendungen noch voll bewusst wären.

Je präziser und damit knapper eine Fachsprache wird, um so mehr büßt sie allerdings von ihrer Allgemeinverständlichkeit ein. Das führt dazu, dass immer weniger Menschen in der Lage sind, Texte oder Vorträge aus Fachgebieten, mit denen sie sich nicht ständig beschäftigen, zu verstehen. Da andererseits immer mehr Fachwörter Eingang in die Gemeinsprache finden, kommt es zu einer Erscheinung, die man als „Übersättigung des passiven Wortschatzes" bezeichnet; eine weitere Folge ist, dass viele der Fachwörter, die durch die Massenkommunikationsmittel verbreitet werden, vom Adressaten ungenau oder falsch verstanden werden, sodass er sie nicht korrekt verwenden kann. Man kann hier von „Determinologisierung" sprechen.

Die Sprachbarrieren, die auf diese Weise zwischen dem Fachmann und dem Laien entstehen, sind dort besonders störend, wo das Leben des einzelnen Bürgers durch das betreffende Fachgebiet unmittelbar tangiert wird, etwa im Bereich der Justiz. Das besondere Problem der Rechtssprache liegt darin, dass sie einerseits als Fachsprache für die Kommunikation unter den Fachwissenschaftlern, den Juristen, dienen soll, dass sie andererseits aber auch den Bezug zur Gemeinsprache beibehalten soll, damit auch der betroffene Bürger sie versteht. Dieses Problem wird nur allzu häufig zu Lasten der Gemeinsprache entschieden, sodass der Bürger den Vertretern der Justiz, deren Sprache er nicht versteht, hilflos gegenübersteht. Deshalb ist die Verständlichkeit von Fachtexten immer mehr in den Mittelpunkt des Interesses von Sprachwissenschaft, Psychologie und anderen Disziplinen getreten (vgl. Christmann 1989; Christmann/Groeben 1996; Jahr 1996).

Dabei kann man sich oft genug fragen, ob der Fachmann die Fachsprache situationsgerecht einsetzt oder ob er sie nur verwendet, um dem nicht fachkundigen Gesprächspartner zu imponieren, vielleicht sogar, um ihn einzuschüchtern und eigene Interessen leichter durchzusetzen. Beispiele dafür, wie schwierig die Kommunikation zwischen Fachmann und Laie sein kann, bietet auch der medizinische Alltag in großer Zahl. Längst nicht jeder Patient ist begreiflicherweise in der Lage, mit Begriffen wie *vegetative Dystonie, Koronarinsuffizienz* oder *hepatorenales Syndrom* die korrekten fachlichen Inhalte zu verbinden. Die Folge sind oft genug Missverständnisse und unnötige Ängste.

Das Phänomen der „Jargonisierung" der Sprache, das sich in vielen Bereichen, z.B. in Politik und Werbung, beobachten lässt, ist oft kritisiert worden. Wilß (1979:181) bemerkt dazu zutreffend:

> Wer Jargon verwendet, tut dies vor allem aus einem der beiden folgenden Gründe (oder aus beiden Gründen zugleich): Er betreibt bewusst sprachliche Geheimbündelei oder sprachliche Einschüchterungspolitik. Ihn leiten sprachliche Absonderungsbestrebungen; aus elitären Macht- oder Wunschvorstellungen heraus schafft er zwischen sich und seinem Kommunikationspartner sprachliche Distanz.

Wenngleich das Wort „Jargon" oder „Fachjargon" in der Literatur mit recht unterschiedlichen Bedeutungen verwendet wird, hat es doch immer den Beigeschmack des Übertriebenen, Unnötigen.

In diesem Zusammenhang sind auch die Sondersprachen zu erwähnen. Bei der Sondersprache geht es – im Gegensatz zur Fachsprache – darum, „durch die Vereinbarung *anderer* Bezeichnungen anstelle der vorhandenen die Kommunikation über eine Sache auf einen bestimmten Personenkreis, der an der Vereinbarung teilhat, einzuschränken" (Feinäugle 1987:17). Dies ist beispielsweise der Fall, wenn man in der Jägersprache das Fell des Wildes als *Decke*, seine Augen als *Lichter* bezeichnet.

Die Tatsache, dass der Laie in immer stärkerem Maße mit verschiedenen Fachsprachen konfrontiert wird, führt zu einer ganz erheblichen Vermehrung seines passiven Wortschatzes. Auch der Laie empfindet heute Wörter wie *Statistik, Virus, Raumstation, Inkubationszeit* nicht mehr als fremdartig, wenngleich er wohl in den wenigsten Fällen die exakten wissenschaftlichen Inhalte mit ihnen verbinden wird.

Weniger offensichtlich, aber klar erkennbar, ist der Einfluss der Fachsprachen auf die Gemeinsprache im Bereich der Phraseologie. So übernimmt die Gemeinsprache in steigendem Maße die für die Fachsprache typischen Funktionsverbgefüge (z.B. *zur Durchführung kommen, zum Abschluss bringen*) – eine Entwicklung, die leicht zu einer größeren Schwerfälligkeit der Gemeinsprache führen kann. Auch Wortkomposita wie *wachstumsorientiert, fächerübergreifend* und *verwaltungstechnisch* finden sich unter dem Einfluss der Fachsprache immer häufiger in der Gemeinsprache; dabei spielen Augenblicksbildungen – vor allem in der Werbesprache – eine besondere Rolle (vgl. Fluck 1996:165f.). So beschreibt beispielsweise ein Zahnpastahersteller sein Produkt als *gewebefestigend, zahnfleischstraffend, desodorierend, entzündungswidrig, abwehrsteigernd, blutungshemmend* und *erfrischend herb.*

Die Notwendigkeit von Fachsprachen ist gelegentlich von Sprachkritikern angezweifelt worden. Die Frage, ob man überhaupt Fachsprachen braucht oder ob sich fachliche Inhalte ebenso gut – und für den Laien verständlicher – mit gemeinsprachlichen Mitteln ausdrücken ließen, ist durchaus des Nachdenkens wert. Die wichtigste Rechtfertigung für die Existenz der Fachsprachen und ihre Weiterentwicklung liegt darin, dass Techniker und Wissenschaftler sich auch im sprachlichen Bereich um Präzision bemühen müssen. Neue gedankliche Inhalte und neue Gegenstände verlangen nach Benennungen, die noch nicht „vergeben" sind, d.h. Benennungen, die nicht mit anderen verwechselt werden können. Der Gefahr der Verwechslung könnte die Gemeinsprache, wenn überhaupt, nur durch übermäßig lange Umschreibungen entgehen. Da viele Wörter der Gemeinsprache mehrdeutig sind, lässt sich begriffliche Klarheit nur durch Ausführlichkeit erreichen, und auch dies wohl nur, wenn die Kommunikationspartner fachlich in etwa gleich kompetent sind. Eine solche Ausführlichkeit wäre jedoch für die fachliche Kommunikation, die gleichermaßen Kürze und Klarheit fordert, nicht zweckmäßig. Daher sind spezielle – zwischen den Kommunikationsteilnehmern vereinbarte – Kommunikationsmittel für die Verständigung im Fach und über das Fach unerlässlich.

Der permanente Austausch zwischen Fachsprache und Gemeinsprache und die dabei auftretenden Probleme erfordern eine bewusste Vermittlung zwischen beiden Bereichen. Die Verständigung zwischen Fachleuten und Laien und zwischen Fachleuten verschiedener Gebiete lässt sich nur dann sichern bzw. erleichtern, wenn immer mehr am Kommunikationsprozess Beteiligte sich aktiv um diese Verständigung bemühen und sich in diesem Zusammenhang mit sprachlichen Fragen auseinandersetzen.

2.3 Allgemeine Strukturmerkmale von Fachtexten

Um die Frage beantworten zu können, in welchen konkreten sprachlichen Merkmalen sich Fachtexte von Nichtfachtexten unterscheiden, bedarf es eines umfangreichen Textcorpus, das eine möglichst große Vielfalt fachsprachlicher Textsorten berücksichtigt. Solche Untersuchungen sind von Hoffmann ausgehend von Ansätzen der „funktionalen Stilistik" (vgl. dazu insbesondere Drozd/Seibicke 1973:86ff.) an Fachtexten der wichtigeren europäischen Sprachen durchgeführt worden. Dabei wurde eine Reihe von Merkmalen herausgearbeitet, die allen oder einer großen Anzahl von Fachsprachen gemeinsam sind; die wichtigsten Merkmale im morphosyntaktischen Bereich lassen sich in Anlehnung an Hoffmann (1985:105ff., 1998:416ff.) folgendermaßen zusammenfassen:

1. das Verb verliert seinen konkreten Zeitbezug und steht zumeist im Präsens, insbesondere in der 3. Person Singular;
2. das Verb steht häufig im Passiv;
3. das Verb als Wortart spielt eine relativ geringe Rolle;
4. das Pronomen tritt selten auf;
5. das Substantiv spielt eine wichtige Rolle;
6. der Singular ist wesentlich häufiger als der Plural;
7. das Adjektiv tritt verhältnismäßig häufig auf.

Von besonderem Interesse ist hier die Tatsache, dass ein von Hoffmann vorgenommener Vergleich der Verteilung der Wortarten in verschiedenen Fachgebieten eine weitgehende Übereinstimmung aufzeigte; der Vergleich zwischen so unterschiedlichen Bereichen wie Gesellschaftswissenschaften und Naturwissenschaften erbrachte in dieser Beziehung keine wesentlich abweichenden Ergebnisse.

Was nun die lexikalischen Merkmale der Fachsprache, also die Struktur des Fachwortschatzes betrifft, so ist dessen Abgrenzung gegen den Nichtfachwortschatz – wie bereits die Abgrenzung zwischen Fach- und Gemeinsprache – Gegenstand unterschiedlicher Auffassungen (vgl. Jahr 1993:13ff.).

In der Literatur wird häufig die Dreiteilung „allgemeiner Wortschatz – allgemeinwissenschaftlicher Wortschatz – spezieller Fachwortschatz" vertreten (siehe dazu insbesondere Hoffmann 1985:126). Die Unterteilung erinnert an das Modell Baldingers (s.o.), wobei der mittlere Kreis bei Baldinger eher der Gemeinsprache zugeordnet wurde („der Allgemeinsprache zugewandter Teil des Fachwortschatzes"), hier jedoch eindeutig vom allgemeinwissenschaftlichen Wortschatz die Rede ist.

Wiegand (1979) unterteilt die Fachausdrücke nach dem Kriterium der Definiertheit und fasst den Bereich der „nicht definierten, pragmatisch eingespielten Fachausdrücke" so weit, dass Spielraum für eine den Gegebenheiten des jeweiligen Fachgebiets entsprechende weitere Unterteilung bleibt:

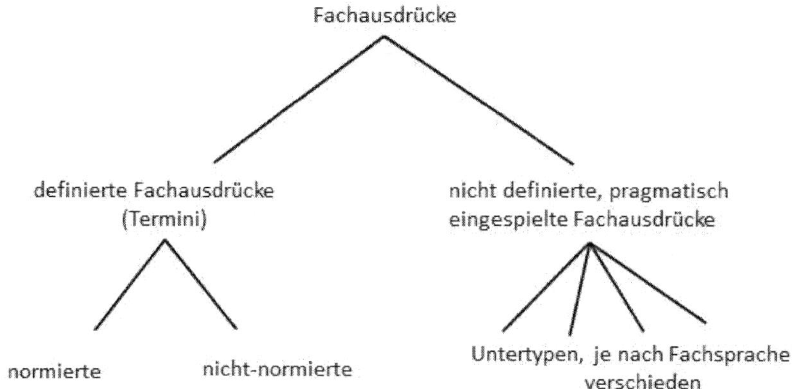

Graphik 9 (aus: Wiegand 1979:44)

Wendet man diese Überlegungen auf das in 2.1 angeführte Beispiel an, so ergibt sich: Bei „Spiel" handelt es sich um einen definierten und zusätzlich genormten Fachausdruck, also eine Benennung, während „Luft" als ein Fachausdruck einzuordnen ist, der nicht definiert ist, dessen Verwendung sich aber pragmatisch eingespielt hat.

Ein wesentlich komplexeres Modell hat Filipec (1976:57) vorgelegt (siehe nächste Seite). Hier kommen sowohl der Grad der Formalisierung, der Aspekt der semantischen Präzision und der Gesichtspunkt der Erfüllung präskriptiver Forderungen zum Tragen.

Trotzdem darf nicht übersehen werden, dass es sich auch hier nur um einen Versuch handeln kann, die vielfältige sprachliche Realität in eine übersichtliche Form zu bringen. Anders gesagt: Eine solche Einteilung hindert die Wörter, um mit Laurén/Myking/Picht (1998:229) zu sprechen, nicht daran, „zwischen den Kategorien zu wandern", was die Autoren in erster Linie auf das Phänomen der Terminologisierung und das hierzu komplementäre Phänomen der Determinologisierung zurückführen.

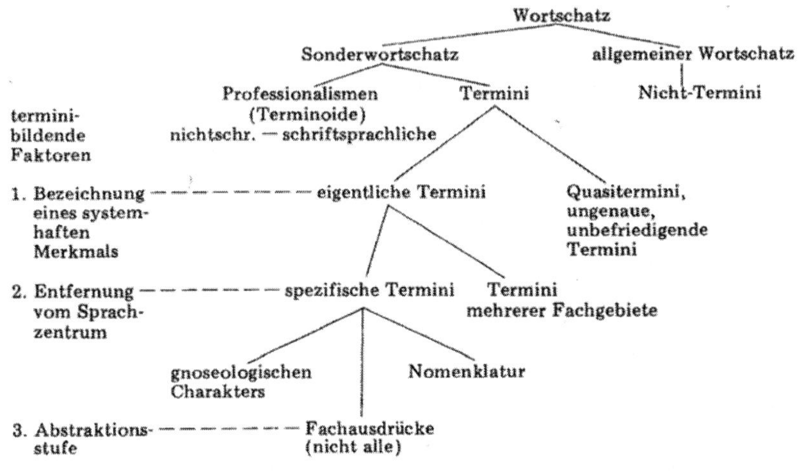

Graphik 10 (aus: Filipec 1976:57)

Zusammenfassend lässt sich somit festhalten, dass Fachsprache sich nicht in Fachwortschatz erschöpft, sondern auch durch eine Reihe anderer, insbesondere syntaktischer und textstruktureller Merkmale charakterisiert ist. Trotzdem wird die fachliche Aussage in entscheidendem Maße von der lexikalischen Dimension der Fachtexte, also ihrer Terminologie, bestimmt.

2.4 Analyse von Fachtexten: Zwei Beispiele

In diesem Abschnitt soll versucht werden, die bisherigen Ausführungen zu den Merkmalen von Fachsprachen an zwei konkreten Textbeispielen zu illustrieren. Dabei ist freilich zu bedenken, dass jeder Fachtext neben fachsprachenspezifischen auch immer einzeltextspezifische Merkmale aufweist (vgl. Möhn/Pelka 1984:6ff., 124ff.) und insofern nur bedingt als repräsentativ gelten kann. Nicht zuletzt auf dieser Tatsache beruht der in 2.3 beschriebene statistische Ansatz innerhalb der Fachsprachenforschung, der versucht, die charakteristischen Merkmale von Fachtexten mit Hilfe quantitativer Analysen größerer Textcorpora herauszuarbeiten. Dies muss bei der Betrachtung der beiden folgenden Beispieltexte berücksichtigt werden.

Die beiden Texte wurden im Rahmen einer Diplomarbeit (Koch 1988) analysiert, deren Ziel es war, Ansätze zu einer Fachtexttypologie anhand von Lehrbuchtexten zum Thema „Transformatoren“ zu überprüfen; dabei ging es zugleich um die Frage, ob man von einer homogenen Textsorte „Lehrbuchtext“ sprechen kann oder ob hier weitere Differenzierungen notwendig sind. Bei ihrer Untersuchung stützte sich die Verfasserin in erster Linie auf die von Hoffmann (1985) und Nord (1988:24ff.) entwickelten Analysemodelle.

5.5 Transformatoren

An den Netzsteckdosen unserer Haushalte liegt eine Wechselspannung von 220 V. Der Transport der elektrischen Energie vom Elektrizitätswerk zu den Abnehmern erfolgt über Hochspannungsleitungen. An ihnen liegen Spannungen von 200000 V und mehr. Bevor die elektrische Energie in die Häuser und Betriebe geführt wird, müssen diese hohen Spannungen in Umspannstationen herabgesetzt werden. Wie dies gelingt und warum die Spannungswandlung notwendig ist, wird im folgenden dargestellt.

Das Kernstück einer Umspannstation ist ein Transformator (kurz Trafo). Mit ihm können Wechselspannungen herauf- und herabgesetzt werden. Man sagt, die Spannung wird transformiert (transformare, lat. = umwandeln).

Der Transformator wandelt Spannungen um. Man nennt ihn auch Spannungswandler.

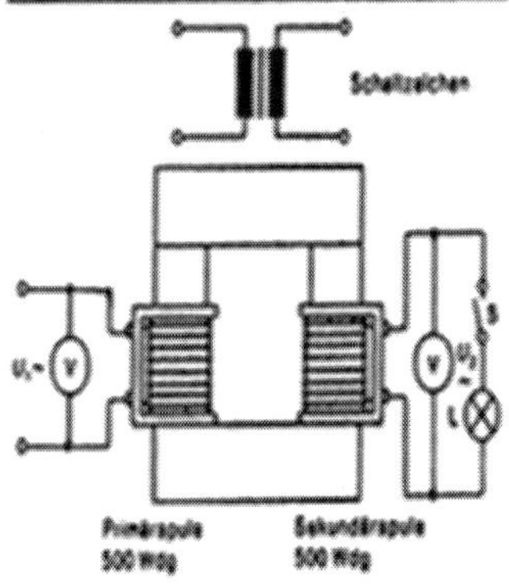

Abb. 1 Transformator

Um die Funktionsweise eines Transformators zu verstehen, müssen wir zunächst seinen Aufbau kennen. Er besteht aus zwei Spulen, die auf einem geschlossenen Eisenkern angeordnet sind. Der Faradaysche Ring (vgl. Abb. 3, S. 280) war der erste Transformator.

Versuch 23: Wir legen an eine Spule beim Transformator eine Wechselspannung von 8 V. Man nennt die Spule, in die der Wechselstrom eintritt, die *Primärspule*. An die zweite Spule, die *Sekundärspule*, ist eine Glühlampe angeschlossen. Die an den Spulen liegenden Spannungen U_1 und U_2 können mit den angeschlossenen Spannungsmessern bestimmt werden (Abb. 1). U_1 heißt *Primärspannung*, U_2 *Sekundärspannung*. Bei eingeschalteter Primärspannung von 8 V wird auch eine Sekundärspannung von etwa 8 V angezeigt. Bei geschlossenem Schalter S leuchtet die Lampe L ständig, obwohl im Sekundärkreis keine Spannungsquelle liegt.

Legen wir an die Primärspule eine Gleichspannung, so leuchtet die Lampe nur beim Ein- und Ausschalten kurz auf. Nur dann nämlich entsteht in der Sekundärspule eine Induktionsspannung, weil sich dann das Magnetfeld ändert.

Fließt nun in der Primärspule ein Wechselstrom, so erübrigt sich ein Öffnen und Schließen des Primärkreises. Der Wechselstrom ändert ständig seine Stärke und seine Richtung und damit das Magnetfeld in den Spulen. Dabei entsteht in der Sekundärspule eine Induktionsspannung. Sie ist auch eine Wechselspannung und hat die gleiche Frequenz wie die Primärspannung. Dies können wir mit einem Oszilloskop untersuchen. Wir stellen fest:

Wird bei einem Transformator an die Primärspule eine Wechselspannung gelegt, so entsteht in der Sekundärspule durch elektromagnetische Induktion ebenfalls eine Wechselspannung der gleichen Frequenz.

Text 1 (aus: Kuhn 1984:285ff.)

Text 1 ist einem Physiklehrbuch für Schüler der Mittelstufe entnommen (Kuhn 1984:285ff.). Der Text umfasst insgesamt 6 Seiten. Text 2 stammt aus einem Lehrbuch der Elektrotechnik für Hochschulen (Ameling 1974:38ff.). Dieser Text umfasst insgesamt 12 Seiten.

Am *optischen Erscheinungsbild* des ersten Textes fallen zunächst die zahlreichen nonverbalen Informationsträger (Zeichnungen, Fotos, Tabellen) sowie die vielfältigen typographischen Gestaltungsmittel auf. Alle Abbildungen sind mit Titeln versehen und werden explizit in den Text einbezogen. Das Schlüsselwort „Transformator“ erscheint beim ersten Auftreten im Text in Fettdruck und knüpft damit optisch an die ebenfalls fettgedruckte Überschrift an. Weitere explizit eingeführte Benennungen werden beim ersten Auftreten einschließlich der entsprechenden Symbole kursiv gedruckt („Primärspule“, Z. 29; „Sekundärspule“, Z. 29; „Primärspannung“, Z. 33; „Sekundärspannung“, Z. 34). Die Ausführungen des Textes werden an bestimmten Stellen merksatzartig zusammengefasst. Diese Zusammenfassungen werden zusätzlich durch Einrahmung hervorgehoben.

Am *inhaltlichen Aufbau* des Textes fällt die klare Gliederung auf. Der erste Abschnitt knüpft an die Erfahrungswelt der Schüler als Lehrbuchadressaten an („An den Netzsteckdosen unserer Haushalte ...“, Z. 2) und leitet systematisch zum Thema des Abschnitts hin. Der eigentliche Lehrtext wird zweimal durch detaillierte Versuchsbeschreibungen unterbrochen. Die wichtigsten Informationen werden in den bereits erwähnten umrandeten (und im Original farbig unterlegten) Kästchen zusammengefasst.

Eine genauere quantitative Analyse des Gesamttextes auf der Grundlage der bereits erwähnten Parameter von Hoffmann ergab, dass der Anteil des *Fachwortschatzes* im Text 16,8 % beträgt. Viele der verwendeten Fachwörter gehören zum allgemeinwissenschaftlichen Fachwortschatz (vgl. 2.3). Neue Benennungen werden entweder explizit durch Definition (z.B. „Primärspule“, Z. 27) oder implizit durch den Kontext (z.B. „Sekundärspule“, Z. 29) eingeführt und erklärt. Im Falle der Benennung „Transformator“ wird zusätzlich auf die wortgeschichtliche (etymologische) Herleitung zurückgegriffen (transformare, lat. = umwandeln, Z. 17).

Im Bereich der *Syntax* ist festzustellen, dass die durchschnittliche Länge der insgesamt 61 Sätze mit 11,7 Wörtern für einen Fachtext eher gering ist. Hier kommt zweifellos das adressatenorientierte Bemühen um Verständlichkeit zum Ausdruck. Der größte Teil des Textes besteht aus Aussagesätzen. Ihr Anteil beträgt 72,1 %. Der relativ hohe Anteil von direkten Fragesätzen (16,4 %) ist vor allem auf einen Komplex von verständnissichernden Fragen am Ende des Abschnitts zurückzuführen und somit ebenfalls didaktisch motiviert. Die Versuchsbeschreibungen enthalten außerdem eine Reihe direkter und indirekter Aufforderungssätze. Hinsichtlich der syntaktischen Struktur der Sätze dominiert ganz deutlich der Typ des einfachen erweiterten Hauptsatzes mit 62,3 %, gefolgt von einfachen Satzgefügen (d.h. Sätzen aus einem Haupt- und einem Nebensatz) mit 27,9 %.

Bei den *Modi* überwiegt mit 82,9 % erwartungsgemäß der Indikativ. Der relativ hohe Anteil von Konjunktivformen ist darauf zurückzuführen, dass im Text einige hypothetische Beispiele gegeben werden, die den Schülern als Gedankenexperimente vorgestellt werden. Unter den *Tempusformen* dominiert das Präsens – ganz im Sinne der oben referierten Ergebnisse von Hoffmann – mit 85,4 %. Mit diesen deckt sich auch der relativ hohe Anteil von Passivsätzen (30,5 %), der weit über dem Anteil solcher Sätze in der gesprochenen Standardsprache liegt. Bei den *Personalformen* überwiegt die 3. Person Singular klar mit 63,4 %, gefolgt von der 3. Person Plural mit 24,4 %. Daneben spielt nur noch die wiederum didaktisch zu verstehende 1. Person Plural (8,5 %) eine Rolle.

In *stilistischer* Hinsicht ist festzustellen, dass der Text zur Veranschaulichung bestimmter Sachverhalte häufig auf Vergleiche und bildhafte Umschreibungen zurückgreift. Zahlreich sind auch rhetorische Fragen, die eine textgliedernde Funktion haben und den Übergang zu einem neuen Textteil bilden.

Schließlich zeichnet sich der Text durch ein sehr geringes Maß an Redundanz aus, d.h., neue Sätze entwickeln das bereits Gesagte jeweils durch neue Informationen thematisch weiter.

Der zweite untersuchte Text stammt aus einem Lehrbuch der Elektrotechnik für Hochschulen. Das Lehrbuch enthält laut Vorwort den Vorlesungsstoff des 3. und 4. Semesters. Es schließt direkt an das vorgeschaltete Lehrbuch „Grundlagen der Elektrotechnik I“ an, was auch durch die Nummerierung der Kapitel deutlich wird. Das Kapitel „Transformatoren“ ist eines von 15 großen Kapiteln. Es umfasst knapp 30 Seiten. Obwohl in diesem Text der gleiche Gegenstand behandelt wird, unterscheidet sich die Art der Darstellung in einigen Punkten deutlich von der im ersten Text, wie die folgende Analyse zeigen wird.

8. Der Transformator

Generatoren, die zur Erzeugung elektrischer Energie verwendet werden, arbeiten am wirtschaftlichsten bei Spannungen von einigen 1000 V. Um bei der Übertragung dieser Energie vom Erzeuger zum Verbraucher einen guten Wirkungsgrad zu erzielen, ist es zweckmäßig, hierfür sehr hohe Spannungen (einige 100 kV) zur Verfügung zu stellen. Von der insgesamt erzeugten Wirkleistung $P = U \cdot I \cdot \cos\varphi$ wird nämlich $\Delta P = R \cdot I^2$ an Wärme in der Leitung umgesetzt. Der Wirkungsgrad $\eta = 1 - \frac{\Delta P}{P}$ ist um so größer, je kleiner $\frac{\Delta P}{P} = \frac{R \cdot I^2}{U \cdot I \cdot \cos\varphi} = P \frac{R}{U^2 \cdot \cos^2\varphi}$ ist, d.h., je größer U ist. Schließlich sind im Verbrauchernetz aus Sicherheitsgründen Spannungen von einigen 100 V üblich. Es besteht also immer wieder das Bedürfnis, Spannungen umzuformen. Mit Hilfe von *Transformatoren* läßt sich diese Umformung beinahe verlustlos durchführen.

8.1 Der Einphasentransformator

8.1.1 Ableitung der Transformatorgleichungen

Der Transformator besteht aus einem magnetischen Kreis, der zwei Wicklungen trägt, die Primärwicklung 1 und die Sekundärwicklung 2 (Bild 8.1.1.1). Betrachtet wird zunächst der Leerlauffall; die Sekundärwicklung ist also offen. An der Primärwicklung liege eine zeitlich sich ändernde Spannung

$$(8.1.1.1) \quad u_1 = u_1(t) \;.$$

Bild 8.1.1.1

Diese Spannung u_1 wird dann in der Primärwicklung einen Strom i_1 hervorrufen. Dabei wird zunächst von dem nichtlinearen Verhalten des magnetischen Kreises abgesehen und vorausgesetzt, daß der magnetische Fluß direkt proportional zum erzeugenden Strom ist. Dadurch wird im magnetischen Kreis ein Fluß $\phi_1 = \frac{\Theta_1}{R_m} = \frac{w_1 \cdot i_1}{R_m}$ erregt. Hierbei ist unter w_1 die Windungszahl der Primärwicklung und unter R_m der magnetische Widerstand des magnetischen Kreises zu verstehen. Da sich der Strom i_1 zeitlich ändert, wird sich auch der magnetische Fluß ändern. Der zeitlich veränderliche Fluß verursacht in jeder der w_1 Windungen der Primärwicklung eine Spannung $\frac{d\phi_1}{dt}$, insgesamt also eine Spannung $u = w_1 \cdot \frac{d\phi_1}{dt}$. Ist R_1 der Widerstand der Primärwicklung, so gilt

$$(8.1.1.2) \quad u_1 = R_1 \, i_1 + w_1 \frac{d\phi_1}{dt} \,.$$

Der magnetische Fluß ϕ_1 durchsetzt aber nur zu einem Teil die Sekundärwicklung (Bild 8.1.1.2). Dabei wird der Fluß ϕ_1 in einen *primären Hauptfluß* ϕ_{1h}, der sowohl

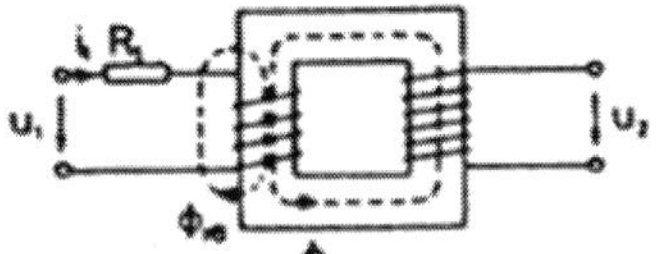

Bild 8.1.1.2

die Primär- als auch die Sekundärwicklung durchsetzt, und in einen *primären Streufluß* $\phi_{1\sigma}$ unterteilt, der nur mit der Primärwicklung verkettet ist. Demnach kann für Gl. (8.1.1.2) geschrieben werden:

(8.1.1.3) $$u_1 = R_1 i_1 + w_1 \frac{d\phi_{1\sigma}}{dt} + w_1 \frac{d\phi_{1h}}{dt} = u_{1R} + u_{1\sigma} + u_{1h} \, .$$

Text 2 (aus: Ameling 1974:38ff.)

Am *optischen Erscheinungsbild* fällt zunächst der hohe Anteil von Formeln und mathematischen Gleichungen auf, die deutlich komplexer sind als die wenigen Formeln im ersten Text und die bereits auf den ersten Blick den Eindruck von Fachlichkeit vermitteln. Im Vergleich zum ersten Text sind dagegen Abbildungen seltener, Fotos fehlen ganz. Die Zahl der eingesetzten *typographischen Mittel* ist geringer. Kapitelüberschriften sind größer und fett gedruckt. Im laufenden Text werden lediglich ausgewählte Benennungen durch Kursivschrift hervorgehoben. Im ganzen Text kommt kein Farbdruck vor. Die drucktechnische Aufbereitung ist somit deutlich weniger aufwendig als die des ersten Textes.

Der nach den gleichen Kriterien wie beim ersten Text ermittelte *Fachwortschatz* liegt bei 19,5 % und somit rund 3 % höher. Es fällt auf, dass die meisten verwendeten Benennungen bereits als bekannt vorausgesetzt werden. Nur wenige Benennungen werden neu eingeführt. Fast alle werden jeweils zusammen mit den zugehörigen Symbolen verwendet.

Im Bereich der *Syntax* liegt die durchschnittliche Satzlänge mit 14,2 Wörtern um 21 % höher als beim ersten Text. Der gesamte Text enthält ausschließlich Aussagesätze. In der syntaktischen Struktur fällt besonders auf, dass häufig Satzglieder aus Formeln oder Gleichungen bestehen. Bei den *Satztypen* überwiegen, wie schon im ersten Text, die einfachen erweiterten Hauptsätze mit 56,1 %, gefolgt von den einfachen Satzgefügen (ein Hauptsatz mit einem Nebensatz) mit 30 %. Alle anderen Satztypen sind von untergeordneter Bedeutung.

Deutlicher als im ersten Text (82,9 %) überwiegt im zweiten der Indikativ als *Modus* (95,2 %). Die wenigen Konjunktive sind auch hier wieder auf Gedankenexperimente zurückzuführen. Die Dominanz des Präsens (92,9 %) als *Tempusform* und der 3. Person Singular (82,1 %) als *Personalform* ist ebenfalls deutlicher ausgeprägt als im ersten Text (85,4 % bzw. 63,4 %). Der Anteil von Passivsätzen dagegen ist mit rund 30 % in beiden Texten gleichermaßen auffällig.

Im *stilistischen* Bereich ist der Text durch einen ausgeprägten Nominalstil gekennzeichnet („... zur Erzeugung elektrischer Energie ...“, Z.1; „... bei der Übertragung dieser Energie ...“ Z. 2, 3; „... lässt sich diese Umformung ... durchführen“, Z. 10, 11; „Dabei wird ... von dem nichtlinearen Verhalten ... abgesehen ...“, Z. 20, 21). Ansonsten ist der Text ausgesprochen arm an stilistischen Ausdrucksmitteln. So fehlen z.B. Vergleiche und Metaphern, wie sie im Schulbuchtext zu finden waren, hier völlig.

Obwohl der Vergleich der beiden Texte hier nur auszugsweise vorgestellt worden ist, dürfte deutlich geworden sein, dass diese sich trotz des identischen Gegenstandes (Transformatoren) und der identischen Textsorte (Lehrbuch) erheblich unterscheiden. Man kann also nicht von einer homogenen Fachtextsorte „technischer Lehrbuchtext“ sprechen. Vielmehr müssen verschiedene Ausprägungen dieser Textsorte je nach dem Typ der fachlichen Kommunikationssituation, insbesondere des Adressatenbezugs, unterschieden werden. Gleichzeitig haben die beiden hier ausschnittweise diskutierten Texte jedoch auch die in 2.3 vorgestellten Hauptmerkmale von Fachtexten, so wie sie Hoffmann in seinen umfangreichen quantitativen Analysen herausgearbeitet hat, veranschaulicht. Schließlich zeigte sich, dass in beiden Texten der quantitative Anteil des Fachwortschatzes bei ca. einem Fünftel liegt.

Ein besonderer Aspekt des Fachwortschatzes sind die festen Verbindungen, in denen Fachwörter auftreten können. Der letzte Abschnitt dieses Kapitels befasst sich deshalb mit unterschiedlichen Formen der sogenannten fachsprachlichen Phraseologie und ihrer Funktion in Fachtexten.

2.5 Fachsprachliche Phraseologie

In der bisherigen Darstellung ging es um Fachwörter, in erster Linie Substantive, die bestimmte fachliche Inhalte repräsentieren. Fachwörter können jedoch nicht isoliert betrachtet bzw. verwendet werden; sie sind immer im Zusammenhang mit ihrer sprachlichen Umgebung zu sehen.

Bei der Textproduktion bereitet die Einbettung des Fachwortes in den Fachtext, d.h. die Wahl der korrekten Verben, Präpositionen usw., vielfach Schwierigkeiten. Damit Fachwörter ihre kommunikative Leistung erbringen können, sind solche zusätzlichen sprachlichen Elemente jedoch unerlässlich.

Beispiele:
der Strom fließt
den Motor anlassen
eine Spannung anlegen
einen Wechsel ziehen

Man spricht hier von *Fachwendungen* oder *Fachphrasen*. Eine Fachwendung ist das Ergebnis der syntaktischen Verbindung von mindestens zwei fachsprachlichen Elementen zu einer Äußerung fachlichen Inhalts, deren innere Kohärenz auf der begrifflichen Verknüpfbarkeit beruht.

Die Fachwendung als Begriff hat in die neue Fassung der DIN-Norm 2342 (2011) Eingang gefunden und wird dort wie folgt definiert:

> Fachwendung (fachsprachliche Wendung): Gruppe von syntaktisch zusammenhängenden Wörtern, die eine nicht aus der Summe der Einzelbedeutungen der Wörter bestehende fachliche Gesamtbedeutung hat oder die als formelhaft oder stereotyp angesehen wird

Die Norm nennt als Beispiele für Fachwendungen:

- die öffentliche Hand (= Staat, Gemeinden usw. als Verwalter von Steuergeldern und öffentlichem Vermögen)
- in gutem Glauben (= im Vertrauen auf die Richtigkeit, Rechtmäßigkeit)
- rote Zahlen schreiben (= Verluste machen)
- unlauterer Wettbewerb
- unerlaubtes Entfernen vom Unfallort

Die Gesamtheit der Fachwendungen einer Fachsprache bezeichnet man als ihre *Phraseologie*. Phraseologie bezeichnet jedoch auch – in Analogie zu Terminologie – die systematische Beschäftigung mit den Fachwendungen.

Obwohl die einzelnen Benennungen zweifellos die Hauptträger der Fachinformation im Text sind, können sie die von ihnen erwartete kommunikative Leistung nur in Sonderfällen isoliert erbringen (beispielsweise als Deskriptoren bei der Inhaltsangabe eines Dokuments). Um die zwischen den Begriffen bestehenden Relationen sichtbar zu machen, sind fast immer weitere sprachliche Mittel erforderlich, deren fachsprachlicher Charakter erst in Verbindung mit Benennungen deutlich zu Tage tritt. Während etwa Verben wie *gesenkschmieden, schweißen, destillieren* unmittelbar als fachsprachlich erkannt werden, wird der fachsprachliche Charakter anderer Verben erst in festen Wendungen sichtbar:

ziehen in: einen Wechsel ziehen, die Fäden ziehen, eine Linie ziehen, einen Draht ziehen
errichten in: ein Testament errichten
belasten in: einen Motor belasten, eine Liegenschaft belasten, ein Bauelement belasten

Deshalb hat sich die Ansicht durchgesetzt, dass nicht nur Substantive, sondern auch Verben, Adjektive und andere Wortarten als Benennungen fungieren können (vgl. Renz 1971:304ff.). Entsprechend heißt es in der ÖNORM A 2704 (1990) (Terminologie – Allgemeine Grundsätze für Begriffe und Bezeichnungen):

> Begriffe vertreten ... gedanklich nicht nur Wesen und Dinge (ausgedrückt durch Hauptwörter), sondern im weiteren Sinn auch Eigenschaften (ausgedrückt durch Eigenschaftswörter und/oder Zahlwörter), Handlungen (ausgedrückt durch Zeitwörter und Hauptwörter) und auch Örtlichkeiten, Situationen und Beziehungen (ausgedrückt durch Umstandswörter, Vorwörter, Bindewörter oder Hauptwörter).

Ein Begriff kann also je nach Kontext und Stilebene durch verschiedene Wortarten ausgedrückt werden:

1. ein Testament *errichten*
2. das *Errichten* eines Testaments
3. die *Errichtung* eines Testament

Eine besonders wichtige Rolle spielen Fachwendungen in der fachsprachlichen Wörterbucharbeit. Bereits 1928 begann der bedeutende Lexikograph Schlomann, in den von ihm herausgegebenen Illustrierten Technischen Wörterbüchern (siehe dazu 5.4) die Phraseologie systematisch zu berücksichtigen. Zur Begründung schrieb er im Vorwort des 2. Bandes, „Elektrotechnik und Elektrochemie“ (1968:IX): „Für die Technik ist die Phraseologie der Schlüssel zum Verstandenwerden“.

Phraseologische Grundsätze für die Technik wurden 1966 von Warner in seiner Arbeit „Internationale Angleichung fachsprachlicher Wendungen der Elektrotechnik“ entwickelt. So macht Warner u.a. Vorschläge für die Gestaltung phraseologisch ausgerichteter Wörterbucheinträge, die das folgende Beispiel veranschaulicht (Warner 1966:39):

91 DK 537.311.1

Strom *m*

der ~ fließt

der ~ fließt ⌈in der Leitung [durch die Leitung]
[in die Leitung]

der ~ ⌈durchfließt⌉ einen Leiter [durchläuft] [†passiert]

der Leiter führt ~ [(einen) ~ von 1 A]

dem ~ bietet sich ein Widerstand von 30 Ohm (an)

der ~ findet einen Widerstand von 30 Ohm (vor)

mit dem ~ entsteht ein magnetisches Feld

die Leiter bilden unter einem bestimmten ~ ein magnetisches Feld

der ~ erzeugt ein magnetisches Feld

aus: Warner (1966:39)

Allerdings wurde dieser Ansatz zunächst nicht weiterverfolgt. Erst in neuerer Zeit hat das Interesse an der fachsprachlichen Phraseologie wieder stark zugenommen (siehe dazu Picht 1988). Ein Grund liegt in der ständig zunehmenden Bedeutung der Fachtextproduktion, des Fachübersetzens und der terminologischen Lexikographie, die zwangsläufig zu einer Beschäftigung mit phraseologischen Fragen führt; ein weiterer Grund ist das steigende Interesse an Fragen der Fachtextlinguistik und damit zugleich an der Fachwendung als dem Bindeglied zwischen der Benennung und dem Satz bzw. dem Satzteil.

Praktische Beispiele für fachsprachliche Phraseologien werden in Kap. 5 erörtert.

3 Grundelemente der Terminologielehre

3.1 Grundbegriffe und Modelle

Die Grundfunktion der Terminologie ist der systematische Wissenstransfer. Aus dieser Aussage lässt sich folgendes Modell ableiten.

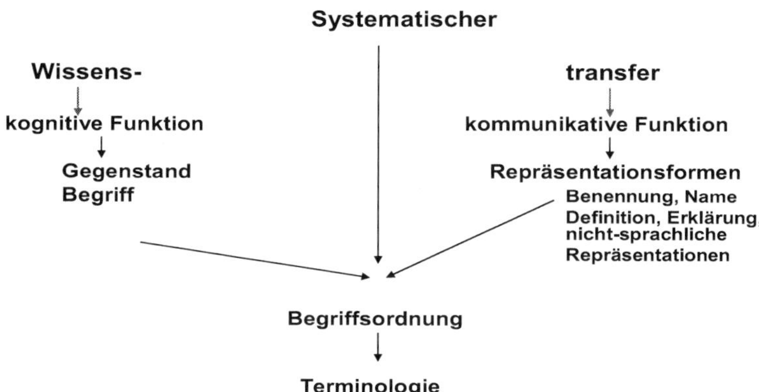

Systematischer Wissenstransfer kann in vier Funktionen untergliedert werden, die nur in ihrem Zusammenspiel die Grundfunktion ausmachen. Da ist zunächst die kognitive Funktion, die sich auf Wissen bezieht und in der Terminologielehre durch den Gegenstand und den Begriff zum Ausdruck kommt.

Gegenstände und Begriffe bedürfen, um kommunizierbar zu werden, einer Repräsentationsform; sie ist die Voraussetzung für jeglichen Wissenstransfer. Repräsentationsformen können grundsätzlich sprachlich und/oder nicht-sprachlich sein. Sie können als „synonyme" Repräsentationsformen nebeneinander bestehen und abhängig von der jeweiligen Kommunikationssituation eingesetzt werden.

Unser Wissen über Gegenstände und Begriffe kann je nach Zweck und Ziel sehr unterschiedlich strukturiert sein, es ist aber immer strukturiert, denn erst die Beziehungen zwischen Gegenständen und Begriffen machen Wissen aus. Wäre dem nicht so, gäbe es nur „atomistisches" Wissen über isolierte Begriffe und Gegenstände, wie es z.B. in alphabetisch geordneten Wörterbüchern dargestellt wird. Jegliches Denken und Erkennen ist ohne begriffliche Ordnung unmöglich oder zumindest sehr erschwert. Begriffsordnung ist immer auch dynamisch, denn jede neue Erkenntnis – sei es auf individueller oder allgemeiner Ebene – findet auch in der Begriffsordnung ihren Niederschlag. Die Bedeutung der begriffsordnenden Funktion darf nicht unterschätzt werden, denn ohne sie ist zusammenhängendes Wissen – oder Wissen überhaupt – nicht denkbar.

Die vierte Funktion – im Modell mit „Terminologie" bezeichnet – besteht in der Zugänglichmachung des Wissens für ein breites Spektrum von Nutzern. Bei dieser Funktion werden die drei vorher genannten Funktionen zusammengeführt dargestellt, z.B. in einem Wörterbucheintrag oder einem Begriffseintrag in einer terminologischen Datenbank. Ein solcher Eintrag enthält somit Informationen über den Begriff oder Gegenstand, Informationen darüber, wie er repräsentiert und damit kommunizierbar gemacht werden kann, und schließlich Informationen zum Wissensgefüge, in das er eingebettet ist.

Diese Darstellung und die vorherigen Kapitel haben gezeigt, dass die Terminologien für die Fachsprachen von entscheidender Bedeutung sind, dass die Fachsprachen aber darüber hinaus über weitere charakteristische Merkmale verfügen. Auch wurde deutlich, dass es hinsichtlich der exakten Abgrenzung der Terminologien in Teilbereichen unterschiedliche Auffassungen gibt.

Im Folgenden sollen nun die Grundelemente der Terminologielehre näher beleuchtet werden. Dabei sollen neben einschlägigen Fachautoren insbesondere die nationalen und internationalen terminologischen Grundsatznormen Berücksichtigung finden, in denen wesentliche theoretische und methodische Prinzipien der Terminologielehre niedergelegt sind. Von besonderem Interesse sind in diesem Zusammenhang die DIN-Normen 2330 (Begriffe und Benennungen – Allgemeine Grundsätze, 2013), 2331 (Begriffssysteme und ihre Darstellung, 1980) und 2342 (Begriffe der Terminologie, 2011).

„Begriff" wird in DIN 2342 (2011) wie folgt definiert:

> Begriff: Denkeinheit, die aus einer Menge von Gegenständen unter Ermittlung der diesen Gegenständen gemeinsamen Eigenschaften mittels Abstraktion gebildet wird

Die Definition von „Benennung" (DIN 2342) lautet:

> Benennung (Terminus, Fachausdruck): sprachliche Bezeichnung eines Allgemeinbegriffs aus einem Fachgebiet
>
> ANMERKUNG: Benennungen können auch Symbole oder Formeln enthalten.

Unter einer Bezeichnung wiederum versteht man nach DIN 2342: „Bezeichnung: Repräsentation eines Begriffs mit sprachlichen oder anderen Mitteln".

Die Zusammenhänge, die diesen Definitionen zugrunde liegen, sollen zunächst kurz erläutert werden: Benennungen können ebenso wie Symbole, Formeln und Namen sowohl einen materiellen Gegenstand („Haus", „Maschine") als auch nichtmaterielle Gegenstände („Verfahren", „Höhe") bezeichnen. „Gegenstand" wird in der Terminologielehre also sehr weit gefasst. In beiden Fällen ist die gedankliche Vorstellung, die wir mit der Benennung verbinden, eine Abstraktion, d.h. eine Verallgemeinerung, die auf den Erfahrungen beruht, die wir in der uns umgebenden Welt gesammelt haben. Indem wir mehrere Gegenstände aufgrund ihrer Gemeinsamkeiten gedanklich zusammenfassen, bilden wir Begriffe. Anders gesagt: Die Begriffe „Haus" oder „Verfahren", die durch entsprechende Benennungen repräsentiert werden, beziehen sich nicht auf ein bestimmtes Haus oder ein bestimmtes Verfahren; vielmehr führt die Bekanntschaft mit vielen einzelnen Gegenständen, die gewisse Eigenschaften gemeinsam haben, zu einer allgemeinen Zusammenfassung in den Begriffen „Haus" und „Verfahren". Dieser Zusammenhang lässt sich in einfacher Form wie folgt veranschaulichen:

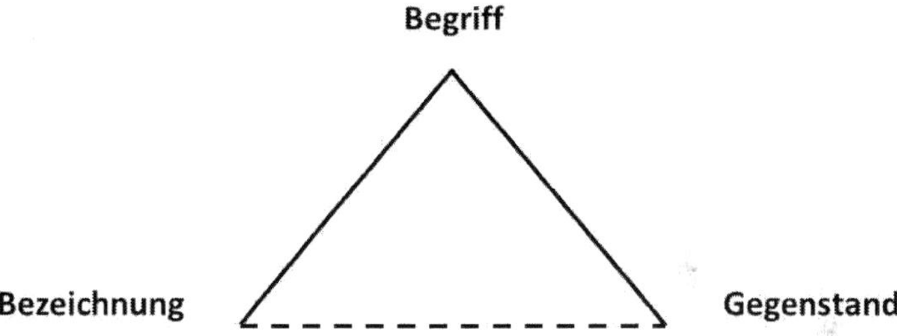

Diese Darstellung, üblicherweise als „semiotisches Dreieck" bezeichnet, wurde von den amerikanischen Linguisten Ogden und Richards in die sprachwissenschaftliche Diskussion eingeführt (vgl. Bußmann 1990:460f.). Sie ist, nicht zuletzt wegen ihrer Klarheit und Einfachheit, sehr bekannt geworden.

Die folgende Graphik wurde von Suonuuti (1997:9f.) als Erweiterung des klassischen semiotischen Dreiecks vorgeschlagen, in der als viertes Element die Definition hinzutritt.

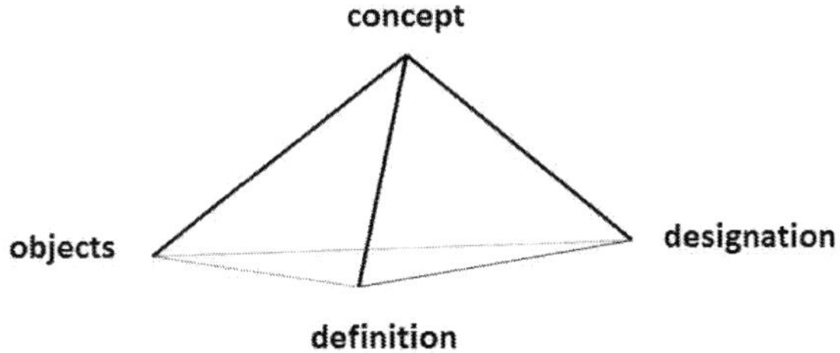

Zur Begründung heißt es (Suonuuti 1997:9):

> In the theory of terminology, objects, concepts, designations and definitions are fundamental ideas. Objects are observed and abstracted into concepts which, in special language, are represented by designations and described in definitions.

Mit den komplizierten Zusammenhängen, die diesen Darstellungen zugrunde liegen, beschäftigen sich verschiedene Disziplinen, neben der Linguistik insbesondere Philosophie und Psychologie; eine wichtige Rolle spielt dabei die Frage nach dem Verhältnis zwischen Sprache und Denken. Zu diesem komplexen Thema ist eine Vielzahl von Hypothesen entwickelt worden, die einander z.T. radikal widersprechen. Besondere Bekanntheit hat das sogenannte sprachliche Relativitätsprinzip erlangt, das von der Annahme ausgeht, dass die Sprachen das Denken und die Wahrnehmung ihrer Sprecher determinieren, sodass menschliche Erkenntnis von den Möglichkeiten der jeweiligen Einzelsprache bestimmt wird (Whorf 1956:20). Diese radikale Hypothese gilt inzwischen als überholt; stattdessen geht die heutige Forschung von einer komplexen wechselseitigen Beziehung zwischen Sprache und Denken aus, bei der zwischen unterschiedlichen sprachlichen Funktionen differenziert werden muss (vgl. Werlen 1989). Abschließende Antworten auf die schwierigen Fragen, die sich hier stellen, liegen noch nicht vor; die Diskussion über die Funktion von Sprache im Erkenntnisprozess dauert an.

Es ist daher nicht überraschend, dass eine ganze Reihe von komplexeren Modellen entwickelt worden ist, um – unter unterschiedlichen Gesichtspunkten – diese schwierigen Zusammenhänge zu klären und zu veranschaulichen. Für die Terminologielehre von besonderem Interesse ist das bereits in den fünfziger Jahren entwickelte Modell von Wüster (2001a:28), das auf dem semiotischen Dreieck basiert, jedoch auf der rechten Seite – der des Zeichens – erweitert wurde.

Wüsters vierteiliges Wortmodell

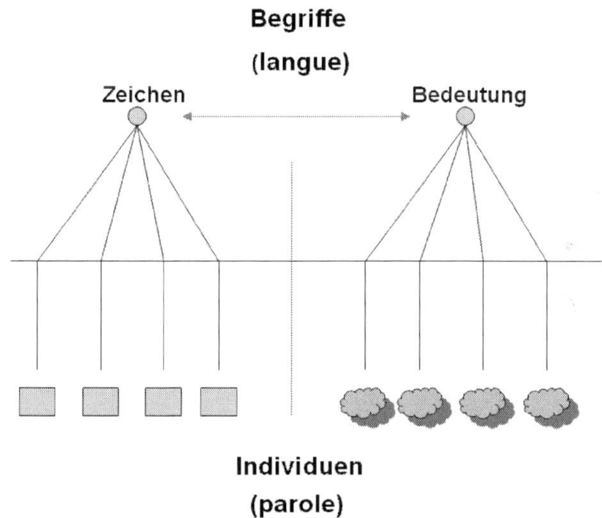

nach: Wüster 1959/60 in Picht/Schmitz (2001a:28)

Die obere Hälfte des Modells stellt die langue-Ebene dar, auf der die Begriffe angesiedelt sind. Wüster unterscheidet dabei zwischen dem Zeichen und der Bedeutung als Begriffen, wobei das Zeichen als Abstraktum – also als Begriff – auftritt. Gleiches gilt für die Bedeutung. Aus dieser Aufteilung wird deutlich, dass zwischen Zeichen und Bedeutung eine Beziehung hergestellt wird und dass beide Begriffe getrennt betrachtet werden. Diese Darstellung steht im Gegensatz zu der Auffassung, dass Bedeutung und Zeichen eine Einheit bilden. Wüster spricht daher auch vom „Reich der Begriffe“ (in seinem Modell noch als „Bedeutung“ bezeichnet) und vom „Reich der Benennungen“ (im Modell als „Zeichen“ angeführt). Dies wird durch die trennende senkrechte Linie ausgedrückt (Wüster 1985:1).

Die parole-Ebene umfasst die Gegenstände (Individuen). In der rechten unteren Hälfte werden die Gegenstände, die der Ausgangspunkt für die Begriffsbildung durch Abstraktion oder Konstruktion sind, durch „Wolken“ dargestellt. In der linken unteren Hälfte werden die individuellen Realisierungen des Begriffs „Zeichen“ durch Rechtecke wieder gegeben. Sie symbolisieren die unendliche Anzahl von individuellen phonologischen oder graphischen Realisierungen der Benennung in der Kommunikation.

Wüsters Modell ist statisch in dem Sinne, dass es die Zuordnung von Begriff und Benennung (im Modell „Zeichen“ und „Bedeutung“) dargestellt durch den beidseitigen Pfeil zu einem gegebenen Zeitpunkt ausdrückt.

Der Philosoph Oeser (1993:472) hat den Versuch unternommen, neue Entwicklungen und Erkenntnisse, insbesondere aus dem Blickwinkel der Wissenstechnik, in Wüsters Modell zu integrieren, ohne dessen Grundstruktur zu verändern. Damit ergibt sich folgendes Bild.

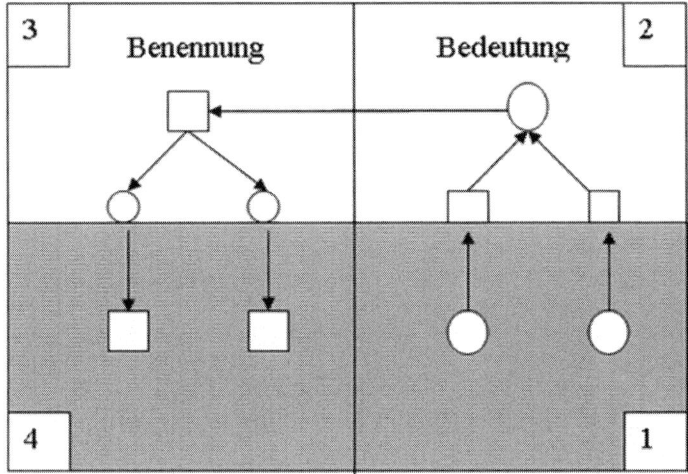

Das Modell zeigt, dass zwischen freier Begriffsentwicklung und kontrollierter Festlegung durch normative Eingriffe, z.B. Sprachplanung und Normung, eine Wechselwirkung besteht. Es unterstreicht somit die dynamische Perspektive der Terminologiearbeit, die eine dauerhafte Gültigkeit von Zeichenrelation und Begriffsbildung ausschließt.

Bevor nun die Bestandteile des erweiterten semiotischen Dreiecks – Gegenstand, Definition, Begriff und Bezeichnung – im Einzelnen dargestellt werden, soll kurz ein Begriff erörtert werden, der in diesem Zusammenhang ebenfalls eine Rolle spielt, die Nomenklatur.

Als Nomenklaturen bezeichnet man üblicherweise Systeme, die eine Vielzahl gleichartiger Dinge klassifizieren und in einheitlicher Weise benennen. Ein Beispiel hierfür ist die auf Linné zurückgehende botanische Nomenklatur, in der jede Pflanze eine lateinische Doppelbezeichnung aus Gattungsname und Artname hat (z.B. Ackerstiefmütterchen: Viola tricolor). Nomenklaturen finden sich z.B. in Zoologie, Chemie und Anatomie.

Aus dieser strengen Regelhaftigkeit, die in bestimmten naturwissenschaftlichen Disziplinen durch den Untersuchungsgegenstand vorgegeben ist, wird von einigen Terminologiewissenschaftlern ein grundsätzlicher Unterschied zwischen Terminologie und Nomenklatur abgeleitet. So sagt Reformatskij (in Hoffmann 1985:162): „Die Terminologie steht vor allem im Zusammenhang mit dem Begriffssystem der betreffenden Wissenschaft, die Nomenklatur etikettiert nur ihre Objekte.“ Diese zunächst durchaus sinnvolle Unterteilung ist jedoch in der praktischen Anwendung nicht unproblematisch, da es leicht zu Abgrenzungsproblemen kommt (siehe dazu im Einzelnen Hoffmann 1985:163). Letztlich ist eine solche Unterteilung auch kaum erforderlich. Man neigt deshalb in zunehmendem Maße dazu, die Nomenklaturen lediglich als einen Sonderfall der Terminologien zu betrachten. Dem trägt auch die folgende pragmatische Definition der DIN 2342 (2011) Rechnung:

> Nomenklatur: systematisch strukturierte Terminologie, der ein methodisch stringentes Benennungsprinzip zugrunde liegt
>
> ANMERKUNG: Eine Besonderheit der Nomenklatur ist ihre angestrebte Begrenzbarkeit, Überschaubarkeit und Lückenlosigkeit.

3.2 Gegenstand

Ausgangspunkt der Terminologielehre und jeglicher Begriffsbildung ist zwangsläufig der Gegenstand. Er ist gewissermaßen der „Rohstoff“ für jegliche Begriffsbildung. DIN 2342 (2011) definiert den Gegenstand als „beliebigen Ausschnitt aus der wahrnehmbaren oder vorstellbaren Welt.“ Damit wird der „Gegenstand“ sehr viel weiter gefasst als in der Gemeinsprache, wo man nur materielle Gegenstände kennt.

Dies wird in der Definition der ISO 1087-1 (2000) weiter konkretisiert:

> Object: anything perceivable or conceivable
>
> NOTE: Objects may be material (e.g. en engine, a sheet of paper a diamond), immaterial (e.g. conversion rate, a project plan) or imagined (e.g. a unicorn).

Einen anderen Aspekt betont die Definition der ÖNorm A 2704:2 (1990):

> Gegenstand: Ausschnitt aus der sinnlich wahrnehmbaren oder gedachten Wirklichkeit mit einer Menge von Eigenschaften
>
> ANMERKUNG: Gegenstände können zueinander in Beziehung stehen oder in Beziehung gebracht werden.

Alle diese Definitionen basieren letztlich auf bereits 1959/60 formulierten Überlegungen Wüsters (Picht/Schmitz 2001:22), der hierzu sagt:

Alles worauf sich so das Denken eines Menschen richtet oder richten kann, heißt im philosophischen Sprachgebrauch „Gegenstand". Auch Sachverhalte sind Gegenstände in diesem Sinne.

Betrachtet man den Gegenstand aus terminologischer Sicht näher, spielt die Entwicklung von Unterteilungskriterien eine besonders wichtige Rolle (Picht 2003, 2004).

Wählt man die für alle oben angeführten Definitionen grundlegende Unterteilung des Gegenstandes in materielle und immaterielle Gegenstände als Ausgangspunkt, gelangt man zu folgendem Begriffssystem:

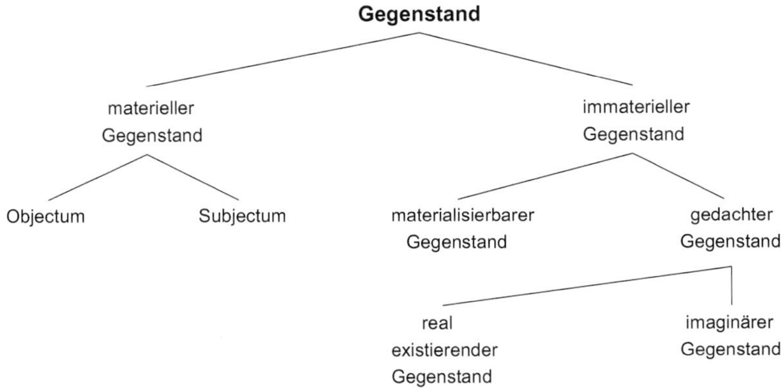

Diese Gegenstandsarten lassen sich wie folgt definieren:

Materieller Gegenstand: unanhängig vom Menschen existierender Gegenstand, der eine physische Form hat, die von den Sinnen unmittelbar oder mittelbar wahrgenommen werden kann. Seine Raum- und Zeitbindung ist vom Menschen unabhängig.

Beispiel: der Bodensee, Hallays Komet.

Objectum: materieller Gegenstand, der als Abbild im Gedächtnis des vorstellenden Subjekts besteht. Der materielle Gegenstand ist im Augenblick des Vorstellens nicht physisch gegenwärtig, muss aber zumindest einmal dem vorstellenden Subjekt durch die Sinne zugänglich gewesen sein.

Beispiel: Mein Pferd „Odett" (Ich befinde mich im Flugzeug und stelle mir mein Pferd „Odett" vor).

Subjectum: materieller Gegenstand, der als Zeichen seiner selbst gegenwärtig ist.

Beispiel: Mein Pferd „Odett" (Ich stehe neben meinem Pferd „Odett" und sehe es).

Immaterieller Gegenstand: Gegenstand ohne physische Form, dessen Existenz und Bindung in Raum und Zeit durch das vorstellende Subjekt gegeben ist.

Beispiel: mein morgiger Zeitplan, das Urteil im NSU-Prozess.

Materialisierbarer Gegenstand: immaterieller Gegenstand, der erst durch einen kreativen Akt eine physische Form erhalten und damit in einen materiellen Gegenstand umgesetzt werden kann.

Beispiel: mein zukünftiges Haus ist zunächst ein immaterieller Gegenstand; als Bauzeichnung kann es eine Vorstufe zu einem materiellen Gegenstand sein (die Zeichnung an sich ist ein materieller Gegenstand, aber noch nicht der endliche), das fertige Gebäude ist dann zu einem materiellen Gegenstand geworden. Bei Weitem nicht alle materialisierbaren Gegenstande werden zu materiellen Gegenständen.

Gedachter Gegenstand: immaterieller Gegenstand, der nur mentale Existenz hat, wodurch er an das vorstellende Subjekt, das gleichzeitig die Raum- und Zeitbindung repräsentiert, gebunden ist.

Beispiel: meine Vorstellung von einer Steuerreform.

Real existierender, gedachter Gegenstand: gedachter Gegenstand, der eine mentale, aber reale Existenz hat, z.B. ein Sachverhalt.

Beispiel: der Kaufvertrag meines Hauses.

Imaginärer Gegenstand: gedachter Gegenstand, der allein in der Vorstellungswelt existiert, keine materielle Form hat und nach menschlichem Ermessen nicht in der realen Welt existieren kann, wohl aber in der Welt des Glaubens und der Vorstellung, z.B. eine Gottheit, ein Fabelwesen.

Beispiel: der germanische Gott Thor, das magische Schwert Excalibur.

Ein weiteres Einteilungskriterium des Begriffs „Gegenstand“ ist die Entstehung eines Gegenstandes. Anhand dieses Kriteriums gelangt man zunächst zu einer Zweiteilung in „vom Menschen unabhängig entstandener Gegenstand“ (z.B. die Alpen) einerseits und „vom Menschen geschaffener oder verursachter Gegenstand“ (z.B. der Nord-Ostsee-Kanal, die Finanzkrise) andererseits. Die vom Menschen geschaffenen oder verursachten Gegenstände wiederum lassen sich in „vom Menschen gewollt geschaffene oder verursachte Gegenstände“ (z.B. Der siebenjährige Krieg) und „vom Menschen ungewollt geschaffene oder verursachte Gegenstände“ (z.B. der Klimawandel) unterteilen.

3.3 Begriff

3.3.1 Bedeutung des „Begriffs"

Es ist bereits deutlich geworden, dass der „Begriff" in der Terminologielehre eine zentrale Rolle spielt. Daraus ergeben sich in methodischer Hinsicht wichtige Konsequenzen, insbesondere in folgenden Bereichen:

Normung

In der nationalen und internationalen Normung steht die Klärung der Begriffe an erster Stelle; erst wenn klar ist, worüber man spricht, ist es sinnvoll zu überlegen, wie man den betreffenden Begriff am zweckmäßigsten benennen kann. Von dem gleichen Grundsatz gehen auch die Bemühungen um eine internationale Angleichung von Begriffen und Benennungen aus.

Information und Dokumentation

Auf dem Gebiet der Information und Dokumentation ist die Vorherrschaft der Begriffe besonders deutlich. Eine Klassifikation wie z.B. die DK (Universelle Dezimalklassifikation) kann nur von den Begriffen ausgehen; diese werden zur eindeutigen Kennzeichnung im System mit numerischen Notationen versehen. Die Benennungen sind zwar für die Kommunikation unentbehrlich, sie können jedoch die Systemstruktur nicht sichtbar machen.

Fachsprachliche Lexikographie

In systematisch – also nicht alphabetisch – gegliederten Wörterbüchern bildet die begriffliche Systematik das Gliederungskriterium. Wenn also die Einträge in einem Wörterbuch gelegentlich auch als „Wortstellen" bezeichnet werden, so würde es sich hier eher anbieten, von „*Begriffs*stellen" zu sprechen.

Es wurde bereits gesagt, dass die Frage nach dem Verhältnis zwischen Sprache, Denken und Realität eine ganze Reihe von Disziplinen beschäftigt. Jede dieser Disziplinen ist von ihrem speziellen Ansatz her zu Antworten gelangt, die in unterschiedlichem Umfang auch von der Terminologielehre genutzt werden.

Aufgrund der großen Bedeutung des „Begriffs" für Terminologielehre und Terminologiearbeit wird dieser Themenbereich im Folgenden ausführlich erörtert.

3.3.2 Definitionen von „Begriff"

Einleitend sei noch einmal an die bereits zitierte Definition in DIN 2342 (2011) erinnert:

> Begriff: Denkeinheit, die aus einer Menge von Gegenständen unter Ermittlung der diesen Gegenständen gemeinsamen Eigenschaften mittels Abstraktion gebildet wird

Diese Definition wird in der Norm durch folgende Anmerkung ergänzt:

> Begriffe sind nicht an einzelne Sprachen gebunden, sie sind jedoch von dem jeweiligen gesellschaftlichen und/oder kulturellen Hintergrund einer Sprachgemeinschaft beeinflusst.

Die der Anmerkung zugrundeliegenden Überlegungen sind für die mehrsprachige Terminologiearbeit von Bedeutung; sie werden in Kap. 4 eingehend behandelt.
Vergleicht man die obige Definition von „Begriff" mit der entsprechenden Definition in der internationalen Grundsatznorm ISO 1087, so stellt man weitgehende, aber nicht völlige Übereinstimmung fest. ISO 1087-1 (2000) definiert wie folgt:

> concept: unit of knowledge created by a unique combination of characteristics
>
> NOTE: Concepts are not necessarily bound to particular languages. They are, however, influenced by the social or cultural background which often leads to different categorizations.

Beide Definitionen orientieren sich an der Theorie Wüsters, wie der Vergleich mit der Wüsterschen Definition (1979:7) zeigt:

> Ein Begriff – von „Individualbegriffen" werde hier abgesehen – ist das Gemeinsame, das Menschen an einer Mehrheit von Gegenständen feststellen und als Mittel des gedanklichen Ordnens („Begreifens") und darum auch zur Verständigung verwenden. Der Begriff ist so ein Denkelement.

In dieselbe Richtung weist die Definition in der österreichischen Grundsatznorm „Terminologie – Allgemeine Grundsätze für Begriffe und Bezeichnungen" (ÖNORM A 2704, 1990:4), die wegen ihrer Klarheit und Vollständigkeit ebenfalls zitiert werden soll:

> Begriffe dienen dem Erkennen von Gegenständen, der Verständigung über Gegenstände sowie dem gedanklichen Ordnen von Gegenständen. Ein Begriff kann auch durch Verknüpfung von anderen Begriffen gebildet werden.

Allen diesen Definitionen ist gemeinsam, dass sie von einem „Denkelement", einer „Denkeinheit" oder einem „Wissenselement" sprechen, die – explizit oder implizit ausgedrückt – durch Abstraktion entstanden sind.

Auf dem Wege vom Gegenstand zum Begriff werden diejenigen Eigenschaften zusammengefasst, die einer bestimmten Menge von Gegenständen gemeinsam sind. Bei materiellen Gegenständen ist das geschilderte Verfahren relativ unproblematisch, weil sich ihre Eigenschaften mit Hilfe der Sinne direkt oder indirekt feststellen lassen und sich die Auswahl der begriffskonstituierenden Eigenschaften auf eine breite Erfahrungsgrundlage stützen kann.

Bei der Bildung von Begriffen, die auf immateriellen Gegenständen basieren, ist das Verfahren der Begriffsbildung wesentlich komplizierter, wie bereits in dem vierteiligen Wortmodell Wüsters zum Ausdruck kam. Dies lässt sich am Beispiel des „ombudsman“ (ungefähre deutsche Entsprechung: „Bürgeranwalt“ oder „Bürgerbeauftragter“) veranschaulichen. Dieses Amt, das in den fünfziger Jahren in Skandinavien neu eingeführt wurde, hat sich inzwischen unter unterschiedlichen Bezeichnungen in vielen Ländern durchgesetzt. Am Anfang dieser Entwicklung standen verschiedene, zunächst recht vage Pläne und Gegenstandsbeschreibungen, die in zahlreichen Diskussionen in der Öffentlichkeit und in Parlamentsausschüssen miteinander verglichen, bewertet und verbessert wurden, bis schließlich dem Parlament ein von der Mehrheit getragener Gesetzesvorschlag vorgelegt werden konnte. Der endgültige Inhalt des Begriffs „ombudsman“ wurde durch den anschließenden Parlamentsbeschluss bestimmt, d.h., das Parlament hat den Begriffsinhalt, der bis dahin lediglich deskriptiv fixiert war, aufgrund seiner Autorität genormt; damit liegt nun eine allgemein verbindliche Gesetzesdefinition vor (Laurén/Myking/Picht 1998:118f.). Dieser Fall der Begriffsbildung könnte als Begriffskonstruktion bezeichnet werden, denn der Begriffsinhalt ist nicht durch Abstraktion entstanden, sondern durch Abwägen und Diskussion von möglichen Merkmalen und abschließenden Konsens.

Solche komplexen Formen der Begriffsbildung sind jedoch nicht nur im Zusammenhang mit immateriellen Gegenständen anzutreffen, sie können auch dann auftreten, wenn materielle Gegenstände planmäßig geschaffen werden, nachdem zunächst ihre gewünschten Eigenschaften beschrieben worden sind. Dies gilt beispielsweise bei der Konstruktion einer Maschine für einen bestimmten Zweck, bei der Schaffung neuer Tier- oder Pflanzenarten durch genetische Veränderung oder bei der Entwicklung von Medikamenten mit im Voraus definierten Eigenschaften und Wirkungen. Der Begriff ist damit vorab bestimmt, und die Gegenstände, die die definierten Eigenschaften aufweisen, werden entsprechend geschaffen. In diesem Falle muss man eher von einem unechten Abstraktionsprozess sprechen, weil das Abstraktionsresultat im Voraus gegeben ist und (im Idealfall) mit der endgültigen Eigenschaftskonfiguration übereinstimmt (Laurén/Myking/Picht 1998:119). Im Gegensatz zu dem für materielle Gegenstände üblichen Verlauf führt der Weg hier also vom Begriff zum Gegenstand.

Man kann auch den Begriff als eine Erkenntniseinheit betrachten, z.B. in einem Forschungs- oder Lernprozess. Man kann ihn als Wissenseinheit definieren, in der das gesamte Wissen, über das zu einem bestimmten Zeitpunkt Konsens besteht, zusammengefasst wird.

Im individuellen alltäglichen Denkprozess präsentiert der Begriff sich uns schließlich als Denkeinheit. Hier wird der Begriff längst nicht immer vollständig aktiviert. Vielfach geht es, je nach Kontext, nur um ganz bestimmte Merkmale, etwa dann, wenn ein medizinischer Laie über seine Krankheit spricht und dabei ein medizinisches Fachwort verwendet. Hier ist eine tiefgehende Kenntnis sämtlicher Begriffsmerkmale nicht zwingend erforderlich.

3.3.3 Individualbegriffe und Allgemeinbegriffe

Begriffe vertreten entweder nur einen Gegenstand – dann liegt ein Individualbegriff vor, der durch einen Namen bezeichnet wird – oder eine Menge von Gegenständen, die bestimmte Merkmale gemeinsam haben, dann geht es um einen Allgemeinbegriff.

Die DIN 2342 (2011) unterscheidet in ihren Definitionen folgendermaßen:

> Individualbegriff: Begriff, der ausgehend von einem einzelnen Gegenstand durch Abstraktion gebildet wird
>
> Allgemeinbegriff: Begriff, der ausgehend von mehr als einem Gegenstand durch Abstraktion gebildet wird

Beim Vergleich der beiden Definitionen scheint es lediglich um die Anzahl der Gegenstände zu gehen, die sie voneinander unterscheiden. Diese vereinfachte Sichtweise wird jedoch der Wirklichkeit nicht ganz gerecht.

Beim Individualbegriff wäre einzuwenden, dass er nur einen Gegenstand vertritt, der durch Abstraktion zum Individualbegriff wird. Es ist schwer vorstellbar, einen einzelnen Gegenstand zu abstrahieren, da bei der Abstraktion, die eine Reduktion beinhaltet, nur die Gemeinsamkeiten mindestens zweier Gegenstände den Begriffsinhalt bilden.

Gegenstände haben Eigenschaften, zu denen auch eine Zeit-Raum-Angabe gehört, denn jeder Gegenstand steht in einem zeitlichen und räumlichen Verhältnis zu seiner Umwelt. Ferner ist die sprachliche Repräsentation eines Individualbegriffs in der Regel ein Name. Gegenstände haben jedoch auch Namen.

Hiernach kann festgestellt werden, dass die Eigenschaften eines Gegenstandes die Merkmale des Individualbegriffs werden, dass die sprachliche Repräsentation sich nicht ändert und dass die Zeit-Raum-Angabe – im Gegensatz zum Allgemeinbegriff – erhalten bleibt.

Der Allgemeinbegriff, wenn er durch Abstraktion entstanden ist, vertritt mehrere Gegenstände. Durch die Auswahl der Merkmale – eine Reduktion auf die gemeinsamen Eigenschaften der Gegenstände – fällt die Zeit-Raum-Angabe als nicht gemeinsam weg. Bei Allgemeinbegriffen, die durch Konstruktion entstanden sind, ist es unerheblich oder nicht nachvollziehbar, wie viele Gegenstände sie vertreten.

Zur Verdeutlichung einige Beispiele:

Wagners Oper „Tannhäuser" ist ein Gegenstand mit einem Namen und einer Zeit-Raum-Angabe (entstanden wann und wo). Beim Individualbegriff sind die Eigenschaften (inklusive Zeit-Raum-Angabe) zu Merkmalen geworden.

Der Allgemeinbegriff „Oper" vertritt neben Wagners „Tannhäuser" alle jemals komponierte Musikstücke, die die Merkmale von Opern haben.

Unter die Rubrik „Gegenstände" und „Individualbegriffe" fallen natürlich auch solche, die nicht materieller Art sind, wie z.B. die „Römischen Verträge", der „Nürnberger Prozess" oder der „Trojanische Krieg". Auf der Seite der Allgemeinbegriffe würde ihnen „Vertrag", „Prozess" oder „Krieg" entsprechen.

3.3.4 Begriffsinhalt, Begriffsumfang und Klasse

Für die Beschreibung von Begriffen sind Begriffsinhalt und Begriffsumfang von grundlegender Bedeutung. Die Definition des Begriffsinhalts in DIN 2342 (2011) lautet:

> Begriffsinhalt (Intension): Gesamtheit der Merkmale eines Begriffs
>
> BEISPIEL: Der Begriffsinhalt von Parallelogramm besteht aus den Merkmalen „viereckig" und „parallele, gegenüberliegende Seiten".

Entsprechend definiert ISO 1087-1 (2000:3):

> intension: set of characteristics which makes up the concept

Da die Anzahl der Merkmale eines Begriffs zu einem gegebenen Zeitpunkt nicht verändert werden kann, ohne auch gleichzeitig den Begriff zu ändern, ermöglicht die Gesamtheit der Merkmale eines Begriffs auch die scharfe Abgrenzung desselben gegenüber benachbarten Begriffen mit größerem, kleinerem oder abweichendem Begriffsinhalt. Dies soll an dem folgenden (leicht vereinfachten) Beispiel verdeutlicht werden:

Merkmal	Testament	außerordentliches Testament	Dreizeugen-Testament
1	1. Erblasser	1. Erblasser	1. Erblasser
2	2. einseitige Verfügung von Todes wegen	2. einseitige Verfügung von Todes wegen	2. einseitige Verfügung von Todes wegen
3	3. Bestimmung des Erben	3. Bestimmung des Erben	3. Bestimmung des Erben
4	4. gewillkürte Erbfolge ersetzt die gesetzliche	4. gewillkürte Erbfolge ersetzt die gesetzliche	4. gewillkürte Erbfolge ersetzt die gesetzliche
5		5. kann nur in besonderen Fällen (meist Notfällen) errichtet werden	5. kann nur in besonderen Fällen (meist Notfällen) errichtet werden
6		6. Verlust der Wirksamkeit a) durch Wegfall des Notfalls b) drei Monate nach Errichtung	6. Verlust der Wirksamkeit a) durch Wegfall des Notfalls b) drei Monate nach Errichtung
7			7. durch mündliche Erklärung gegenüber drei Zeugen
8			8. Niederschrift erforderlich

Je größer der Begriffsinhalt wird, umso kleiner werden der Umfang eines Begriffs und die Menge der unter diesen Begriff fallenden Gegenstände. Das bedeutet gleichzeitig, dass „Begriffsumfang“ und „Menge der Gegenstände, die unter einen Begriff fallen”, nicht identisch sind.

Die Norm DIN 2342 unterscheidet deshalb ausdrücklich zwischen Begriffsumfang und Klasse und definiert „Begriffsumfang“ (2011) wie folgt:

> Begriffsumfang (Extension): Gesamtheit der Unterbegriffe eines Begriffs auf derselben Hierarchiestufe
>
> ANMERKUNG 1: Jeder Begriff auf dieser Hierarchiestufe ist dadurch mit seinem eigenen Begriffsumfang im Begriffsumfang des betrachteten Ausgangsbegriffs enthalten.
>
> BEISPIEL: Der Begriffsumfang von „Kraftfahrzeug“ umfasst die Unterbegriffe „Kraftrad“, „Personenkraftwagen“, „Lastkraftwagen“, „Omnibus“

Demgegenüber erhält „Klasse“ folgende Definition:

> Klasse: <Terminologiearbeit> Gesamtheit der Gegenstände, die unter einen Begriff fallen
>
> ANMERKUNG: Die Klasse ist zu unterscheiden vom Begriffsumfang.

Der Unterschied zwischen beiden Begriffen lässt sich leicht veranschaulichen. So bilden den Umfang des Begriffs „Fahrzeug“ die auf der gleichen Abstraktionsstufe liegenden Unterbegriffe „Wasser-“, „Luft-“ und „Landfahrzeug“. Die Klasse des Begriffs „Fahrzeug“ besteht dann in der Gesamtheit aller Fahrzeuge; Art, Typ, Baujahr, Größe und Verwendungszweck dieser Fahrzeuge sind ohne Belang, solange die betreffenden Gegenstände die Merkmale des Begriffs „Fahrzeug“ aufweisen.

An diesem Beispiel soll auch noch einmal das Verhältnis von Begriffsinhalt einerseits sowie Begriffsumfang und Klasse andererseits verdeutlicht werden: Zu den Fahrzeugen gehören z.B. Personenkraftwagen, unter diesen sind solche des Baujahrs 1999, und von diesen wieder sind einige Coupés. Die Zahl der Fahrzeuge, die der Reihe nach den einzelnen Gruppen zuzuordnen sind, wird immer kleiner. Je größer der Begriffsumfang bzw. die Klasse eines Begriffs ist, desto weniger Merkmale kennzeichnen ihn; entsprechend groß ist die Anzahl der ihm zuzuordnenden Gegenstände. Treten weitere Merkmale zu einem Begriff hinzu, so entstehen speziellere Begriffe, deren Umfang geringer ist; die Anzahl der unter sie fallenden Gegenstände nimmt entsprechend ab.

Sowohl der Begriffsinhalt als auch Begriffsumfang und Klasse sind keine konstanten Größen; sie verändern sich mit der Entwicklung, der jeder Begriff unterworfen ist.

3.3.5 Begriffsverknüpfungen

Sobald ein neuer Gegenstand entdeckt, erfunden, geschaffen oder eingeführt wird, entsteht auch ein neuer Begriff, der hinsichtlich seines Inhalts und Umfangs beschrieben werden kann.

In den meisten Fällen sind aber auch solche neuen Begriffe durch Weiterentwicklung bereits bekannter Begriffe entstanden und sind diesen daher ähnlich bzw. mit ihnen verwandt. Dabei werden bereits bekannte Begriffe miteinander verknüpft; die Beziehung, die dabei zwischen den neu verknüpften Begriffen besteht, kann unterschiedlicher Natur sein. Der wichtigste Fall ist die Determination.

Determination (Inhaltsbestimmung)

Tritt zu einem Begriff (Ausgangsbegriff) ein zusätzlicher Begriff zur näheren Bestimmung hinzu, wird der Begriffsinhalt spezifischer. Die hinzukommenden Merkmale unterscheiden den neuen Begriff (Endbegriff) vom Ausgangsbegriff. Da der Begriffsinhalt des Ausgangsbegriffs immer auch im Endbegriff enthalten ist, besteht Ähnlichkeit bzw. Verwandtschaft zwischen beiden Begriffen, die zueinander im Verhältnis Oberbegriff - Unterbegriff stehen.

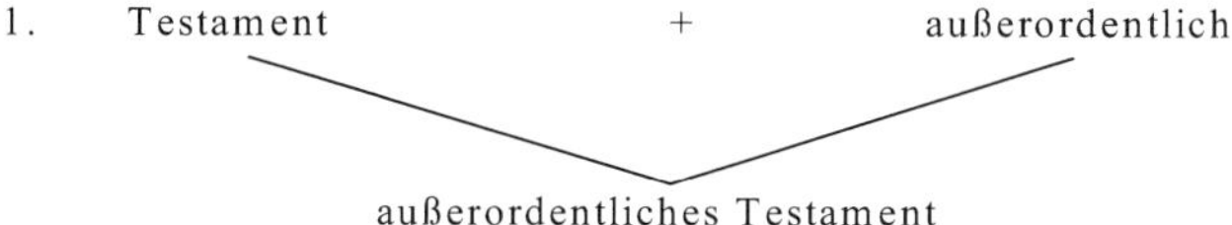

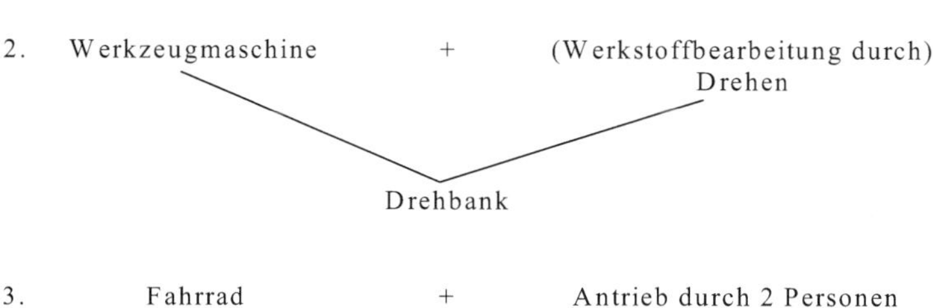

3. Fahrrad + Antrieb durch 2 Personen

Tandem

Die Beispiele zeigen, dass die Ausgangsbegriffe „Testament“, „Werkzeugmaschine“, „Fahrrad“ durch die hinzutretenden Begriffe („außerordentlich“, „Drehen“ bzw. „Antrieb durch 2 Personen“) begrifflich eingeengt werden. Dies spiegelt sich häufig in der Benennung des Endbegriffs wider (Beispiel 1), doch ist dies nicht zwingend: In Beispiel 2 wurde nur eine der beiden Ausgangsbenennungen in die Endbenennung übernommen. Die in Beispiel 3 gebildete Benennung weist keine der Ausgangsbenennungen auf; der Begriff ist sprachlich durch eine völlig andere Benennung repräsentiert.

Wüster (1985:11ff.) unterscheidet noch drei weitere, weniger häufige Fälle: Konjunktion (Inhaltsvereinigung), Disjunktion (Umfangsvereinigung) und Integration (Bestandsverknüpfung oder Bestandsvereinigung). Auch diese Fälle von Begriffsbeziehungen sollen kurz dargestellt werden:

Konjunktion (Inhaltsvereinigung)

Hier werden die Begriffsinhalte der Ausgangsbegriffe vereinigt, d.h., sie stehen gleichberechtigt nebeneinander. Diese Art der Begriffsbildung führt relativ selten zu Endbegriffen, die im eigentlichen Sinne neu sind; zumeist ist der Endbegriff lediglich die Summe der beiden Ausgangsbegriffe.

Ausgangsbegriffe:	Mähmaschine, Dreschmaschine
Konjunktion:	Mähdrescher (vgl. fr. moissonneuse-batteuse)

Des Öfteren finden sich Fälle von Konjunktion im determinierenden Element einer durch Determination gebildeten Begriffsverknüpfung, so z.B. in: Schwarzweißfilm, Spar- und Darlehnskasse, Roll-on-roll-off-Transport, Wach- und Schließgesellschaft.

Tauscht man bei der Konjunktion den Platz der beiden Elemente, so wird sich eine sprachlich eventuell ungewohnte Reihenfolge ergeben, die aber den Inhalt nicht berührt („Dreschmäher"); bei der Determination ist dies nicht möglich: „Truppenversorgung" ist nicht das gleiche wie „Versorgungstruppen".

Disjunktion (Umfangsvereinigung)

Wie bei der Konjunktion stehen die Ausgangsbegriffe gleichberechtigt nebeneinander, jedoch werden in diesem Falle die Begriffsumfänge vereinigt, und das Ergebnis ist der gemeinsame Oberbegriff.

Ausgangsbegriffe:	Motor, Generator
Disjunktion	Elektrische Maschine

Integration (Bestandsvereinigung)

Hier werden die Gegenstände, die den Begriffen zugeordnet sind, vereinigt.

Ausgangsbegriffe:	Nabe, Speichen, Felge
Integration:	Rad

Während es sich bei Konjunktion, Disjunktion und Determination um Abstraktionsbeziehungen handelt (siehe 3.6.5), liegt bei der Integration eine Bestandsbeziehung vor (siehe 3.6.6).

3.4 Merkmale

3.4.1 Wesen des Merkmals

Jede Analyse eines Begriffs führt uns zwangsläufig zu seinen Merkmalen; diese werden – je nach Betrachtungsweise – auch als Begriffsmerkmale, Begriffselemente oder Wissenselemente bezeichnet. Man darf allerdings nicht übersehen, dass Merkmale auch Begriffe sind; so kann das Adjektiv „grau" in einem Fall Merkmal, im anderen Falle Begriff sein.

DIN 2342 (2011) definiert „Merkmal" wie folgt:

> Merkmal: Durch Abstraktion gewonnene Denkeinheit, die eine Eigenschaft von Gegenständen wiedergibt, welche zur Begriffsbildung und -abgrenzung dient

> BEISPIEL 1: Begriff: „Treppe“; Merkmal: „Stufen“
> BEISPIEL 2: Begriff: „Rechteck“; Merkmale: „vier rechte Winkel“, „parallele Seiten“

Die DIN 2330 (2013) geht vertiefend auf den Sinn und Zweck von Merkmalen ein:

> Sowohl zur Begriffsbestimmung als auch für das Ermitteln von Begriffsbeziehungen sind die Merkmale von Begriffen von grundlegender Bedeutung. Merkmale geben diejenigen Eigenschaften von Gegenständen wieder, welche zur Begriffsbildung und -abgrenzung dienen.
>
> Merkmale sind durch Abstraktion gewonnene Denkeinheiten und damit auch selbst Begriffe. Zur Bildung von Begriffen müssen aber immer andere Begriffe herangezogen werden, die dann die Funktion von Merkmalen erhalten. Merkmale sind zur Bestimmung eines Begriffs unverzichtbar.

ISO 1087-1 „Terminology work – Vocabulary – Part 1: Theory and application” (2000:3) definiert „Merkmal” (= „characteristic”) wie folgt:

> characteristic: abstraction of a property of an object or of a set of objects
>
> NOTE: Characteristics are used for describing concepts.

Fragen, die Merkmale, Merkmalarten, Merkmalkombinationen usw. betreffen, spielen auch in anderen Disziplinen, etwa Philosophie und Linguistik, eine wichtige Rolle. „Semantische Merkmale“ (semantic features) und deren Kombinationen sind das Kernstück strukturalistischer Bedeutungstheorien. An ihnen entzündeten sich immer wieder grundlegende linguistische Kontroversen (siehe dazu z.B. Handwerker 1988; Schwarz 1992).

Die in diesem Forschungsbereich gewonnenen Erkenntnisse können auch Terminologielehre und Terminologiearbeit befruchten.

3.4.2 Bedeutung der Merkmale für die Terminologiearbeit

Merkmale sind für die Terminologiearbeit insbesondere unter folgenden Gesichtspunkten von Bedeutung:

1. Feststellung des Begriffsinhalts

Jede terminologische Analyse kann auch als Bestandsaufnahme oder Sammlung aller Wissenselemente zu einem Begriff aufgefasst werden. Die Gesamtheit der zu einem gegebenen Zeitpunkt festgestellten Merkmale eines Begriffs ist die Summe des Wissens über diesen Begriff. Daher hat die Änderung eines Merkmals notwendigerweise zur Folge, dass ein neuer Begriff entsteht.

2. Grundlage für die Benennungsbildung

Will man „motivierte" Benennungen schaffen, d.h. Benennungen, deren Struktur den Begriffsinhalt widerspiegelt, oder will man bereits bestehende motivierte Benennungen verstehen bzw. beurteilen, so ist die Wahl des Merkmals, das sprachlich zum Ausdruck kommt, besonders wichtig.

Vielfach ist das Fortbestehen einer Benennung kein sicherer Indikator dafür, dass auch der Begriff der gleiche geblieben ist; z.B. hat sich die wissenschaftliche Betrachtung des Atoms (gr. átomos = unteilbar) entscheidend geändert, ohne dass deswegen die Benennung geändert worden wäre. Diese Frage wird uns im Zusammenhang mit der Motiviertheit von Benennungen (3.8.3) eingehender beschäftigen.

3. Strukturierung von Begriffssystemen

Die Merkmalarten haben entscheidenden Einfluss auf die Struktur eines Begriffssystems, d.h. den systematischen Zusammenhang von Begriffen. Merkmalarten bestimmen nämlich als Einteilungskriterien, welche Begriffe unmittelbar neben- bzw. übereinander erscheinen sollen.

So lässt sich der Oberbegriff „Pferd" je nach Art des gewählten Kriteriums wie folgt einteilen:

Verwendung:	Reitpferd, Arbeitspferd, Traber, ...
Geschlecht:	Stute, Hengst (Wallach)
Rasse:	Vollblut, Warmblut, Kaltblut, ...
Herkunft:	Araber, Trakehner, Hannoveraner, Pinzgauer, ...

Für alle diese Reihen könnte „Pferd" als Oberbegriff stehen. Im vorliegenden Falle wurde jeweils nur nach einem Kriterium (= Merkmalart) eingeteilt; es ist jedoch auch eine Kombination von Merkmalarten möglich.

4. Äquivalenzbestimmung

Sind die Begriffe, die durch Benennungen repräsentiert werden, in ihren Merkmalen gleich (begriffliche Identität), so sind auch die betreffenden Benennungen synonym (wenn es sich um Benennungen der gleichen Sprache handelt) bzw. äquivalent (wenn es sich um Benennungen verschiedener Sprachen handelt). Die Kenntnis der Merkmale ist somit Voraussetzung für die terminologische Analyse.

Diese Zusammenhänge sind in der Norm ISO 704:2009 (Terminology work – Principles and Methods) (2009: 5f.) überzeugend zusammengefasst:

> *Characteristics* shall be used in the analysis of *concepts*, the modelling of *concept systems*, and in the formulation of *definitions* and, where appropriate, should have a bearing on the selection and formation of *designations*.

> To facilitate this analysis, the properties of *objects* may be grouped into categories such as part, function, composition, colour, shape, operation, location. Categories appropriate to the *subject field* can be found from reference works and encyclopedias, but any list has to be used flexibly, and it should be assumed that additional categories are likely to be needed to adequately represent all the properties. For practical purposes, beginning with one of the more typical *objects* is recommended. The identification of *characteristics* shall be based on specialized knowledge in the field and this often requires research. Experienced terminologists for whom the *concept* in question is clear and straightforward may move directly to identifying the *characteristics*.

Damit ist zugleich die Frage angesprochen, wie man Merkmale zu Merkmalarten zusammenfassen kann.

3.4.3 Einteilung der Merkmale

Zur Frage der Einteilung der Merkmale werden in der Literatur unterschiedliche Auffassungen vertreten; die terminologischen Grundsatznormen nehmen in diesem Punkt inzwischen einen einheitlichen Standpunkt ein.

Die Norm DIN 2330 (2013) unterteilt die Merkmale in Beschaffenheitsmerkmale (Eigenmerkmale) und Relationsmerkmale (Beziehungsmerkmale):

Beschaffenheitsmerkmale

- Form (eckig, rund, konisch usw.)
- Abmessung (Länge, Breite, Durchmesser usw.)
- Werkstoff (Metall, Kunststoff, Naturfaser usw.)
- Farbe (rot, grün, blau usw.)
- Lage (schwebend, hängend, stehend usw.)
- Zeit (Herstellungsdatum, Verfallsdatum usw.)

Relationsmerkmale

- Herkunftsmerkmale (Erfinder, Hersteller, Herkunftsort usw.)
- Vergleichsmerkmale (größer, kleiner usw.)
- Bewertungsmerkmale (billig, ausreichend usw.)

Eine frühere Fassung der DIN 2330 (1979:6) hatte eine Unterteilung in drei Merkmalgruppen, nämlich Beschaffenheitsmerkmale, Relationsmerkmale und Funktionsmerkmale, vorgenommen; den Funktionsmerkmalen wurden die Leistungsmerkmale (z.B. Fertigungsgeschwindigkeit und Spitzengeschwindigkeit) und die Verwendungsmerkmale (z.B. zum Transport, Anwendungsbereich) zugeordnet. Dies zeigt, dass es andere plausible Einteilungsverfahren gibt. Trotzdem erscheint es naheliegend, die Merkmale in zwei große Gruppen zu unterteilen: einerseits die Eigenschaften der von einem Begriff umfassten Gegenstände, andererseits diejenigen Merkmale, in denen eine Relation zwischen zwei Begriffen zum Ausdruck kommt; dies schließt eine weitere Untergliederung dieser beiden Hauptgruppen selbstverständlich nicht aus.

Auch der Normentwurf ISO/CD 1087-1 (1995) ging von einer Zweiteilung aus und unterschied „intrinsic characteristics" (Beschaffenheitsmerkmale) und „extrinsic characteristics" (Relationsmerkmale).

Die entsprechenden Definitionen im Normentwurf (1995:7) lauteten:

> intrinsic characteristic: characteristic that represents an inherent property of an object
>
> EXAMPLES: Characteristics denoting, e.g. shape, size, material, colour.
>
> extrinsic characteristic: characteristic that reflects the relation of an object to other objects
>
> EXAMPLES: Characteristics denoting, e.g. purpose, function, location.

Die Tatsache, dass die im Jahre 2000 erschienene endgültige Fassung der Norm auf diese Definitionen verzichtet, spricht keineswegs gegen die Richtigkeit der Definitionen. Die Unterteilung, die ihnen zugrunde liegt, entspricht weitgehend dem Ansatz Wüsters (1985:14f.), der zwischen Eigenmerkmalen (inhärenten Merkmalen) und Beziehungsmerkmalen (Relationsmerkmalen) unterscheidet. Die Beziehungsmerkmale werden ihrerseits in Anwendungsmerkmale und Herkunftsmerkmale unterteilt; die Anwendungsmerkmale entsprechen den Funktionsmerkmalen, von denen soeben die Rede war.

3.4.4 Wesentliche und unwesentliche Merkmale

Nicht alle festgestellten Merkmale eines Begriffs haben die gleiche Bedeutung. Daher hat sich in der Terminologielehre die auf Aristoteles zurückgehende Unterscheidung zwischen wesentlichen (essentialia) und unwesentlichen Merkmalen (accidentialia) eingebürgert (vgl. Dahlberg 1976:90f.).

Als wesentliche Merkmale werden solche Merkmale betrachtet, die Eigenschaften eines Gegenstandes in einer gegebenen Situation aus der Sicht einer Fachrichtung widerspiegeln, unwesentliche Merkmale sind alle übrigen. Welche Eigenschaften zur Begriffsbildung und -abgrenzung heranzuziehen sind, richtet sich nach dem Ziel, mit dem die Terminologiearbeit durchgeführt wird. Die vorherige Fassung der DIN-Norm 2330 (1993:4) erläutert dies an folgendem Beispiel:

In der Thermodynamik gehen in den Begriff „Flüssigkeit“ die Merkmale ein, die die Eigenschaft „in der Konsistenz zwischen den Bereichen „fest“ und „gasförmig“ liegend“ wiedergeben.
In der Hydromechanik dagegen gehen in den Begriff „Flüssigkeit“ die Merkmale ein, die angeben, dass die Substanz nicht komprimierbar und sehr dicht ist bzw. sich der jeweiligen Oberfläche anpasst.

Die Norm ISO 1087 (2000:3) beschränkt sich darauf, „essential characteristic“ und „delimiting characteristic“ zu definieren:

essential characteristic: characteristic which is indispensable to understanding a concept

delimiting characteristic: essential characteristic used for distinguishing a concept from related concepts

NOTE: The delimiting characteristic "support for the back" may be used for distinguishing the concepts "stool" and "chair".

Die Definition des unwesentlichen Merkmals (non-essential characteristic) ist in dieser Definition implizit enthalten. „Wesentlichkeit“ ist somit eine relative Größe, d.h., dass man nur in einer gegebenen Situation entscheiden kann, ob ein Merkmal wesentlich ist oder nicht; außerdem stellt sich hier die Frage des Vorwissens, die ebenfalls nur von Fall zu Fall beantwortet werden kann. Daher lehnen einige Autoren, z.B. Felber/Budin (1989:25) diese Einteilung als zu vage ab.

Auch die aktuelle Fassung der DIN 2342 (2011) folgt der Sicht der ISO-Normen, in dem sie als Merkmalsarten nur das wesentliche Merkmal und das abgrenzende Merkmal definiert:

wesentliches Merkmal: Merkmal, das zum Bestimmen eines Begriffs unverzichtbar ist

BEISPIEL: Die Lehne ist ein wesentliches Merkmal von Stühlen, Sesseln und Sofas.

abgrenzendes Merkmal: Merkmal, das zur Abgrenzung eines Begriffs von benachbarten Begriffen verwendet wird

BEISPIEL: Lehne dient als abgrenzendes Merkmal zur Unterscheidung von Stühlen und Hockern.

Im Übrigen geht die aktuelle Fassung der DIN 2330 (2013) nicht mehr auf die Unterscheidung zwischen wesentlichen, unwesentlichen und abgrenzenden Merkmalen ein.

3.4.5 Äquivalente Merkmale

Äquivalente Merkmale werden in der früheren Fassung der Norm DIN 2330 (1979:7) wie folgt definiert:

> Äquivalente Merkmale sind zwei oder mehr Merkmale, die in bestimmten Fällen miteinander austauschbar sind. Die Austauschbarkeit lässt sich dadurch feststellen, dass bei der Herstellung einer spezifischen Relation des betreffenden Begriffs zu einem anderen Begriff diese Relation bei Einsatz der äquivalenten Merkmale unverändert bleibt. Dies ist insbesondere dann der Fall, wenn von zwei einem Begriff zugeschriebenen Merkmalen jeder für sich den gleichen Unterbegriff ergibt.

Die Merkmale „konvex“ und „die Strahlen sammelnd“ sind beispielsweise bei Linsen äquivalent, denn jede Konvexlinse ist eine Sammellinse und umgekehrt (Wüster 1985:16).

Jedoch können sich bei der Beurteilung der Äquivalenz der Merkmale Probleme ergeben. Ebenso wie der Begriff selbst können sich auch die äquivalenten Merkmale ändern. So war der *Otto*motor lange Zeit hindurch identisch mit dem *Benzin*motor; das Herkunftsmerkmal „Erfinder Otto“ implizierte das Merkmal „durch Benzin angetrieben“. Das Merkmal „durch Benzin angetrieben“ trifft aber heute auch auf andere Motoren zu (z.B. Wankelmotor), andererseits kann ein Ottomotor auch durch Gas angetrieben werden.

Äquivalente Merkmale sind nicht konstant. Die Frage, welches von zwei äquivalenten Merkmalen in der Benennung sprachlich realisiert werden soll, ist von Fall zu Fall zu beantworten. Grundsätzlich gilt jedoch, dass Eigenmerkmale den Beziehungsmerkmalen bei der Benennung vorzuziehen sind, da Eigenmerkmale konkreter und damit besser überprüfbar sind (Zur Rangfolge von Merkmalarten bei der Benennungsbildung siehe Wüster 1985:16f.).

3.4.6 Abhängige und unabhängige Merkmale

Abhängige Merkmale spielen in logischen Begriffssystemen (siehe 3.6.5) eine Rolle; in diesen Systemen tritt auf jeder Unterteilungsstufe mindestens ein Merkmal hinzu, das den jeweiligen Oberbegriff einengt. Das hinzutretende Merkmal setzt also ein bestimmtes Merkmal auf der nächsthöheren Stufe voraus.

Beispiel: Landmaschine – Kartoffelroder

Da das Roden von Kartoffeln eine Erntearbeit ist, muss der Begriff „Erntemaschine“ eingeschoben werden; das in „Erntemaschine“ enthaltene Merkmal „Ernten“ wird dann beim Kartoffelroder durch das hiervon abhängige Merkmal „Ernten von Kartoffeln“ spezifiziert.

Bei voneinander unabhängigen Merkmalen ist die Reihenfolge ohne Bedeutung; insofern sind die Eigenschaften eines Tisches wie z.B. „aus Holz; rechteckig; ausziehbar“ autonom, sie bedingen einander nicht.

3.4.7 Komplexität der Merkmale

Von einfachen Merkmalen spricht man, wenn die Merkmale eine einzige Eigenschaft angeben, z.B. „schwarz sein“.

Komplexe Merkmale dagegen enthalten zwei oder mehr Eigenschaften; das ist beispielsweise der Fall in: „einseitige Verfügung von Todes wegen“.

Komplexe Merkmale können in ihre einzelnen Bestandteile zerlegt werden, oftmals ist es aber zweckmäßiger, sie nicht aufzulösen, da die einzelnen Merkmale innerhalb eines Faches in bestimmten Kombinationen auftreten, eventuell voneinander abhängig sind und somit in ihrer Gesamtheit fast formelhaften Charakter haben. Darum sollten sie auch in Definitionen nicht auseinandergerissen werden.

3.5 Definition

3.5.1 Wesen und Funktion der Definition

Seit jeher haben sich Vertreter vieler Fachgebiete um die exakte Beschreibung der Begriffe ihres jeweiligen Faches bemüht, sodass das Definieren für weite Bereiche von Wissenschaft und Technik von Interesse ist.

Für Terminologielehre und Terminologiearbeit sind Definitionen ganz besonders wichtig, denn hier stehen die Begriffe im Mittelpunkt, und diese müssen mit sprachlichen (oder anderen semiotischen) Mitteln eingegrenzt bzw. beschrieben werden.

Entsprechend lautet die Definition von „Definition“ in DIN 2342 (2011):

> Definition: Begriffsbestimmung mit sprachlichen Mitteln
>
> ANMERKUNG: Die für die Terminologiearbeit wichtigste Form der Definition ist die Inhaltsdefinition (siehe DIN 2330).

Zur Funktion von Definitionen sagt DIN 2330 (1993:6):

> Beim Definieren wird ein Begriff mit Hilfe des Bezugs auf andere Begriffe innerhalb eines Begriffssystems festgelegt und beschrieben und damit gegenüber anderen Begriffen abgegrenzt. Die Definition bildet die Grundlage für die Zuordnung einer Benennung zu einem Begriff; ohne sie ist es nicht möglich, einem Begriff eine geeignete Benennung zuzuordnen.

Die DIN 2330 (2013) ist wesentlich kürzer gefasst und gibt den Zweck der Definition wie folgt an:

Eine Definition dient dazu, einen Begriff

a) zu bestimmen,
b) von anderen Begriffen abzugrenzen, und
c) in ein Begriffssystem einzuordnen.

Zusätzliche Informationen enthält die Definition von Dahlberg (1981:17):

> A definition is the equivalence between a definiendum ("what is to be defined?") and a definiens ("how is something to be defined?") for the purpose of delimiting the understanding of the definiendum in any communication case.

Diese Definition geht bereits auf die formale Struktur von Definitionen ein. Die Definition ist nämlich eine „Gleichung", bei der auf der linken Seite der durch eine Benennung ausgedrückte Begriff, das Definiendum, und auf der rechten Seite die Inhaltsbeschreibung des Begriffs, das Definiens, steht. Zwischen beiden steht der „Definitor", in der Regel ein Doppelpunkt oder ein Gleichheitszeichen.

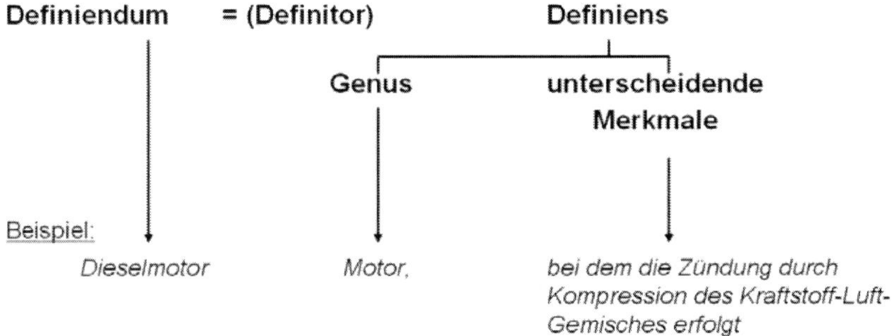

Dadurch, dass Begriffe festgelegt und gegenüber anderen Begriffen abgegrenzt werden, werden zugleich Begriffsbeziehungen hergestellt bzw. deutlich gemacht; dies ist insbesondere für die Erarbeitung von Begriffssystemen wichtig (siehe 3.6).

3.5.2 Definitionsarten

Die Zahl der Definitionsarten ist groß; denn man kann ein und denselben Gegenstand je nach Fach, Blickwinkel, Zielsetzung usw. auf sehr unterschiedliche Weise betrachten. Mönke (1978:59) hat über 70 Definitionsarten zusammengestellt und folgende Grundtypen herausgearbeitet, die einen Eindruck von der Komplexität des Definierens vermitteln:

1. Begriffsbenennung (Definiendum)
   Alkydharz
2. Taxonomisch-nominale Begriffserklärung (genus proximum)
   Alkydharz ist ein synthetisches Polyesterharz
3. Klassifikation und Verweise
   Alkydharze werden in folgende Gruppen eingeteilt:
   Triglizerid (Oberbegriff)
   - kurzölige Alkydharze (Unterbegriff)
   - mittelölige Alkydharze (Unterbegriff)
   - langölige Alkydharze (Unterbegriff)
4. Genetisch-kausale Bestimmung
   Alkydharz wird hergestellt durch Veresterung von mehrwertigen Alkoholen, von denen mindestens einer 3- oder mehrwertig sein muss.
5. Angaben zur materiellen Beschaffenheit
   Alkydharze sind stets modifiziert mit natürlichen Fettsäuren bzw. Ölen und/oder synthetischen Fettsäuren.
6. Angabe allgemeiner Merkmale
   Alkydharze sind dickölige bis zähplastische, teilweise alkohollösliche, autooxydativ lufttrocknende Produkte.
7. Funktionsangabe
   Alkydharze dienen als Lacke, welche ...
8. Zuordnung mathematisch-physikalischer Daten oder Kennwerte
   Alkydharze weisen folgende Kennwerte auf:
   - Molekulargewichte ...
   - Siedepunkt ...
   - optische Refraktionswerte ...
9. Worterklärung
   Der Ausdruck „Alkydharz“ wird nur in der theoretischen Chemie verwendet, in der technisch angewandten Chemie spricht man von „Kunstharz“.

In der praktischen Terminologiearbeit spielen jedoch nur einige wenige Definitionsarten eine Rolle, und zwar insbesondere die Inhalts-, die Umfangs- und die Bestandsdefinition; diese werden in den terminologischen Grundsatznormen eingehend behandelt.

Im Folgenden sollen diese und einige weitere Definitionsarten dargestellt werden.

3.5.2.1 Inhaltsdefinition

Die Inhaltsdefinition ist die für die Terminologiearbeit wichtigste Form der Definition (siehe DIN 2342, Anmerkung zu „Definition“).

Die Definition der DIN 2342 (2011) lautet:

> Inhaltsdefinition (intensionale Definition): Definition, bei der ausgehend von dem Oberbegriff die einschränkenden Merkmale angegeben werden, die den zu definierenden Begriff von anderen Begriffen derselben Abstraktionsstufe unterscheiden

Es geht also nicht darum, in einer Inhaltsdefinition alle bekannten Merkmale eines Begriffs aufzuzählen, vielmehr sind nur die für den Zweck der jeweiligen Definition wesentlichen Merkmale aufzunehmen.

Bei der Inhaltsdefinition besteht das Definiens aus Oberbegriff und einschränkenden Merkmalen.

Beispiel aus DIN 2342 (2011):

> Glühlampe: elektrische Lampe, in der feste Stoffe durch elektrischen Strom so hoch erhitzt werden, dass sie Licht aussenden

In einem System (Definitionssystem), das auf logischen Beziehungen aufgebaut ist, wird der Begriff „elektrische Lampe“ bereits definiert sein, weil er hierarchisch über dem Begriff „Glühlampe“ steht.

Zusammenhängend kann ein Definitionssystem (nach „International Meteoological Vocabulary“, WMO 1992:76) so aussehen:

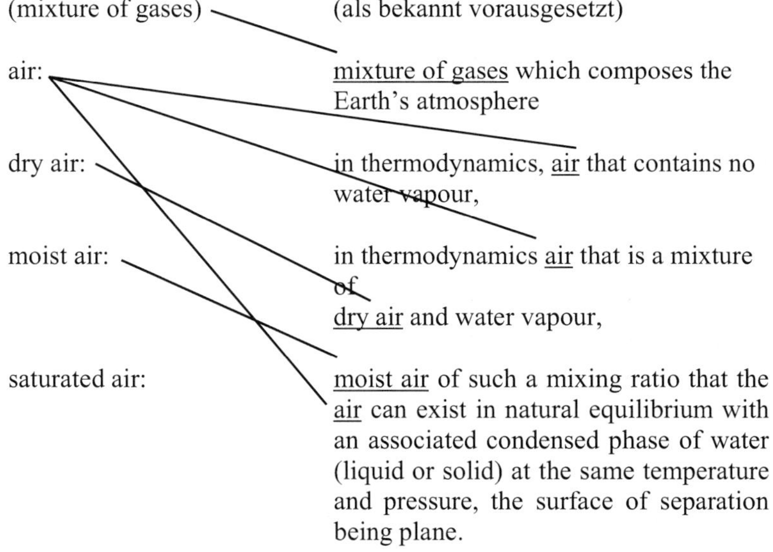

Charakteristisch für ein Definitionssystem dieser Art ist, dass alle Pfeile auf die Oberbegriffe zurückführen, also an bereits Bekanntes anknüpfen. Auch ist die Zahl der unterscheidenden Merkmale hier niedrig gehalten; es wurden nur diejenigen ausgewählt, die absolut notwendig waren, um das Verständnis zu sichern.

Die Inhaltsdefinition gilt als die „klassische“ Definitionsart. Die Unterteilung in Oberbegriff (genus proximum) und einschränkende Merkmale (differentiae specificae) geht auf Aristoteles zurück (vgl. Dubislav 1981:6). Diese Definitionsart ist auch für die Terminologiearbeit die mit Abstand wichtigste, da sie durch die Angabe der Merkmale die Einordnung in das Begriffssystem und die Abgrenzung gegenüber anderen Begriffen ermöglicht und zugleich eine Grundlage für die Benennungen bietet.

3.5.2.2 Umfangsdefinition

Die Definition der DIN 2342 (2011) lautet:

> Umfangsdefinition (extensionale Definition): Definition, bei der alle Unterbegriffe des Begriffs aufgezählt werden, die innerhalb des betreffenden Begriffssystems auf derselben Hierarchiestufe stehen

Als Beispiel führt die Norm DIN 2330 (2013) „Schachfigur“ an und nennt die entsprechenden Unterbegriffe „König, Dame, Läufer, Springer, Turm, Bauer“.

Umfangsdefinitionen sind für die Terminologiearbeit weniger geeignet, da die Anzahl der Unterbegriffe überschaubar bleiben muss. Für die Wissensvermittlung besteht der Nachteil in der Angabe der Unterbegriffe, die bekannt sein müssen, um den definierten Oberbegriff zu verstehen.

3.5.2.3 Bestandsdefinition

DIN 2342 (2011) definiert wie folgt:

> Bestandsdefinition: Definition, bei der alle auf derselben Hierarchiestufe stehenden Teilbegriffe des Begriffs aufgezählt werden

Diese Definitionsart weist Ähnlichkeiten, aber auch grundsätzliche Unterschiede zur Umfangsdefinition auf (vgl. oben „Begriffsumfang“ und „Klasse“).

Wie das Beispiel für eine Bestandsdefinition aus der DIN 2330 (2013) – Schachspiel: besteht aus Schachbrett und Schachfiguren – zeigt, sind Definitionen dieses Typs weniger abstrakt und damit möglicherweise leichter verständlich. Sie sind aber nur dann zweckmäßig, wenn die Zahl der dazugehörenden Teilbegriffe begrenzt ist; auch verlieren sie durch Veränderungen der tatsächlichen Gegebenheiten leicht ihre Gültigkeit, besonders dann, wenn es sich um individuelle Gegenstände handelt. Demgegenüber sind Umfangsdefinitionen stabiler, da erst ein neuer Unterbegriff entstehen muss, bevor die Definition ihre Gültigkeit verliert.

3.5.2.4 Weitere terminologisch relevante Definitionsarten

Inhalts-, Umfangs- und Bestandsdefinition werden wegen ihrer Bedeutung für die Terminologiearbeit in den terminologischen Grundsatznormen ausführlich dargestellt; diese auf hierarchischen Begriffsbeziehungen basierenden Definitionsarten – insbesondere die Inhaltsdefinition – sind, wie die Norm 2342 (2011) ausdrücklich feststellt, in der praktischen Arbeit vorzuziehen. Daneben gibt es jedoch, wie die Übersicht zum Begriff „Alkydharz" (siehe oben 3.5.2) gezeigt hat, eine Reihe weiterer Definitionsarten, die ebenfalls in der Terminologiearbeit eine Rolle spielen können.

3.5.3 Definitorische Hilfsmittel

Definitorische Hilfsmittel sind insbesondere Zeichnungen, Bilder, Formeln, Beispiele und Erklärungen. Diese können wesentlich zum Verständnis beitragen, denn manches lässt sich leichter graphisch als verbal darstellen; so wird die folgende, fachlich absolut korrekte Definition (Roloff/Matek 1983) nur demjenigen einen hinlänglichen Eindruck von der Funktionsweise eines Planetengetriebes vermitteln, der bereits mit den technischen Zusammenhängen vertraut ist:

> Zahnradgetriebe mit mindestens drei in Wirkrichtung hintereinander angeordneten Rädern, bei denen die Radachsen zweier Räder (Zentral- oder Sonnenrad und meist nicht drehbares Hohlrad) koaxial eingebaut sind und das dritte Rad (Umlauf oder Planetenrad) in einem um die koaxialen Radachsen drehbaren Steg (Planetenträger) gelagert ist und mit dem Steg umläuft, heißen Umlauf- oder Planetengetriebe.

Erst die graphische Darstellung kann auch dem weniger Versierten einen Zugang bieten.

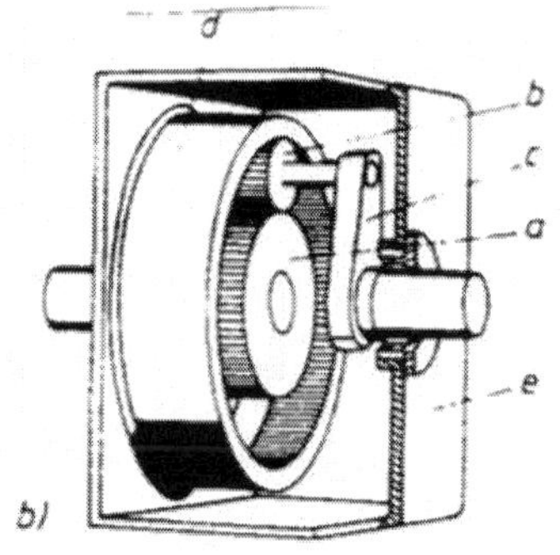

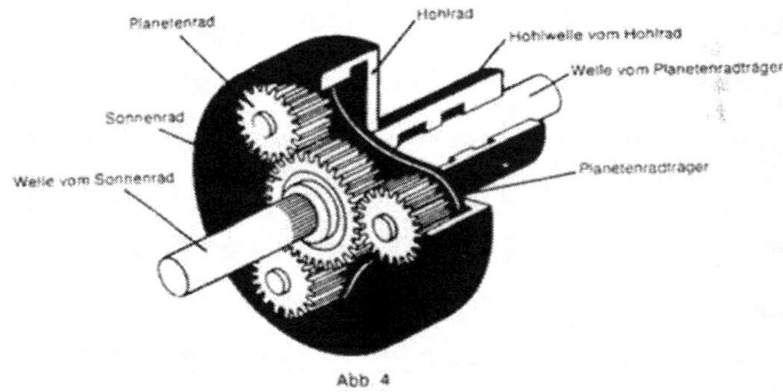

Abb 4

aus: Roloff/Matek (1983)

In Ausnahmefällen kann ein solches definitorisches Hilfsmittel auch eine Alternative zu einer Definition sein. In jedem Falle sollte jedoch zunächst versucht werden, eine Definition, insbesondere eine Inhaltsdefinition, zu erarbeiten.

Ein weiteres Hilfsmittel sind Symbole bzw. Formeln. Diese können, wenn sie für eine entsprechend fachkundige Zielgruppe bestimmt sind, u.U. als vollgültige Definitionen aufgefasst werden. So kann beispielsweise die Formel H_2SO_4 der Benennung „Schwefelsäure" gleichzusetzen sein; dasselbe gilt für die entsprechende Formel, die den Verlauf einer Reaktion zeigt:

$$H_2O + SO_3 \rightarrow H_2SO_4$$

Ein weiteres definitorisches Hilfsmittel sind Begriffserklärungen, zu denen es in der ÔNORM A 2704 (1990) (Terminologie. Allgemeine Grundsätze für Begriffe und Bezeichnungen) heißt:

Wenn eine Definition, aus welchen Gründen immer, nicht möglich ist, wird der Inhalt des Begriffes durch Angabe der Merkmale, die nicht auf ein Begriffssystem bezogen sind, erklärt.
Man nimmt allerdings in Kauf, dass die Merkmale nicht aufeinander abgestimmt sind, da nicht auf ein Begriffssystem Bezug genommen wird. Die Begriffserklärung beginnt dann meistens nicht mit dem Oberbegriff, sondern mit einem diesem übergeordneten Begriff (Überbegriff).

Im terminologischen Arbeitsprozess werden terminologisch relevante Daten aus Texten entnommen, in denen oftmals keine fertigen Definitionen enthalten sind, wohl aber Begriffserklärungen oder Teile von ihnen. Sie können als Ausgangspunkt für systemgerechte Definitionen dienen.

Illustrative Beispiele sind ebenfalls ein wirksames Mittel zur Verdeutlichung von Definitionen, bzw. Erklärungen.

Beispiel:

Als Schmucksteine werden im Allgemeinen Mineralien bezeichnet, die als Schmuck verarbeitet werden können. Zu den Schmucksteinen zählt man Edelsteine und die sogenannten „Halbedelsteine" die eine bestimmte, für die Verarbeitung zu Schmuck benötigte Edelstein-Qualität aufweisen. Im Edelsteinhandel werden aber auch andere Steine wie beispielsweise Bernstein oder versteinerte Fossilien, sowie unter Umständen Perlen und Korallen zu den Schmucksteinen gezählt.

Beispiel:

http://de.wikipedia.org/wiki/Schmuckstein

3.5.4 Anforderungen an Definitionen

3.5.4.1 Einheitliche Verwendung von Benennungen

Da die Definition eine verbale Aussage ist, braucht sie zur Erklärung eines neuen oder unbekannten Begriffs notwendigerweise bekannte oder bereits geklärte Bezugspunkte (Benennungen), die im Rahmen des jeweiligen Systems betrachtet werden. Daher sollen Definitionen, soweit möglich, Benennungen verwenden, die im gleichen System vorkommen und dort definiert worden sind; auch sollte für ein und denselben Begriff immer die gleiche Benennung beibehalten werden. Zwar kann die Verwendung von Synonymen den Stil einer Definition verbessern, doch kann sie deren Verständlichkeit, die absoluten Vorrang hat, erheblich beeinträchtigen.

3.5.4.2 Orientierung an Zweck und Geltungsbereich

Der Zweck einer Definition kann unterschiedlich sein. In einem Lehrbuch der Physik für das Gymnasium kann ein Begriff durchaus hinreichend definiert sein; ob ein Physiker sich mit dieser Definition zufrieden geben kann, ist keineswegs sicher. DIN 2330 (1979:9) illustriert dies mit folgendem Beispiel:

> Soll der Begriff „Zeitung“ in einem allgemeinen Text definiert werden, um den Unterschied zum Fernsehen hervorzuheben, so reicht eine Definition etwa der Art: „Zeitung ist ein auf Papier gedrucktes periodisch erscheinendes Massenmedium“. Für ein Lehrbuch des Bibliothekswesens, in dem „Zeitung“ von Begriffen wie „Zeitschrift“, „Serienwerk“ und „Buch“ abgegrenzt werden muss, ist eine wesentlich genauere Definition notwendig (etwa: „periodisch mindestens einmal wöchentlich erscheinendes Publikationsmittel mit universellem aktuellem Inhalt“).

Da in Definitionen oftmals nur ein Teil der Merkmale angegeben werden kann, kann es für das Verständnis der Definition notwendig sein, den Gültigkeitsbereich anzugeben, z.B. „Bezeichnungen im Sinne dieser Norm sind Benennung, Ideogramm, Nummer und Notation.“

Wichtig ist auch, dass Definitionen fachbezogen sind. Das bedeutet, dass die in eine Definition aufzunehmenden Merkmale für das jeweilige Fachgebiet wesentlich sein müssen (siehe 3.4.4). Die Merkmale müssen so gewählt sein, dass sie die Einordnung in das entsprechende Begriffssystem sichtbar machen.

3.5.4.3 Regelmäßige Aktualisierung

Da sich das menschliche Wissen in ständiger Entwicklung befindet, kann eine Definition nur so lange gültig sein, wie die Merkmale eines Begriffs unverändert gegeben sind. Ändert sich ein Merkmal oder – bei der Umfangsdefinition – ein Unterbegriff oder ein Teilbegriff, so führt dies zu einer Begriffsänderung, die eine neue Definition erforderlich macht.

Dies bedeutet für die praktische Terminologiearbeit, dass terminologische Bestände in regelmäßigen Zeitabständen kontrolliert und auf den neuesten Stand gebracht werden müssen.

3.5.5 Fehlerhafte Definitionen

Die bisherige Darstellung hat gezeigt, dass Definitionen in der Terminologiearbeit eine wichtige Rolle spielen; es wurde aber auch bereits deutlich, dass korrektes Definieren nicht einfach ist. Darum enthält ISO 704 (2009) eine Anleitung zum richtigen Definieren. Hier sind einige Beispiele für die dort aufgestellten Definitionsregeln:

1. Systematische Definitionen sollen das Begriffssystem widerspiegeln.
2. Eine Definition soll so kurz wie möglich und so komplex wie erforderlich sein.
3. Komplexe Definitionen können mehrere untergeordnete Sätze haben.
4. Es wird nur die Information gegeben, die erforderlich ist, um den Begriff klar abzugrenzen. Ergänzende Information wird in der „Bemerkung“ gegeben.
5. Eine Definition bezieht sich nur auf einen Begriff. Sie darf keine verdeckte Information anderer Begriffe enthalten.
6. Definitionen dürfen keine Merkmale von Ober- und Unterbegriffen desselben Systems enthalten.
7. Wenn Zweifel über das Fachgebiet bestehen, ist dieses in () anzuführen.
8. Der Text der Definition endet ohne Punkt.
9. Die Definition soll in einem Kontext die Benennung ersetzen können.
10. Der Definitionstext ist dem Register der Zielgruppe anzupassen.

Im Folgenden sollen einige grundlegende Mängel dargestellt werden, die häufig in Definitionen bzw. Definitionsversuchen auftreten. Fehlerhafte Definitionen finden sich besonders oft in solchen Wörterbüchern, die auf einem reinen Sammeln von Wörtern beruhen und die demzufolge nicht systematisch aufgebaut, häufig nicht einmal inhaltlich koordiniert sind.

3.5.5.1 Zirkeldefinition

Die Zirkelhaftigkeit kann sowohl in der Definition selbst als auch im Definitionssystem auftreten.

Zirkelhaftigkeit in der Definition selbst kommt oft durch die Anwendung von Synonymen zustande.

Beispiel:

> Ein Vertrag ist ein in der Regel zweiseitiger Kontrakt, bei dem durch mindestens zwei übereinstimmende Willenserklärungen ein rechtlicher Erfolg erzielt werden soll.

Diese Definition weist folgenden Fehler auf: Vertrag und Kontrakt sind synonym, sodass die Gleichung auf „ein Vertrag ist in der Regel ein zweiseitiger Vertrag, bei dem ..." reduziert werden kann; nun wird das Definiendum durch sich selbst definiert, ist also gleichzeitig Ober- und Unterbegriff.

Um der inhaltlichen Unrichtigkeit und damit gleichzeitig der Zirkelhaftigkeit abzuhelfen, muss der Begriff „Rechtsgeschäft" verwendet werden: „Ein Vertrag ist ein in der Regel zweiseitiges Rechtsgeschäft, bei dem ..." (vgl. Creifelds 2000:1439).

In einem Definitionssystem sollte die zu definierende Benennung nicht als Definiens in einer anderen Definition erscheinen.

Beispiel:

> ISO-Norm ist eine Norm, die von der ISO erarbeitet und herausgegeben wird.
> ISO ist eine Organisation, die Normen erarbeitet und herausgibt.

Dem Leser, der nicht schon im Voraus weiß, mit welchen Bereichen sich die ISO beschäftigt, vermittelt die zweite Definition keine über die erste Definition hinausgehenden Informationen.

3.5.5.2 Zu weite Definition

Eine Definition ist dann zu weit gefasst, wenn das oder die einschränkenden Merkmale auch auf Gegenstände zutreffen, die durch die Definition ausgeschlossen werden sollten.

Beispiel 1: Kupfer ist ein chemisches Element, das zur Gruppe der Metalle gehört.

Das Merkmal „zur Gruppe der Metalle gehörend" ist zu weit, da auch andere Metalle unter diese Gruppe fallen. Die Definition ist somit unvollständig, d.h., die Definitionsgleichung geht nicht auf.

Beispiel 2: Die Schraube ist ein Verbindungselement

Die Gleichung ist unvollständig, weil die den Oberbegriff einschränkenden Merkmale fehlen, denn Nägel, Nieten, Bolzen usw. sind ebenfalls Verbindungselemente.

Anders dargestellt:

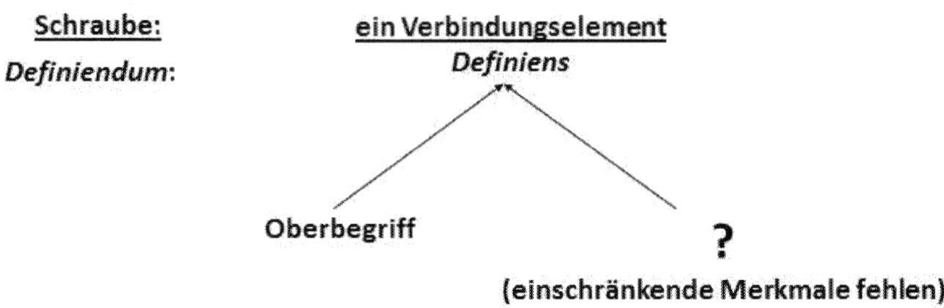

3.5.5.3 Zu enge Definition

Fasst man ein Merkmal zu eng, so schließt man damit in fehlerhafter Weise eine oder mehrere Arten von Gegenständen aus, die unter den zu definierenden Begriff fallen.

Beispiel: Medizinflaschen sind Flaschen, die aus Glas hergestellt und zur Aufbewahrung von vorwiegend flüssigen Medikamenten bestimmt sind.

Das Merkmal „Glas" ist hier zu eng, da es auch Medizinflaschen aus Plastik oder anderen Stoffen gibt, die hier ausgeschlossen worden sind.

3.5.5.4 Negative Definition

Bei der Formulierung von Definitionen sollten nur dann negative Merkmale verwendet werden, wenn der Begriff selbst negativ ist. Diese Voraussetzung ist im folgenden Fall erfüllt: Der Begriff „undeklinierbares Wort" unterscheidet sich von anderen Begriffen dadurch, dass ihm die Eigenschaft des „Wechsels der Endung in einzelnen Fällen" fehlt.

3.5.5.5 Redundanz in Definitionen

Eine Definition soll nur solche Merkmale enthalten, die zur Beschreibung dieses Begriffs im betrachteten System notwendig sind; sie soll daher nicht die impliziten Merkmale der in der Definition verwendeten Begriffe explizit aufführen.

Beispiel: In der Definition des Begriffs „Diamant" ist es notwendig, auf chemische Zusammensetzung, Struktur, Härte usw. einzugehen. Es ist dagegen nicht notwendig, darauf hinzuweisen, dass ein Diamant „natürlich" oder „künstlich" sein kann, da ja der Oberbegriff „Diamant" die beiden Unterbegriffe umfasst. Soll auf die Unterschiede zwischen „natürlicher Diamant" und

„künstlicher Diamant" eingegangen werden, so muss dies in eigenen Definitionen dieser Unterbegriffe geschehen.

3.6 Begriffssysteme

3.6.1 Wesen und Funktion von Begriffssystemen

Die Behandlung der Begriffsverknüpfungen, der Merkmale und der Definitionen hat gezeigt, dass Begriffe nicht isoliert zu betrachten sind, sondern dass sie in ihrem jeweiligen Zusammenhang gesehen und behandelt werden müssen.

Das systematische Ordnen der Begriffe und Benennungen eines Fachgebietes ist grundsätzlich nicht nur für die Terminologiearbeit von Bedeutung. Jede Fachwissenschaft muss systematisch an ihren Begriffen und deren Benennungen arbeiten. Ein tiefergehendes Verständnis eines Faches ist ohne die Kenntnis dieser systematischen Grundlagen nicht möglich. Ebenso müssen der Terminologe und der Fachübersetzer in das Gebiet eindringen, um den einzelnen Begriff (und seine Benennung) im Zusammenhang des Systems verstehen zu können.

Nur wenn ihnen dies gelingt, können sie einen Begriff gegen benachbarte Begriffe in überprüfbarer Weise abgrenzen; ohne dieses Wissen werden sie auch nur schwer beurteilen können, ob ein Fall von Synonymie vorliegt, d.h., ob zwei Benennungen tatsächlich nur einem einzigen Begriff zugeordnet sind oder ob sich ihre Inhalte doch unterscheiden.

Die Beziehungen zwischen den Begriffen eines Fachgebietes lassen sich durch ein Begriffssystem darstellen.

> Ein „Begriffssystem" ist eine Menge von Begriffen, zwischen denen Beziehungen bestehen oder hergestellt worden sind und die derart ein zusammenhängendes Ganzes darstellen (DIN 2331 1980:2).

ISO 1087 (2000:4) definiert:

> concept system (system of concepts): set of concepts structured according to the relations among them

In der DIN 2342 (2011) heißt es:

> Begriffssystem: Menge von Begriffen eines Begriffsfeldes, die entsprechend den Begriffsbeziehungen geordnet sind

Das Begriffssystem sollte nicht mit dem Begriffsfeld verwechselt werden, das lediglich auf thematischen Beziehungen beruht und deshalb eine wesentlich flexiblere Struktur aufweist.

Im Folgenden soll zunächst ausschließlich von Begriffssystemen in einer Sprache/Kultur die Rede sein. Solche Systeme sind überall dort von Wichtigkeit, wo es auf die Klärung der begrifflichen Strukturen eines Fachgebietes ankommt, d.h. keineswegs nur für die Terminologiearbeit, sondern – wenngleich mit anderer Zielsetzung – auch (und sogar in erster Linie) für die betreffenden Fachgebiete selbst.

In der zweisprachigen Terminologiearbeit ist die getrennte Erstellung zweier jeweils einsprachiger Begriffssysteme die unerlässliche Voraussetzung für den späteren Vergleich. Nur diese Form des Vergleichs ermöglicht es, Wörterbücher und Terminologiebestände zu erarbeiten, die den strukturellen Unterschieden zwischen den verglichenen Systemen Rechnung tragen.

Große Ähnlichkeit mit dieser Vorgehensweise weist die einsprachige Terminologiearbeit in den Fällen auf, wo landesspezifische Begriffssysteme mehrerer Länder mit gleicher Sprache – etwa im Bereich des Rechtswesens – bearbeitet werden. So lassen sich z.B. in den Rechtssystemen der Bundesrepublik Deutschland, der Schweiz und Österreichs erhebliche begriffliche Abweichungen feststellen, die auf der sprachlichen Ebene nur unzureichend oder gar nicht realisiert werden.

Die Methoden der mehrsprachigen Terminologiearbeit werden in Kap. 4 eingehend dargestellt.

3.6.2 Graphische Darstellung von Begriffssystemen

Bildlich gesprochen kann man Begriffe als die Bausteine eines Systems betrachten; die Beziehungen zwischen ihnen sind dann das Bindemittel, das die Begriffe zusammenhält. Es ist aber auch eine Bauzeichnung erforderlich, die besagt, wie der Bau aussehen soll. Die Gestaltung dieser Bauzeichnung ist von unterschiedlichen Faktoren abhängig, die untereinander in enger Beziehung stehen. Solche Faktoren sind:

- der Zweck, zu dem ein System erarbeitet wird bzw. die Zielgruppe,
- das Fach bzw. der Gegenstand, der zu systematisieren ist,
- die Gesichtspunkte, nach denen das System unterteilt werden soll.

Die Normen DIN 2331(1980) und ISO 704 (2009) gehen ausführlich auf die graphische Darstellung von Begriffssystemen ein. Im Folgenden sollen nur die wichtigsten Punkte hervorgehoben werden.

Erst wenn die Begriffe definiert und die Beziehungen zwischen ihnen klargelegt sind, kann mit der graphischen Darstellung des Begriffssystems – man spricht hier von einem Begriffsplan – begonnen werden.

Dabei wird der Begriff entweder durch einen Punkt oder durch ein Feld markiert. Das Verhältnis zwischen den Begriffen geht bis zu einem gewissen Grade aus ihrer Lage im System hervor, häufig sagt aber die Lage allein nicht genug aus, es müssen eindeutigere Mittel, nämlich Klassifikationszeichen

(Notationen), hinzugefügt werden. Solche Klassifikationszeichen sind Ziffern und Buchstaben sowie deren Kombinationen.

Im Zusammenhang mit der Behandlung der Merkmale wurde bereits gesagt, dass ein Merkmal eines Begriffs zu einem Einteilungskriterium werden kann und als solches das Aussehen des Begriffssystems bestimmt. Allerdings ist dies nur bei Abstraktionsbeziehungen (logischen Begriffsbeziehungen) möglich, da hier eine unmittelbare Beziehung zwischen den Begriffen besteht. Diese beruht darauf, dass ein Teil der Merkmale übereinstimmt, d.h., dass die Begriffe ähnlich sind. Bestandsbeziehungen sind anderer Art; zu ihrer Einteilung lassen sich Merkmale nicht verwenden. Die Mittel, die hier gewählt werden können, sind eher pragmatischer Natur und ergeben sich oft aus dem Fachgebiet selbst.

3.6.3 Grundsätze für die Erstellung von Begriffssystemen

Unabhängig von der gewählten Darstellungsform sollten bei der Erstellung von Begriffssystemen die folgenden Grundsätze beachtet werden:

Eindeutigkeit

Die Beziehungen und die Unterteilungsgesichtspunkte müssen klar und eindeutig aus der Darstellung hervorgehen; tun sie es nicht, werden sie den Betrachter eher verwirren und ihn zu Fehlinterpretationen verleiten.

Hier ist es besonders wichtig, sich an die Vorschläge der DIN 2331 (Begriffssysteme und ihre Darstellung) zu halten. Die Praxis zeigt jedoch immer wieder, dass graphische Formen gewählt werden, die im Widerspruch zu diesen Vorschlägen stehen und eher Verwirrung stiften als zur Klärung beizutragen.

Verständlichkeit

Die Anforderungen an das Fachverständnis sind der jeweiligen Zielgruppe anzupassen. Ein System, das für rein didaktische Zwecke erstellt wird, wird sich erheblich von einem System unterscheiden, das nur für den Fachmann bestimmt ist. Da die Benutzergruppe in den wenigsten Fällen im Voraus genau definiert werden kann, sollte man, was die fachliche Tiefe betrifft, einen Mittelweg anstreben. Im Zweifelsfalle empfiehlt es sich, keine allzu hohen Anforderungen an die Sachkenntnis der Benutzer zu stellen. Längst nicht immer sind die Benutzer eines Begriffssystems Fachleute auf dem betreffenden Gebiet; oft sind es Laien, die sich einen ersten Überblick verschaffen wollen.

Übersichtlichkeit

Der Mensch kann nur eine begrenzte Anzahl von Begriffen und zwischen ihnen bestehenden Beziehungen auf einmal erfassen. Daher sollte die Aufstellung so übersichtlich gestaltet werden, dass sie benutzerfreundlich bleibt. Erfüllt sie diese Forderung nicht, verliert sie ganz oder teilweise ihren Wert als Erklärung.

Komplexe Begriffssysteme sollten daher besonders bei der graphischen Darstellung in über- und untergeordnete Teilsysteme zerlegt werden, um die Übersichtlichkeit zu wahren und dem Betrachter das Verständnis der Begriffszusammenhänge zu erleichtern.

Ergänzbarkeit

Ein System soll so flexibel und offen aufgebaut sein, dass es Veränderungen begrifflicher Art aufnehmen kann, ohne dass dadurch eine völlige Umstrukturierung erforderlich wird. Diese Veränderungen sind nur selten so tiefgreifend, dass sie die Errichtung eines neuen Begriffsgebäudes erfordern; die kontinuierliche, leichte Veränderung ist der Regelfall.

Auch aus diesem Grunde sollten die einzelnen Systeme eine gewisse Größe nicht überschreiten; besser ist es, mehrere einander ergänzende Systeme zu kombinieren.

3.6.4 Beziehungsarten

Im Rahmen von Begriffssystemen können hierarchische und nichthierarchische Begriffsbeziehungen auftreten.

<u>1. Hierarchische Begriffsbeziehungen</u>

Hier sind zu unterscheiden:

- Abstraktionsbeziehungen (auch als logische oder generische Beziehungen bezeichnet),
- Bestandsbeziehungen (auch als partitive oder Teil-Ganzes-Beziehungen bezeichnet).

Im Zusammenhang mit den Begriffsverknüpfungen wurden bereits drei Arten von Abstraktionsbeziehungen, nämlich Determination, Konjunktion und Disjunktion), behandelt; bei der Integration lag eine Bestandsbeziehung vor (siehe 3.3.5). In den genannten Fällen ging es um die Verbindung von jeweils zwei Begriffen zur Bildung eines dritten (neuen) Begriffs.

Abstraktions- und Bestandsbeziehungen können jedoch auch, wie im Folgenden dargestellt werden soll, zum Aufbau mehr oder weniger umfangreicher Begriffssysteme genutzt werden.

2. Nichthierarchische Begriffsbeziehungen

Die nichthierarchischen Begriffsbeziehungen unterteilt die Norm DIN 2342 (2011) wie folgt:

1. sequentielle Beziehungen, bei denen die
    - temporale und die
    - kausale Begriffsbeziehung zu unterscheiden ist
2. oppositionelle Beziehungen
3. pragmatische Beziehungen

Eine Einteilung der nichthierarchischen Begriffsbeziehungen ist schwierig, da nach sehr verschiedenen Kriterien Klassifikationen vorgenommen werden können, zum Beispiel:

- chronologische Beziehung (zeitliches Vor- und Nacheinander)
- Kausalbeziehung (Ursache – Wirkung)
- genetische Beziehung (Produzent – Produkt)
- Herstellungsbeziehung (Material – Produkt)
- Transmissionsbeziehung (Sender – Empfänger)
- instrumentelle Beziehung (Werkzeug – Anwendung des Werkzeugs)
- funktionelle Beziehung (Argument – Funktion)

Die sequentiellen Beziehungen weisen eine gewisse Ähnlichkeit mit den Bestandsbeziehungen auf; dies gilt in besonderem Maße für die chronologische Beziehung. Nicht alle diese Beziehungen müssen (und können) zum Aufbau eines größeren Systems führen; vielfach sind sie in gemischte Begriffssysteme integriert.

Die obige Aufstellung ist keineswegs vollständig. Die genannten Beziehungsarten sind insbesondere auf die Gegebenheiten in Naturwissenschaften und Technik zugeschnitten. In anderen Fachgebieten, etwa in den Sozialwissenschaften und im Recht, treten weitere, spezifische Beziehungsarten auf, z.B.

- Abhängigkeitsbeziehung (Mündel – Vormund)
- Schuldrechtliche Beziehung (Kreditgeber – Kreditnehmer).

Die pragmatische Beziehung ist eine weniger enge, auf thematischer Nähe beruhende Beziehung zwischen Begriffen; so besteht beispielsweise im Zusammenhang mit dem Begriff „Auflösung der Ehe“ eine pragmatische Beziehung zwischen den Begriffen „Urteil“, „Scheidung“ und „Zerrüttung“. DIN 2342 (2011) definiert die pragmatische Beziehung als Begriffsbeziehung, „die auf situations- und sprecher-abhängigen Zusammenhängen beruht“, und nennt als Beispiele: Ausbildung – Unterrichten, Kraftfahrzeug – Straße, Herd – Kochen.

Diese Begriffsbeziehung tritt besonders häufig in Begriffsfeldern auf (siehe 3.6.9.2). Sie ist wichtig für Klassifikationssysteme und Thesauri, wo sie üblicherweise als Assoziationsbeziehung bezeichnet wird (siehe Kap. 8).

Da die Terminologielehre in ihrer Entstehungsphase stark durch die technische Normung beeinflusst wurde, standen die hierarchischen Begriffsbeziehungen, die eine eher statische Sprachbetrachtung widerspiegeln, zunächst im Mittelpunkt. In neuerer Zeit ist, wie allgemein in der Linguistik, auch in der Terminologiearbeit der dynamische Aspekt der Sprache zunehmend in den Vordergrund getreten. „Dynamische Begriffe" (Pilke 2000:179ff.) sind jedoch vielfach Teil eines Beziehungsgeflechts, das sich nur in der flexibleren Form eines nichthierarchischen Begriffssystems darstellen lässt. Bei der Strukturierung und Darstellung solcher Systeme wird grundsätzlich die gleiche Methodik angewandt wie bei den hierarchischen Systemen, diese wird jedoch von Fall zu Fall an die speziellen Gegebenheiten des konkreten Falles angepasst. Es ist daher weiterhin zweckmäßig, in Anlehnung an die einschlägigen Grundsatznormen von den hierarchischen Systemen als methodischer Grundlage auszugehen. Daher werden die Beziehungsarten in folgender Reihenfolge behandelt:

- Abstraktionsbeziehungen
- Bestandsbeziehungen
- nichthierarchische Beziehungen

Im Anschluss daran wird die Kombination unterschiedlicher Beziehungsarten erörtert, die sich bei der Erarbeitung von Begriffssystemen in der Praxis vielfach als notwendig erweist.

3.6.5 Abstraktionsbeziehungen

Die Abstraktionsbeziehung (auch „logische" oder „generische" Beziehung) besteht zwischen einem Oberbegriff und seinem Unterbegriff bzw. seinen Unterbegriffen auf der gleichen Stufe. Als spezielle Beziehung ergibt sich dabei die Nebenordnung. Diese kann nur auf der gleichen Abstraktionsstufe vorliegen, und nebengeordnete Begriffe müssen bei gleicher Anzahl der Merkmale mindestens eines aufweisen, das sie voneinander unterscheidet. In einer Formel lassen sich die beiden Beziehungen so ausdrücken:

Oberbegriff:	a
Unterbegriff:	$a + x_n$
nebengeordnete Unterbegriffe:	$a + x_1$ $a + x_2$ $a + x_3$ usw.

Das lässt sich an einem konkreten Beispiel in folgender Weise darstellen:

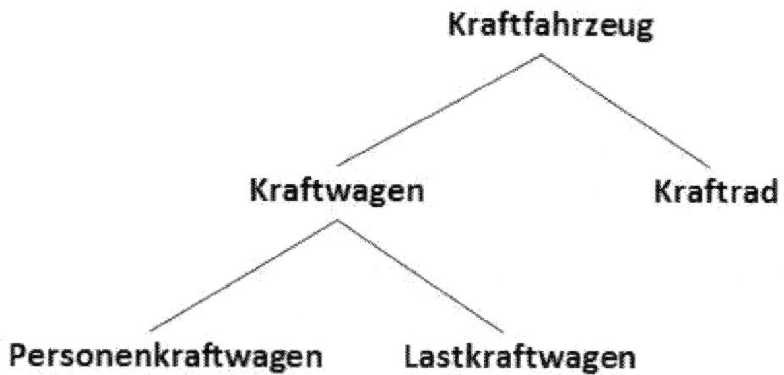

An diesem kleinen System lassen sich außerdem die folgenden Beziehungen darstellen: Zwischen Oberbegriff und Unterbegriffen besteht eine vertikale Beziehung:

Kraftfahrzeug
Kraftwagen
Personenkraftwagen

Man nennt eine solche Folge von Begriffen Abstraktionsleiter oder logische (generische) Leiter; man kann diese Leiter je nach Betrachtungsweise „hinauf-“ oder „hinabsteigen“.

Daneben besteht eine horizontale Beziehung (Abstraktionsreihe, logische oder generische Reihe) zwischen den jeweils auf der gleichen Abstraktionsstufe nebengeordneten Begriffen: einerseits Kraftwagen – Kraftrad, andererseits Personenkraftwagen – Lastkraftwagen.

Ober- und Unterbegriffe können durch besondere Zeichen als solche gekennzeichnet werden.

Beispiel:

Oberbegriff:	Kraftfahrzeug
Unterbegriff:	Kraftrad
Schreibweise:	Kraftfahrzeug > Kraftrad
	Kraftrad < Kraftfahrzeug
Lesart:	Kraftfahrzeug ist der Oberbegriff von Kraftrad.
	Kraftrad ist der Unterbegriff von Kraftfahrzeug.

3.6.5.1 Monohierarchische und polyhierarchische Systeme

Wird ein Oberbegriff auf jeder Unterteilungsstufe nach nur einem Gesichtspunkt unterteilt, so spricht man von einem monohierarchischen System.

Beispiel:

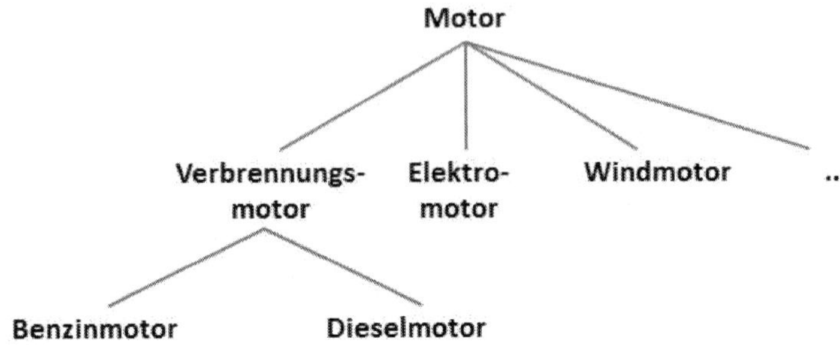

Der Unterteilungsgesichtspunkt auf der ersten Stufe ist „Antriebsmedium allgemein", auf der zweiten „Kraftstoff", d.h., die Unterteilungsgesichtspunkte auf den verschiedenen Ebenen sind in der Regel nicht identisch. Die beiden auf diese Weise entstehenden Abstraktionsreihen (1. Verbrennungsmotor, Elektromotor, Windmotor; 2. Benzinmotor, Dieselmotor) werden als monodimensionale Reihen bezeichnet. Die sich ergebenden Unterbegriffe ihrerseits könnten nun entsprechend weiter unterteilt werden, bis die gewünschte Klassifikationstiefe erreicht oder die Unterteilung erschöpft ist.

Monohierarchische Systeme haben den Vorteil der Übersichtlichkeit; allerdings geben sie immer nur eine begrenzte Anzahl von Klassifikationsmöglichkeiten wieder.

In einem polyhierarchischen System werden demgegenüber auf einer Unterteilungsstufe verschiedene Unterteilungsgesichtspunkte angewendet.

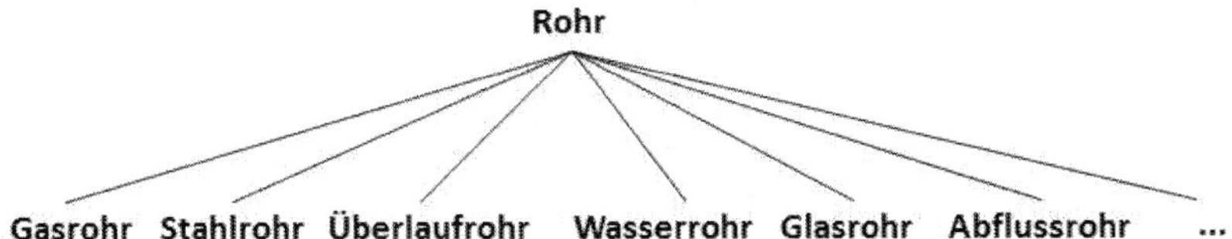

In diesem Falle erfolgt die Unterteilung nach drei unterschiedlichen Gesichtspunkten: 1. Anwendung (Gasrohr, Wasserrohr), 2. Material (Stahlrohr, Glasrohr), 3. Funktion (Überlaufrohr, Abflussrohr). Die sechs auf einer Ebene liegenden Begriffe bilden eine polydimensionale Reihe.

Werden jedoch die Unterteilungsgesichtspunkte im System explizit ausgewiesen – man spricht dann von „Scheinklassen" oder „Pseudoklassen", weil es sich ja nicht um „echte" Oberbegriffe handelt – so ergeben sich im vorliegenden Fall drei monodimensionale Reihen.

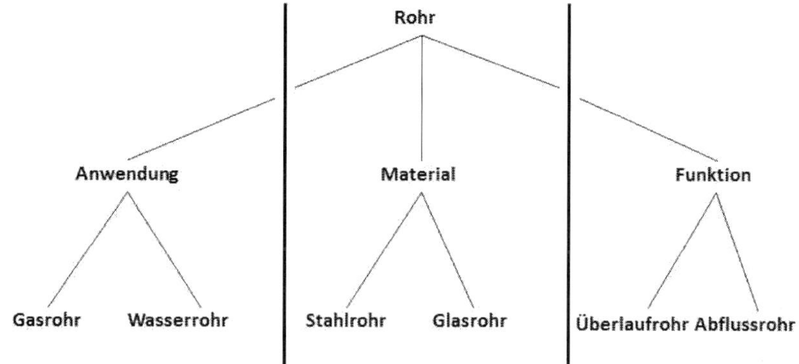

Durch die Kombination von zwei Ordnungskriterien kann auch eine polydimensionale Reihe entstehen, z.B. Gasrohr aus Stahl, Wasserrohr aus Stahl usw.

In einem polyhierarchischen System ist es möglich, jedes Merkmal aus einer Merkmalart mit dem einer anderen zu kombinieren; es werden also mehrere Merkmalarten gleichzeitig verwendet.

Ein kombinatorisches System entsteht, wenn im Beispiel „Rohr“ die Merkmalart „Material“ in „Stahl“ und „PVC“, die Merkmalart „Anwendung“ in „Gas“ und „Wasser“ unterteilt wird.

Es ergeben sich die Kombinationen

Wasserrohr aus Stahl
Wasserrohr aus PVC
Gasrohr aus Stahl
Gasrohr aus PVC

Ein weiterer Ausbau ist möglich, wenn eine Merkmalart monohierarchisch weiter unterteilt wird. So führt die Unterteilung des Merkmals „Gas“ im obigen Beispiel zu

*Erd*gasrohr aus Stahl
*Stadt*gasrohr aus Stahl
usw.

Man spricht dann von einem kombinatorisch-hierarchischen System.

In diesem Zusammenhang ergibt sich die Frage nach der Besetzbarkeit der einzelnen Stellen in einem polyhierarchischen System. Durch die Kombination von Ordnungskriterien können sich Begriffe ergeben, die in der Wirklichkeit keine Entsprechung haben können (Beispiel a), deren Realisierung sehr unwahrscheinlich (Beispiel b) oder nach heutigem Kenntnisstand noch nicht möglich ist (Beispiel c).

Beispiel:

a) Ein Ochse kann nicht zur Zucht verwendet werden.
b) Ein Erdgasleitungsrohr wird kaum aus Glas hergestellt werden.
c) Bemannte Raumflüge zu anderen Sonnensystemen sind (noch) nicht durchführbar.

Längst nicht alle polyhierarchischen Systeme sind also voll besetzbar. Die bestehenden Lücken werden in einigen Fällen im Laufe der späteren Entwicklung gefüllt werden; in anderen Fällen ist dies höchst unwahrscheinlich.

3.6.5.2 Graphische Darstellung von Abstraktionssystemen

Abstraktionssysteme werden in der Regel durch Winkeldiagramme graphisch dargestellt; bei einem Winkeldiagramm gehen von einem Knoten, der einen Begriff darstellt, fächerförmig so viele Linien zu anderen Knoten ab, wie der betreffende Begriff Unterbegriffe hat.

Aufgrund der unterschiedlichen Unterteilungskriterien können polyhierarchische Systeme leicht unübersichtlich werden, wenn man die Darstellungsform wählt, die in den obigen Beispielen angewendet wurde.

Die nächstliegende Lösung bietet in solchen Fällen die Ausgliederung von Teilsystemen; dies veranschaulicht das polyhierarchische Begriffssystem in französischer Sprache (Schmelzer 1987), in dem Pulverarten nach dem Herstellverfahren und nach ihren Bestandteilen untergliedert werden.

Häufig kann auch die Darstellungsform der Winkelkette zur Übersichtlichkeit beitragen. Hier entspricht jedem Unterteilungsgesichtspunkt ein Winkel oder Bündel von zwei oder mehr Zweigen (Wüster 1985:21). Diese Möglichkeit wird an einem Beispiel (Begriffssystem „Übertragungstechnologien lokaler Netze“) aus einer Diplomarbeit (Grunenberg 1987) veranschaulicht. Hier wird der Oberbegriff „Lokales Netz“ nach drei verschiedenen Gesichtspunkten (Leitungsart, Bandbreite, Übertragungsmedium) unterteilt. Die Unterbegriffe werden z.T. wiederum nach verschiedenen Kriterien unterteilt.

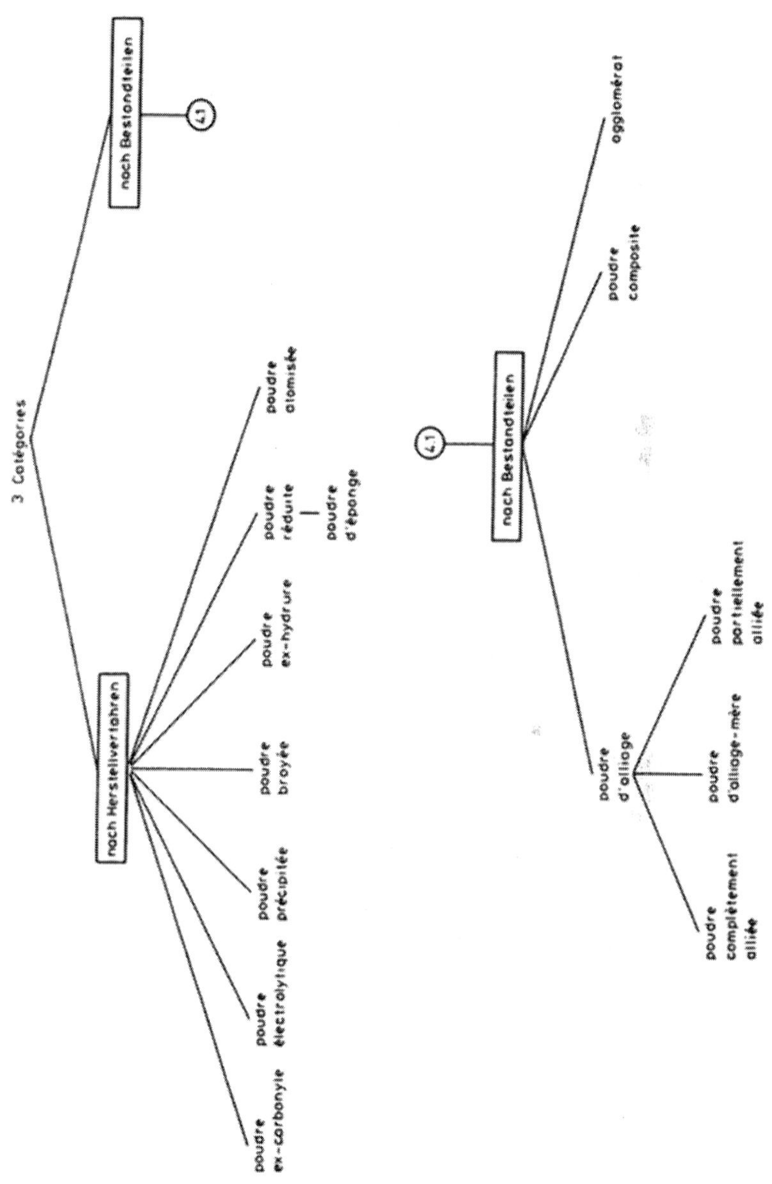

aus: Schmelzer (1987:78f.)

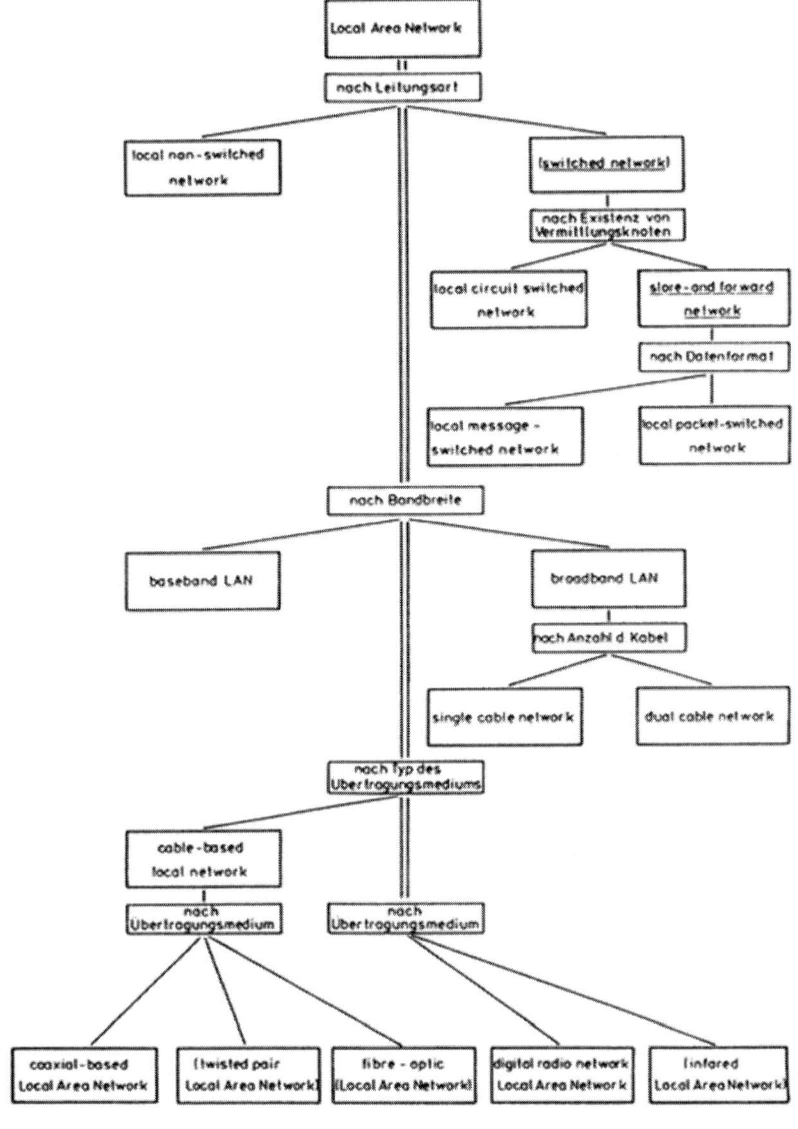

aus: Grunenberg (1987:136)

Vielfach lässt sich die Darstellung von Abstraktionssystemen relativ leicht aus der Form des Liniendiagramms in die des Felderdiagramms überführen, wie die beiden folgenden Beispiele zeigen:

<u>Beispiel 1:</u>

<u>Liniendiagramm</u>

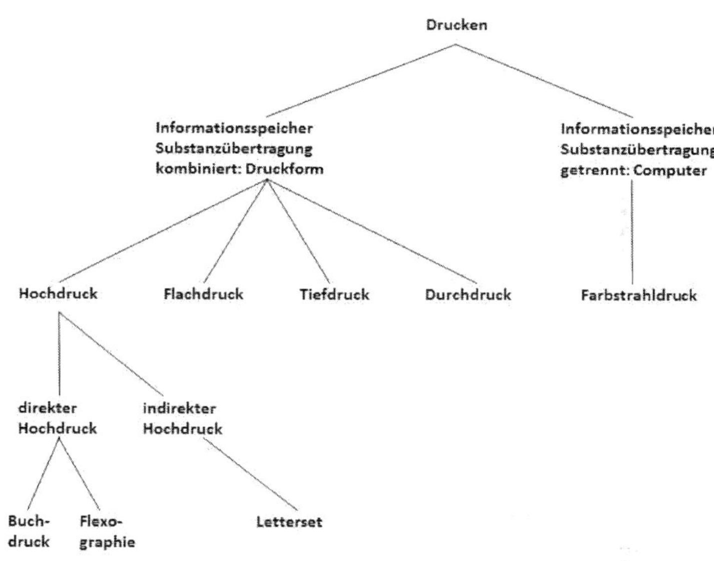

aus: Vesterli (1976)

<u>Beispiel 2:</u>

<u>Felderdiagramm</u>

<table>
<tr><td colspan="5">Drucken</td></tr>
<tr><td colspan="2">Hochdruck</td><td>Flachdruck</td><td>Tiefdruck</td><td>Durchdruck</td></tr>
<tr><td>direkter Hochdruck</td><td>indirekter Hochdruck</td><td colspan="3">etc</td></tr>
</table>

aus: Vesterli (1976)

Dabei ist allerdings zu beachten, dass Felderdiagramme häufiger zur Veranschaulichung von Bestandssystemen eingesetzt werden, sodass die aufeinanderfolgenden Felder als Bestände interpretiert werden könnten.

Zur Übersichtlichkeit des Begriffssystems trägt die Verwendung von Notationen bei. Notationen sind aufeinanderfolgende Zahlen und/oder Buchstaben, die den Zusammenhang zwischen den Begriffen angeben. Im einfachsten Falle werden die Ordnungszahlen als Notationen verwendet.

Beispiel 3:

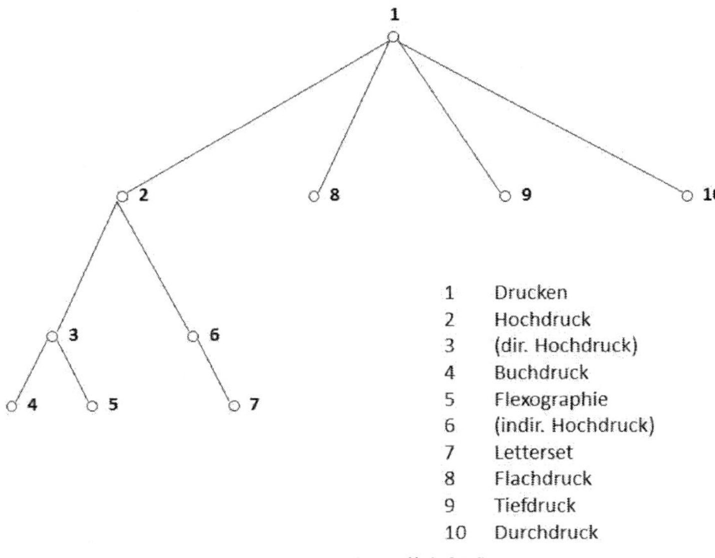

aus: Vesterli (1976)

Hilfreicher sind allerdings solche Notationen, die gleichzeitig etwas über die Art der Beziehung aussagen. Bei Notationen, die nach dem Dezimalsystem aufgebaut sind, wird den Unterbegriffen auf jeder Ebene eine weitere Dezimalstelle hinzugefügt.

Beispiel 4:

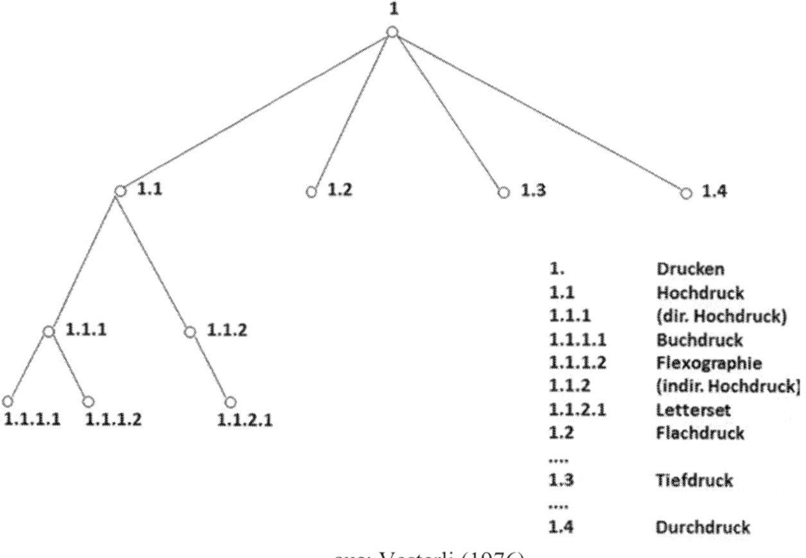

aus: Vesterli (1976)

Treten in einem Begriffssystem nur die Notationen in Erscheinung, so ist zusätzlich eine Liste der Benennungen erforderlich. In den beiden letzten Beispielen haben die Listen eine lediglich ergänzende Funktion; sie können aber auch selbständig, d.h. ohne graphische Darstellung (Begriffsplan), auftreten. Von dieser Möglichkeit sollte allerdings nur in Ausnahmefällen Gebrauch gemacht werden. Wesentlich anschaulicher sind Systeme, in denen die Begriffe sowohl durch ihre Benennung als auch durch die entsprechende Notation repräsentiert werden (vgl. 3.6.8.1).

3.6.5.3 Anwendbarkeit von Abstraktionssystemen

Es liegt im Wesen des Abstraktionssystems, dass es nur Begriffe aufnehmen kann, die einander ähnlich sind und über diese Ähnlichkeit in Beziehung zueinander treten können. Damit eignet sich dieses System vorzüglich für die Darstellung untereinander ähnlicher Arten von Methoden, Herstellungsverfahren, Gegenständen usw.

Ein typisches Beispiel hierfür ist das auf der nächsten Seite dargestellte Abstraktionssystem „Bohrmaschinen" (vgl. Gramann 1988:33).

Die dort aufgeführten Begriffe lassen sich mit ihren Notationen in Listenform wie folgt darstellen (zur Schreibung einzelner Benennungen mit Großbuchstaben siehe 4.4.3):

1. Bohrmaschinen

1.1 EINSPINDEL-BOHRMASCHINEN

1.1.1 Senkrecht-Bohrmaschinen

1.1.1.1 Säulenbohrmaschinen

1.1.1.1.1 SÄULENBOHRMASCHINEN MIT HANDHEBELVORSCHUB

1.1.1.2 Ständerbohrmaschinen

1.1.1.3 Tischbohrmaschinen

1.1.1.4 Radialbohrmaschinen

1.1.2 Revolverkopf-Bohrmaschinen

1.1.3 Tieflochbohrmaschinen

1.1.3.1 Tieflochbohrmaschinen mit kreisendem Werkstück

1.1.3.2 Tieflochbohrmaschinen mit kreisendem Werkzeug

1.1.3.3 Tieflochbohrmaschinen mit Gegenlauf

1.1.4 Koordinaten-Bohrmaschinen

1.1.5 Gewindebohrmaschinen

1.1.6 Feinbohrmaschinen

1.2 Mehrspindel-Bohrmaschinen

1.2.1 Gelenkspindel-Bohrmaschinen

1.2.2 Reihenbohrmaschinen

1.2.3 Wegebohrmaschinen

1.2.4 Waagerecht-Bohr- und Fräswerke

1.2.4.1 Tischbohrwerke

1.2.4.2 Plattenbohrwerke

1.2.4.3 Kreuzbettbohrwerke

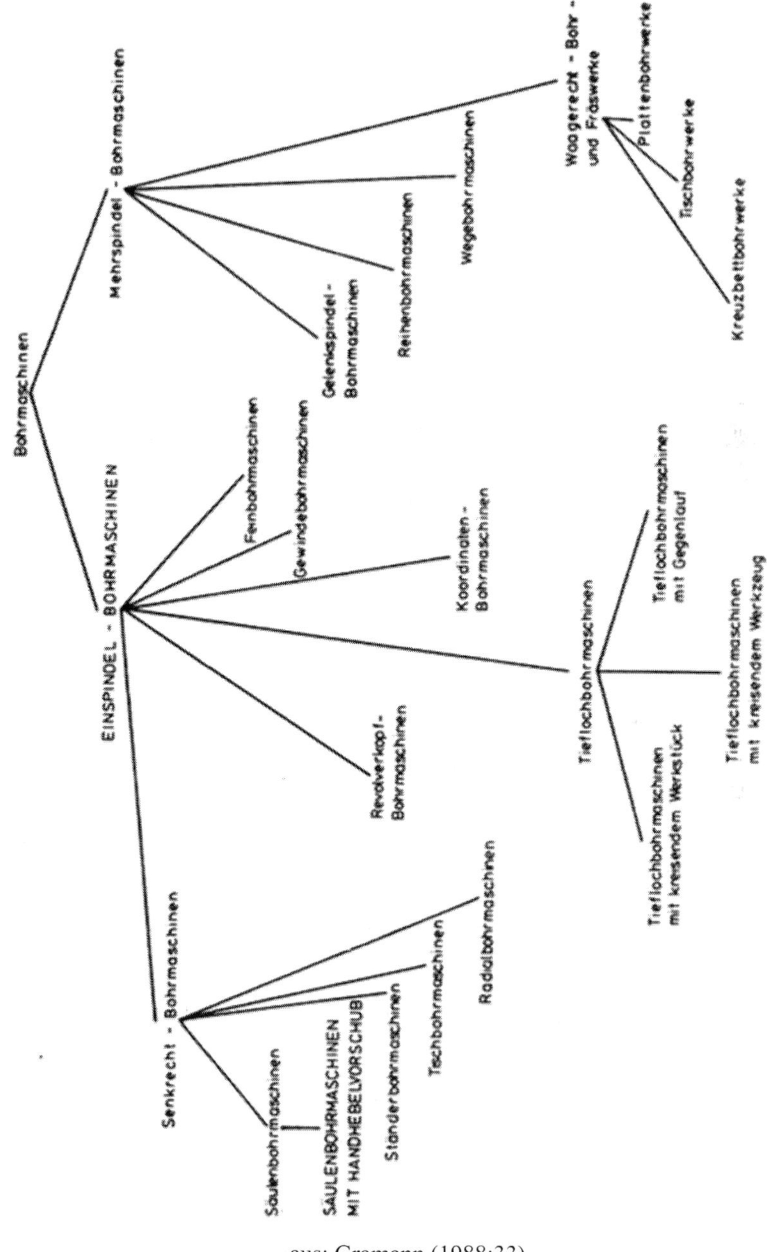

aus: Gramann (1988:33)

Es ist jedoch schwierig oder gar unmöglich, die Terminologie eines Sachgebietes in ihrer Gesamtheit einzig auf der Grundlage der Abstraktionsbeziehung zu erfassen. So lassen sich Teile des Begriffssystems „Scheck“, z.B. die Scheck-Arten, durchaus als Abstraktionssystem darstellen; dagegen müssen andere Teile, wie der Verlauf des Scheckverfahrens und die Bestandteile des Schecks, mit anderen Beziehungsarten erschlossen werden (siehe 3.6.8.2). Das Abstraktionssystem allein kann daher als terminologisches Strukturierungsmittel nicht alle Aufgaben erfüllen.

3.6.6 Bestandsbeziehungen

Die Bestandsbeziehungen beruhen auf der Beziehung des Ganzen zu seinen Teilen; deshalb werden sie auch als Teil-Ganzes-Beziehungen oder partitive Beziehungen bezeichnet.

Das Ganze, also der übergeordnete Begriff, wird Verbandsbegriff genannt, der untergeordnete heißt Teilbegriff. Wie bei den logischen Beziehungen entstehen Leitern und Reihen, die man Bestandsleitern (partitive Leitern) bzw. Bestandsreihen (partitive Reihen) nennt.

Beispiel:

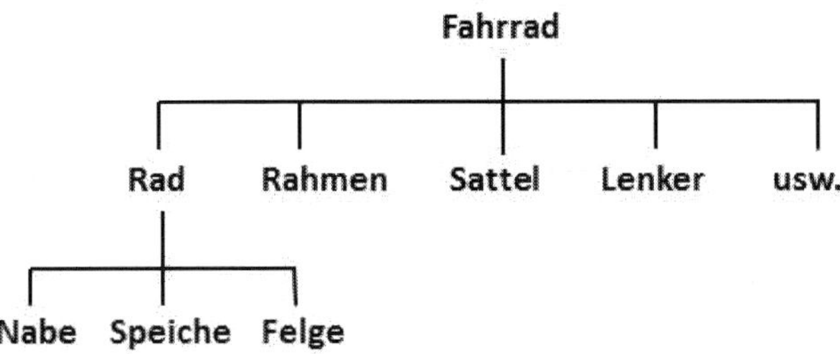

Die Zergliederung eines Ganzen in seine Bestandteile scheint auf den ersten Blick problemlos zu sein. Da zumeist materielle Gegenstände zergliedert werden, scheint eine natürliche Unterteilung vorgegeben zu sein. Ganz so einfach ist es jedoch nicht.

Wie gezeigt wurde, lässt sich bei den Abstraktionsbeziehungen anhand der Begriffsmerkmale klar ersehen, welches der Unterbegriff und welches der Oberbegriff ist. Bei der Bestandsbeziehung ist ein so klares Kriterium nicht vorhanden; nach welchem Gesichtspunkt die Einteilung vorgenommen werden soll, hängt in starkem Maße von der Auffassung und der Zielsetzung des Einteilenden ab.

Beispielsweise lässt sich der Begriff „Kraftwagen“ folgendermaßen einteilen:

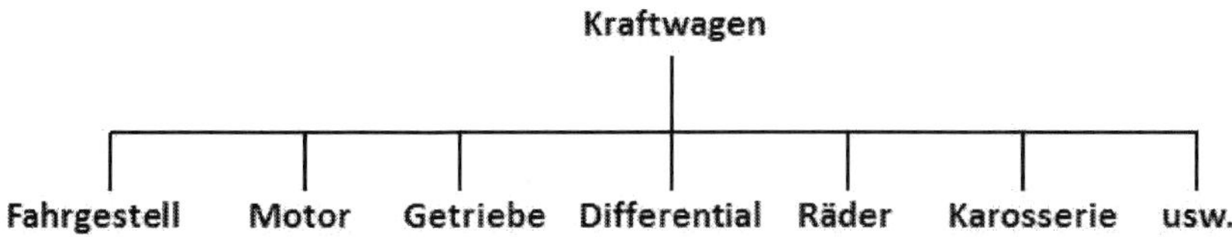

Auch die folgende Einteilung ist möglich:

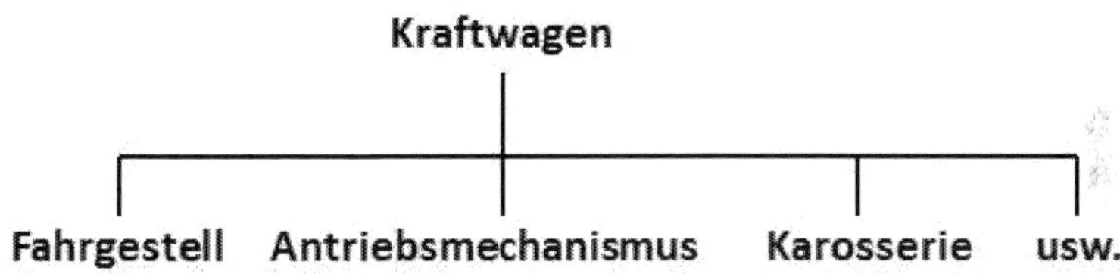

Beide Einteilungen sind richtig. Die Entscheidung für eine von beiden – oder eine andere – wird sich am Einzelfall orientieren müssen, wobei die traditionelle Gliederung des Faches, aber auch die Zielgruppe berücksichtigt werden sollte.

Wie bei den Abstraktionsbeziehungen kann man bei der Betrachtung entweder vom kleinsten Teil zu den komplexeren Einheiten fortschreiten oder aber auch durch Aufteilung des Ganzen zu den Teilen gelangen; d.h., man kann auf der Leiter „hinauf-“ und „hinabsteigen“.

Systeme dieser Art lassen sich besonders gut dann verwenden, wenn der Zusammenhang zwischen den einzelnen Teilen eines Gegenstandes, z.B. eines Geräts, zu klären ist, wie das Begriffssystem zur Architektur eines Mikroprozessors (Schulenberg 1987) verdeutlicht.

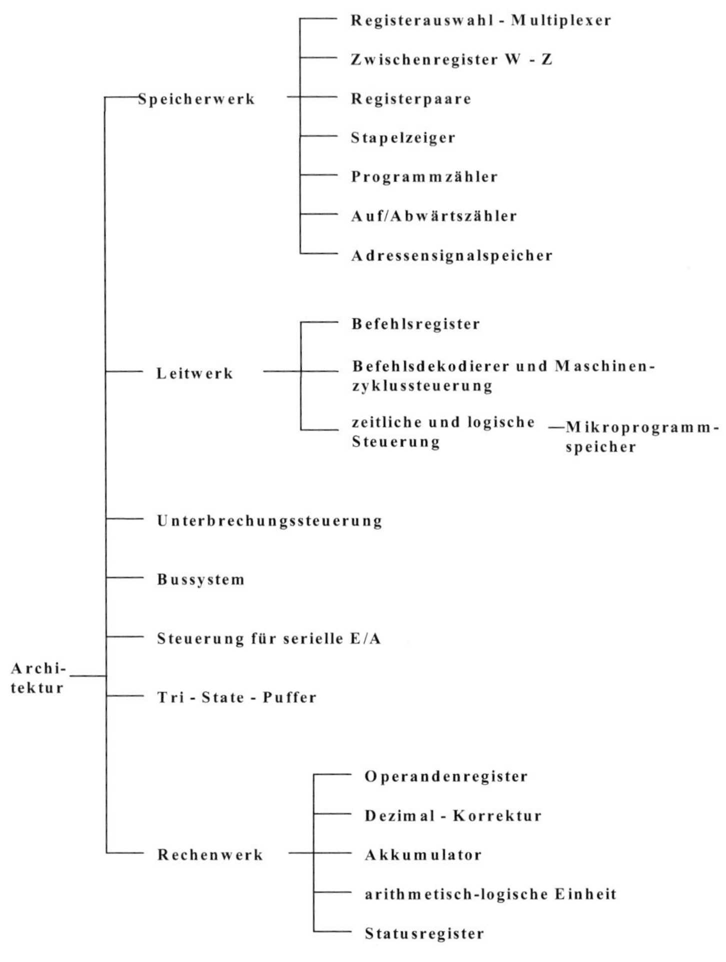

aus: Schulenberg (1987:41)

Wie das Beispiel zeigt, kommt der grundlegende Unterschied zwischen Abstraktions- und Bestandssystemen auch in einer unterschiedlichen Gestaltung der Liniendiagramme zum Ausdruck. Während Abstraktionssysteme durch Winkeldiagramme dargestellt werden, verwendet man zur Darstellung von Bestandssystemen Klammerdiagramme.

Im Unterschied zu Winkeldiagrammen werden in Klammerdiagrammen – wie in obigem Beispiel – eckige Klammern verwendet, an die jeder Teilbegriff durch einen zur Klammer senkrechten Strich angeschlossen wird (DIN 2331).

Die Bestandsbeziehung wird durch einen Strich zwischen Ganzem und Teil verdeutlicht, während, wie 3.6.5.3 zeigt, bei der Abstraktionsbeziehung zwischen den einzelnen Dezimalen jeweils ein Punkt steht. Die Liste zu dem Begriffssystem „Architektur eines Mikroprozessors“ sieht also folgendermaßen aus:

1	Architektur
1-1	Speicherwerk
1-1-1	Registerauswahl-Multiplexer
1-1-2	Zwischenregister W - Z
1-1-3	Registerpaare
1-1-4	Stapelzeiger
1-1-5	Programmzähler
1-1-6	Auf/Abwärtszähler
1-1-7	Adressensignalspeicher
1-2	Leitwerk
1-2-1	Befehlsregister
1-2-2	Befehlsdekodierer und Maschinenzyklussteuerung
1-2-3	Zeitliche und logische Steuerung
1-2-3-1	Mikroprogrammspeicher
1-3	Unterbrechungssteuerung
1-4	Bussystem
1-5	Steuerung für serielle E/A
1-6	Tri-State-Puffer
1-7	Rechenwerk
1-7-1	Operandenregister
1-7-2	Dezimal-Korrektur
1-7-3	Akkumulator
1-7-4	arithmetisch-logische Einheit
1-7-5	Statusregister

Das „reine" Bestandssystem weist allerdings die gleiche Schwäche auf wie das logische System, d.h., es ist nicht sehr flexibel; z.B. lässt sich ein bestimmter Maschinentyp bis in alle Einzelheiten beschreiben; will man aber die Maschine der Firma A und die der Firma B im gleichen System unterbringen, können sich durch die Verschiedenartigkeit der technischen Ausführungen Schwierigkeiten ergeben.

Da jeder materielle Gegenstand theoretisch bis zu den Teilen des Atoms zerlegt werden kann, muss eine klare Entscheidung darüber getroffen werden, wie tief das System zu strukturieren ist. Entscheidend ist die Frage, ob ein Teil für ein Ganzes spezifisch ist oder nicht. Es ist beispielsweise unzweckmäßig, bei der Darstellung einer Maschine alle einzelnen Schrauben anzuführen, die als Verbindungselemente bei einer Vielzahl von Maschinen auftreten und daher nicht mehr spezifisch für die beschriebene Maschine sind.

Die Frage der Strukturierungstiefe kann zwar auch für die Erarbeitung eines logischen Systems wesentlich sein; vielfach erschöpft sich die Unterteilung jedoch von selbst. Dies hängt mit dem grundlegenden Unterschied zwischen Abstraktions- und Bestandssystem zusammen, auf den hier noch einmal hingewiesen werden soll. Wüster (2001b:162) hat diesen Unterschied in folgender Weise veranschaulicht:

> Jedes Individuum, z.B. mein Hund Bruno, kann durch das menschliche Denken einer verschieden starken Abstraktion unterworfen werden. Das hat die Folge, dass ein und dasselbe Individuum jeden von den aufeinanderfolgenden Begriffen einer bestimmten Abstraktionsleiter realisieren kann. Mein Hund Bruno z.B. ist gleichzeitig Bernhardiner, Hund, Säugetier, Lebewesen. Dagegen gibt es kein einziges Individuum, das zugleich mehrere Stufen einer ontologischen Leiter realisieren kann. Auf keiner Landkarte wird man einen Erdabschnitt finden, der zugleich ein Staat und eine Provinz dieses Staates oder zugleich eine Provinz und ein Kreis dieser Provinz ist.

Das bedeutet, dass bei logischen Beziehungen die Merkmale des Oberbegriffs immer in allen seinen Unterbegriffen auch vorhanden sind.

Aussagen wie: Der Bernhardiner ist
ein Hund
ein Säugetier
ein Wirbeltier
ein Tier
ein Lebewesen

sind daher alle korrekt. Dagegen ist die Aussage „Ein Kolben ist ein Motor" aus naheliegenden Gründen falsch.

3.6.7 Nichthierarchische Begriffsbeziehungen

Ebenso wie die Abstraktionsbeziehung und die Bestandsbeziehung kann auch eine sequentielle Begriffsbeziehung, insbesondere die zeitliche Berührungsbeziehung (chronologische Beziehung, vgl. 3.6.4), systembildend sein; eine Hierarchie entsteht aber nicht.

Zeitliche Berührungsbeziehungen bestehen zwischen Begriffen, die Stadien oder Phasen in einem Ablauf darstellen; diese zeitlichen Abläufe können sehr verschiedener Natur sein. Oft wird diese Beziehungsart zur Systematisierung von Herstellungsprozessen benutzt; sie lässt sich aber auch auf andere Abläufe wie Gerichtsverfahren, Zollabfertigungsverfahren oder auf Zahlungsverläufe wie bei Wechsel, Scheck und Dokumentenakkreditiv anwenden.

Fasst man die einzelnen Stadien, Phasen oder Handlungsschritte eines Verlaufs als seine „Teile“ auf, lässt sich eine Ähnlichkeit mit den Bestandsbeziehungen feststellen, die es rechtfertigt, beide Beziehungsarten als „ontologisch„ zu bezeichnen. Doch gibt es zwischen beiden auch beachtliche Unterschiede.

Die Aufteilung des Gesamtverlaufs in Phasen und die der Phasen in Subphasen entspricht bis zu einem gewissen Grade der Beziehung in der Bestandsleiter). Das Verhältnis der einzelnen Phasen bzw. Subphasen zueinander kann als konsekutive Beziehung bezeichnet werden. Eine exakte Abgrenzung der Phasen gegeneinander kann und muss oft pragmatisch vorgenommen werden.

Ein Beispiel dafür sind die verschiedenen Schritte, die bei der Herstellung eines Silizium-ICs zu durchlaufen sind (vgl. Remmler 1997:36). Die Punkte 1.1 – 1.7 stellen Teilsysteme dar, die in der terminologischen Untersuchung weiter untergliedert werden.

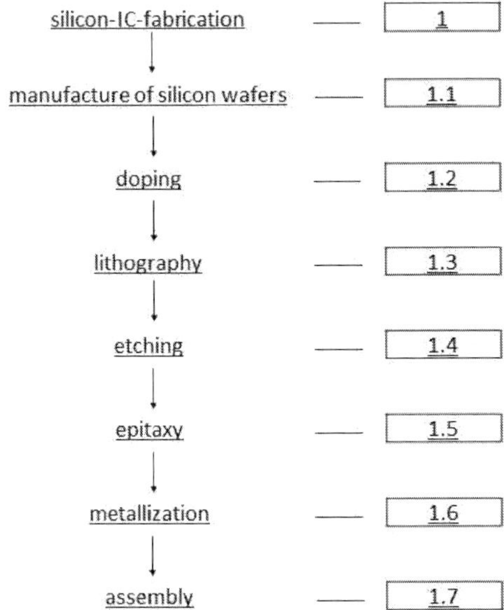

Dort, wo Handlungen oder Vorgänge innerhalb eines komplexen Ablaufs gleichzeitig erfolgen, kann man von einer simultanen Beziehung sprechen, die der Bestandsreihe) bei den Bestandsbeziehungen entspricht. Beispiele sind die Reinigung und Entrahmung der Milch in einer Zentrifuge oder das Hören, Umsetzen und Sprechen (in einer anderen Sprache) beim Simultandolmetschen. Simultane Beziehungen in diesem Sinne bestehen jedoch nicht zwischen Phasen oder Vorgängen, die zwar gleichzeitig verlaufen, aber von verschiedenen Aggregaten oder Instanzen ausgeführt werden, oder die nur die Wiederholung des gleichen simultan ablaufenden Vorganges innerhalb des gleichen Aggregats darstellen. So verlaufen beispielsweise in einem Vierzylinder-Viertaktmotor Ansaugen, Komprimieren, Zünden und Ausstoßen in jedem Zylinder nacheinander, doch arbeiten alle vier Zylinder gleichzeitig mit einer zeitlichen Verschiebung der Takte (Phasen).

Im folgenden Beispiel, dem einfachen Dreschvorgang, treten sowohl die konsekutive als auch die simultane Beziehung auf:

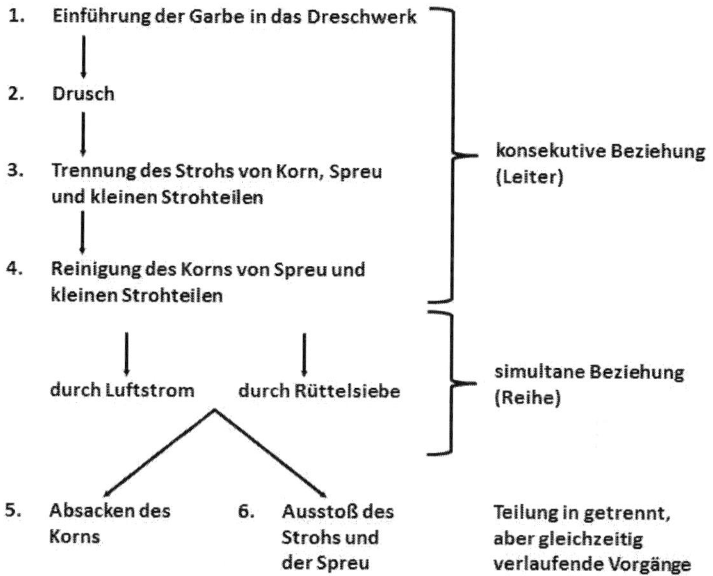

Der Anteil der konsekutiven Beziehungen in einem Verlauf wird in aller Regel größer sein als der der simultanen Beziehungen, da aufeinanderfolgende Phasen häufiger sind als gleichzeitig verlaufende Phasen.

Bei den Abstraktions- und Bestandsbeziehungen konnte man von einer „aufsteigenden" und einer „absteigenden" Betrachtungsweise sprechen. Das ist bei den zeitlichen Berührungsbeziehungen nur bedingt möglich. Die Phasen in einem Ablauf, wie z.B. die des Dreschvorgangs, können normalerweise nicht sinnvoll rückläufig betrachtet werden. Eine Ausnahme könnten Vorgänge (Handlungen) darstellen, die zur Montage einer Maschine o.Ä. gehören. Hier hängt es vom jeweiligen Zweck ab, ob das Zusammenbauen oder das Zerlegen dargestellt werden soll; die rückläufige Darstellung wird in der Regel in Reparaturhandbüchern für Werkstätten angewendet. Trotzdem handelt es sich um zwei unterschiedliche Verläufe, da die einzelnen Handlungen beim Zusammenbauen und Zerlegen des gleichen Teils verschieden sind. Die Begriffe, die die Handlungen in den sich entsprechenden Phasen darstellen, stehen oftmals zueinander in einer Oppositionsbeziehung, die auf der sprachlichen Ebene durch Antonyme repräsentiert ist, z.B. Lösen oder Festschrauben einer Schraubenmutter.

Die Strukturierung von Systemen, die nach der zeitlichen Berührungsbeziehung aufgebaut sind, ist ähnlich wie die von Bestandssystemen relativ einfach, da man nur dem zeitlichen Ablauf eines Prozesses zu folgen braucht. Die Abgrenzung der einzelnen Phasen kann jedoch, ähnlich wie beim Bestandssystem, Schwierigkeiten bereiten.

Je nach der Komplexität des Prozesses können mehr oder weniger umfangreiche Systeme entstehen; die Begriffe in diesen Systemen werden recht gleichartig sein; häufig sind es Begriffe, die Tätigkeiten, Handlungen, Bewegungen usw. darstellen.

Die Frage der Strukturierungstiefe stellt sich kaum, da der darzustellende Ablauf in den meisten Fällen zu einem Abschluss gelangt, der entweder endgültig ist oder an den sich ein anderer Prozess anschließt, z.B. Rechtsansprüche, die in einem abgeschlossenen Verfahren entstanden sind und zu deren Durchsetzung ein neues Verfahren erforderlich werden kann. Bei solchen Verkettungen sollten jedoch pragmatische Unterteilungen vorgenommen werden, damit das System überschaubar bleibt.

Systeme dieser Art erreichen eine gewisse Beweglichkeit dadurch, dass auch die Alternativen eines Ablaufs dargestellt werden können. Beispielsweise kann das Wechsel-Verfahren recht unterschiedlich verlaufen; neben einem sehr kurzen und geradlinigen Verlauf sind eine Reihe komplizierter Varianten möglich. Im folgenden Beispiel (Puggaard 1980) wurden mehrere mögliche Verläufe zusammengefasst.

Bisher gibt es noch keine einheitliche Empfehlung für die graphische Darstellung von zeitlichen Berührungsbeziehungen; die hier gewählte Darstellungsform ist also eine unter mehreren Möglichkeiten.

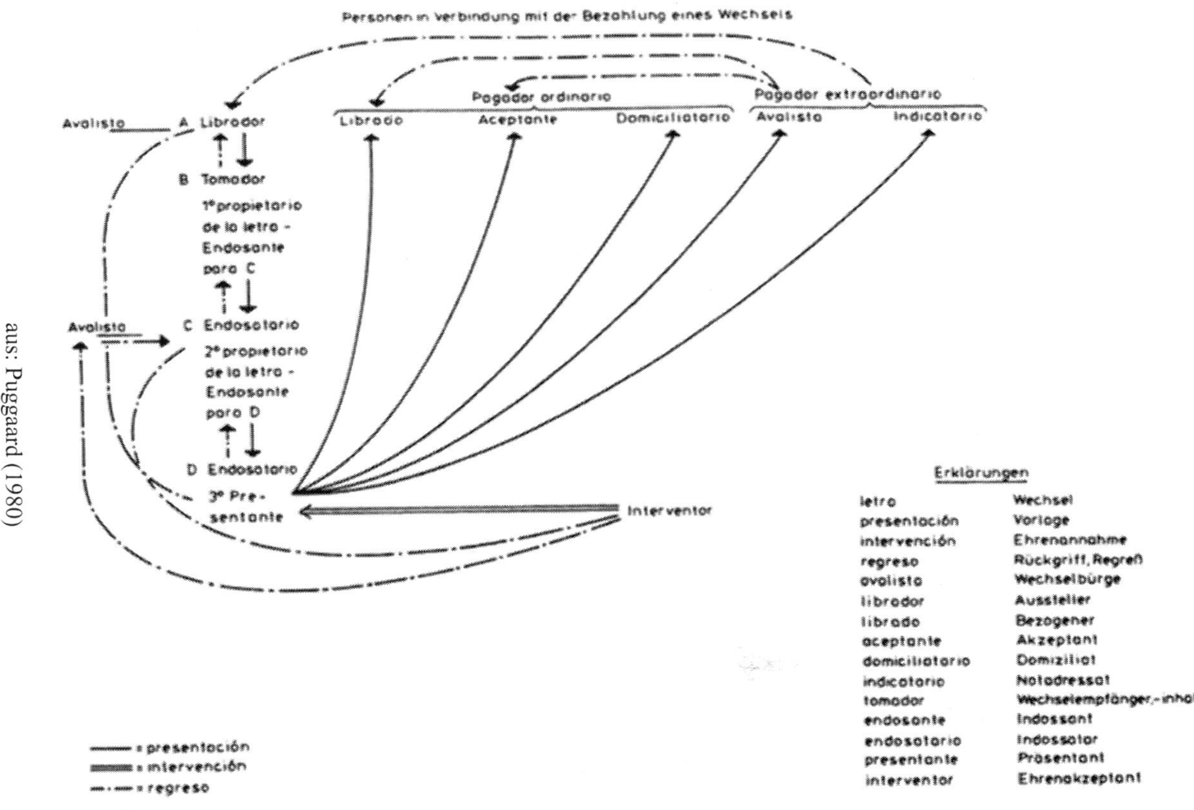

aus: Puggaard (1980)

3.6.8 Gemischte Systeme

Kombiniert man verschiedene Beziehungsarten in einem System, so kann man Begriffe im Zusammenhang darstellen, die dem gleichen Sachgebiet angehören, sich aber aufgrund der unterschiedlichen Beziehungsart sonst nicht gemeinsam darstellen ließen, sodass das Sachgebiet unvollständig dargestellt würde.

Die Kombination von Beziehungsarten in einem System erhöht die Ausdrucksfähigkeit und damit den ordnenden Wert des Systems.

Die folgenden Beispiele sind terminologischen Diplomarbeiten entnommen, wobei die Notationen und Nummerierungen beibehalten wurden. Sprünge in den Notationen erklären sich aus der nur teilweisen Wiedergabe.

3.6.8.1 Verbindung von zwei Beziehungsarten

Die Darstellung der Terminologie des Fahrrades (Bock 1979) zeigt, wie Abstraktions- und Bestandsbeziehung einander ergänzen und wie verschiedene Lösungen des gleichen technischen Problems in einem System dargestellt werden können.

Auch in dem darauffolgenden Beispiel (Bartels 1999:413) geht es um ein gemischt-hierarchisches Begriffssystem, allerdings ist der behandelte Gegenstandsbereich, Drehstromgeneratoren, wesentlich komplexer. Der Oberbegriff des hier vorgestellten Systems, die „(rotierende) elektrische Maschine", kann unter unterschiedlichen Gesichtspunkten – entweder nach der mechanischen oder nach der elektrischen Funktion der Bauteile – betrachtet werden, was jeweils zu einem Austausch sämtlicher Unterbegriffe auf den folgenden Ebenen führt; hierfür bietet sich die Darstellungsform der Winkelkette an.

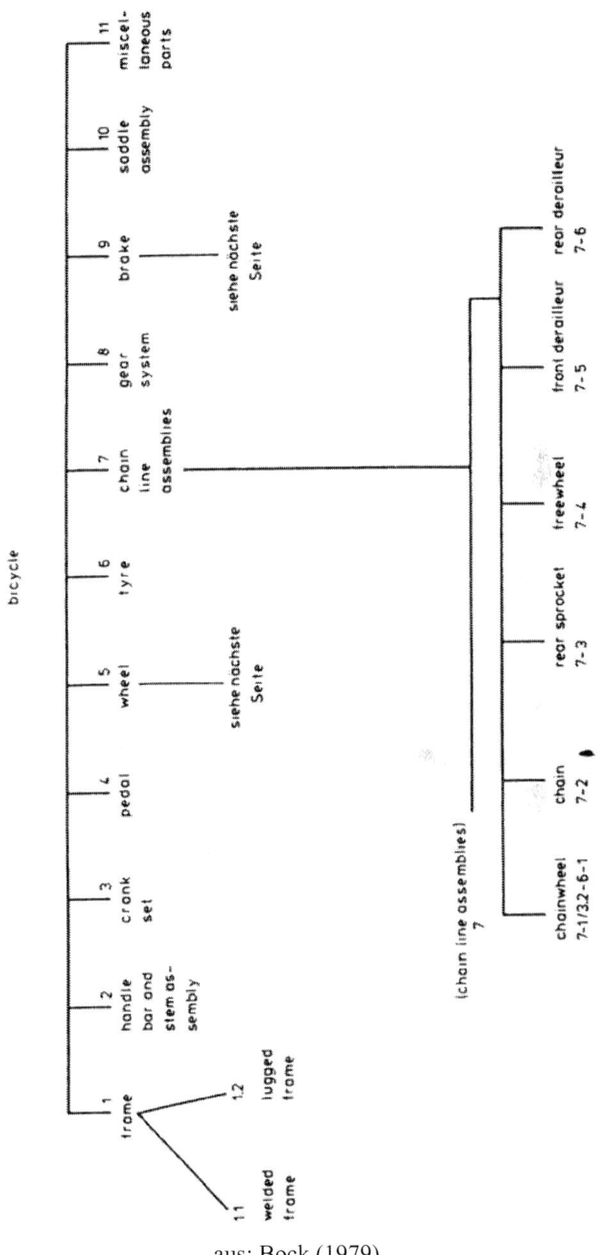

aus: Bock (1979)

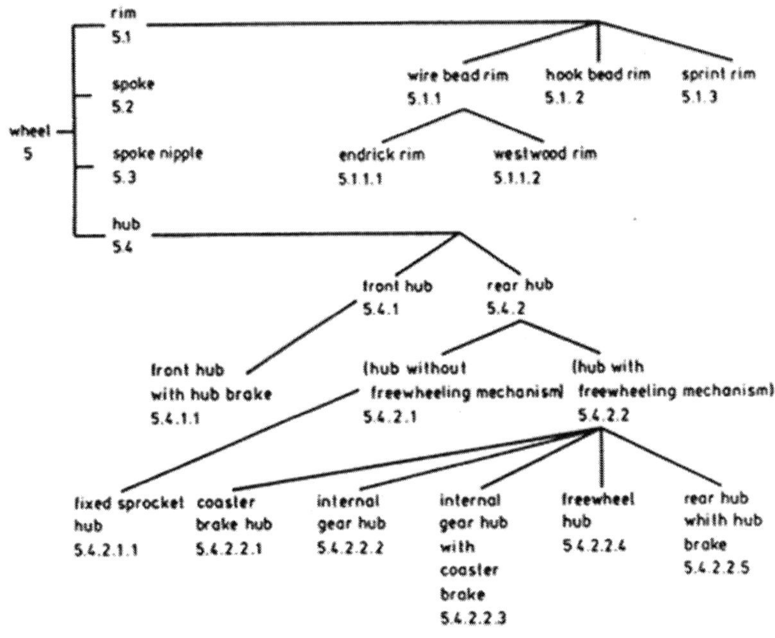

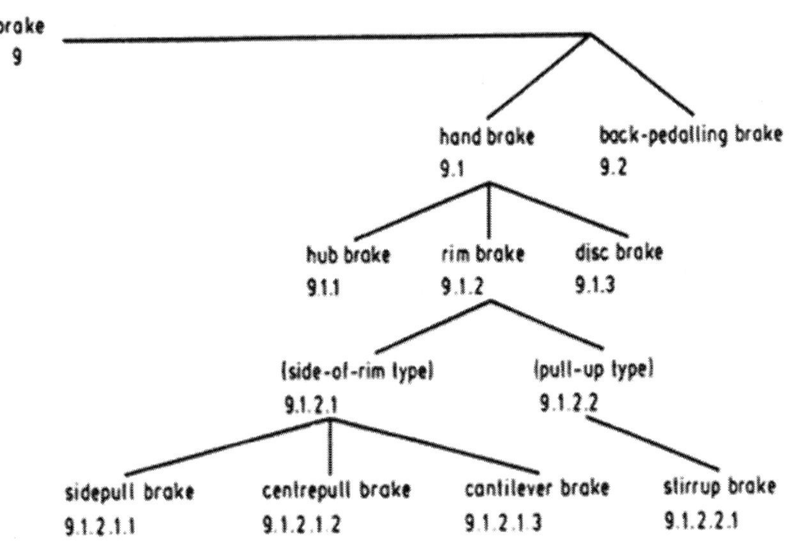

aus: Bock (1979)

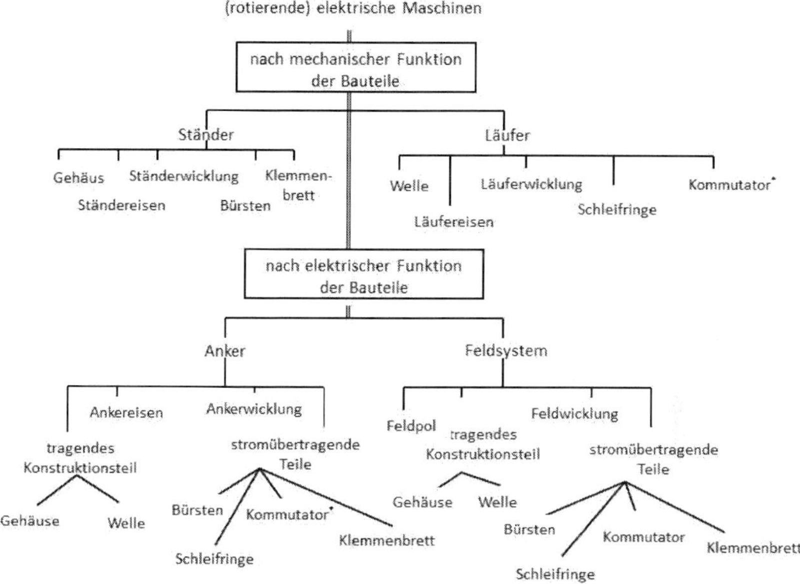

aus: Bartels (1999:413)

Eine weitere pragmatisch entwickelte Kombination eines Bestandssystems mit einem System „eigener Art“ wird im Folgenden vorgestellt. Es handelt sich um die Weiterführung der bereits präsentierten Darstellung der Architektur des Mikroprozessors; hier geht es nun darum, die aus dem Statusregister abgeleiteten Statusbits in eine begriffliche Beziehung zu dem restlichen System zu setzen.

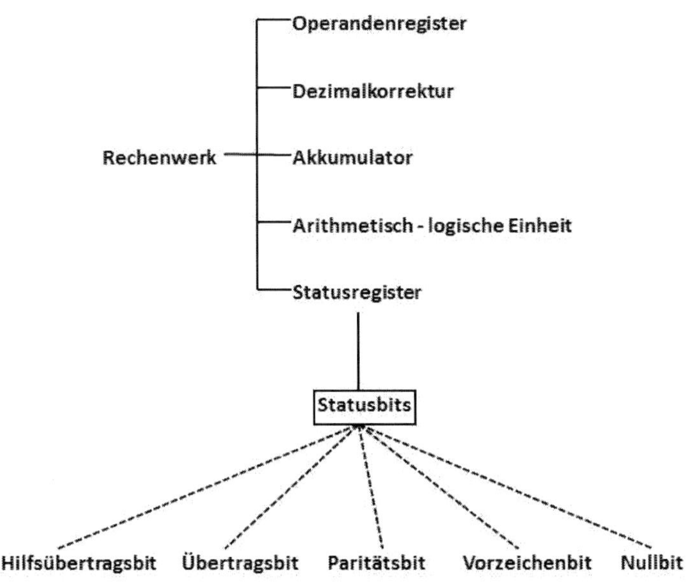

aus: Schulenberg (1987:41)

3.6.8.2 Verbindung von mehr als zwei Beziehungsarten

Die beiden folgenden Beispiele illustrieren weitere Kombinationsmöglichkeiten, durch die ein Begriffssystem noch besser an die Gegebenheiten der einzelnen Fachgebiete angepasst werden kann.

Das erste Beispiel ist einer terminologischen Untersuchung zum Thema „Digital-terrestrischer Hörrundfunk" (Großhennig 1997:129) entnommen; es handelt sich hier um ein gemischtes System aus einer sequentiellen, einer Abstraktions- und einer Bestandsbeziehung. Zunächst wird durch eine sequentielle Beziehung – mit Hilfe von Pfeilen – der Weg verdeutlicht, den die zu sendenden Audio- und Datendienste bei der Erzeugung und Abstrahlung des DAB-Signals durchlaufen. Auf der nächsten Unterteilungsstufe wird der Quellen-Coder durch eine Abstraktionsbeziehung in seine Unterbegriffe „Audio-" und „Daten-Coder" eingeteilt. Dem „Kanal-Coder" werden die wesentlichen Komponenten dann in einer Bestandsbeziehung zugeordnet.

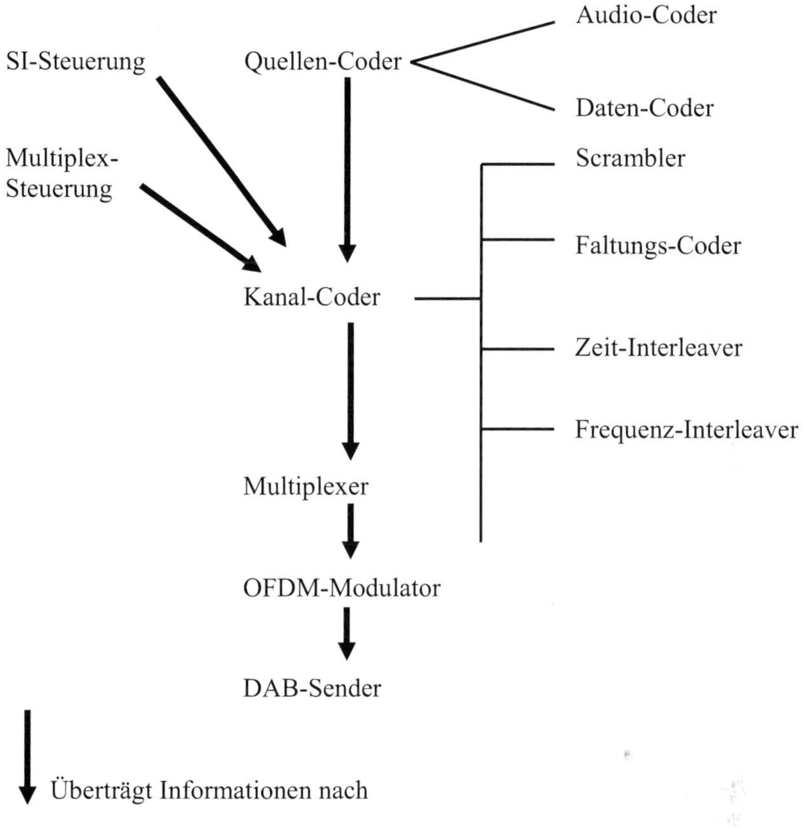

aus: Großhennig (1997)

Beim Beispiel „Scheck" ist der Ausgangsbegriff nicht in allen Fällen als Oberbegriff im streng logischen Sinne zu sehen, sondern eher als Thema aufzufassen. Damit stellt sich die Frage, ob wir es noch mit einem Begriffssystem oder bereits mit einem relativ straff gegliederten Begriffsfeld (siehe 3.6.9) zu tun haben.

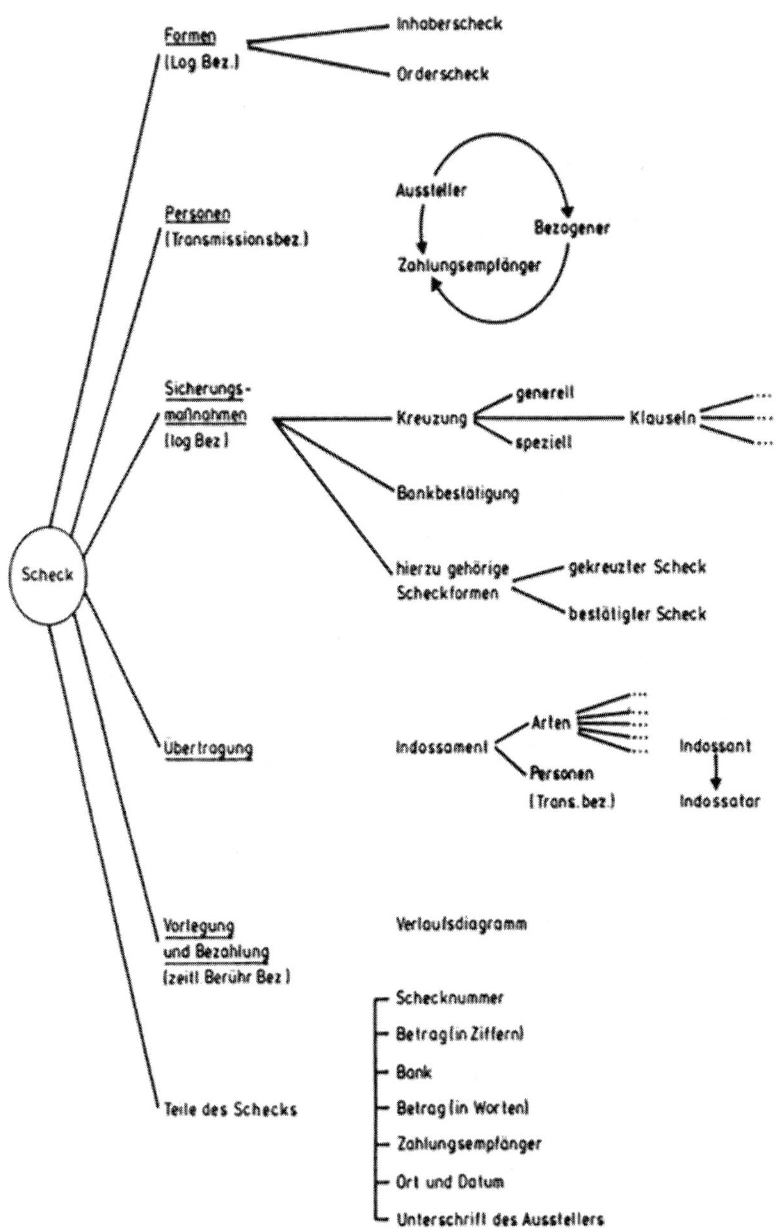
Scheck
Formen
(Log Bez.)
Inhaberscheck
Orderscheck
Personen
(Transmissionsbez.)
Aussteller
Bezogener
Zahlungsempfänger
Sicherungs-
maßnahmen
(log Bez)
Kreuzung
generell
speziell
Klauseln
Bankbestätigung
hierzu gehörige
Scheckformen
gekreuzter Scheck
bestätigter Scheck
Übertragung
Indossament
Arten
Personen
(Trans. bez.)
Indossant
Indossatar
Vorlegung
und Bezahlung
(zeitl Berühr Bez)
Verlaufsdiagramm
Teile des Schecks
Schecknummer
Betrag (in Ziffern)
Bank
Betrag (in Worten)
Zahlungsempfänger
Ort und Datum
Unterschrift des Ausstellers

3.6.9 Begriffsfelder

Oft sind die begrifflichen Strukturen eines Gebietes so kompliziert und vielgestaltig, dass sie sich auch in der Form eines gemischten Begriffssystems nicht darstellen lassen; in diesem Fall hätte es keinen Sinn, der inneren Struktur des betreffenden Gebietes zum Trotz ein Begriffssystem konstruieren zu wollen. Man sollte vielmehr an die Erstellung eines Begriffsfeldes denken. Allerdings hat dieser Begriff recht vage Konturen, was auch in den entsprechenden Definitionen der terminologischen Grundsatznormen zum Ausdruck kommt.

DIN 2342 (2011) definiert das Begriffsfeld als:

> Begriffsfeld: Menge von Begriffen, die zueinander in Beziehung stehen
>
> BEISPIEL: Begriffsfeld zum Thema Gartenpflege: Rasenmäher, Grasfangkorb, Heckenschere, Gartenschlauch …

In der ISO 1087 (2000) wird concept field wie folgt definiert:

> concept field: unstructured set of thematically related concepts
>
> NOTE: Concept fields may be used as a starting point for establishing concept systems.

Aus dem Zusammenhang wird jedoch deutlich, dass in dieser Norm das Begriffsfeld in erster Linie als Mittel zur Grobstrukturierung gesehen wird, auf deren Grundlage im weiteren Arbeitsverlauf das eigentliche Begriffssystem erstellt werden soll.

Das bedeutet aber zugleich, dass das Begriffsfeld nicht nur ein Zwischenstadium im terminologischen Arbeitsprozess darstellt, sondern auch die endgültige Form der Systematisierung sein kann. Auf diesen Fall beziehen sich die folgenden Ausführungen.

3.6.9.1 Merkmale des Begriffsfeldes

Der Aufbau eines Begriffsfeldes kann sehr unterschiedlich sein. Häufig spielen bei der Gestaltung pragmatische Gesichtspunkte bzw. die einem Fachgebiet oder Thema eigene Struktur eine wesentliche Rolle.

Die Struktur des Begriffsfeldes ist lockerer als die des Begriffssystems, wo alle Begriffe durch sichtbar gemachte Beziehungen verbunden sind und die Art der Beziehung festgelegt ist. Das schließt jedoch nicht aus, dass einzelne Strukturierungsschritte im Begriffsfeld auf den für die Begriffssysteme grundlegenden Begriffsbeziehungen beruhen können.

Begriffsfelder eignen sich besonders gut für solche Teilgebiete, die sehr verschiedenartige Begriffe aufweisen. Keineswegs sollte aber das Begriffsfeld aus Bequemlichkeit dort verwendet werden, wo die Aufstellung eines Begriffs*systems* möglich ist.

3.6.9.2 Arten und Beispiele

Aus dem Gesagten wird bereits deutlich, dass es bisweilen schwierig ist, eine Grenze zwischen Begriffssystem und Begriffsfeld zu ziehen. Ein Beispiel dafür ist das spanische System zur Zollabfertigung auf der nächsten Seite. Dieses System hat seine Grundlage und sein Gerüst in der zeitlichen Berührungsbeziehung, die in den beiden linken Spalten zum Ausdruck kommt, wo die Normal- und Sonderabfertigung des spanischen Verzollungsverfahrens dargestellt werden. Weiter rechts werden dann, immer dem zeitlichen Ablauf folgend, interne Kontrollmethoden und die physische Kontrolle, die Zolldokumente und andere relevante Dokumente in der zeitlichen Reihenfolge der Abfertigung behandelt.

Ohne Zweifel könnten die letzten drei Spalten auch nach anderen Kriterien gegliedert werden, z.B. in unabhängigen Teilsystemen unter dem gleichen Thema; allerdings würden dann die Zusammenhänge zwischen Dokument, Kontrolle und zeitlichem Ablauf nicht klar zum Ausdruck kommen. Aufgrund der heterogenen Begriffsstrukturen liegt es hier näher, von einem Begriffsfeld statt von einem Begriffssystem zu sprechen.

Es ist längst nicht immer möglich, alle Begriffe, die zu einem bestimmten Begriff in einer relativ engen Beziehung stehen, in hierarchischen Begriffssystemen zusammenzufassen. So weisen die Begriffe „Urteil“, „Scheidung“ und „Zerrüttung“ eine enge Beziehung zum Begriff „Ehe“ auf, sie lassen sich jedoch schwerlich durch Abstraktions- oder Bestandsbeziehungen verbinden, ohne dass man damit den Rahmen des Themas sprengt. Man kann beispielsweise ausgehend vom Oberbegriff „Urteil“ ohne weiteres ein Abstraktionssystem erstellen, doch werden sich die meisten Unterbegriffe dieses Systems nicht in eine Beziehung zum Begriff „Auflösung der Ehe“ setzen lassen.

DAS SPANISCHE BEGRIFFSSYSTEM

Normalabfertigung	Sonderabfertigung	Interne Kontrollmethoden und physische Kontrolle	Dokumente: documentos de aduana	Dokumente: documentación adicional
entrada en territorio aduanero		vigilancia		
despacho de medios de transporte			manifiesto (buque) hoja de manifiesto lista de provisiones lista de pertrechos	sobordo conocimiento visado consular
			manifiesto de ruta	
			manifiesto (avión) hoja declaratoria de mercancías	carta de porte
			nota de los bultos hoja de ruta	
			documento de acompañamiento	
visita de entrada		custodia resguardo		
visita de fondeo		selladura precinto		
		sello aduanero		
descarga			licencia de alijo	
despacho de mercancías				
despacho a consumo			declaración de despacho carpeta hoja de puntualización	justificante
			hoja de agregar	
	reconocimiento previo		solicitud de reconocimiento previo	
			declaración del valor en aduana	factura comercial
			hoja de desglose de valores	
despacho sobre muelle				
	rápido despacho	escolta	declaración de importación - rápido despacho solicito de rápido despacho	
	almacenaje particular			

aus: Grindsted (1976)

Die relativ lockere Struktur des Begriffsfeldes hat sich als praktikabel erwiesen, wenn es darum geht, die Terminologie, die sich um einen Begriff mit vielen verschiedenartigen Aspekten gruppiert, zu bearbeiten.

Die Systematisierung der Begriffe kann durch die Struktur in einem gegebenen Dokument, z.B. einem Gesetz, vorgezeichnet sein. Das Arbeitsgebiet des Terminologen ist dann von vornherein abgegrenzt. Stehen die vorkommenden Begriffe nur in diesem einen Dokument in Beziehung zueinander, lässt sich diese Beziehung als zufällig bezeichnen.

Ein typischer Fall im Bereich der Technik, in dem sich die Form des Begriffsfeldes anbietet, sind Nenn- bzw. Kennwerte. Im folgenden Beispiel (Sommerstad 1992:56) geht es um die Nennwerte eines Transformators, d.h. um diejenigen Werte, für die ein Transformator bemessen ist; dies sind vor allem Strom, Spannung, Leistung und Frequenz. Zwischen den in diesem Zusammenhang relevanten Begriffen ließen sich keine hierarchischen, sondern nur pragmatische Beziehungen aufzeigen. Daher werden die Begriffe, zwischen denen eine pragmatische Beziehung besteht, in folgender Weise jeweils unter einem Thema zusammengestellt:

Nenndaten

Nennspannung einer Wicklung
Nennstrom
Nennleistung
Nennfrequenz

Primärstromkreis

Primärspannung
Primärstrom

Sekundärstromkreis

Sekundärspannung
Sekundärstrom

Übersetzungsverhältnis

transformieren
herauftransformieren
heruntertransformieren

Zum Abschluss dieser ausführlichen Erklärungen zum Begriff und seiner Darstellung in Begriffssystemen und -feldern soll nochmals betont werden, dass die bisher geschilderte Arbeit für den im zweisprachigen Bereich tätigen Terminologen und für den Fachübersetzer eine unerlässliche Vorstufe zum Sprachvergleich bzw. Übersetzen darstellt. Bislang ist lediglich der erste Teil der zweisprachigen Terminologiearbeit geschildert worden; der zweite Teil, der zwischensprachliche Terminologievergleich, soll in Kapitel 4 im Zusammenhang mit der Äquivalenzproblematik behandelt werden.

3.7 Bezeichnung

Nachdem der Begriff und seine Einbettung in ein System erörtert wurden, soll nun seine Ausdrucksseite, die Bezeichnung dargestellt werden. Eine Übersicht darüber, wie Begriffe und Gegenstände semiotisch repräsentiert werden können, ist der folgenden Aufstellung zu entnehmen:

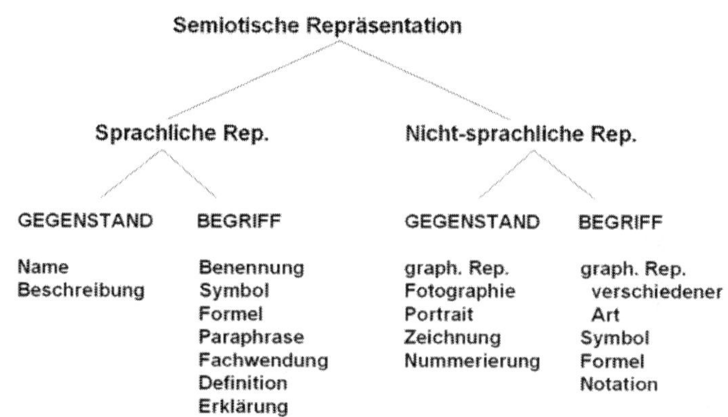

aus: Laurén/Myking/Picht/Jónsson (2008:106)

Zunächst sei an die Definition der Bezeichnung der Norm DIN 2342 (2011) erinnert:

> Bezeichnung: Repräsentation eines Begriffs mit sprachlichen oder anderen Mitteln
>
> ANMERKUNG: In der Terminologiearbeit unterscheidet man zwischen Symbol, Formel, Benennung und Name.

Folgt man dem semiotischen Ansatz, der in der Norm sichtbar wird, erscheint es angezeigt, sich nicht nur auf diejenigen Repräsentationsformen zu beschränken, die in der Anmerkung zur obigen Definition aufgelistet sind, denn selbst eine oberflächliche Analyse von Fachtexten verschiedener Fachgebiete macht die Bedeutung nichtsprachlicher Bezeichnungen deutlich; z.B. ist ein Lehrbuch der Anatomie, der Mechanik oder der Architektur ohne diese Gegenstands- und Begriffsrepräsentationen undenkbar. Eine Baugenehmigung erfordert eine Bauzeichnung, die Ersatzteilverwaltung von Kraftwagen ist vorwiegend auf der graphischen Wiedergabe der Teile basiert und der Katalog eines Museums ist ohne graphische Repräsentation vieler Gegenstände unvorstellbar.

Im folgenden Beispiel wird ein Gegenstand durch Name(n), Beschreibung, Photographie und Zeichnung mit verbalen Erläuterungen repräsentiert:

- Ötzi
- Mann vom Hauslabjoch
- Mann aus dem Eis
- Mumie von Similaun
- Gletschermumie aus der späten Jungsteinzeit bzw. Kupfersteinzeit, die 1991 in den Ötztaler Alpen (Südtirol) gefunden wurde. Mithilfe der Radiokohlenstoffdatierung wurde der Todeszeitpunkt des Mannes zwischen 3359 und 3105 v. Chr. bestimmt, sein Alter beträgt damit circa 5.250 Jahre. (http://www.kleinezeitung.at/nachrichten/chronik/1550584/index.do)

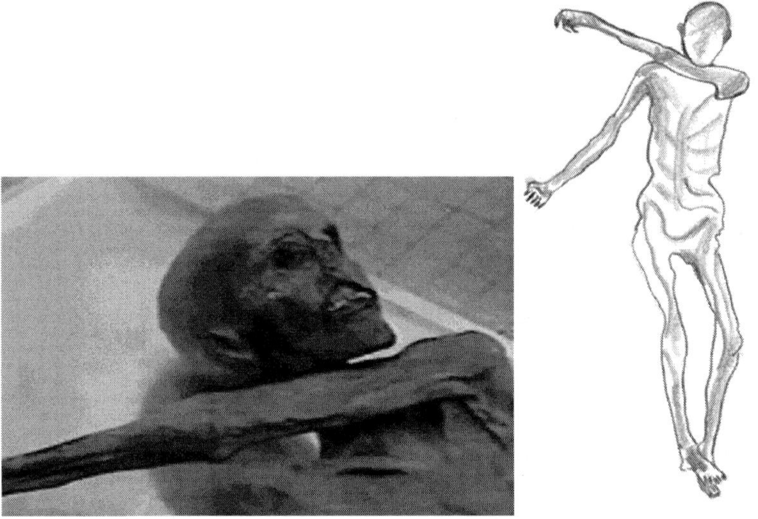

Im folgenden Beispiel wird ein Begriff durch Benennung, Definition und Zeichnung repräsentiert:

- Zahnrad
- Rad mit über den Umfang gleichmäßig verteilten Zähnen (http://de.wikipedia.org/wiki/Zahnrad)

Zeichnung:

Rein quantitativ ist die Benennung jedoch die häufigste Form der Begriffsbezeichnung, weshalb sie hier ausführlich behandelt werden soll.

3.8 Benennung

3.8.1 Generelle Anforderungen an Benennungen

Die Definition der Benennung nach DIN 2342 (2011) lautet:

> Benennung (Terminus, Fachausdruck): sprachliche Bezeichnung eines Allgemeinbegriffs aus einem Fachgebiet

Es gibt Einwortbenennungen und Mehrwortbenennungen. Bei den Einwortbenennungen sind nach DIN 2330 (2013) zu unterscheiden: elementare Wörter (z.B. Rad) und komplexe Wörter (z.B. Radlagerschale, Radlager-Ersatzteile). Im Gegensatz zu den „elementaren" Wörtern, die aus einer bedeutungstragenden Einheit bestehen, umfassen die komplexen Wörter zwei oder mehr bedeutungstragende Einheiten; darüber hinaus können komplexe Einwortbenennungen auch Affixe, d.h. Präfixe oder Suffixe, enthalten (z.B. Verbind/ung). Eine Mehrwortbenennung besteht aus mindestens zwei getrennt geschriebenen, syntaktisch verbundenen Wörtern, die elementar oder komplex sein können (z.B. Rad mit Notlaufeigenschaften).

Unter der Überschrift „Anforderungen an Benennungen" werden in der DIN 2330 (2013) folgende Punkte genannt:

1. Sprachliche Richtigkeit
2. Genauigkeit von Benennungen
3. Transparenz
4. Neutralität
5. Knappheit von Benennungen
6. Eignung zur Bildung von Ableitungen
7. Bevorzugung der deutschen Sprache

Ähnlich heißt es in ISO 704 (2009) unter der Überschrift „Principles for term/appelation formation": „For standardized terminology it is desirable that a term be attributed to a single concept."

Im Einzelnen nennt die Norm folgende Prinzipien:

- Transparency
- Consistency
- Appropriateness
- Linguistic economy
- Derivability and compoundability
- Linguistic correctness
- Preference for native language

In der Praxis wird man nicht immer allen diesen Forderungen zugleich gerecht werden können. Insbesondere die Forderung nach Knappheit steht häufig im Widerspruch zu der Forderung nach Genauigkeit. Man muss deshalb in der normenden Terminologiearbeit immer wieder zwischen verschiedenen Gesichtspunkten abwägen, die nicht immer alle miteinander in Einklang zu bringen sind.

Von einer eindeutigen Beziehung zwischen Begriff und Benennung spricht man dann, wenn einem Ausdruck jeweils nur ein Inhalt zugeordnet ist; dies schließt nicht aus, dass derselbe Inhalt darüber hinaus noch durch einen oder mehrere andere Ausdrücke wiedergegeben werden kann. Wenn auch dies ausgeschlossen ist, d.h., wenn einem Inhalt jeweils nur ein Ausdruck zugeordnet ist – und umgekehrt – spricht man von einer „eineindeutigen" oder „umkehrbar eindeutigen" Zuordnung. Eine solche eindeutige Beziehung – und in noch stärkerem Maße eine eineindeutige – ist oft nur schwer herzustellen, weil die Mehrdeutigkeit der Wörter in der sprachlichen Kommunikation eine wichtige Rolle spielt.

Ein extremes Beispiel ist das englische „set". Im „Guinness Buch der Rekorde" (1988:258) heißt es dazu:

> Das am meisten verwendete Wort in der englisch sprechenden und schreibenden Welt ist das Wort *set*. Es wird in 58 Fällen als Hauptwort gebraucht, ist als Verbum 126 mal unterschiedlich gebräuchlich und zehnmal als Partizip-Adjektiv.

Diese Flexibilität im Gebrauch der Wörter ist für die Funktionsfähigkeit der Sprache von großer Bedeutung; denn hätten die Wörter eine feststehende präzise Bedeutung – und nur diese – würden sie angesichts der gewaltigen Veränderungen, die sich in der Welt vollziehen, früher oder später ihre Verwendbarkeit einbüßen. In diesem Falle müssten große Teile des Wortschatzes einer Sprache in bestimmten Abständen ausgewechselt werden, weil sich die Gegebenheiten, die mit diesem Wortschatz benannt wurden, erheblich gewandelt haben. Dies ist zum Glück nicht erforderlich: Der heute gebräuchliche gemeinsprachliche Wortschatz stimmt in seinem Kern zum überwiegenden Teil mit dem von vor 100 oder 150 Jahren überein.

Die große Flexibilität der Sprache, die darin zum Ausdruck kommt, macht es möglich, mit einem relativ begrenzten Wortschatz in immer neuen Situationen immer neue Gedanken auszudrücken. Das wäre ausgeschlossen, wenn die Wörter „eindeutig“ oder gar „eineindeutig“ wären (vgl. dazu Schneider 1976:209). Dass es trotz der Mehrdeutigkeit vieler Wörter nur verhältnismäßig selten zu Verständigungsproblemen kommt, liegt daran, dass die Gesprächssituation bzw. der Textzusammenhang eventuell auftretende Unklarheiten zumeist ausgleicht; dass ein Gespräch oder ein Text dadurch länger wird, nimmt man als selbstverständlich in Kauf.

Dies gilt wohlgemerkt für die Gesamt- bzw. Gemeinsprache als das große Reservoir, aus dem die Fachsprachen entsprechend ihren Bedürfnissen schöpfen. Anders ist die Situation in den Fachsprachen selbst. In der Kommunikation zwischen Fachleuten müssen Klarheit und Kürze der Aussage absoluten Vorrang haben. Eine Aussage kann aber nur dann klar sein, wenn zwischen den Kommunikationspartnern von vornherein Einigkeit über die Inhalte der verwendeten sprachlichen Mittel besteht. Deshalb ist die Eindeutigkeit der Benennungen für die Terminologien von grundlegender Bedeutung.

3.8.2 Benennungsbildung

Die Fachsprachen können sich nicht darauf beschränken, Wörter der Gemeinsprache mit fachlichen Inhalten zu füllen, obwohl dies ein wichtiges Verfahren ist. Sie müssen vielmehr darüber hinaus in vielen Fällen, um Missverständnisse zu vermeiden, neu entstehende Begriffe mit neuen Benennungen versehen. Allerdings sind die Mittel, über die sie hierzu verfügen, begrenzt; denn die sprachliche Neuschöpfung im eigentlichen Sinne, d.h. eine Wortbildung, die nicht von bereits vorhandenen sprachlichen Elementen ausgeht, bleibt eine seltene Ausnahme. Die Sprachen müssen also ständig auf Bekanntes, Vorhandenes zurückgreifen.

Humboldt hat in seiner 1835 erschienenen Schrift „Über die Verschiedenheit des menschlichen Sprachbaues und ihren Einfluss auf die geistige Entwicklung des Menschengeschlechts“ gesagt, die Fortentwicklung der Sprache sei die Methode, „von endlichen Mitteln einen unendlichen Gebrauch zu machen“. Ein Beispiel dafür ist die Präfigierung. So lassen sich von dem Verb *setzen* durch Präfixe (*ab*setzen, *aus*setzen, *auf*setzen usw.) 33 Ableitungen mit etwa 100 Bedeutungen bilden (vgl. Schneider 1976:47). Diese Tatsache ist gerade für die Fachsprachen, die ständig Neues zu benennen haben, wichtig.

Die Fachsprachen verfügen – wie bereits dargelegt wurde – grundsätzlich über alle lexikalischen Mittel der Gemeinsprache; sie setzen diese Mittel jedoch mit unterschiedlichen Schwerpunkten ein. Die Möglichkeiten bzw.

Verfahren, derer sie sich dabei bedienen, lassen sich (in Anlehnung an Drozd/Seibicke 1973:146) wie folgt zusammenfassen:

1. Terminologisierung
2. Wortzusammensetzung bzw. Mehrwortbenennung
3. Wortableitung
4. Konversion
5. Entlehnung
6. Kürzung
7. Neubildung

Diese Verfahren, die – wenngleich mit unterschiedlicher Frequenz – grundsätzlich sowohl im Deutschen als auch im Englischen, Französischen und Spanischen angewendet werden, sollen im Folgenden anhand von Beispielen aus diesen vier Sprachen (die Sprachenzeichen de, en, fr, es entsprechen ISO 639/DIN 2335). Ziel der Darstellung kann nicht die erschöpfende Behandlung des umfassenden Bereichs „Wortbildung in den Fachsprachen" sein; hier können nur einige Tendenzen aufgezeigt werden. Ausführliche Darstellungen geben neben anderen für das Deutsche Reinhardt/Köhler/Neubert (1992) für das Englische Sager/Dungworth/McDonald (1980) für das Französische Kocourek (1991).

Für das Spanische liegt eine umfassende Darstellung zur Fachsprache bzw. zur Fachwortbildung noch nicht vor; hier muss auf Einzeldarstellungen in Aufsätzen (insbesondere Richart/Thome/Wilß (1982), Arntz/Arranz (1999), Schmitt (1992)) verwiesen werden.

3.8.2.1 Terminologisierung

Grundsätzlich kann jedes Wort – ebenso wie jede Wortgruppe – des Allgemeinwortschatzes terminologisiert werden, d.h., es erhält in einer Fachsprache (oder in mehreren) eine ganz bestimmte Bedeutung. Ein Beispiel ist das gemeinsprachliche Wort *Wurzel*, dem u.a. in der Sprachwissenschaft und in der Zahnmedizin neue „uneigentliche" Bedeutungen zugewachsen sind. Häufig liegt der Terminologisierung eine metaphorische Bedeutungsübertragung zugrunde, die auf der Erkenntnis von Ähnlichkeiten beruht. Dies gilt für viele Grundbegriffe der Naturwissenschaften, die durch die definitorische Festlegung gemeinsprachlicher Wörter entstanden sind, so z.B. die physikalischen Benennungen:

de *Raum*	en *space*	fr *espace*	es *espacio*
de *Zeit*	en *time*	fr *temps*	es *tiempo*
de *Bewegung*	en *movement*	fr *mouvement*	es *movimiento*

(vgl. dazu insbesondere Hoffmann 1985:155f.)

Ein besonders anschaulicher Fall von Metaphorik liegt dort vor, wo die Benennungen menschlicher Körperteile auf Teile von Maschinen, Werkzeugen usw. übertragen werden; vgl. de: *Kopf*, *Nase*, *Zahn*; en: *head*, *nose*, *tooth*; fr: *tête*, *nez*, *dent*; es: *cabeza*, *nariz*, *diente*. Die einzelnen Sprachen gehen dabei häufig in ähnlicher Weise vor, doch ist dies nicht zwingend. Die Metaphorik kann von Sprache zu Sprache sehr unterschiedlich sein. So liegt den Benennungspaaren de *Bohrkopf* – es *cabeza de sondeo*, de *Elektronenauge* – es *ojo electrónico*, de *Hebelarm* – es *brazo de palanca*, fr – *bras de levier* die gleiche Sichtweise zugrunde; dies ist jedoch nicht der Fall in de *Rohrknie* – es *codo*, de *Nase* (= Vorsprung an Maschinenteilen) – es *saliente*. Die Liste der Beispiele ließe sich beliebig verlängern.

Dass solche neuen Fachwörter voll und ganz in die jeweilige Fachsprache integriert werden, beweist die Tatsache, dass sie problemlos mit anderen Substantiven zusammengesetzte Benennungen bilden, wie die folgenden Beispiele aus dem Maschinenbau zeigen: *Nasenkeil, Stirnradtrieb, Kniehebelpresse, Augenlager, Zahndicke, Fingerfräser, Gliederkette, Zahnkette*.

Von der Metaphorik zu unterscheiden ist die Metonymie, die ebenfalls zahlreichen Fällen von Terminologisierung zugrunde liegt. Bei der Metonymie wird das eigentlich gemeinte Wort durch ein anderes ersetzt, das in einer geistigen oder sachlichen Beziehung zu ihm steht – im Gegensatz zur Metapher, die in eine andere Bildsphäre springt (vgl. Glück 2000:439). Metonymie liegt beispielsweise dann vor, wenn die Bezeichnung eines Werkstoffes, z.B. *Glas,* auch zur Bezeichnung des daraus hergestellten Behältnisses benutzt wird. Um Metonymie geht es auch, wenn Eigennamen beispielsweise zur Bezeichnung chemischer oder physikalischer Begriffe verwendet werden, z.B. *Einsteinium, Volt, Hertz, Newton* usw.

3.8.2.2 Zusammengesetzte Benennung und Mehrwortbenennung

Die Bildung zusammengesetzter Benennungen ist insbesondere im Deutschen ein sehr produktives Verfahren. Wichtige Typen sind:

a) Substantiv + Substantiv, z.B. *Zahnrad, Glasfaser, Elektronenröhre*
b) Verb + Substantiv, z.B. *Fräsmaschine, Biegemoment, Schmelzofen*
c) Adjektiv + Substantiv, z.B. *Hochofen, Edelmetall, Grauguss*
d) Adjektiv + Verb, z.B. *hartlöten, kaltwalzen, dauertesten*
e) Präposition + Substantiv, z.B. *Durchmesser, Überstrom, Innenwiderstand*

Ein extremes Beispiel für eine Wortzusammensetzung im Deutschen gibt Hoffmann (1985:122): *Ultrakurzwellenüberreichweitenfernsehrichtfunkverbindung*. Daneben hat auch das Deutsche grundsätzlich die Möglichkeit, Mehrwortbenennungen zu bilden.

Im Englischen, Französischen und Spanischen werden die Möglichkeiten der Bildung zusammengesetzter Benennungen ebenfalls genutzt (vgl. die Beispiele in 3.8.2.8), allerdings längst nicht im gleichen Umfang wie im Deutschen; in diesen Sprachen überwiegen die Mehrwortbenennungen bei weitem. Im Englischen kann die Abgrenzung zwischen beiden Benennungsarten gelegentlich Schwierigkeiten bereiten, weil Zusammenschreibung, Verbindung durch Bindestrich und Getrenntschreibung vielfach willkürlich gehandhabt werden (z.B. *term bank*, *term-bank*, *termbank*).

Typisch für das Englische ist die Aneinanderreihung von zwei oder mehr Wörtern (z.B. *optical waveguide = Lichtwellenleiter*, *high tension lines = Hochspannungsleitungen*). Solche Wortketten können beachtliche Ausmaße annehmen, z.B. *oil storage and pipeline transportation system* (*Öllager- und Öltransport-System*). Wüster (1985:34) stellt fest, dass im Englischen viele solcher „orthographischen Wortgruppen“ hinsichtlich der Begriffsverknüpfung Zusammensetzungen, also nur „Scheingruppen“ sind, und er weist darauf hin, dass das Deutsche in der Anhäufung von Wortstämmen in einer einzigen Zusammensetzung vom Englischen vielfach übertroffen wird.

In den romanischen Sprachen spielt die Verbindung Substantiv-Präposition-Substantiv eine besonders wichtige Rolle, z.B. fr *ressort de traction* (Zugfeder), *ressort à bondin* (Sprungfeder), es *grasa de soldar* (Lötfett), *temple por inducción* (Induktionshärten). Häufig ist auch die Verbindung Substantiv + Adjektiv, z.B. fr *poids moléculaire* (Molekulargewicht) es *central nuclear* (Kernkraftwerk). In beiden Sprachen ist es gelegentlich schwierig zu entscheiden, ob eine solche Mehrwortverbindung tatsächlich eine Benennung darstellt, die einen Begriff repräsentiert, oder ob man es eher mit einer Paraphrase zu tun hat.

Beispiele:

fr *chariot automoteur à conducteur porté*
es *barrera óptica por luz infrarroja modulada*

Es überrascht daher nicht, dass der Begriff des „découpage", d.h. der Abgrenzung einzelner lexikalischer Einheiten gegeneinander, gerade in den französischen Erörterungen zur Terminologiewissenschaft eine wichtige Rolle spielt. Dabei geht es gelegentlich um Wortketten, die den oben angeführten deutschen und englischen Beispielen an Umfang in nichts nachstehen. Man vergleiche: véhicule électrique alimenté par circuits inductifs à haute fréquence placés sous la chaussée (Goffin 1978). Letztlich lassen sich die hier aufgeworfenen Fragen nur durch systematische Terminologiearbeit, insbesondere die Erarbeitung von Begriffssystemen, lösen.

Demgegenüber sind Wortzusammensetzungen im Französischen und Spanischen zwar möglich – z.B. fr rondelle-frein (Sicherungsblech), passe-câble (Kabeldurchführung), es coche-grúa/camión-grúa (Autokran) – sie spielen jedoch eine untergeordnete Rolle. Allerdings gewinnt die Zusammenstellung von Substantiven in beiden Sprachen an Bedeutung. Beispiele für solche „binominaux juxtaposés" (Clas 1988) im Französischen sind centrale vapeur, protection mémoire; vergleichbare Beispiele im Spanischen sind: buque cisterna (Tankschiff), rayo láser (Laserstrahl).

3.8.2.3 Wortableitung

Ein abgeleitetes Wort ist die Verbindung eines Stammwortes mit mindestens einem Ableitungselement, z.B. *Prüf/er*, *Ver/bind/ung*. Ableitungselemente sind in diesem Falle: *-er*, *-ung* (Suffixe), *ver-* (Präfix).

Präfixe und Suffixe sind im Deutschen, Englischen und in den romanischen Sprachen äußerst produktive Wortbildungselemente. Die genaue Kenntnis dieser Wortelemente und ihrer Funktionen bietet eine wichtige Verständnishilfe und erleichtert das Erlernen fremdsprachiger Fachwortschätze. Da die Zahl der produktiven Wortbildungselemente begrenzt ist, lassen sie sich systematisch erlernen; entsprechende Übersichten für das Deutsche, Englische bzw. Französische bieten beispielsweise die bereits genannten Werke von Reinhardt/Köhler/Neubert (1992), Sager/Dungworth/McDonald (1980) und Kocourek (1991).

Die terminologischen Grundsatznormen von DIN und ISO empfehlen, bei der Bildung von Benennungen im Interesse der internationalen Sprachangleichung solche Wortelemente zu verwenden, die international verbreitet sind, also z.B. *inter-* und *hyper-* statt *zwischen-* und *über-* (siehe Kap. 4.5).

3.8.2.4 Konversion

Unter Konversion versteht man den Übergang (Wechsel) von Wörtern aus einer Wortklasse in die andere, so z.B. vom Infinitiv zum Substantiv (*das Pflügen*), vom Adjektiv zum Substantiv (*das Blau*), vom Partizip zum Substantiv (*der Vorsitzende*).

Häufig werden auch Gegenstände, Verfahren u.Ä. mit dem Namen ihres Erfinders bzw. Entdeckers bezeichnet, z.B. *Ampère, Celsius, Diesel* usw. Hier liegt gleichzeitig der in 3.8.2.1 behandelte Fall der Metonymie vor.

Die Möglichkeiten der Konversion werden auch in den romanischen Sprachen und im Englischen genutzt. Dabei gibt es allerdings erhebliche, durch die jeweilige Sprachstruktur bedingte Unterschiede. So wird die im Deutschen so produktive Substantivierung des Infinitivs zwar im Spanischen, (z.B. *(el) activar, (el) instalar*), nicht aber im Französischen eingesetzt.

Typisch für das Englische ist der Wechsel vom Nomen zum Verb und umgekehrt, z.B.:

The first run of the experiment was bad.
We have to run the experiment again.
A 4-cylinder engine powers the car.
A gasoline engine provides the power.

3.8.2.5 Entlehnung und Lehnübersetzung

Unter Entlehnung versteht man die unveränderte bzw. weitgehend unveränderte Übernahme eines Wortes aus einer anderen Sprache; dabei greift man auch in starkem Maße auf die alten Sprachen zurück: z.B. *exitus*, *corpus* (direkte Übernahme aus dem Lateinischen); *Diagnose*, *Analyse* (angepasste Übernahme aus dem Griechischen).

Eine besonders wichtige Rolle spielt die Entlehnung in Naturwissenschaften und Technik. Vielfach werden nämlich mit der Übernahme einer technischen Neuentwicklung die Benennungen aus dem betreffenden Sprachgebiet mit übernommen. Das führt dazu, dass in den letzten Jahrzehnten eine ganze Flut von englischen (Fach-)wörtern – insbesondere aus „aufstrebenden" Fachgebieten – in eine Vielzahl von Sprachen eingedrungen ist (z.B. *computer*, *software*, *input* und viele andere im Bereich der Datentechnik).

Im Gegensatz zur Entlehnung überträgt die Lehnübersetzung die einzelnen Wortelemente in die Zielsprache, ohne die innere Struktur der Benennung zu verändern: z.B. en *machine aided translation*; de *maschinengestützte Übersetzung*; fr *traduction assistée par ordinateur*; es *traducción asistada por ordenador* / de *Eisenbahn*; fr *chemin de fer*.

Dabei kann – insbesondere in der (deutschen) Fachsprache der Medizin – der Fall auftreten, dass Fachwörter, die den ursprünglichen lateinischen oder griechischen Terminus ersetzen, als Dubletten bestehen bleiben (z.B. *Suizid – Selbstmord*, *Intoxikation – Vergiftung*).

Zu erwähnen ist in diesem Zusammenhang auch der Fall der sogenannten internen Entlehnung, d.h. der Übergang einer Benennung in eine andere Fachsprache zur Bezeichnung eines verwandten Begriffs. So hat beispielsweise die Fachsprache der Betriebswirtschaft Fachwörter wie *Strategie*, *Logistik* usw. aus der militärischen Fachsprache übernommen. Dies führt zwangsläufig zu Mehrdeutigkeit (Polysemie).

3.8.2.6 Wortkürzung

Kurzformen sind für nahezu alle Fachsprachen von Bedeutung. Den offensichtlichen Vorteilen, die vor allem in der Sprachökonomie liegen, steht als möglicher Nachteil insbesondere ein Mangel an Präzision und Verständlichkeit gegenüber. Kurzformen sind häufig mehrdeutig, vor allem dann, wenn sie sich theoretisch auf mehrere Fachgebiete und mehrere Sprachen beziehen können. Beispiele hierfür lassen sich in großer Zahl in ein- und mehrsprachigen Abkürzungswörterbüchern finden.

Eine detaillierte Übersicht über die existierenden Kurzformtypen bietet die terminologische Grundsatznorm DIN 2340 (2009) „Kurzformen für Benennungen und Namen“. Von besonderem Interesse sind folgende Kurzformtypen:

1. Abkürzung

Eine Abkürzung entsteht, wenn eine Benennung nicht voll ausgeschrieben wird.

	Langform	Kurzform
de	*zum Beispiel*	*z.B.*
en	*figure*	*fig.*
fr	*c'est-à-dire*	*c.-à-d.*
es	*página*	*pág.*

2. Initialwort (Akronym)

Ein Initialwort entsteht, wenn nur der erste Buchstabe jedes Benennungselements in der Kurzform zum Ausdruck kommt. Kann das so entstehende Gebilde wie ein Wort ausgesprochen werden, liegt eine „Sprechkürzung" vor; ist dies nicht der Fall, spricht man von einer „Buchstabierkürzung".

Beispiel 1 („Sprechkürzung")

de	*Laser*		
en, fr	*laser*	=	***l**ight **a**mplification by **s**timulated **e**mission of **r**adiation*
es	*láser*		

Beispiel 2 („Buchstabierkürzung")

de	LKW	=	***L**ast**k**raft**w**agen*
en	TIG welding	=	***t**ungsten **i**nert **g**as welding*
fr	ANPE	=	***A**gence **n**ationale **p**our l'**e**mploi*
es	TDF	=	***t**oma **de** **f**uerza*

3. Silbenkurzwort

Silbenkurzwörter bestehen aus dem Wortanfang sowie weiteren Silben einer Ausgangsbenennung, die für die Bildung eines einprägsamen und leicht sprechbaren Wortes geeignet sind.

Diese Art der Wortkürzung ist typisch für das Deutsche (z.B. *Trafo* = ***Tra**ns**fo**rmator*) und das Englische (z.B. *hi-fi* = ***hi**gh **fi**delity*); im Französischen und Spanischen tritt sie kaum auf.

3.8.2.7 Neubildung

Die Neubildung ist ein sehr seltenes Verfahren. Als eines der wenigen Beispiele nennt Schneider (1976:35) das Wort „Gas", das von dem Brüsseler Alchimisten und Mediziner Johan Baptista van Helmont (1579 - 1644) geprägt worden sein soll, wenngleich auch hier die Vermutung besteht, dass der Wortschöpfer sich von der klanglichen Ähnlichkeit zu „Chaos" leiten ließ.

3.8.2.8 Zusammenfassung

Im Folgenden finden sich die skizzierten Wortbildungsverfahren in einer vergleichenden Zusammenstellung mit deutschen, englischen, französischen und spanischen Beispielen belegt.

	Deutsch	Englisch	Französisch	Spanisch
1) Terminologisierung	Menge	set	arbre	memoria
2) Wortzusammensetzung und Mehrwortbenennung	Energietechnik Schwebefilter Warmbehandlung	car production motorcycle (motor-cycle) drill press	roulement à aiguilles moissonneuse-batteuse rouleau conique	cojinete de bolas máquina herramienta rodillo guía
3) Wortableitung				
a) Präfixe	Ver/sickerung Über/chlorung	re/workable pre/fabricate	anti/corrosif auto-lubrifiant	des/carga pre/ calentamiento
b) Suffixe	Halbleit/er Übertrag/bar/keit	machin/ist convert/er	étanché/ité informat/icien	mecaniz/ado amortigua/ dor
4) Konversion	(das) Härten (die) Unbekannte	(the) (to) run (the) (to) power	(le) lubrifiant (le) polluant	(el) inserto (el) refrigerante
5) Entlehnung	Computer	ersatz diagnosis	Diesel	robot
6) Kürzungsverfahren	UKW-Sender	radar DC generator	T.S.F.	máquina de CN

Dabei handelt es sich wohlgemerkt nicht etwa um Übersetzungen. Es geht vielmehr um Benennungen, die einander zwar – soweit die Sprachstrukturen dies zulassen – formal, aber nicht inhaltlich entsprechen. Wäre die Suche nach geeigneten Übersetzungen erfolgreich verlaufen – was keineswegs sicher ist – , so hätten diese Beispiele den Eindruck erweckt, die Fachwörter des Deutschen, Englischen, Französischen und Spanischen wiesen grundsätzlich parallele Begriffs- und Benennungsstrukturen auf; das ist aber, wie in Kap. 4 („Äquivalenz“) darzulegen sein wird, vielfach gerade nicht der Fall.

3.8.3 Motivation von Benennungen

Dass Benennungen präzise und verständlich sind, lässt sich insbesondere dadurch erreichen, dass sie nach klaren, verständlichen Prinzipien gebildet werden, dass also Elemente des Begriffs in der Art und Struktur der Benennung zum Ausdruck kommen. In diesem Fall spricht man von motivierten (oder transparenten) Benennungen. Man kann – in Anlehnung an Drozd/ Seibicke (1973:129ff.) – insbesondere zwei Arten von Motivation, die morphologische und die semantische, feststellen. Ein dritter Typ, die phonetische Motivation, d.h. die lautmalende Wortschöpfung (Glück 2000:493), spielt in der Terminologie nur eine sehr geringe Rolle.

3.8.3.1 Morphologische Motivation

Im Falle der morphologischen Motivation ist es möglich, den Inhalt einer Wortzusammensetzung aus ihren einzelnen Elementen abzuleiten. Besonders leicht gelingt dies bei den regelmäßigen Bildungen (z.B. „mittel-frist-ig-e Finanz-plan-ung"). Sowohl in der nationalen als auch in der internationalen Terminologiearbeit spricht man sich für diese Art der Wortbildung aus (vgl. ISO 704, DIN 2330). Dabei ist zu berücksichtigen, dass auch regelmäßig gebildete Benennungen keine wissenschaftliche Definition des Begriffs geben, sondern nur die Merkmale ausdrücken, die als wesentlich erachtet werden; daher können auch solche Benennungen in den einzelnen Sprachen durchaus unterschiedlich strukturiert sein.

Schwierigkeiten können sich bei den unregelmäßigen Bildungen ergeben, da hier die semantischen Beziehungen zwischen den einzelnen Inhaltsträgern der Wortzusammensetzung oder -ableitung nicht mehr ganz deutlich zu erkennen sind (z.B. Fort-schritt).

3.8.3.2 Semantische Motivation

Im Falle der semantischen Motivation ist die ursprüngliche Bedeutung des Wortes nicht mehr erhalten. Das ist beispielsweise dann der Fall, wenn man für einen Begriff eine Benennung aus einem anderen Bereich wählt, weil bei den Gegenständen eine Ähnlichkeit in der Form vorliegt; wenn etwa Benennungen von Körperteilen wie „Kopf" oder „Gelenk" zur Benennung technischer Vorrichtungen verwendet werden (Terminologisierung), so lässt sich das semantische Merkmal nicht unmittelbar aus der Wortstruktur ablesen.

3.8.3.3 Demotivation

Die Motivation der Fachwörter kann in starkem Maße zur Klarheit der Fachsprache beitragen. Allerdings sind auch die Fachsprachen – ebenso wie ihr Gegenstand, die Fachgebiete – in ständiger Entwicklung begriffen.

Die Folge ist eine gegenläufige Tendenz, die allmählich zur Demotivation von Benennungen führt: Wenn bei der Entstehung der motivierten Benennung eine relative Übereinstimmung zwischen der begrifflichen Struktur und der Struktur der Benennung besteht, so kann der Grad dieser Übereinstimmung im Laufe der Zeit abnehmen. Der Grund kann darin liegen, dass die Benennung Veränderungen erfährt, z.B. durch Kürzungsverfahren (Rechenmaschine --> Rechner, Mehrfachexpansionsdampfmaschine --> Mehrfachexpansionsmaschine). Es kommt allerdings häufiger vor, dass der Begriff sich – etwa aufgrund neuer Erkenntnisse – wandelt.

Ein wegen seiner Anschaulichkeit häufig angeführtes Beispiel ist das Begriffspaar „Sonnenaufgang/Sonnenuntergang", das auf einer vorwissenschaftlichen Betrachtungsweise basiert, sodass diese ursprünglich motivierten Benennungen längst als demotiviert betrachtet werden müssen. Um einen ähnlichen, allerdings weniger offensichtlichen Fall geht es bei der Benennung „Atom"; auch dieser Begriff wird heute entscheidend anders definiert als noch vor wenigen Jahrzehnten (das griechische „átomos" bedeutet „unteilbar"). Obwohl die genannten Benennungen durch die Änderung der Begriffsinhalte „unlogisch" geworden sind, besteht offenbar kein Bedürfnis, die Benennungen an die veränderte Situation anzupassen. Insofern haben auch Benennungen, die von vornherein nicht motiviert sind oder als nicht motiviert empfunden werden, ihre Vorzüge, denn im Gegensatz zu den motivierten Benennungen besteht bei ihnen nicht die Gefahr, dass sie ab einem bestimmten Zeitpunkt als unlogisch empfunden werden, weil sich die Beziehung zwischen Ausdruck und Inhalt gewandelt hat.

3.9 Nichtsprachliche Repräsentationsformen

In den letzten zwei Jahrzehnten hat das Interesse an der Erforschung nichtsprachlicher Repräsentationsformen deutlich zugenommen (u.a. Kalverkämper 1993; Galinski/Picht 1997; Laurén/Myking/Picht 1998), da die Gesamtanalyse eines Kommunikats sich nicht nur auf sprachliche Phänomene beschränken lässt, wenn ganz offensichtlich andere Faktoren wie z.B. Bilder im weitesten Sinne, Graphiken, Symbole, Piktogramme u.Ä. ebenfalls zum Zustandekommen der Kommunikation beitragen und sogar oft ein notwendiger Bestandteil des Kommunikats sind. In einigen Fällen kann die bildliche Darstellung der Hauptträger oder alleinige Träger der zu vermittelnden Information sein, z.B. die obligatorische Zeichnung für die Erlangung einer Baugenehmigung.

In der Terminologie hat man der bildlichen Repräsentationsform sehr früh den Status eines definitorischen Hilfsmittels zuerkannt, ohne sich jedoch eingehender mit dieser Repräsentationsform theoretisch auseinanderzusetzen. In anderen Zweigen der Wissensdarstellung, z.B. in der Enzyklopädie, hat man die Vorteile dieser Repräsentationsform früh erkannt und mit Erfolg eingesetzt.

Angepasst der Thematik dieses Buches sollen folgende Fragen beantwortet werden, die einen direkten Bezug zur Wissensrepräsentation haben:

1. Welche Gegenstände/Begriffe können nichtsprachlich dargestellt werden?
2. Wie können Gegenstände repräsentiert werden?
3. Wie können Begriffe dargestellt werden und gibt es Abstraktionsgrade in der Darstellungsform?
4. Können nur physische Gegenstände/Begriffe dargestellt werden?
5. Welche anderen Phänomene, abgesehen von physischen Gegenständen und Begriffen, können nichtsprachlich repräsentiert werden?

Welche Gegenstände/Begriffe können nichtsprachlich dargestellt werden?

Unmittelbar darstellbar sind Eigenschaften und Merkmale (Wissensbausteine), die durch das Auge wahrnehmbar sind, z.B. Formen, Dimensionen, Relationen, Proportionen, Farben, sichtbare oder sichtbar gemachte Abläufe etc. Alle anderen Arten von Wissensbausteinen, die nicht bildlich dargestellt werden können, müssen durch andere Mittel, vor allem, aber nicht ausschließlich, durch Sprache repräsentiert werden. Ausnahmen sind typischerweise Begriffe, die den Geruchs-, Geschmacks- und Tastsinn betreffen.

Wie können Gegenstände repräsentiert werden?

Es bieten sich hauptsächlich drei Arten zur Repräsentation von Gegenständen an: die Photographie, die Zeichnung und das Gemälde. Als es noch keine Photographie gab, musste man sich mit der Zeichnung oder dem gemalten Bild begnügen; die Archäologie und die Geschichte liefern hier zahlreiche gute Beispiele. Auch ist die Zeichnung der Photographie in einer Reihe von Fällen überlegen (Beispiel 1). Ein Photo ließe die für ein bestimmtes Erkenntnisinteresse wesentlichen Dinge des Befundplanes nicht ausreichend hervortreten. Man hat sich daher einer Darstellungsform bedient, die vorzugsweise in anderen Fachgebieten (Architektur, Kartographie) entwickelt wurde.

Beispiel 1:

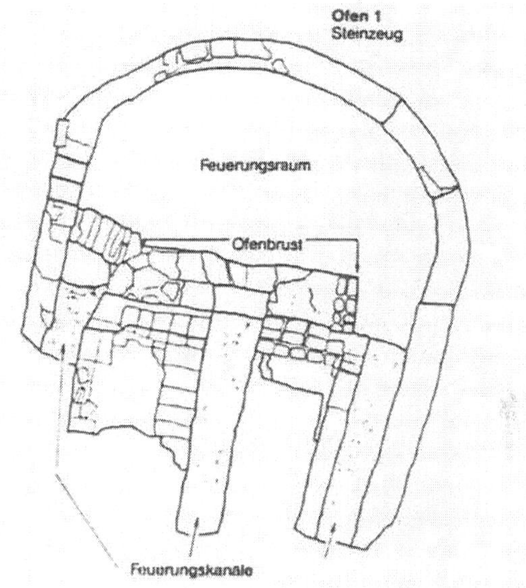

Befundplan, Töpferofen 1, Frechen/Erftkreis, Broichgasse

Oft bleibt als einzige Möglichkeit der Wiedergabe eines Gegenstandes nur die Zeichnung, da der Gegenstand als solcher nicht mehr in seiner ursprünglichen Form existiert, wie dies z.B. bei archäologischen Rekonstruktionen der Fall ist.

Beispiel 2:

Der Tempel von Delphi, Rekonstruktionszeichnung

Wie können Begriffe dargestellt werden und gibt es Abstraktionsgrade in der Darstellungsform?

Analog zur Definition oder Erklärung werden bei den nichtsprachlichen Repräsentationsformen im Idealfalle die Merkmale dargestellt, die für einen bestimmten Kommunikationszweck wesentlich und erforderlich sind.

Daraus ergeben sich zwei Punkte, die in ähnlicher Weise auch für sprachliche Begriffsrepräsentationen gelten:

1. Abhängigkeit der Repräsentationsform von dem pragmatischen Bedingungsgefüge (z.B. den Kommunikationspartnern), womit indirekt auch der Abstraktions- bzw. Komplexitätsgrad einer Darstellung und der Grad des Vorwissens des Empfängers/Betrachters angesprochen sind;
2. Die Frage der Wesentlichkeit der dargestellten Merkmale hängt von der Kommunikationsabsicht und dem Zweck ab, für den eine nichtsprachliche Repräsentationsform gewählt wurde.

Beide Punkte sind nur für Begriffe relevant. Eine photographische Wiedergabe eines Gegenstandes erlaubt keine beabsichtigte Reduktion, wie im Falle der Abstraktion. Eine vereinfachte zeichnerische Wiedergabe eines Gegenstandes ist denkbar, dient jedoch zumeist der Hervorhebung von wenig sichtbaren Eigenschaften und nicht der Abstraktion.

Abstraktions- und Komplexitätsgrade von Begriffen lassen sich folgendermaßen darstellen:

<u>Beispiel 3:</u>

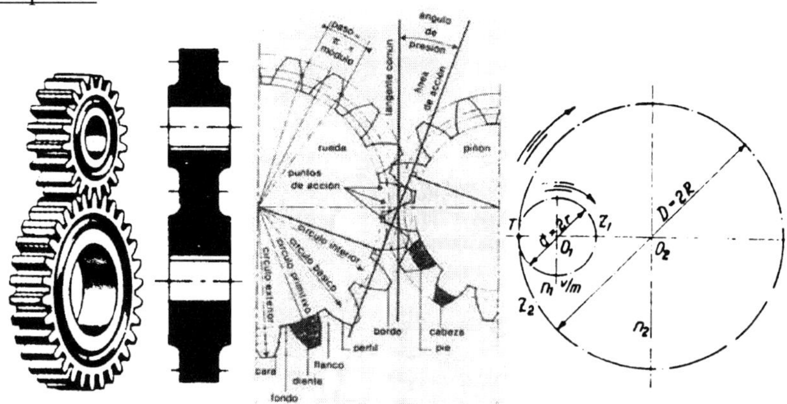

Zahnradpaare auf verschiedenen Abstraktionsstufen

Können nur physische Gegenstände bzw. Begriffe dargestellt werden?

Neben den unmittelbar darstellbaren Wissensbausteinen besteht jedoch die Möglichkeit, darstellbare Wissensbausteine als Stellvertreter für nichtdarstellbare Bausteine zu benutzen. Die darstellbaren Bausteine werden zu einem Kode, der den Betrachtern bekannt sein muss; im linguistischen Bereich entspräche dies der Polysemie und der Metapher.

Im freimaurerischen Sinne bedeuten die folgenden Darstellungen den unvollkommenen Menschen (der raue Stein) und das Ziel seiner Arbeit an sich selbst – die Vollkommenheit (der kubische Stein) – also abstrakte Begriffe, die sich einer unmittelbaren bildlichen Wiedergabe entziehen.

Beispiel 4:

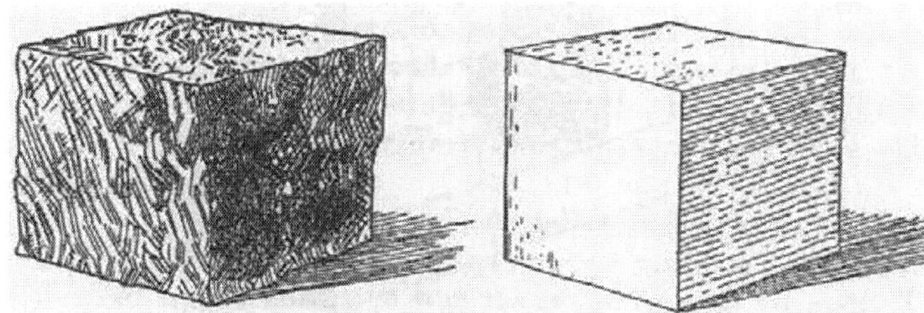

Der raue und der kubische Stein

Ein polysemes – und gleichzeitig homonymes – Beispiel dieser Kategorie ist die Taube, die den „Heiligen Geist", den Begriff „Friede" und das „Attribut des Shinto-Kriegsgottes Hachiman" repräsentieren kann.

Beispiel 5:

Welche anderen Phänomene, abgesehen von physischen Gegenständen und Begriffen, können nichtsprachlich repräsentiert werden?

Diese Frage wurde zunächst auf der Ebene der Eigenschaften und Merkmale, gestellt. Die gleiche Frage ist auch auf einer höheren Komplexitätsebene, der der Begriffstypologie, relevant. Betrachtet man die nichtsprachlich darstellbaren Begriffe und fragt nach ihrem Wesen, so ergibt sich folgende Aufstellung, die jedoch nicht den Anspruch auf Vollständigkeit erhebt, sondern eher die Problemstellung verdeutlichen soll.

1. Begriffe, die von physischen Gegenständen hergeleitet sind

Zahnrad

2. Verläufe, Verfahren und Prozesse, deren Phasen in zeitlicher Abfolge repräsentiert werden

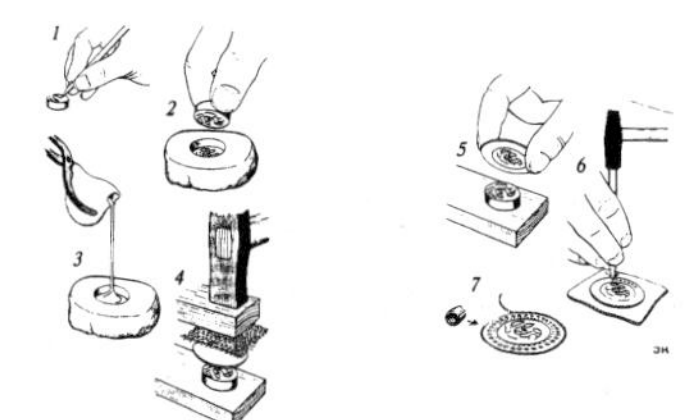

Herstellung eines Goldbrakteats (Rekonstruktion)

3. Fertigungs- und Funktionsprinzipien

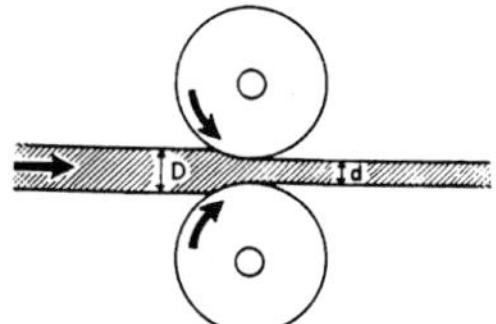

Walzen eines Blechs

4. Modelle

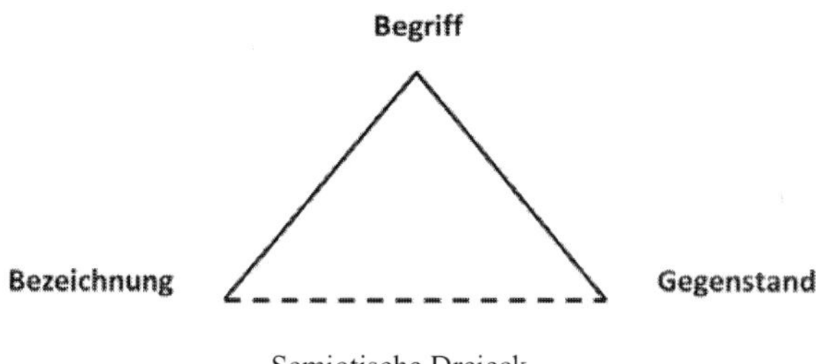

Semiotische Dreieck

5. Strukturdarstellungen

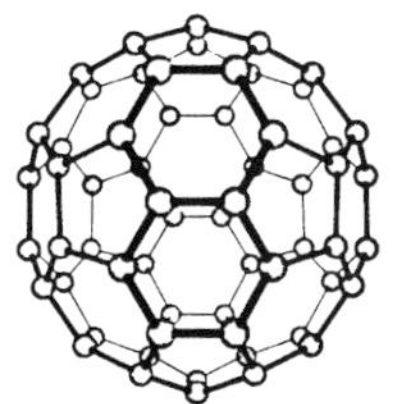

Molekülstruktur

6. Hinweise, Gebote und Verbote

7. Maße, Proportionen und Dimensionen (ergänzt durch Zahlen und/oder Benennungen)

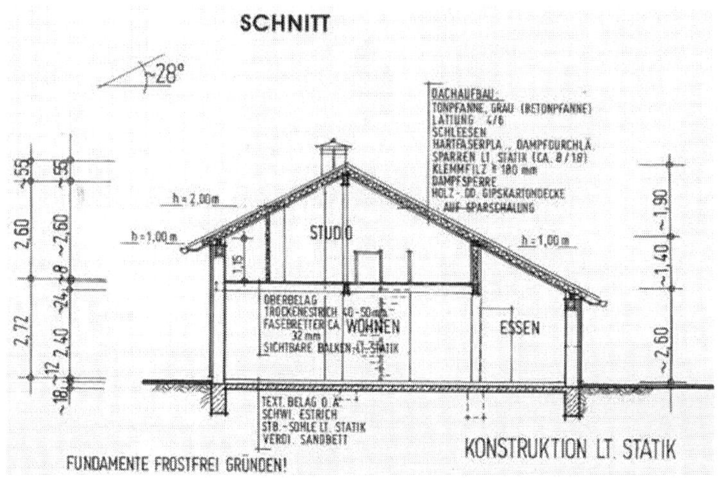

8. Relationen

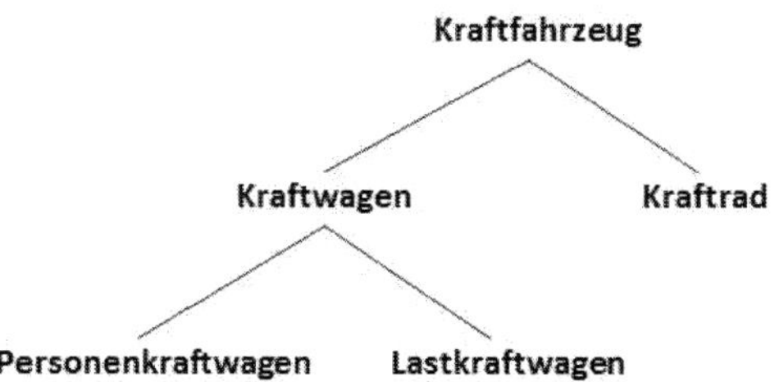

Zusammenfassung

Nach dieser kurzen Einführung kann festgestellt werden, dass nichtsprachliche Repräsentationen mit unterschiedlicher Häufigkeit und verschiedener graphischer Form in einer Vielzahl von Fachgebieten auftreten und heute mehr denn je – dank moderner elektronischer Werkzeuge – einen nicht geringen Teil der Fachkommunikation auf verschiedenen Ebenen ausmachen. Da diese Repräsentationsformen in gleicher Weise wie sprachliche Repräsentationen dem Wissenstransfer dienen, sind sie auch terminologisch relevant, müssen in die terminologische Analyse einfließen und schließlich in terminologische Datenbestände aufgenommen werden.

3.10 Probleme bei der Zuordnung von Begriff und Benennung

Auf die Wichtigkeit einer eindeutigen – nach Möglichkeit eineindeutigen – Beziehung zwischen Begriff und Benennung wurde bereits mehrfach hingewiesen. Bei der Betrachtung der Probleme, die eine klare Zuordnung der Inhalts- und Ausdrucksseite einer Benennung erschweren können, stößt man auf drei Problemgruppen: Synonymie, Polysemie und Homonymie. Die Zusammenhänge sind in der folgenden Graphik dargestellt.

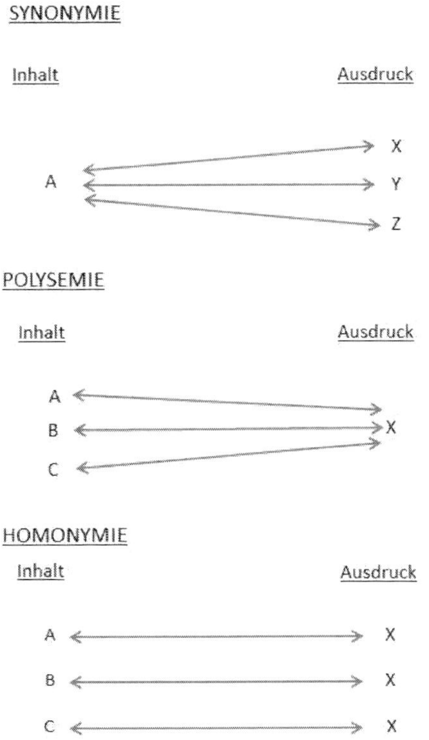

3.10.1 Synonymie

Synonymie liegt dann vor, wenn zwei oder mehr Benennungen einem Begriff zugeordnet und somit beliebig austauschbar sind, z.B. Woodruffkeil = Scheibenfeder. Von Quasisynonymie spricht man, wenn der jeweilige Begriffsinhalt weitgehend – aber eben nicht völlig – identisch ist; Quasisynonyme sind daher höchstens in bestimmten Kontexten austauschbar, z.B. Kraftfahrzeug/Automobil.

Vielfach beruht die Polysemie auf metaphorischer Bedeutungsübertragung; dieser Fall wurde bereits im Zusammenhang mit der Terminologisierung (3.8.2.1) und der semantischen Motivation (3.8.3.2) erörtert.

3.10.3 Homonymie

Von Homonymie spricht man, wenn Benennungen sich zwar in ihrer äußeren Form gleichen, die Begriffe, denen sie zugeordnet sind, jedoch – anders als im Falle der Polysemie – nicht durch Bedeutungsübertragung entstanden sind.

Im Einzelnen kann man in Anlehnung an DIN 2342 (2011) unterscheiden:

- volle Homonyme (1. *Ton* = Erde, pl. Tone ; 2. *Ton* = Klang, pl.Töne)
- Homophone (*Laib - Leib, Wal - Wahl*)
- Homographe (1. *Ténor* = Sinn, Inhalt; 2. *Tenór* = Stimmlage)

Die aufgeführten Beispiele lassen zu Recht vermuten, dass die Homonymie im Deutschen eine untergeordnete Rolle spielt. Das gilt jedoch keineswegs für alle Sprachen.

Homophone sind beispielsweise im Französischen außerordentlich zahlreich; so können sich hinter der Lautform *vɛr* nicht weniger als vier verschiedene Bedeutungen verbergen: 1. *ver* (Wurm); 2. *verre* (Glas); 3. *vert* (grün); 4. *vers* (gegen). Homographen finden sich in besonders großer Zahl im Englischen (vgl. 3.8.2.4).

Ob Homonymie oder Polysemie vorliegt, hängt letztlich davon ab, wie die Sprecher einer Sprache identische Formen deuten und verstehen. Homonymie beginnt dort, wo die Sprecher nicht mehr in der Lage sind, verschiedene Bedeutungen eines Wortes als zusammenhängend zu erkennen. Dabei ergibt sich zwangsläufig ein großer unsicherer Bereich. So werden wohl die allermeisten Deutschsprachigen bei den beiden wichtigsten Bedeutungen von *Schloss* (1. Einrichtung zum Verriegeln von Türen usw., 2. Gebäude) Homonymie annehmen, obwohl beiden Bedeutungen das Verb *schließen* zugrunde liegt – was ja „eigentlich" für Polysemie spräche. Aus diesem Grunde ist die Unterteilung in Polysemie und Homonymie umstritten. Tatsächlich spricht einiges dafür, die Homonymie, so wie sie hier definiert wurde, lediglich als einen Sonderfall der Polysemie zu betrachten; dafür spricht auch die Überlegung, dass Homonyme – ganz im Gegensatz zu polysemen Benennungen – in den Fachsprachen sehr selten sind.

Diese Überlegung findet sich auch in DIN 2342 (2011), wo im Übrigen die Dreiteilung in Synonymie, Polysemie und Homonymie übernommen wird. Hier heißt es allerdings: „Der Unterschied zwischen Homonymie und Polysemie ist nur in der historischen Terminologieforschung relevant."

4 Äquivalenz

Nachdem in der bisherigen Darstellung einsprachige Terminologien im Vordergrund standen, treten nun Fragen der zweisprachigen Terminologiearbeit in den Mittelpunkt.

Voraussetzung für die Zusammenführung einer Benennung in einer Sprache und seines Gegenstücks in einer anderen Sprache ist ihre begriffliche Übereinstimmung, d.h. ihre Äquivalenz.

4.1 Sprachvergleich und Äquivalenz

Ein entscheidendes Problem der mehrsprachigen Terminologiearbeit liegt darin, dass die einzelnen Sprachen die begriffliche Einteilung der Wirklichkeit vielfach in unterschiedlicher Weise vornehmen. Dieses Phänomen ist aus der Gemeinsprache bekannt. Ein besonders anschauliches Beispiel bieten die Farbwörter; da die einzelnen Farben in der Natur selbst nicht eindeutig gegeneinander abgegrenzt sind, sondern im Farbspektrum ineinander übergehen, kann es eine von der Sache gebotene, allgemein verbindliche Unterteilung nicht geben. Daher lassen sich gerade bei den Farbwörtern von Sprache zu Sprache z.T. erhebliche Bedeutungsüberschneidungen bzw. -unterschiede feststellen. Solche Fälle ergeben sich in großer Zahl bei jedem Sprachvergleich. So entspricht das französische *fleur* gleichzeitig dem deutschen *Blume* und *Blüte*; das französische *peau* ist im Deutschen *Haut* und *Fell.* Andererseits werden die Inhalte des deutschen *Uhr* im Französischen aufgegliedert in *montre*, *pendule* und *horloge*.

Der dänische Linguist Hjelmslev (1973:260) hat die vielfältigen begrifflichen Überschneidungen, die sich beim Sprachvergleich ergeben, an einem dreisprachigen Beispiel veranschaulicht.

Französisch	Deutsch	Dänisch
arbre	Baum	træ
bois	Holz	
forêt	Wald	skov

Besondere Probleme bereiten solche begrifflichen Unterschiede, wenn wir den Bereich des Konkreten verlassen und uns den Abstrakta zuwenden; man denke nur an die Schwierigkeiten, Begriffe wie de *Gemütlichkeit*, fr *esprit*, en *gentleman* in eine andere Sprache zu übertragen (vgl. Koller 1997). Solche Unterschiede zwischen den einzelnen Sprachen werden vor allem im Rahmen der Kontrastiven Lexikologie systematisch beschrieben (vgl. Schwarze 1984).

Die geschilderten Schwierigkeiten treten zwar im gemeinsprachlichen Wortschatz besonders deutlich in Erscheinung, sind jedoch nicht auf diesen beschränkt; ähnliche Probleme stellen sich auch in den Terminologien. Dies gilt allerdings für die einzelnen Fachgebiete in unterschiedlichem Maße. So sind beispielsweise die zwischensprachlichen Begriffsunterschiede in den Rechtsterminologien besonders ausgeprägt. Dies liegt nahe, wenn man bedenkt, dass das Recht einzig und allein durch die (jeweilige) Sprache lebt. Der juristische Fachwortschatz ist daher immer an eine bestimmte Rechtsordnung gebunden, die sich im Laufe eines historischen Prozesses entwickelt hat und sich von den übrigen Rechtsordnungen unterscheidet. Das bedeutet, dass terminologisches Arbeiten im Bereich des Rechts in jedem Falle mit eingehenden fachlich-begrifflichen Untersuchungen verbunden ist (siehe hierzu 4.4.4).

Dies gilt jedoch im Grundsatz auch für die naturwissenschaftlich-technischen Fachsprachen, obwohl hier – im Gegensatz zum Recht – in der Regel ein konkreter, nicht an eine bestimmte Sprache gebundener Gegenstandsbereich vorliegt, was den Vergleich der Terminologien erleichtert. Der Grad der begrifflichen Übereinstimmung zwischen den einzelnen Sprachen ist jedoch von Fachsprache zu Fachsprache recht verschieden; dies hängt eng mit der Entwicklungsgeschichte der einzelnen Fächer zusammen, wie beispielsweise ein Vergleich der Fachsprachen der Elektronischen Datenverarbeitung, der Chemie und des Maschinenbaus zeigt (vgl. Arntz 1994: 292ff.).

Wie erheblich die zwischensprachlichen Divergenzen im Fachwortschatz des Maschinenbaus sind, hat Eugen Wüster in seinem englisch-französischen Wörterbuch „The Machine Tool“ (1968) überzeugend dargelegt. Das folgende Beispiel, das diesem Werk entnommen ist, macht deutlich, wie zwei klar definierten Fachwörtern (en *key* und *cotter*) auf der anderen Seite nur ein Fachwort fr *clavette* (de *Keil*), entspricht, das die Inhalte dieser beiden Wörter umfasst. In diesem Falle liegt Disjunktion) (siehe 3.3.5) vor.

768 UDC 621.88.66

> **key** (770) *or* > **cotter** (769): A metal piece (207) shaped like a prism—either exactly so or with a slight taper—which is used to assemble two coaxial parts.

clavette NBN, NF, VSM: Pièce (207) de métal ayant la forme d'un prisme, soit exact, soit légèrement diminué, qui est destinée à assembler deux éléments coaxiaux. Elle peut être ou une ⌜clavette tranversale (769) ou une ⌜clavette longitudinale (770).

Vide spec. 770 (*fig.* 778–783, 786–789)
„ *fig.* 769

769 UDC 621.886.6 f1

cotter: A wedge (790), generally of rectangular section, used to assemble two coaxial ⌜parts (207) by being passed through both of them in a radial slot.

clavette transversale: Coin (790), en général de section rectangulaire, servant à assembler deux pièces (207) coaxiales en les traversant suivant une fente radiale commune.

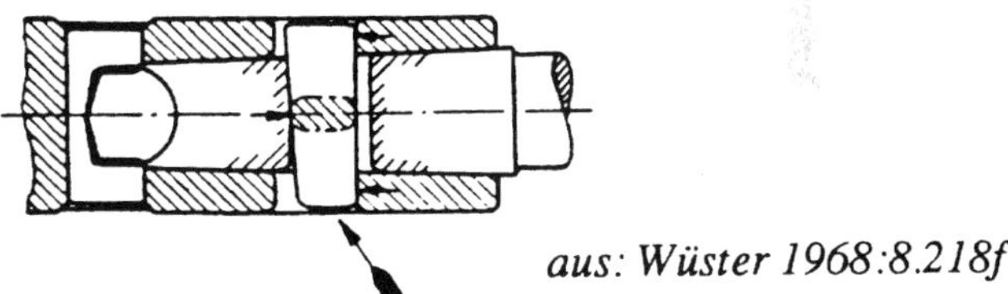

aus: Wüster 1968:8.218f.

DK 621.886 Stifte und Keile

768 **Keil**⌑ DIN, VSM

769 **Querkeil** DIN

aus: Wüster 1967:8.27f.

Da es sich hier um ein Problem handelt, das keineswegs nur für das fachsprachliche Übersetzen und die mehrsprachige Terminologiearbeit von Bedeutung ist, soll hier kurz auf einige Überlegungen eingegangen werden, die außerhalb dieses Bereichs angestellt wurden.

4.2 Das Äquivalenzproblem in der Gemeinsprache

Die Übersetzungswissenschaft beschäftigt sich u.a. mit der Suche nach Kriterien für die Beurteilung der inhaltlichen und formalen Entsprechung zwischen Texten in verschiedenen Sprachen. Solche Kriterien lassen sich nur schwer finden; oft gibt es etliche formal verschiedene und dennoch inhaltlich richtige Übersetzungen; die Grenze zwischen Form und Inhalt ist vielfach schwer zu ziehen, und die subjektive Interpretation spielt eine wichtige Rolle.

Es kann daher nicht überraschen, dass „Äquivalenz" einer der ganz zentralen, allerdings auch besonders umstrittenen Begriffe der Übersetzungswissenschaft ist. Wie schwierig es ist, hier zu allgemeingültigen Aussagen zu gelangen, verdeutlicht folgende Feststellung von A. Neubert (1994:87): „... jede neue Aufgabe ist eine Herausforderung, die letztlich nur mit dem Blick auf die vorliegende Textspezifik gewertet werden kann. – Damit dominiert eindeutig die unendliche Vielfalt der immer neu auftauchenden Übersetzungsprobleme". Zur übersetzungswissenschaftlichen Äquivalenzdiskussion siehe insbesondere Snell-Hornby (1994:13ff.), die von der „Illusion der Äquivalenz" spricht.

Grenzt man den Untersuchungsgegenstand ein und vergleicht nicht mehr Texte, sondern lediglich (gemeinsprachliche) Wörter und Wendungen in verschiedenen Sprachen, so löst auch dies noch nicht alle Schwierigkeiten.

Besonders problematisch sind hier die Konnotationen, d.h. die emotionalen und stilistischen Assoziationen und die Bedeutungsnuancen, die die Sprecher mit einem Wort verbinden. Es lässt sich beispielsweise kaum in objektiv überprüfbarer Weise ermitteln, ob die Empfindungen, die der durchschnittliche Deutschsprachige (schon dies ist ein problematischer Begriff) mit dem Wort *Heimat* verbindet, tatsächlich denen entsprechen, die bei einem (ebenso „durchschnittlichen") Französischsprachigen das Wort *patrie* weckt.

Eine endgültige Aussage darüber, in welchem Grad zwischen beiden Wörtern eine inhaltliche Übereinstimmung besteht, erscheint somit problematisch. Obwohl die Sprachwissenschaft eine Reihe von Vergleichskriterien erarbeitet hat, spielt auch beim Vergleich einzelner gemeinsprachlicher Wörter die subjektive Einschätzung des Lexikographen bzw. des Übersetzers eine wichtige Rolle.

4.3 Das Äquivalenzproblem in den Fachsprachen

Im Bereich der Fachsprachen sind die Voraussetzungen für den zwischensprachlichen Vergleich günstiger. Hier steht der definierbare bzw. definierte Begriff und seine Benennung im Mittelpunkt; Konnotationen spielen, wenn überhaupt, eine untergeordnete Rolle. Entscheidend ist der Begriffsinhalt des Fachwortes.

Ein Begriff ist nur aus dem System heraus zu verstehen, in das er eingebettet ist. Daher müssen zunächst in zwei Sprachen – unabhängig voneinander – Begriffssysteme erstellt oder aufgedeckt werden; erst dann ist ein Vergleich möglich und sinnvoll. Um die Begriffssysteme in den einzelnen Sprachen erstellen zu können, muss man zunächst sämtliche zur Klärung der Einzelbegriffe erforderlichen Zusatzinformationen sammeln, insbesondere das Fachgebiet, die Definition und den Kontext. Diese Informationen sind auch unerlässlich für den anschließenden Vergleich zwischen den Begriffssystemen und den einzelnen Begriffen der beiden Sprachen; das gilt insbesondere dann, wenn die verglichenen Begriffssysteme in ihrer Struktur sehr unterschiedlich sind, etwa bei einem Vergleich verschiedener Rechtsinstitute oder Schulsysteme.

Zwei Benennungen sind grundsätzlich dann als äquivalent zu betrachten, wenn sie in sämtlichen Begriffsmerkmalen übereinstimmen, d.h. wenn begriffliche Identität vorliegt. Löst man zwei Begriffe in ihre Merkmale auf und vergleicht diese miteinander, so können sich die in der folgenden Graphik veranschaulichten Fälle von Äquivalenz ergeben; die einzelnen Begriffsmerkmale werden dort jeweils durch Kleinbuchstaben repräsentiert.

1. Vollständige begriffliche Äquivalenz	A = B	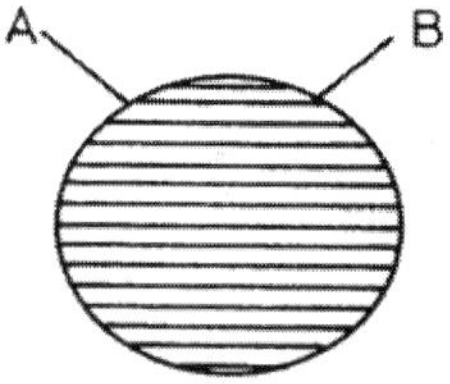 A B
A = a_1, a_2, a_3 ... B = b_1, b_2, b_3 ...	$a_1 = b_1$ $a_2 = b_2$ $a_3 = b_3$. = .	
2. Überschneidung	A ~ B	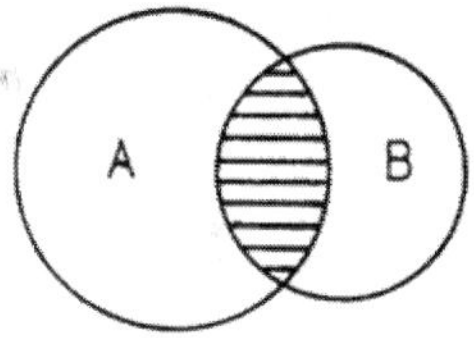 A B
A = a_1, a_2, a_3, a_4 ... B = b_1, b_2, b_3, b_4...	$a_1 = b_1$ $a_2 = b_2$ $a_3 = b_3$ $a_4 \neq b_4$ $a_5 \neq b_5$	

3. Inklusion	$A > B$	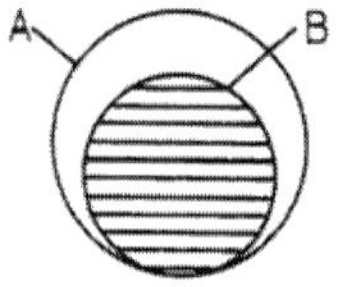
$A = a_1, a_2, a_3, a_4$ $B = b_1, b_2, b_3$	$a_1 = b_1$ $a_2 = b_2$ $a_3 = b_3$ a_4 b_4 fehlt	A B
4. Keine begriffliche Äquivalenz	$A \neq B$	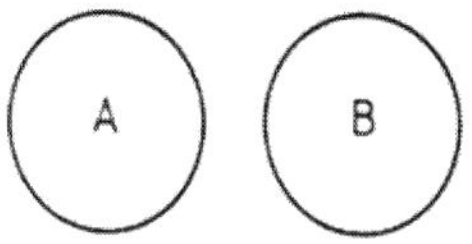
$A = a_1, a_2, a_3$ ... $B = b_1, b_2, b_3$ ...	$a_1 \neq b_1$ $a_2 \neq b_2$ $a_3 \neq b_3$ usw.	A B

aus: Felber (1984:153)

Diese Fallgruppen sollen nun kurz erläutert werden:

1. Vollständige begriffliche Äquivalenz

Hier sind hinsichtlich der Zahl der Benennungen, die den Begriff in den beiden zu vergleichenden Sprachen repräsentieren, folgende Fälle möglich: „eins : eins", „eins : viele", „viele : viele". Die Entsprechung „viele : viele" findet sich besonders häufig bei Terminologien von Fächern, die sich in rascher Entwicklung befinden; das folgende Beispiel für diesen Fall ist dem Bereich der optischen Nachrichtenübertragung entnommen:

de Halbleiter-Photoemitter, optischer Sender, Strahlungssender, Lichtemitter, Lichtsender
en semiconductor photoemitter, light source, semiconductor light source, optical transmitter, emitter

Was die Ähnlichkeit der Benennungsstrukturen äquivalenter Benennungen betrifft, so ergibt sich ein breites Spektrum:

Eine vollständige (oder zumindest weitgehende) formale Übereinstimmung der Benennungen findet sich insbesondere bei den Nomenklaturen:

de	di-Natriumhydrogenphosphat
en	di-sodium hydrogen phosphate
fr	hydrogénophosphate de disodium

Demgegenüber weisen die Benennungsstrukturen der folgenden äquivalenten Benennungen erhebliche Unterschiede auf; hier entspricht einer deutschen Einwortbenennung jeweils eine Mehrwortbenennung im Englischen und Französischen:

de	Verursacherprinzip
en	pay-as-you-pollute principle
fr	principe « pollueur-payeur »

2. Begriffliche Überschneidung

Hier sind grundsätzlich zwei Möglichkeiten denkbar:

a) Die Schnittmenge, d.h. die inhaltliche Übereinstimmung der Begriffe, ist groß, sodass die beiden untersuchten Benennungen einander zugeordnet werden können.

en	civil servant	de	Beamter
de	Physikum	fr	certificat préparatoire aux études médicales

b) Die Schnittmenge ist zu klein, als dass die beiden untersuchten Benennungen einander zugeordnet werden könnten:

en	informatics	≠ de	Informatik
		≠ fr	informatique

Die tatsächlichen Entsprechungen lauten vielmehr:

en	computer science	= de	Informatik
		fr	informatique
en	informatics	= de	Informationswissenschaft
		fr	science de l'information

3. Inklusion

Begriff A enthält Begriff B und darüber hinaus noch eines oder mehrere weitere Merkmale. Auch hier kann die mangelnde begriffliche Übereinstimmung erheblich oder unerheblich sein.

fr social > de sozial

fr sanitaire > de sanitär

4. Keine begriffliche Äquivalenz

Hier geht es insbesondere um den auch in den Terminologien keineswegs seltenen Fall der „falschen Freunde“, wo aus einer weitgehenden Benennungsähnlichkeit auf eine entsprechende Ähnlichkeit der Begriffe geschlossen wird, obwohl diese nicht oder nur in geringem Umfang gegeben ist.

fr académicien ≠ de Akademiker

fr collège ≠ de Kollegium

Eine ausführliche Darstellung der hier erörterten Zusammenhänge bietet Goffin (1985).

Wenn die Begriffe zweier Sprachen sich erheblich unterscheiden oder wenn ein Begriff nur in einer Sprache vorhanden ist, so lassen sich zur Wiedergabe des Begriffs in der jeweiligen anderen Sprache grundsätzlich drei Verfahren anwenden:

1. Entlehnung oder Lehnübersetzung aus der Ausgangssprache

Die Entlehnung, d.h. die unmittelbare Übernahme einer Benennung aus einer anderen Sprache, bietet sich insbesondere dann an, wenn der Begriffsinhalt für das Sprachgebiet der Ausgangssprache besonders typisch und daher schwer übertragbar ist (z.B. *drugstore* in Nordamerika und *ombudsman* in Schweden). Dass sich der Sprachgebrauch keineswegs auf diesen Fall beschränkt, zeigen Wörter wie *Test*, *Computer*, *Know-how*, *joint venture* und sehr viele andere, die unverändert in das Deutsche übernommen wurden.

Die Lehnübersetzung (z.B. en *contact lenses* – de *Kontaktlinsen*) kann einen Begriff, der im Sprachgebiet der Zielsprache nicht bekannt ist, verständlich machen; das setzt allerdings eine motivierte Benennung in der Ausgangssprache voraus. So übersetzte das deutsch-spanische Wörterbuch von Slabý-Grossmann in seiner 3. Auflage (1973) den in Spanien damals noch nicht bekannten Begriff *Postleitzahl* wörtlich mit *cifra postal directriz;* diese Lösung war zum damaligen Zeitpunkt sinnvoll und angemessen. Durch die offizielle Einführung der Postleitzahlen in Spanien und die Festlegung der Benennung *código postal* ist die Lehnübersetzung jedoch hinfällig geworden, sodass sich in den neueren Auflagen die Gleichung *Postleitzahl = código postal* findet.

2. Das Prägen einer Benennung in der Zielsprache

Besonders zahlreiche Beispiele hierfür finden sich naturgemäß in solchen Sprachen, die Gegenstand einer konsequenten Sprachpflege bzw. Sprachplanung sind. So wurden die grundlegenden englischsprachigen Benennungen im Bereich der Computertechnologie in Frankreich systematisch durch französische Benennungen ersetzt, z.B. *hardware* durch *matériel* und *software* durch *logiciel.* Ähnliches gilt beispielsweise für das Katalanische, wo die Entsprechungen *maquinari* und *programari* lauten.

Ein deutsches Beispiel aus dem Bereich der Politik ist die Wiedergabe von en *nonproliferation treaty* mit de *Atomwaffensperrvertrag* (anstelle einer Lehnübersetzung wie *Nonproliferationsvertrag* o.Ä.). Beim Prägen von Benennungen sollte der in 3.8.2 erörterte Anforderungskatalog der Norm DIN 2330 beachtet werden.

3. Schaffung eines Erklärungsäquivalents

Die erklärende Umschreibung eines in der Zielsprache bislang nicht vorhandenen ausgangssprachlichen Begriffs spielt insbesondere in der Berufspraxis des Fachübersetzers eine wichtige Rolle. Sie kann – je nach Ausführlichkeit – durchaus Merkmale einer Definition enthalten.

Ein Beispiel ist die Wiedergabe des englischen Begriffs *brinkmanship* (im Concise Oxford Dictionary (1999) definiert als *art of advancing to the very brink of war etc. (but not engaging in it)*) im Glossar „Disarmament Terminology" (1982:55) durch de *Kunst der Politik am Rande des Krieges* (fr *stratégie du bord de l'abîme/stratégie du risque calculé maximum*); in vergleichbarer Weise wird in dem genannten Glossar der englische Begriff *denuclearization* im Deutschen wahlweise mit *Schaffung von kernwaffenfreien Zonen* und *Errichtung von kernwaffenfreien Zonen* (a.a.O.:103) wiedergegeben.

Liegt einer der drei dargestellten Fälle vor, so sollten lexikographische Werke darauf hinweisen, da anderenfalls der Benutzer die Übersetzungsvorschläge des Lexikographen für äquivalente Benennungen hält, die im Sprachgebrauch der Zielsprache fest verankert sind.

4.4 Methoden des Terminologievergleichs

Im Folgenden sollen die Zusammenführung zweier jeweils einsprachiger Begriffssysteme und die dabei auftretenden Probleme anhand von Beispielen dargestellt werden.

4.4.1 Zusammenführung von Begriffssystemen

Für die terminologische Arbeit von besonderer Bedeutung sind – wie in 3.6 bereits dargelegt – die hierarchischen Beziehungen. Diese Beziehungen stellen Über- und Unterordnungsverhältnisse und damit auch Nebenordnungsverhältnisse zwischen Begriffen her. Hinsichtlich des Begriffsumfanges bedeutet dies, dass alle Gegenstände, die unter einen engeren Begriff (untergeordneten Begriff) fallen, auch unter den weiteren Begriff (übergeordneter Begriff) fallen, dieser aber noch zusätzliche Gegenstände umfasst.

Das folgende Beispiel ist dem Bereich der Erwerbsstatistik entnommen:

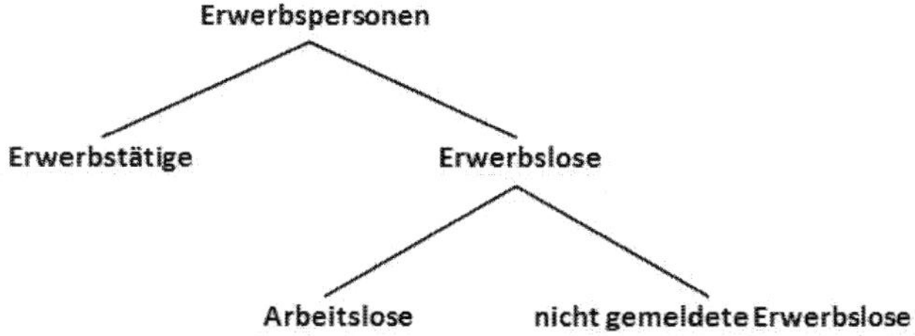

Von besonderer Bedeutung für die Erstellung dieses Begriffssystems waren die Definitionen der Begriffe *Erwerbsloser* und *Arbeitsloser* im Statistischen Jahrbuch der Bundesrepublik Deutschland (1999:100):

<u>Erwerbslose</u>	<u>Arbeitslose</u>
Erwerbslose sind Personen ohne Arbeitsverhältnis, die sich jedoch um eine Arbeitsstelle bemühen, unabhängig davon, ob sie beim Arbeitsamt als Arbeitslose gemeldet sind. Insofern ist der Begriff der Erwerbslosen umfassender als der Begriff der Arbeitslosen.	Personen ohne (dauerhaftes) Arbeitsverhältnis - abgesehen von einer geringfügigen Beschäftigung -, die sich als Arbeitsuchende beim Arbeitsamt gemeldet haben, eine wöchentliche Beschäftigung von mindestens 15 Stunden suchen, für eine Arbeitsaufnahme sofort zur Verfügung stehen, nicht arbeitsunfähig erkrankt sind und das 65. Lebensjahr noch nicht vollendet haben.

Wie die Definitionen zeigen, ist beiden Begriffen gemeinsam, dass die betreffenden Personen ohne Arbeitsverhältnis sind und sich um ein Arbeitsverhältnis bemühen. Im Falle des Arbeitslosen tritt als zusätzliches Merkmal hinzu, dass er als Arbeitsuchender beim Arbeitsamt gemeldet ist. *Erwerbsloser* und *Arbeitsloser* stehen somit zueinander im Verhältnis Oberbegriff – Unterbegriff.

Bei der mehrsprachigen Terminologiearbeit wird nun das beschriebene Verfahren, ausgehend von dem Dokumentationsmaterial der Sprache B, wiederholt. Es werden also in getrennten Arbeitsgängen zwei einsprachige Begriffssysteme erstellt, sodass beide Sprachen nicht wie dies in alphabetisch gegliederten Wörterbüchern der Fall ist – zueinander im Verhältnis Ausgangssprache – Zielsprache stehen. Bei dieser Vorgehensweise ergibt sich nun der folgende französischsprachige Begriffsplan:

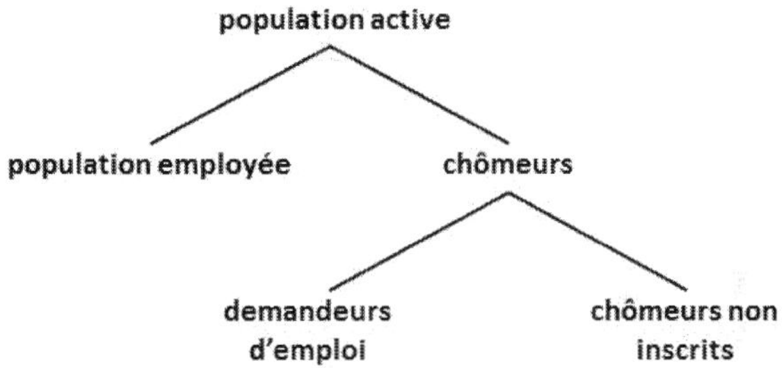

Erst wenn die beiden einsprachig orientierten Arbeitsgänge abgeschlossen sind, werden beide Systeme miteinander verglichen, d.h., es wird untersucht, inwieweit beide Systeme – und damit zugleich die einzelnen Begriffe – einander entsprechen.

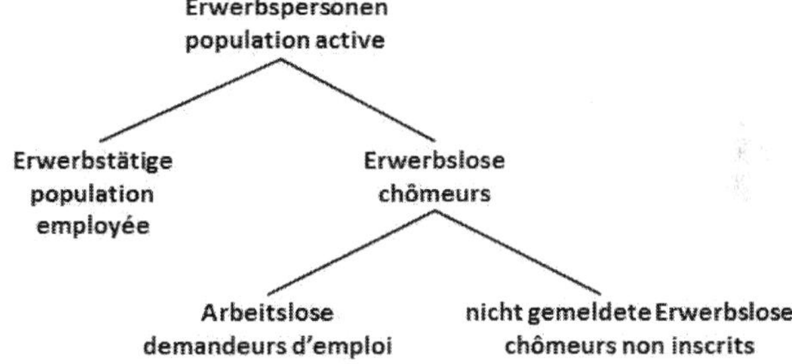

Der obige kombinierte deutsch-französische Begriffsplan zeigt eine völlige begriffliche Übereinstimmung in beiden Sprachen. Dabei ergibt sich die begriffliche Identität (Äquivalenz) der zu vergleichenden Benennungen daraus, dass sie in ihrem jeweiligen System dieselbe Position einnehmen. Diese Feststellung stützt sich auf die zu jedem einzelnen Begriff vorliegenden Informationen, insbesondere die jeweiligen Definitionen. So bestätigt der Vergleich der in den Definitionen von „Erwerbsloser“ im Statistischen Jahrbuch und „chômeur“ im Annuaire Statistique de la France (1999) enthaltenen Merkmale, dass beide Begriffe einander voll entsprechen.

Erwerbslose	chômeurs
Erwerbslose sind Personen ohne Arbeitsverhältnis, die sich um eine Arbeitsstelle bemühen, unabhängig davon, ob sie beim Arbeitsamt als Arbeitslose gemeldet sind. Insofern ist der Begriff des Erwerbslosen umfassender als der Begriff des Arbeitslosen.	Pour être classé comme chômeur, quatre conditions sont essentielles: - être dépourvu d'emploi; - être à même de travailler; - chercher un travail rémunéré; - être en quête de ce travail.

Der Vergleich der beiden Systeme wird also ganz erheblich dadurch erleichtert, dass zu allen Begriffen in beiden Sprachen amtlich festgelegte Definitionen vorliegen und dass es – jedenfalls auf der hier interessierenden Sprachebene – keine Synonymie gibt.

Das ist jedoch, wie unter 3.10.1 anhand des Begriffssystems „Optisches Nachrichtenübertragungssystem" veranschaulicht wurde, in den Terminologien keineswegs die Regel. Das Problem der Synonymie tritt besonders deutlich zu Tage, wenn wir dieses deutsche System mit dem entsprechenden englischen System vergleichen; siehe nächste und übernächste Seite (Steinhardt 1991:38ff.).

Darstellung des deutschen Systems

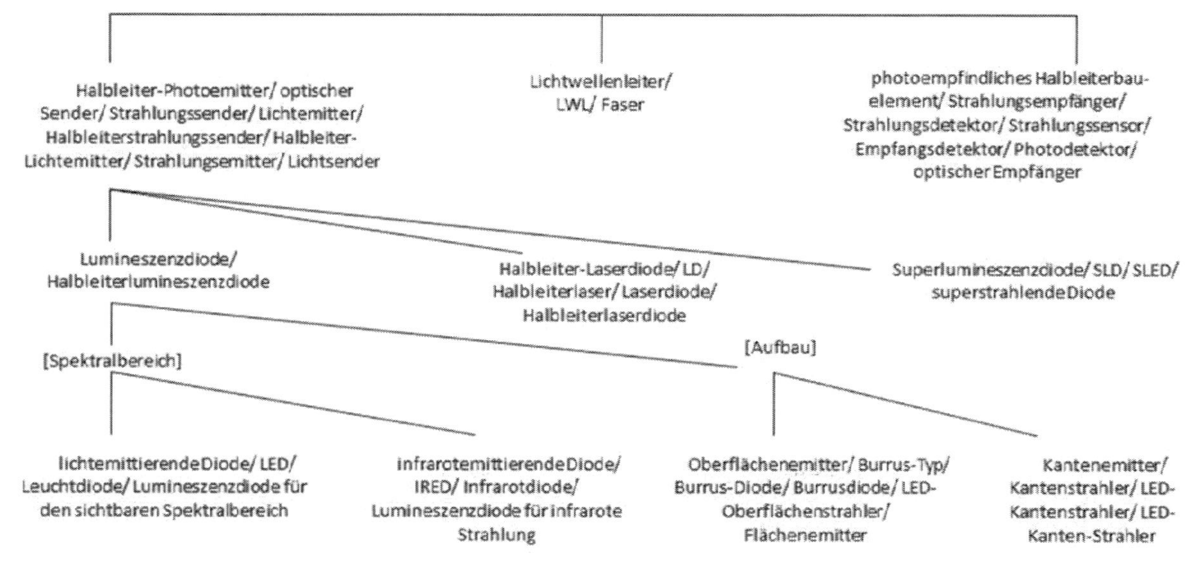

Darstellung des englischen Systems

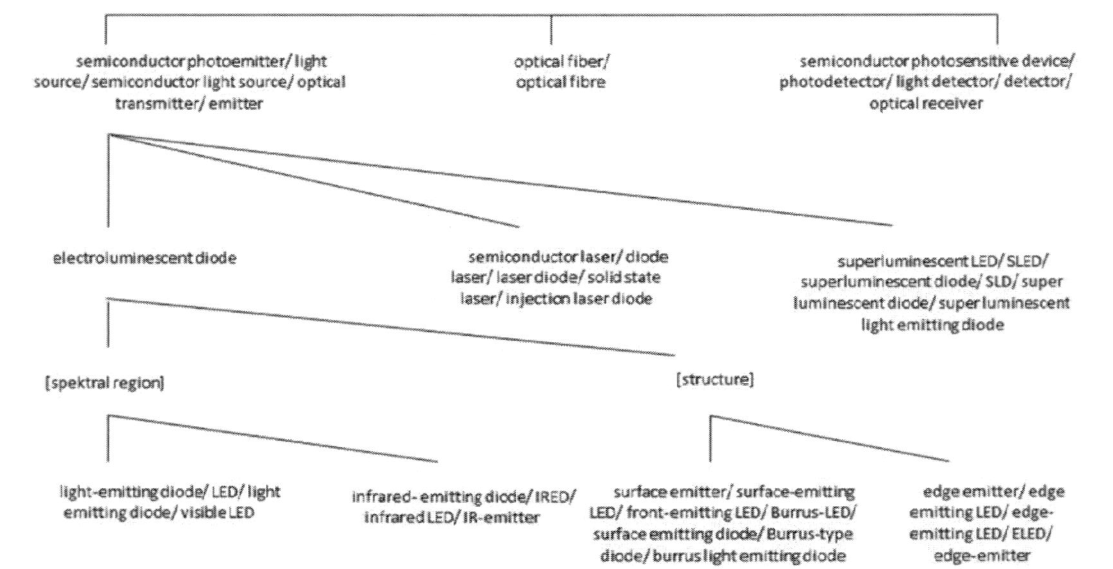

Wie die beiden Systemauszüge zeigen, sind Synonyme in beiden Sprachen etwa gleich stark vertreten. Daher muss, bevor eine Zusammenführung beider Systeme erfolgen kann, zunächst für jedes einzelne System und für jeden einzelnen Begriff geklärt werden, ob wir es tatsächlich in allen Fällen mit Benennungen zu tun haben, die denselben Begriff bezeichnen, ob also wirklich Synonymie vorliegt. Das bedeutet, dass in einem terminologischen Datenbestand jede Benennung einzeln mit den entsprechenden Sekundärangaben ausgewiesen wird, sodass der Benutzer auch die Angaben zur Synonymie überprüfen kann.

Da die beiden vorliegenden Systeme auf eingehenden Recherchen beruhen, konnten sie in einem anschließenden Schritt problemlos zusammengeführt werden (siehe nächste Seite). In diesem zweisprachigen System werden aus Gründen der Übersichtlichkeit nur noch die Vorzugsbenennungen – in den meisten Fällen genormte Benennungen – angegeben.

4.4.2 Probleme des Definitionsvergleichs

Die angeführten Beispiele bestätigen die Wichtigkeit von Definitionen für die Terminologiearbeit. Allerdings ist die Arbeit mit Definitionen, wie bereits in Kapitel 3 gesagt wurde, keineswegs problemlos. Zum einen liegen längst nicht zu allen terminologisch relevanten Begriffen Definitionen vor, und dort, wo sie vorliegen, weisen sie vielfach in den beiden betreffenden Sprachen unterschiedliche Strukturen auf, was wiederum verschiedene Gründe haben kann. Solche Probleme treten nicht nur in Bereichen wie Recht und Verwaltung auf, vielmehr fördert auch ein Vergleich technischer und naturwissenschaftlicher Terminologien in zwei verschiedenen Sprachsystemen vielfältige begriffliche Divergenzen zutage, die nicht zuletzt auf den Einfluss gemeinsprachlicher Strukturen zurückzuführen sind. Dies spiegelt sich auch in den jeweiligen nationalen Normen wider. Selbst dort, wo ein und derselbe Gegenstand behandelt wird, weichen die einzelnen Normen, was die Struktur der Darstellung und die Betrachtungsweise betrifft, häufig stark voneinander ab. Die sprachliche Auswertung solcher Normen, bei der wiederum der Definitionsvergleich im Vordergrund steht, kann daher keineswegs schematisch durchgeführt werden, vielmehr ist auch hier ein hohes Maß an Sachkenntnis erforderlich. Das auf der übernächsten Seite wiedergegebene Beispiel ist einer Diplomarbeit (Kohle 1986) entnommen, in der britische und deutsche Normen zu Schweißverfahren verglichen wurden.

Darstellung des zweisprachigen Systems

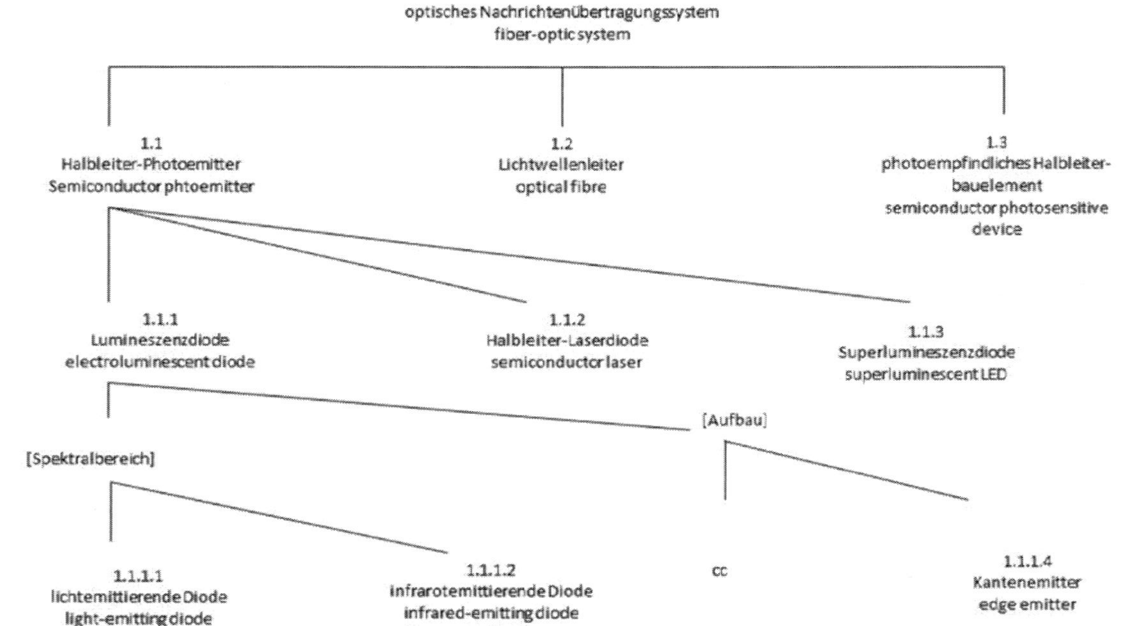

Ultrasonic welding

A welding process in which mechanical vibrations of low amplitude superimposed on a static force, and usually at frequencies above the audible limit, make a weld between two surfaces to be joined at a temperature well below the melting point of the parent metal. Additional heat may or may not be applied.

(Quelle: BS 499: Part 1)

Ultraschallschweißen

Die Werkstücke werden an den Stoßflächen durch Einwirkung von Ultraschall ohne oder mit gleichzeitiger Wärmezufuhr unter Anwendung von Kraft vorzugsweise ohne Schweißzusatz geschweißt. Schwingungsrichtung des Ultraschalls und Kraftrichtung verlaufen zueinander senkrecht, wobei die Stoßflächen der Werkstücke aufeinander reiben. Die Kraft wird im allgemeinen über das schwingende Werkzeug aufgebracht. Je nach Ausbildung des Werkzeugs sowie Art der Berührung zwischen Werkzeug und Werkstück können z. B. Punkte oder Liniennähte geschweißt werden.

(Quelle: DIN 1910, Teil 2)

Gemeinsame Merkmale

1. Zur Erzeugung der Schweißverbindung verwendeter Energieträger (mechanical vibrations of low amplitude usually at frequencies above the audible limit) (durch Einwirkung von Ultraschall)
2. Angaben bezüglich der Anwendung von Kraft zur Herstellung der Schweißverbindung (static force) (unter Anwendung von Kraft)
3. Angaben bezüglich der Verwendung von Wärme zur Erzeugung der Schweißverbindung (Additional heat may or may not be applied) (ohne oder mit gleichzeitiger Wärmezufuhr)

Zusätzliche Merkmale

4. Angaben zur Schweißtemperatur (at a temperature well below the melting point of the parent metal)

5. Art der Krafteinbringung (Die Kraft wird im allgemeinen über das schwingende Werkzeug aufgebracht)
6. Angaben bezüglich der Verwendung von Schweißzusatzwerkstoffen (vorzugsweise ohne Schweißzusatz)
7. Art der entstehenden Schweißverbindung (Punkte oder Liniennähte)
8. Anordnung der zu schweißenden Werkstücke (Stoßflächen der Werkstücke reiben aufeinander)

aus: Kohle (1986:121f.)

Die Benennungen *ultrasonic welding* und *Ultraschallschweißen* sind äquivalent; dafür spricht bereits eine gewisse Vermutung, da in den Benennungen in beiden Sprachen dieselben Merkmale zum Ausdruck kommen; doch sollte man sich auf solche Indizien nicht blind verlassen, da es, ähnlich wie in der Gemeinsprache, auch in den Fachsprachen eine große Zahl irreführender „falscher Freunde" gibt. Es empfiehlt sich daher, diese Vermutung anhand der angegebenen Definitionen zu überprüfen. Dies dürfte dem Sprach- und Sachkundigen keine Schwierigkeiten bereiten. Demjenigen, der zwar die beiden Sprachen, nicht aber das Fachgebiet kennt, wird ein bloßer Vergleich der beiden vorliegenden Definitionen allerdings kaum genügen, da – abgesehen von dem unterschiedlichen Aufbau der Definitionen – die Merkmale nach sehr unterschiedlichen Gesichtspunkten ausgewählt worden sind: Neben einem Kern von drei Merkmalen, der beiden Definitionen gemeinsam ist, finden sich nicht weniger als fünf weitere Merkmale, davon eines in der englischen, die übrigen vier in der deutschen Definition. Daher lässt sich die Frage nach der Äquivalenz auch hier erst dann sicher beantworten, wenn der Standort der Begriffe und ihrer Definitionen innerhalb der Systematik der Fächer geklärt ist.

4.4.3 Terminologische Lücke

Recht häufig stellt sich bei der Zusammenführung zweier einsprachiger Systeme zu einem zweisprachigen System die Frage, wie eine terminologische Lücke in einem der beiden Systeme zu füllen ist; dieses Problem, das bereits im vorigen Abschnitt skizziert wurde, soll nun anhand von Beispielen näher erörtert werden.

Dabei können grundsätzlich zwei Fälle unterschieden werden: die Benennungslücke und die Begriffslücke.

Die Benennungslücke ist relativ unproblematisch. Sie liegt dann vor, wenn beide Begriffssysteme grundsätzlich die gleiche Struktur aufweisen, jedoch ein Begriff in einer der beiden Sprachen (noch) nicht benannt ist; dies ist insbesondere dann der Fall, wenn die begriffliche Untergliederung in der einen Sprache detaillierter ist als in der anderen. In diesem Fall bietet es sich an, die betreffende Benennung mit Hilfe einer Lehnübersetzung zu übertragen. Die Zusammenführung der Begriffssysteme bereitet keine Schwierigkeiten. Dies verdeutlicht das folgende Beispiel, das einer terminologischen Untersuchung zu den Transformatoren in der elektrischen Energietechnik (Sommerstad 1992:23ff.) entnommen wurde; als Darstellungsform wurde die Winkelkette gewählt. Die Unterbegriffe zu „Umspanner" bilden ein gesondertes Teilsystem.

Deutsches System

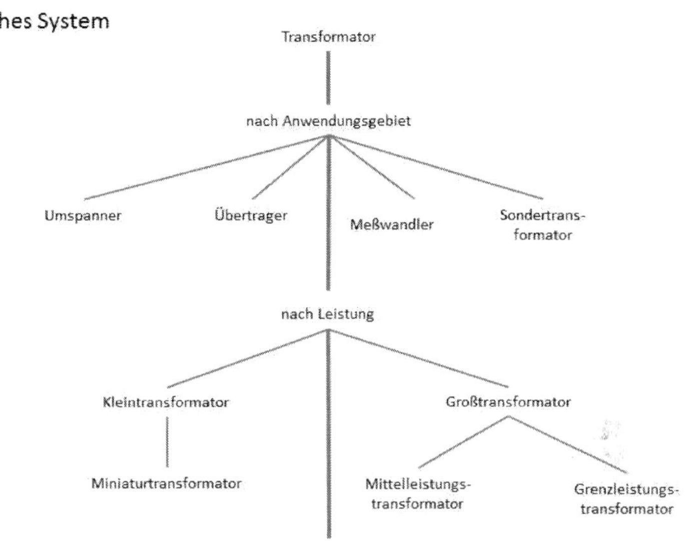

Englisches System

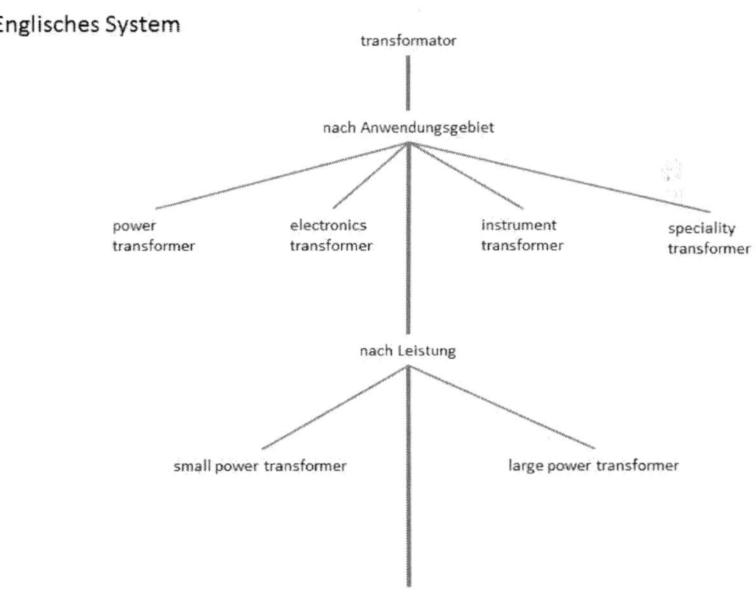

Beide Systeme sind parallel aufgebaut. Allerdings werden die Unterbegriffe, die sich aus den Definitionen zu „Kleintransformator"/„small power transformer" und „Großtransformator"/ „large power transformer" ergeben, (bisher) nur im Deutschen benannt. Daher wurden englische Entsprechungen geprägt; sie sind in der folgenden Darstellung jeweils unterstrichen.

Jeder Begriff des deutsch-englischen Systems wurde mit einer Notation versehen, die der Position dieses Begriffs innerhalb des Systems und seiner Position innerhalb des lexikographischen Teils der Arbeit entspricht, wo die Fachwortpaare mit allen Zusatzinformationen, die zur Äquivalenzbestimmung erforderlich sind, als terminologische Einheiten aufgeführt sind.

Komplizierter ist der Fall der Begriffslücke. Sie tritt dann auf, wenn die fachliche Realität in beiden Sprachen unterschiedlich strukturiert wird, sodass es zu einer Überschneidung beider Systeme kommt. Dies veranschaulicht das folgende Beispiel, das ebenfalls der soeben zitierten Untersuchung zu den Transformatoren in der elektrischen Energietechnik (Sommerstad 1992) entnommen wurde. Es geht um das Teilsystem „Umspanner", das unter der Notation 1.1 aus dem System „Transformator" ausgelagert wurde.

Deutsches System

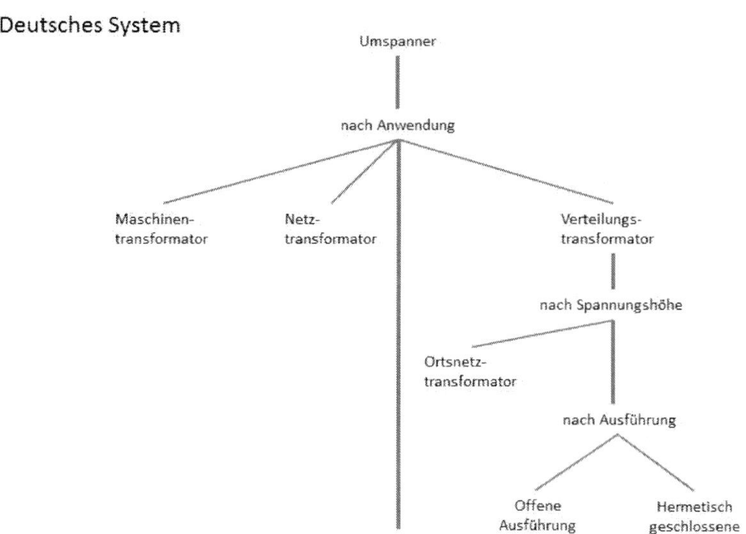

Englisches System

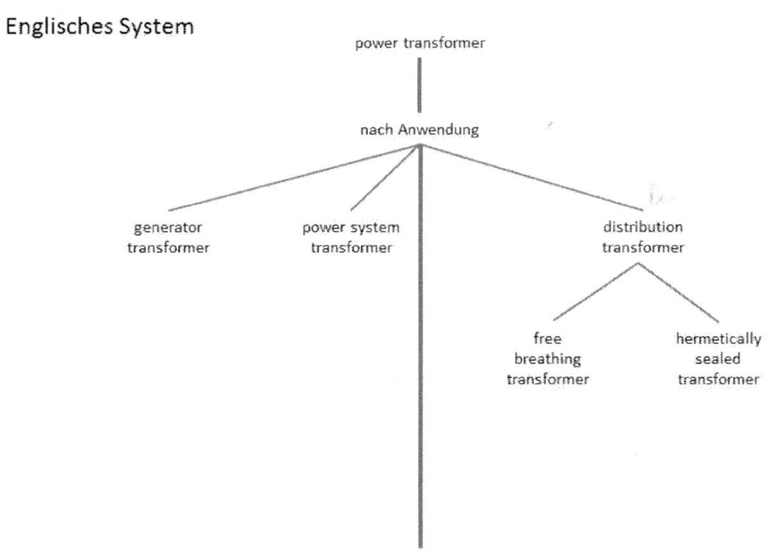

Hier zeigt sich, dass der Gesichtspunkt der Spannungshöhe im englischen System keine Berücksichtigung findet, sodass das zweisprachige System entsprechend angepasst werden muss:

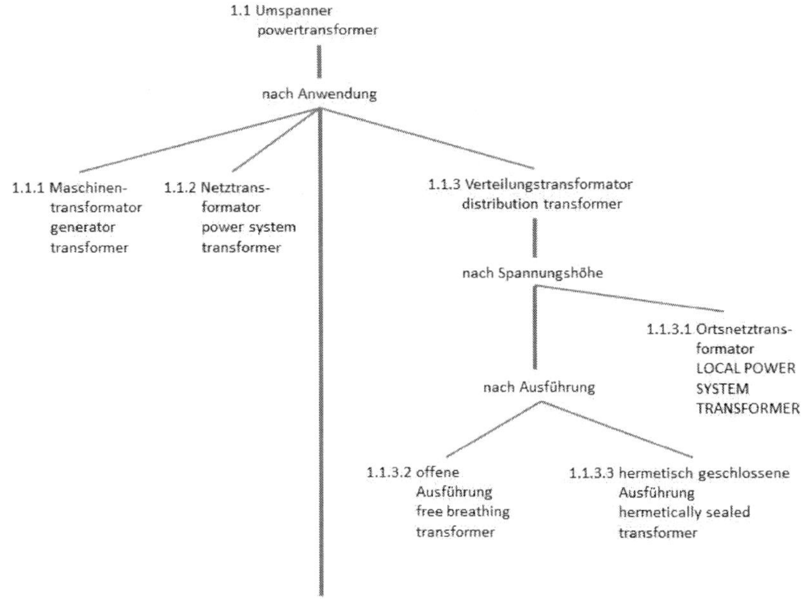

Die Grenze zwischen Benennungslücke und Begriffslücke ist in den technisch-naturwissenschaftlichen Terminologien nicht immer leicht zu ziehen, sodass es vielfach sicherer ist, den Oberbegriff terminologische Lücke, der beides abdeckt, zu verwenden.

4.4.4 Der Vergleich juristischer Terminologien

Übertragungsprobleme der soeben geschilderten Art sind in den naturwissenschaftlich-technischen Terminologien nicht selten, sie treten jedoch wesentlich häufiger im Bereich der Rechtswissenschaft auf. Während Naturwissenschaft und Technik ihrem Wesen nach universell sind, hat jeder Staat seine eigene Rechtsordnung, die sich von derjenigen seiner Nachbarstaaten mehr oder weniger stark unterscheidet; daher muss der Begriff der Äquivalenz im Bereich der Rechtssprache zwangsläufig relativiert werden.

Aufgrund der Unterschiedlichkeit der Rechtsordnungen ist die Erarbeitung juristischer Terminologien in mehreren Sprachen nicht allein eine sprachliche, sondern zugleich eine juristische Aufgabe, die sich nicht selten der Rechtsvergleichung annähert. Der Terminologe muss nämlich nicht nur Unterschiede in der sprachlichen Struktur berücksichtigen, sondern auch solche die sich aus der Rechtsordnung selbst ergeben, d.h., er muss überall dort, wo ein identischer Begriff in der Zielsprache fehlt, nicht nur ein Fachwort der Rechtssprache aus einer in eine andere Sprache „übersetzen“, sondern zugleich – was wichtiger ist – einen Begriff der einen Rechtsordnung dem mit der jeweils anderen Rechtsordnung vertrauten Adressaten zugänglich machen (siehe dazu aus juristischer Sicht insbesondere Constantinesco 1972:164ff.; Mincke 1991).

Dies soll am Beispiel der zivilprozessualen Klagearten im Französischen verdeutlicht werden. Hier geht das französische Recht in Anlehnung an das römische Recht von der großen Zweiteilung in schuldrechtliche und dingliche Klagen (*action personnelle ./. action réelle*) aus; auf dieser Grundlage ergibt sich das folgende Begriffssystem (Hjelmblink 1991:141):

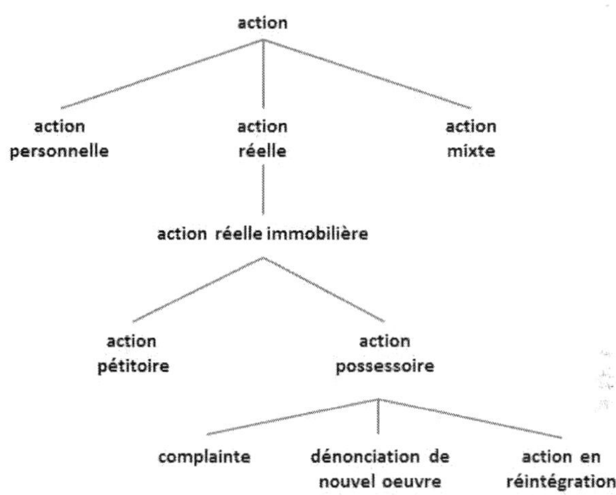

Viele dieser Begriffe sind deutschen Juristen aufgrund des gemeinsamen historischen Erbes beider Rechtsordnungen vertraut, so die *action pétitoire* (etwa: Eigentumsklage), die *action possessoire* (etwa: Besitzklage) oder die *complainte* (etwa: Besitzstörungsklage); andere Klagearten lassen sich aus der begrifflichen Systematik erschließen, z.B. die *action mixte* (etwa: Klage auf Anerkennung eines Sachenrechts und gleichzeitige Durchsetzung eines Schuldrechts) oder *dénonciation de nouvel oeuvre* (etwa: Besitzschutzklage (bei drohenden Störungen, die sich aus neuen Anlagen ergeben)).

Trotz dieser Gemeinsamkeiten geht das deutsche Recht bei seiner Einteilung der Klagearten von einem völlig anderen Ansatz aus: Hier stellt nicht das der Klage zugrundeliegende Recht, sondern die mit der Klage bezweckte

Wirkung das Unterteilungskriterium dar. Damit ergibt sich eine Dreiteilung in *Leistungsklage*, *Feststellungsklage* und *Gestaltungsklage*, die die Grundlage des folgenden Begriffssystems bildet (Hjelmblink 1991:433):

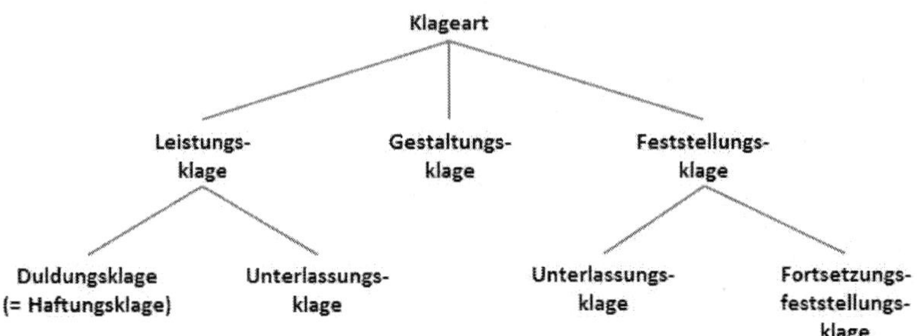

Diese Einteilung ist französischem Rechtsdenken offenbar fremd, da es für die meisten dieser Begriffe und deren Benennungen keine in der französischen Rechtspraxis eingeführte unmittelbare Entsprechung gibt. Dies belegt ein Blick in die deutsch-französischen Rechtswörterbücher. Doucet/Fleck (1994) (DF), Potonnier (1997) (PT) und das Handbuch der Internationalen Rechts- und Verwaltungssprache (1982) (RV) bieten für *Leistungs-, Feststellungs-* und *Gestaltungsklage* folgende Entsprechungen:

<u>Leistungsklage</u>

DF –	action en exécution d'une prestation
PT –	action en exécution d'une prestation (*od* en fourniture de prestation); demande aux fins de prestation; demande à fin d'exécution
RV –	demande aux fins de prestation

<u>Feststellungsklage</u>

DF –	action en constatation d'un droit *ou* d'une prestation; action en vérification
PT –	demande en constatation; action en constat; action en constatation d'un droit; action en reconnaissance (de qc.); action déclaratoire/ négatoire
RV –	demande en constatation

<u>Gestaltungsklage</u>

DF –	action judiciaire tendant à faire modifier une situation juridique
PT –	action constitutive de droit
RV –	action constitutive

Es geht also in erster Linie darum, dem französischen Juristen einen ihm nicht geläufigen rechtlichen Zusammenhang zugänglich zu machen.

Begriffssysteme sind auch in den Rechtsterminologien – hier vielleicht sogar in besonderem Maße – ein wichtiges Mittel, um fachlich-inhaltliche Zusammenhänge zu klären und zu veranschaulichen. Allerdings wird es längst nicht immer möglich bzw. sinnvoll sein, beide Begriffssysteme aufeinander zu legen, um Unterschiede und Übereinstimmungen auch graphisch zu verdeutlichen. Dort, wo die Unterschiede so groß sind wie in dem soeben geschilderten Fall, dürfte es sinnvoller sein, beide Begriffssysteme nebeneinander zu stellen und zwei getrennte zweisprachige Systeme – jeweils auf der Grundlage einer der beiden Sprachen oder Rechtsordnungen – zu erarbeiten.

Da sich die komplexen Zusammenhänge, um die es hier geht, in einem Begriffssystem nur andeuten lassen, kommt dem terminologischen Eintrag im Bereich des Rechts eine ganz besondere Bedeutung zu. Ein juristischer terminologischer Datenbestand muss in umfangreicher Weise dokumentiert werden, damit der Nutzer die Benennung und dessen Äquivalent in angemessener Weise verwenden kann. Dies veranschaulicht das folgende italienisch-deutsche Beispiel aus der terminologischen Datenbank der Europäischen Akademie Bozen.

Im Mittelpunkt des Eintrags steht ein Begriff aus dem italienischen Gesellschaftsrecht, *capitale sociale.* Die terminologische Recherche führt zu folgender Definition (in deutscher Übersetzung): „Der beim Gründungsakt angegebene und in Geld ausgedrückte Wert der von den Mitgliedern zugesagten Übertragungen (gezeichnetes Kapital) oder der von ihnen geleisteten Übertragungen (eingezahltes Kapital)“ (Mayer 1998:41f.). Es handelt sich bei *capitale sociale* also um den von Gesellschaftern bzw. Aktionären bei der Gründung einer Gesellschaft zur Verfügung gestellten Betrag, wobei der Typ der Gesellschaft nicht näher spezifiziert wird. Es könnte sich daher sowohl um eine Aktiengesellschaft (*società per azioni – s.p.a.*) als auch um eine Gesellschaft mit beschränkter Haftung (*società con responsabilità limitata – s.r.l.*) oder eine Kommanditgesellschaft auf Aktien (*società in accomandita per azioni – s.a.p.a*) handeln.

Der Vergleich mit dem deutschen Gesellschaftsrecht führt zu den Begriffen *Grundkapital* und *Stammkapital. Stammkapital* ist definiert als „der Geldbetrag, der dem Grundkapital einer Aktiengesellschaft entspricht. Das Stammkapital setzt sich aus den Stammeinlagen zusammen; es muss mindestens 50.000 DM betragen“ (Creifelds 2000). Dieser Begriff enthält wesentliche Elemente von *capitale sociale,* weist aber auch Unterschiede auf. Das Gleiche gilt für den Begriff *Grundkapital,* der in folgender Weise definiert wird: „Grundkapital ist der bei der Gründung einer Aktiengesellschaft von den Aktionären mindestens aufzubringende Kapitalbetrag“ (Creifelds 2000).

Capitale sociale hat im Deutschen also zwei nur zum Teil äquivalente Entsprechungen. Um hier eine sinnvolle Entscheidung treffen zu können, braucht der Übersetzer so viele exakte Informationen wie möglich.

Bislang ging es wohlgemerkt um den Fall, dass einem mit dem deutschen Recht vertrauten Adressaten ein Begriff des italienischen Rechts nähergebracht werden soll. Im vorliegenden Beispiel ist nun auch noch die spezielle Situation Südtirols zu berücksichtigen, wo Italienisch und Deutsch gleichberechtigte Amtssprachen sind. Hier wurde – auf der Grundlage des italienischen Rechts – eine deutsche Eins-zu-Eins-Entsprechung zu *capitale sociale,* nämlich *Gesellschaftskapital,* festgelegt, die sich ganz bewusst in der Form gegenüber den deutschen Teilentsprechungen abgrenzt. Alle diese Informationen bietet der Eintrag *capitale sociale* der Bozner Datenbank, der im Folgenden in stark vereinfachter Form wiedergegeben wird:

capitale sociale	=	**Gesellschaftskapital** (italienisches Rechtssystem, Sprachgebrauch in Südtirol)
Definition: Ammontare, indicato dall'atto costitutivo ed espresso in termini monetari, del valore dei conferimenti promessi (capitale sottoscritto) o eseguiti (capitale versato) dai soci. **Quelle:** EDG (93:214)		**Kontext:** Gesellschaftskapital: Die Gesellschaft muß mit einem Kapital von nicht weniger als zwanzig Millionen Lire gegründet werden. **Quelle:** Bauer et al. (1992:2474)
	+/-	**Grundkapital** (deutsches Rechtssystem)
		Definition: Grundkapital ist der bei der Gründung einer Aktiengesellschaft (...) von den Aktionären mindestens aufzubringende Kapitalbetrag. Das Grundkapital ist in Aktien zerlegt (...). **Quelle:** Creifelds (1992:525)

+/- **Stammkapital** (deutsches Rechtssystem)

Definition: (...) der Geldbetrag (bei einer Gesellschaft mit beschränkter Haftung), der dem Grundkapital einer Aktiengesellschaft entspricht. Das Stammkapital setzt sich aus den Stammeinlagen zusammen; es muß mindestens 50.000 DM betragen (...).

Quelle: Creifelds (1992:1079).

Hier zeigt das Gleichheitszeichen die volle Übereinstimmung der beiden auf die italienische Rechtsordnung bezogenen Benennungen, das Plus-Minus-Zeichen die begrifflichen Divergenzen zwischen den zum italienischen bzw. zum deutschen Recht gehörenden Benennungen an.

Ein vergleichbares Problem stellt sich dann, wenn man versucht, die Bezeichnung einer Institution in eine Zielsprache zu übertragen, in deren Sprachgebiet eine solche Institution nicht existiert. Die Probleme sind aber auch dann kaum geringer, wenn ähnliche und ungefähr vergleichbare Institutionen vorhanden sind. Dies zeigt ein Blick auf das deutsche und französische Gerichtswesen: Die ordentlichen Gerichte der Bundesrepublik Deutschland gliedern sich in Amtsgerichte, Landgerichte, Oberlandesgerichte und den Bundesgerichtshof. Dieser Gliederung entspricht im Bereich der französischen Zivilgerichtsbarkeit rein formal folgende Organisationsstruktur: tribunal d'instance, tribunal de grande instance, cour d'appel, cour de cassation. Bei näherer Betrachtung ergibt sich jedoch eine Reihe von Unterschieden, die die Struktur und die Kompetenz der einzelnen Gerichte betreffen. So gibt es beispielsweise in Frankreich in erster Instanz mehrere Sondergerichte, die jedoch im Gegensatz zu vergleichbaren deutschen Gerichten nicht über eigene Rechtsmittelinstanzen verfügen (vgl. Constantinesco/Hübner 1994:12ff.).

Der Übersetzer bzw. Terminologe steht nun vor der Entscheidung, ob er bei der Übertragung der Bezeichnung in die Zielsprache die (zweifellos vorhandene) Ähnlichkeit oder aber den grundsätzlichen Unterschied zwischen beiden Systemen zum Ausdruck bringen will. Für beides lassen sich Beispiele anführen: So bietet das „Wörterbuch für Wirtschaft, Recht und Handel (Deutsch-Französisch)" von G. und B. Potonnier (1964) folgende Entsprechungen:

Amtsgericht	(entspricht in Frankreich etwa:) tribunal d'instance
Landgericht	(entspricht in Frankreich etwa:) tribunal de grande instance
Oberlandesgericht	tribunal supérieur; cour'dappel
Bundesgerichtshof	cour de cassation

Die Autoren versuchen also in erster Linie, diejenigen Gerichte, die im jeweiligen Land vergleichbare Aufgaben erfüllen, einander zuzuordnen; dabei werden in einem Teil der Einträge die verbleibenden Unterschiede durch Anmerkungen verdeutlicht. Allerdings ist die Vorgehensweise nicht ganz konsequent, da als Übersetzung für „Oberlandesgericht" neben „cour d'appel" auch das in Frankreich nicht existierende „tribunal supérieur" angeboten wird.

In die andere Richtung weist eine terminologische Empfehlung des Auswärtigen Amtes aus dem Jahre 1974. In dem Papier „Einheitliche Übersetzung deutscher Gerichtsbezeichnungen in die englische, französische und spanische Sprache" werden für das Sprachenpaar Deutsch-Französisch folgende Zuordnungen vorgeschlagen:

Amtsgericht	Tribunal cantonal
Landgericht	Tribunal régional
Oberlandesgericht	Tribunal régional supérieur
Bundesgerichtshof	Cour fédérale de Justice

In einer Erklärung zu dieser Empfehlung wird ausgeführt, man habe sich um Übersetzungen bemüht, „die einfach sind und die Stellung der einzelnen Gerichte im deutschen Gerichtsaufbau am ehesten verständlich machen, und zwar unabhängig davon, ob der Übersetzung eine vergleichbare Funktion eines Gerichts im englischen, französischen oder spanischen Sprachraum entspricht." Es wird empfohlen, grundsätzlich die deutsche Gerichtsbezeichnung nach der fremdsprachigen Übersetzung in Klammern anzufügen; auf diese Weise soll verdeutlicht werden, „dass eine etwaige Übereinstimmung der übersetzten Bezeichnung des Gerichts im englischen, französischen oder spanischen Sprachraum nicht ohne weiteres auf eine gleiche Funktion des deutschen und des ausländischen Gerichts hinweisen muss." Anders als in dem oben angeführten Beispiel geht es den Autoren dieser Empfehlung also gerade darum, die Unterschiede zwischen beiden Systemen hervorzuheben; zugleich bemühen sie sich um die Bildung von Benennungen, die den französischen Adressaten in gewissem Umfang über die Funktion bzw. die hierarchische Position des betreffenden Gerichtstyps informieren.

Dass die Empfehlung des Auswärtigen Amtes nicht ohne Einfluss geblieben ist, zeigt ein Blick in die in den letzten Jahren erschienenen deutsch-französischen juristischen Fachwörterbücher. So übernehmen Doucet/Fleck (1994) sämtliche empfohlenen Übersetzungen und ergänzen diese jeweils durch Erläuterungen in französischer Sprache. Die 3. Auflage des bereits zitierten Wörterbuchs von Potonnier (1997) bemüht sich um eine Kompromisslösung, indem sie, mit entsprechenden Erläuterungen, beide Lösungen – also z.B. „tribunal de grande instance" und „tribunal régional" für „Landgericht" – anbietet.

Ähnliche Schwierigkeiten ergeben sich, wenn es darum geht, deutsche Entsprechungen für französische Gerichtsbezeichnungen zu finden. Diese Schwierigkeiten lassen sich nicht etwa dadurch lösen, dass man die entsprechenden deutsch-französischen Bezeichnungspaare einfach umkehrt; denn dies würde ja wiederum zwei strukturell und funktional gleiche Systeme voraussetzen. Es müssen daher erneut geeignete Entsprechungen in der Zielsprache, nun im Deutschen, gefunden werden, wobei sich wiederum divergierende Lösungen ergeben können.

Die soeben dargestellte terminologische Initiative des Auswärtigen Amtes fügt sich in eine Reihe vergleichbarer Initiativen ein, die in jüngerer Zeit in mehreren Ländern ergriffen worden sind. Alle diese Aktivitäten gehen von der Überlegung aus, dass es sinnvoll ist, den Sprechern anderer Sprachen einen Schritt entgegenzukommen und ihnen die Gegebenheiten der für sie fremden Rechtskultur in ihrer Sprache näherzubringen. Auf diese Weise lässt sich manches Missverständnis zum Nutzen beider Seiten vermeiden. Es kann nicht überraschen, dass Bemühungen in dieser Richtung insbesondere von kleineren Nationen ausgehen, da ihre Sprachen und Kulturen auf internationaler Ebene in aller Regel wenig Aufmerksamkeit erfahren.

Ein bemerkenswertes Beispiel bietet die sogenannte pin-yin-Kommission in den Niederlanden, eine aus Juristen und Sprachexperten bestehende Arbeitsgruppe, die seit Ende der achtziger Jahre die wichtigsten niederländischen Benennungen aus Recht und Verwaltung systematisch ins Englische, Deutsche und Französische übertragen hat (vgl. Schaffmeister 2001). Dieser Terminologiebestand ist nicht nur Übersetzern, sondern auch niederländischen Juristen, die in Fremdsprachen publizieren, eine wertvolle Hilfe. Die Bezeichnung *pin-yin* ist aus dem Chinesischen entlehnt. Sie verweist auf die in gewisser Weise vergleichbare Initiative der chinesischen Regierung, die Regeln für die Wiedergabe der Laute des Chinesischen mit lateinischen Buchstaben entwickeln ließ, um die Schreibung chinesischer Bezeichnungen im Ausland zu vereinheitlichen.

Von dieser Überlegung ist es nicht weit zu dem Gedanken, grundsätzlich bei der Entwicklung neuer Fachwortschätze in einer bestimmten Sprache den Gesichtspunkt internationaler Verständlichkeit zu berücksichtigen. Tatsächlich spielen Fragen der internationalen Angleichung von Begriffen und Benennungen in Terminologielehre und Terminologiearbeit seit Langem eine wichtige Rolle. Allerdings ist die Bereitschaft der einzelnen Sprachgemeinschaften, sich aktiv für dieses Anliegen einzusetzen, aus historischen, aber auch aus sprachstrukturellen Gründen sehr unterschiedlich ausgeprägt. Fragen der internationalen Sprachangleichung sollen nun näher behandelt werden.

4.5 Internationale Terminologieangleichung

In der bisherigen Darstellung wurde immer wieder auf die vielfältigen Begriffsüberschneidungen zwischen den Terminologien der einzelnen Sprachen hingewiesen. Dieses Phänomen tritt wohlgemerkt auch bei den sogenannten Internationalismen auf, d.h. bei Benennungen, die in derselben oder in ähnlicher Form in mehreren Sprachen existieren – eine Erscheinung, die aufgrund der immer engeren internationalen Zusammenarbeit in Wissenschaft und Technik immer häufiger wird. Eugen Wüster bezeichnet solche terminologischen „faux amis" („falsche Freunde") als „pseudointernational" (vgl. Wüster 1991:92).

So wünschenswert es auch sein mag, dass die einzelnen (Fach)sprachen sich einander angleichen, so wird hier genau der gegenteilige Effekt erzielt: Gerade durch die formale Ähnlichkeit – die die bestehenden Bedeutungsunterschiede verdeckt – wird die Verständigung zusätzlich erschwert. Eine weitere Schwierigkeit liegt darin, dass Internationalismen vielfach nur von einem Teil der terminologisch relevanten Sprachen übernommen werden oder dass in ein und derselben Sprache das internationale Fachwort – insbesondere dann, wenn es vom Lateinischen oder Griechischen abgeleitet wurde – zu einem nationalsprachlichen Wort in Konkurrenz steht, wobei es häufig wiederum zu begrifflichen Überschneidungen kommt. Mit anderen Worten: Die vielfältigen Schwierigkeiten, die das Phänomen der „faux amis" in der gemeinsprachlichen Verständigung verursacht, treten auch, wenngleich in modifizierter Form, in der internationalen fachsprachlichen Kommunikation auf. Allerdings machen sich Verständigungsprobleme in den Fachsprachen – insbesondere aufgrund der wirtschaftlichen Implikationen – besonders störend bemerkbar. Um eine präzise, eindeutige internationale Kommunikation zu sichern, setzen sich die internationalen Normungsorganisationen, insbesondere ISO und IEC, daher für die systematische Entwicklung international vereinheitlichter Fachwortschätze auf der Grundlage einheitlicher Begriffssysteme ein.

Eine konkrete Anleitung mit Beispielen in englischer, französischer und russischer Sprache bietet die ISO-Norm 860 „Terminology work – Harmonization of concepts and terms“ (2007). In der Einleitung zu dieser Norm heißt es:

> Concepts and terms develop differently in individual languages and language communities, depending on professional, technical, scientific, social, economic, linguistic, cultural or other factors.
> Harmonization is, therefore, desirable because
> - differences between concepts do not necessarily become apparent at the designation level,
> - similarity at the designation level does not necessarily mean that the concepts behind the designations are identical,
> - mistakes occur when a single concept is designated by two synonyms which by error are considered to designate two different concepts.
>
> Harmonization starts at the concept level and continues at the term level. It is an integral part of standardization.

ISO 860 bietet einen methodischen Rahmen, der entsprechend den Bedürfnissen der einzelnen Sprachgebiete und Länder weiter ausgestaltet werden muss. Hierzu heißt es in der Einleitung zur Version von 1996:

> Concepts and terms in International Standards have been developed for international use. They may not, however, necessarily be acceptable in an unaltered form in national contexts. This principle also applies for the official ISO languages at the various national levels. For instance, the wording in the English version of an International Standard may not be appropriate for a comparable American or British Standard.

Die entsprechende deutsche Grundsatznorm ist DIN 2332 („Benennen international übereinstimmender Begriffe“). Diese Norm stimmt inhaltlich im Wesentlichen mit der internationalen Norm überein, trägt jedoch darüber hinaus den Anforderungen der deutschsprachigen Terminologiearbeit Rechnung. Wegen ihrer grundsätzlichen Bedeutung soll diese Norm hier etwas ausführlicher behandelt werden.

Von besonderem Interesse ist die Typologie zwischensprachlicher Benennungsähnlichkeit, die im einleitenden Teil der DIN 2332 entwickelt wird. Im Einzelnen werden folgende Fälle unterschieden (1988:1f.):

a) Die Benennungen stimmen der Schreibweise nach vollständig und lautlich weitgehend überein:
   z.B. Test (de) - test (en)
   Terminal (de) - terminal (en)

b) Die Benennungen stimmen der Schreibweise nach vollständig überein, die Lautung weicht jedoch deutlich voneinander ab:

z.B. Infusion (de) - infusion (en) - infusion (fr)
Transplantation (de) - transplantation (en) - transplantation (fr)

c) Die Benennungen stimmen lautlich weitgehend überein, die Schreibweise weicht jedoch deutlich ab:
z.B. Kautschuk (de) - caoutchouc (en) - caoutchouc (fr)

d) Die Benennungen weisen solche Ähnlichkeiten der Schreibweise und/oder der Lautung auf, dass sie als einander entsprechend erkannt werden können:
z.B. Komitee (de) - committee (en) - comité (fr)
Chemotherapie (de) - chemotherapy (en) - chimiothérapie (fr)

e) Jedes Wortbildungselement einer abgeleiteten Benennung in der einen Sprache hat eine Entsprechung in der anderen Sprache:
z.B. Generator (de) - generator (en) - générateur (fr)
klassifizieren (de) - classify (en) - classifier (fr)

f) Jedes bedeutungstragende Element einer zusammengesetzten Benennung oder einer Mehrwortbenennung in der einen Sprache hat eine Entsprechung in den anderen Sprachen, wobei die Reihenfolge der bedeutungstragenden Elemente und die Art ihrer Verknüpfung unerheblich sind:
z.B. Datenverarbeitung (de) - data processing (en) - traitement de données (fr)
Scheibenbremse (de) - disc brake (en) - frein à disque (fr)

Die Norm unterscheidet zwei Situationen, in denen eine internationale Angleichung von Terminologien erfolgen kann. Im ersten Fall geht es darum, unterschiedliche Begriffe anzugleichen, die in zwei oder mehreren Sprachen bereits durch ähnliche Benennungen repräsentiert werden. Im zweiten Fall werden Benennungslücken geschlossen, die in einer oder mehreren Sprachen vorhanden sind, oder es werden neue Benennungssysteme aufgebaut.

Für den ersten Fall, die Angleichung von bereits in ähnlicher Weise benannten Begriffen, sieht die Norm die Herstellung begrifflicher Übereinstimmung durch Festlegung inhaltlich übereinstimmender Definitionen vor. Zu diesem Zweck müssen in einem ersten Schritt entsprechende internationale Vereinbarungen getroffen werden; in einem zweiten Schritt muss darauf hingewirkt werden, dass die betreffenden Benennungen innerhalb der einzelnen Sprachgemeinschaften mit der neuen vereinheitlichten Bedeutung verwendet werden.

Dass dies nicht leicht zu erreichen ist, liegt auf der Hand. Noch schwieriger wäre es allerdings, über eine solche Angleichung der Begriffe hinaus bereits eingeführte Benennungen durch neue international vereinheitlichte

Benennungen ersetzen zu wollen; diesen weitergehenden Schritt zieht der Normentwurf daher nicht in Erwägung.

Wichtiger ist der zweite der beiden genannten Fälle, nämlich der Fall, dass Begriffe im Deutschen noch nicht bekannt und daher neue Benennungen festzulegen sind. Für die Lösung dieser Aufgabe sieht die Norm eine Reihe von Möglichkeiten vor. An erster Stelle steht die Schaffung einer Benennung durch den Ausbau einer vorhandenen Wortfamilie, z.B. mit Hilfe von Präfixen. Es geht in dieser Norm – anders als in der früher gültigen Fassung von DIN 2332 aus dem Jahre 1979 – also nicht unbedingt darum, Fachwörter auf der Grundlage des Lateinischen oder Griechischen, d.h. potentielle Internationalismen, zu prägen oder solche aus einer anderen Sprache zu übernehmen; vielmehr spielt auch die Frage, ob die Sprachgemeinschaft die neu geschaffene Benennung verstehen bzw. akzeptieren wird, eine wichtige Rolle; und die Akzeptanz ist nun einmal besonders groß, wenn bereits Vorhandenes – und damit Vertrautes – genutzt wird.

Die übrigen aufgeführten Möglichkeiten (vgl. DIN 2332 1988:4f.) gehen demgegenüber von der Verwendung international einheitlicher Wortbildungselemente aus; im Einzelnen sind dies:

- die unveränderte oder angepasste Übernahme
- die Lehnübersetzung
- das Bilden völlig neuer Benennungen

Ein Beispiel für den Fall der unveränderten Übernahme ist „Design" (design (en)), das die Ableitung „Designer" ermöglicht. Die angepasste Übernahme wird für den Fall empfohlen, dass die betreffenden fremdsprachigen Benennungen auf griechisch-lateinischen Wortbildungselementen beruhen, z.B. Thermometer (de) - thermometer (en) - thermomètre (fr).

Für den Fall, dass dies nicht möglich ist, wird das Bilden von Lehnübersetzungen – z.B. machine aided translation (en) – maschinengestützte Übersetzung (de) – empfohlen. Zugleich wird auf die Gefahr hingewiesen, dass dadurch mehrdeutige Benennungen entstehen können:

z.B. aérotrain (fr) ≠ Luftzug (de)
aérotrain (fr) = Schwebebahn (de)

Ist auch dieses Verfahren nicht möglich oder nicht sinnvoll, so bietet sich als letzte Möglichkeit das Bilden völlig neuer Benennungen. Für diesen Fall empfiehlt die Norm insbesondere die Verwendung griechisch-lateinischer Wortbildungselemente, da diese „seit Langem ein dem Deutschen, speziell seinen Fachsprachen, mit anderen Sprachen gemeinsam verfügbares Reservoir von Wortbildungselementen darstellen" (vgl. DIN 2332 1988:5). Als Beispiele werden die deutschen Affixe *über-*, *zwischen-* und *-ierung* genannt, die möglichst durch die entsprechenden international verbreiteten Affixe *hyper-*, *inter-* und *-ation* ersetzt werden sollten.

Bei der Bildung solcher Benennungen werden im Einzelfall konkrete Anleitungen benötigt, die über die bewusst flexibel und allgemein gehaltenen Empfehlungen der Norm DIN 2332 hinausgehen. Wichtige Vorarbeiten zur Entwicklung eines solchen allgemein gültigen Terminologieschlüssels, der an die Morpheminventare der chemischen Nomenklaturen erinnert, sind bereits geleistet worden: So hat Eugen Wüster schon in den fünfziger Jahren den Entwurf eines „Internationalen Terminologieschlüssels" vorgelegt (vgl. Wüster 1985:95); zu einer praktischen Erprobung kam es allerdings nicht. In diesem Zusammenhang sind auch die Listen produktiver fachsprachlicher Wortbildungselemente zu nennen, die für eine Reihe wichtiger Sprachen zusammengestellt wurden und die sowohl das Verstehen als auch das Erlernen von Terminologien erleichtern sollen (Kap. 3.8).

Auf jahrzehntelange Erfahrungen in der internationalen Terminologieangleichung kann die International Electrotechnical Commission (IEC) zurückblicken, die bereits zu Beginn des vorigen Jahrhunderts die Arbeit an dem International Electrotechnical Vocabulary (IEV) aufgenommen hat. Dabei geht es um eine Reihe umfangreicher, begrifflich gegliederter Wörterbücher, welche jeweils ein Teilgebiet der Elektrotechnik behandeln. Diese Wörterbücher, die von internationalen Expertengruppen erarbeitet wurden bzw. werden, bieten zusätzlich zu der englischen, französischen und russischen Benennung eines Begriffs sowie seiner vereinheitlichten Definition in diesen drei Sprachen auch die entsprechenden Benennungen in Deutsch, Niederländisch, Italienisch, Polnisch, Schwedisch und Spanisch. Weitere Sprachen enthält die aktuelle elektronische Version „Electropedia" (http://www.electropedia.org).

en: chromatic aberration
  Def.: a focus defect in which electrons of different velocities focus at different axial distances
fr: aberration chromatique
  Def.: défaut de concentration dans lequel des électrons de vitesses différentes se concentrent à des distances axiales différentes
de: chromatische Aberration
es: aberración cromática
it: aberrazione cromatica
nl: chromatische aberratie
pl: aberacja chromatyczna
sv: kromatisk aberration

Der obige Auszug aus dem Dictionnaire CEI multilingue de l'électricité (1983:453), das auf dem IEV basiert, gibt zunächst die vereinheitlichten englisch- und französischsprachigen Definitionen von *chromatic aberration/aberration chromatique* sowie die entsprechenden Benennungen in einer Reihe von europäischen Sprachen wieder. In allen Fällen werden dieselben griechisch-lateinischen Morpheme verwendet, sodass man hier – jedenfalls, soweit es um die europäischen Sprachen geht – von einem Internationalismus sprechen kann.

Es wurde bereits bei der Darstellung der Arbeit des DIN gesagt, dass es sehr schwierig ist, den Sprachgebrauch, auch den fachlichen Sprachgebrauch, durch Vorschriften zu beeinflussen bzw. zu ändern. Wenn die Schwierigkeiten bereits auf nationaler Ebene erheblich sind, so sind sie zwangsläufig noch viel größer, wenn es darum geht, Terminologien auf internationaler Ebene zu vereinheitlichen.

Dies zeigt das zweite Beispiel, das derselben Quelle (1983:455) entnommen wurde:

en: instantaneous particle acceleration
Def.: the time derivation of instantaneous particle velocity
fr: accélération acoustique instantanée
Def.: dérivée de la vitesse acoustique par rapport au temps
de: Teilchenbeschleunigung
es: aceleración acústica instantánea
it: accelerazione
nl: deeltjesversnelling
pl: wartosc chwilowa przyspieszenia akustycznego
sv: momentanvärde av partikelacceleration

Hier sind die Unterschiede zwischen den Benennungsstrukturen der einzelnen Sprachen ganz erheblich. Ein Blick in die internationalen Normen zeigt, dass dieser Fall außerordentlich häufig ist, d.h., dass eine internationale Angleichung der Benennungen, so wie sie in den chemischen oder biologischen Nomenklaturen erreicht ist, für viele technisch-naturwissenschaftliche Terminologien in weiter Ferne liegt.

Dabei muss man allerdings bedenken, dass Unterschiede, die ausschließlich in der sprachlichen Form liegen, erfahrungsgemäß weit weniger Schwierigkeiten bereiten als begriffliche Unterschiede. Eine reibungslose fachliche Kommunikation setzt geradezu zwingend voraus, dass die einzelnen Sprachen einen Begriff in gleicher Weise definieren, da es sonst leicht zu folgenschweren Missverständnissen kommen kann. Darüber hinaus ist es zumindest wünschenswert, dass – anders als in dem zuletzt angeführten Beispiel – in den Benennungen dieselben Definitionsmerkmale zum Ausdruck kommen.

Sind diese beiden Bedingungen – insbesondere die erste – erfüllt, so ist es zwar hilfreich, wenn außerdem international einheitliche Wortbildungselemente, vor allem solche auf griechisch-lateinischer Grundlage, verwendet werden, es ist jedoch für eine reibungslose internationale Kommunikation nicht unerlässlich; dies gilt nicht zuletzt deshalb, weil diese sogenannten internationalen Wortbildungselemente längst nicht allen Sprachgruppen vertraut sind. Es ist daher verständlich, dass die vielfältigen Bemühungen um eine internationale Terminologieangleichung in erster Linie der Vereinheitlichung von Begriffen und Begriffssystemen gelten, sodass auch hier die Probleme des Definierens und der Angleichung von Definitionen in mehreren Sprachen im Vordergrund stehen.

5 Terminologische Lexikographie

Ziel der terminologischen Lexikographie ist es, die Ergebnisse terminologischer Untersuchungen zusammenzufassen, um sie in systematischer Form, insbesondere in Form von Fachwort- und Definitionssammlungen, dem Benutzer zugänglich zu machen. Dabei ist die elektronische Datenverarbeitung heute ein unverzichtbares Werkzeug.
DIN 2342 (2011) definiert wie folgt:

> Fachlexikographie (Terminographie, terminologische Lexikographie): geordnetes Darstellen von Terminologie auf der Grundlage der in der Lexikologie und der Terminologielehre gewonnenen Erkenntnisse

In ISO 1087-1 (2000) findet sich nur noch die Benennung „terminography“ mit folgender Definition:

> terminography: part of terminology work concerned with the recording and presentation of terminological data
>
> NOTE: Terminological data may be presented in the form of term banks, glossaries, thesauri or other publications.

„Lexikologie“ wird in derselben Norm definiert als die „Wissenschaft vom Wortschatz“.

Im Mittelpunkt dieses Kapitels stehen die Arbeitsergebnisse der terminologischen Lexikographie; dabei geht es in erster Linie um Fachwörterbücher traditioneller Art, d.h. gedruckte Wörterbücher, weil diese nach wie vor von erheblicher praktischer Bedeutung sind und hier eine besonders große methodische Vielfalt anzutreffen ist. Auch wenn heute viele Wörterbücher (zusätzlich) in elektronischer Form angeboten werden, so haben sich sowohl die Typologie der Wörterbücher als auch deren layout-technische Ausgestaltung kaum verändert. Allerdings lässt sich seit einigen Jahren beobachten, dass (Fach-)Wörterbücher und auch die Verlage, die sich auf die Produktion dieser lexikographischen Produkte spezialisiert haben, große wirtschaftliche Schwierigkeiten haben. Neben dem Fehlen geeigneter Wörterbuchautoren liegt dies vor allem daran, dass das Internet die Suche nach ein- oder mehrsprachlichen lexikographischen Informationen oft schneller, kostengünstiger und auch aktueller befriedigt als traditionelle Wörterbücher. Auf die Nutzung des Internet für die terminologische Recherche wird ausführlich in Kapitel 7.2 eingegangen.

Einleitend soll jetzt dargestellt werden, wie sich die Fachwörterbücher in den Gesamtrahmen der Lexikographie einfügen. Der Begriff „Wörterbuch“ soll dabei weit gefasst werden und alle Werke bezeichnen, die – ausgehend von Stichwörtern – sprachliche und/oder sachliche Informationen vermitteln.

5.1 Sachwörterbücher und Sprachwörterbücher

Damit liegt eine erste große Zweiteilung der Wörterbücher in Sachwörterbücher und Sprachwörterbücher nahe. Typische Sachwörterbücher sind die enzyklopädischen Wörterbücher, die – zumeist in alphabetischer Reihenfolge – Sachinformationen zu dem jeweiligen Stichwort vermitteln; sprachliche Informationen, etwa Angaben zur Grammatik und zu den syntaktischen Verwendungsmöglichkeiten der betreffenden Benennung, spielen dabei zumeist nur eine geringe Rolle. Dort haben vielmehr die Sprachwörterbücher ihren Schwerpunkt.

Überschneidungen zwischen beiden Wörterbuchtypen sind unvermeidlich; auch Wörterbücher mit sprachlicher Orientierung können Sachinformationen vermitteln und sich damit den Enzyklopädien annähern. Besonders große Übereinstimmungen können sich zwischen Sachwörterbüchern und fachsprachlichen Wörterbüchern ergeben; gute Fachwörterbücher enthalten häufig Begriffsdefinitionen, während Sachwörterbücher darüber hinausgehend den fachlichen Hintergrund beleuchten. Auch die Sachwörterbücher stellen daher ein wichtiges Dokumentationsmaterial für die Terminologiearbeit dar.

Bei den Sprachwörterbüchern ist eine große Typenvielfalt festzustellen. Es hat sich als zweckmäßig erwiesen, bei der Typologisierung der Wörterbücher mit Gegensatzpaaren zu arbeiten. So kann man eine Unterteilung in synchronische, d.h. auf eine bestimmte Sprachstufe – zumeist die Gegenwartssprache – bezogene Wörterbücher und diachronische, d.h. auf die Sprachentwicklung bezogene Wörterbücher vornehmen. Auch kann man unterscheiden zwischen aktiven Wörterbüchern, die auf eine produktive Sprachverwendung abzielen, und passiven Wörterbüchern, d.h. Wörterbüchern, die lediglich ein Verstehen der Fremdsprache ermöglichen sollen (vgl. insbesondere Kromann/Riiber/Rosbach 1984; Hausmann 1989).

Für die vorliegende Darstellung sind folgende Gegensatzpaare von besonderem Interesse:

1. gemeinsprachliche Wörterbücher ./. Fachwörterbücher
2. einsprachige ./. zwei- und mehrsprachige (Fach-)Wörterbücher
3. onomasiologisch gegliederte ./. semasiologisch gegliederte (Fach-)Wörterbücher
4. normative ./. deskriptive (Fach-)Wörterbücher

Diese Gegensatzpaare sollen nun näher beleuchtet und mit Hilfe von Wörterbuchauszügen veranschaulicht werden.

5.2 Gemeinsprachliche Wörterbücher und Fachwörterbücher

Die Sprachwörterbücher lassen sich in gemeinsprachliche Wörterbücher und Fachwörterbücher unterteilen. Bei Fachwörterbüchern wird der aufzunehmende Wortbestand grundsätzlich durch das Fachgebiet (oder die Gruppe von Fachgebieten) vorgegeben; hier gilt es allerdings zu unterscheiden zwischen solchen Fachwörterbüchern, die einen großen Sachbereich behandeln (z.B. „Technik“) und speziellen Fachwörterbüchern (z.B. „Elektronik“ oder „Digitalelektronik“). Demgegenüber stellt sich bei gemeinsprachlichen Wörterbüchern die Frage der Abgrenzung zwischen gemeinsprachlichem Wortbestand und Fachwortbeständen. Wenngleich die Fachsprachenforschung Anhaltspunkte für die Unterscheidung zwischen Fachsprachen und Gemeinsprache entwickelt hat (vgl. 2.1), lässt sich eine solche Abgrenzung nicht völlig objektiv vornehmen. Gemeinsprachliche Wörterbücher sind daher häufig der Kritik ausgesetzt, weil sie nach Meinung ihrer Benutzer den Fachwortschatz entweder zu stark oder zu wenig berücksichtigen.

5.3 Einsprachige sowie zwei- und mehrsprachige (Fach-)Wörterbücher

Wörterbücher, insbesondere Fachwörterbücher, lassen sich auch nach der Zahl der behandelten Sprachen einteilen.

Einsprachige Fachwörterbücher sollen dem Fachmann und/oder dem Laien Klarheit über die Begriffe des betreffenden Fachgebietes vermitteln; je ausführlicher die Definitionen und sonstigen Erläuterungen zu den Einträgen sind, umso mehr nähern sich diese Werke den Sachwörterbüchern an. Vergleicht man einander entsprechende Einträge einsprachiger Fachwörterbücher in verschiedenen Sprachen, so erhält man eine gute Grundlage für die Beurteilung der Äquivalenzbeziehungen zwischen den betreffenden Fachwörtern.

Von besonderer Bedeutung für die Arbeit des Übersetzers sind die zweisprachigen Fachwörterbücher; ihre Güte hängt in allererster Linie davon ab, wie sie das Äquivalenzproblem lösen, d.h. wie fachgerecht die Benennungen einer Sprache A denen einer Sprache B zugeordnet wurden.

Da diese Zuordnung bereits Probleme bereiten kann, wenn es „nur“ um zwei Sprachen geht, lassen sich bei einem gleichzeitigen Vergleich zwischen drei und mehr Sprachen kaum noch befriedigende Ergebnisse erzielen.

5.4 Onomasiologisch gegliederte und semasiologisch gegliederte (Fach-)Wörterbücher

Die meisten gemeinsprachlichen Wörterbücher sind alphabetisch aufgebaut („von den Wörtern zu den Bedeutungen“). Daneben hat es jedoch auch immer Versuche gegeben, den Wortschatz einer Sprache nach Bedeutungen zu ordnen („von den Bedeutungen zu den Wörtern“). Dabei tritt jedoch die große Schwierigkeit auf, die gesamte Wirklichkeit nach allgemein überzeugenden einheitlichen Kriterien zu gliedern; auch entziehen sich die vielfältigen Ausdrucksmöglichkeiten und Stilebenen der Gemeinsprache weitgehend einer Systematisierung. Trotzdem liegen interessante lexikographische Ansätze in dieser Richtung vor, z.B. die Untersuchung von W. v. Wartburg und R. Hallig „Begriffssystem als Grundlage für die Lexikographie“ (1963).

Demgegenüber setzt sich bei den Fachwörterbüchern die begriffliche Gliederung immer mehr durch. Für diese Wörterbücher ist daher die Unterscheidung zwischen dem semasiologischen und dem onomasiologischen Arbeitsansatz von grundlegender Bedeutung.

Die Semasiologie geht vom Wort aus und beobachtet alle mit diesem verbundenen Bedeutungen. Demgegenüber geht die Onomasiologie von der Bedeutung aus und fragt nach den sie bezeichnenden Wörtern (vgl. Baldinger 1960).

In der Terminologiearbeit hat die semasiologische Arbeitsmethode den entscheidenden Nachteil, dass der Terminologe, der sich bei der Gliederung des Wortschatzes allein am Alphabet orientiert, nicht überprüfen kann, ob er die Begriffe des betreffenden Fachgebietes vollständig erfasst hat. Bei dieser Arbeitsweise steht zwangsläufig die Benennung im Mittelpunkt des Eintrags. Eine einzige Benennung repräsentiert jedoch – insbesondere infolge von Polysemie – häufig zwei oder mehr Begriffe; in einem alphabetischen Wörterbuch müssen diese trotz ihrer Verschiedenheit im gleichen Eintrag bzw. in unmittelbar aufeinander folgenden Einträgen behandelt werden.

In begrifflich aufgebauten Wörterbüchern, denen der onomasiologische Arbeitsansatz zugrunde liegt, nimmt der Begriff die zentrale Stellung ein. Der Verfasser eines solchen Wörterbuchs muss bereits in einer frühen Arbeitsphase einen Begriffsplan erstellen, ihn kritisch durchdenken und versuchen, erkannte terminologische Lücken zu füllen. Sehr wichtig sind dabei Definitionen, da durch sie ein falsch eingeordneter oder gar systemfremder Begriff erkennbar wird. Die systematische Gliederung trägt auch zu einer sicheren Beurteilung der Äquivalenz bei, da äquivalente Benennungen notwendig denselben Begriff in beiden verglichenen Systemen kennzeichnen müssen. Vergleicht man lediglich isolierte Begriffe, so kommt es leicht zu Fehlschlüssen.

Für den Benutzer haben systematisch geordnete Wörterbücher insbesondere den Vorteil, dass der Zusammenhang zwischen den Begriffen erkennbar wird, was die Auswahl der richtigen Benennung in der Zielsprache erleichtert. Diese Verständnishilfen lassen sich auch für den Unterricht nutzen.

Wenn man die Einträge im alphabetischen Wörterbuch gelegentlich als „Wortstellen“ bezeichnet, so müsste man beim systematisch gegliederten

Wörterbuch eher von „Begriffsstellen“ sprechen. In einem solchen Eintrag kann nämlich nur ein Begriff, vertreten durch die zu ihm gehörende Benennung und ihre Synonyme, erscheinen; homonyme und polyseme Benennungen können nie im gleichen Eintrag auftreten.

Aus diesem Grunde sollten auch solche Wörterbücher, die letztlich in alphabetischer Gliederung erscheinen, auf der Grundlage von Begriffssystemen erarbeitet werden. Ein begrifflich gegliederter Wortbestand lässt sich nämlich ohne weiteres in einen alphabetisch gegliederten überführen, nicht aber umgekehrt. Allerdings ist die semasiologische Arbeitsmethode trotz ihrer offenkundigen Schwächen immer noch sehr weit verbreitet, da sie wesentlich weniger Zeit erfordert, als man für die Erarbeitung von Begriffssystemen aufwenden muss.

Beispiel 1 ist dem Wörterbuch „Maschinenelemente“ von Alfred Schlomann entnommen; dieses Werk, das erstmals 1906 erschien, ist der erste Band der „Illustrierten Technischen Wörterbücher in sechs Sprachen“. Bis 1932 veröffentlichte Schlomann insgesamt 17 Wörterbücher dieser Art. Die Wörterbücher sind systematisch aufgebaut, d.h., im Mittelpunkt steht die Beziehung zwischen zusammengehörigen Begriffen, die auch in einem Wörterbuch durch die „zufällige“ alphabetische Ordnung der Wortstellen nicht auseinandergerissen werden sollte. Die bei der Arbeit an den „Illustrierten Technischen Wörterbüchern“ gesammelten Erfahrungen werden bis heute auch bei der Erarbeitung des IEC-Wörterbuchs „International Electrotechnical Vocabulary“ (IEV) genutzt.

Band I (Maschinenelemente) ist in 34 Sachgruppen (1. Stifte, 2. Niete, 3. Bolzen, 4. Gewinde, 5. Schrauben ...) gegliedert; der vorliegende Auszug ist Teil 23 (Lager, Lagerböcke) entnommen.

Beispiel 1 (Eintrag im begrifflich gegliederten Wörterbuch)

1	**2. Traglager** (npl) **Supporting Bearings; Plummer Blocks** **Paliers** (mpl) **d'appui**	**Sopporti** (mpl) **portanti** **Soportes** (mpl) *o* **Cojinetes** (mpl) **de Apoyo** **Подшипники** (мр)
2	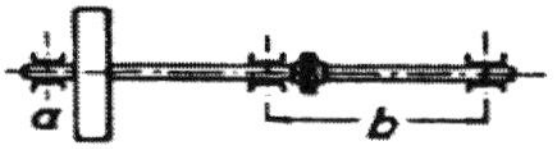 a b Lagerstelle (f) bearing point	*a* point (m) d'appui; point (m) de soutien par un palier punto (m) di appoggio punto (m) de apoyo точка (мр) опоры вала; подшипник (мр), как часть линии валов
3	Lagerentfernung (f) distance between bearings écartement (m) des paliers; distance (f) entre paliers	*b* distanza (f) tra i sopporti distancia (f) entre soportes расстояние (ср) между подшипниками
4	 Stirnlager (n)	end journal bearing palier (m) frontal *ou* d'extrémité sopporto (m) d'estremità soporte (m) frontal; soporte (m) extremo концевой подшипник (мр)
5	 Halslager (n)	neck journal *or* collar bearing palier (m) à collets sopporto (m) per perno intermedio cojinete (m) de collar; soporte (m) intermedio промежуточный подшипник (мр)
6	Führungslager (n) guide bearing palier (m) de guidage	sopporto (m) di guida soporte (m) de guía установочный подшипник (мр)
7	federndes *oder* elastisch nachgiebiges Lager (n) elastically supported bearing palier (m) à monture élastique	sopporto (m) cedevole elasticamente soporte (m) elástico пружинящий *или* упругий подшипник (мр)
8	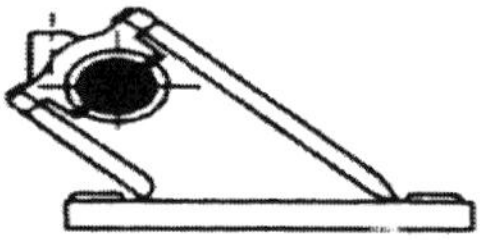 Schräglager (n)	angle pedestal bearing; oblique pillow-block bearing; oblique plummer-block bearing; angular-contact bearing palier (m) oblique; roulement (m) oblique sopporto (m) obliquo *od* inclinato soporte (m) oblicuo наклонный подшипник (мр); подшипник (мр) с наклонным корпусом

aus: Schlomann (1968:170)

Beispiel 2 (Eintrag im alphabetisch gegliederten Wörterbuch)

Lager *n*, Wellenlager *n* (Masch) / bearing || ~, Bettung *f* (Bau) / bedding || ~, Bock m / bench, horse || ~, Pfanne f (Instr) / saucer, socket, footstep, cup || ~, Speicher m / storage (the place) || ~ (als Ganzes) (Masch) / plummer block || ~, Lagerstätte f (Bergb, Geol) / seam, stratum, deposit, bearing, bed || ~, Lagerraum m / store o. storage room o. space || ~ **eines Schlußsteins** (Bau) / bed of a voussoir || ~ **eines Steins** (Bau) / lier o. lay (GB) of a stone || ~ **im Bauwesen** / structural bearing || ~ **mit Druckölentlastung** / oil-jacked bearing || ~ **mit Druckölschmierung** / pressure-lubricated bearing || ~ **mit Festringschmierung** / disk-and-wiper lubrication bearing || ~ **mit geteiltem Laufring** / fractures race bearing || ~ **mit Spülölschmierung** / flood-lubricated bearing || ~ **mit Sumpfschmierung** / splash-fed bearing || **ab** ~ [lieferbar] / off-the-shelf || **auf** ~ / in stock, on store || **auf falsches ~ gelegt** (Stein) / bedded against the grain || **falsches** ~, Fleckenseite *f* (Stein) / breaking o. cleavage grain || **hintereinander liegende ~ bohren** / bore bearings in line || ~**achse** *f* (Masch) / bearing axis ~**anordnung** *f* (Masch) / arrangement of bearings, disposition of bearings || ~**art** *f* (in der Grube) (Bergb) / deads || ~**aufseher**, -verwalter *m* / store keeper o. man || ~**ausguß** *m.*, -ausgießen *n* / lining of bearings || ~**ausrüstung** *f*, -ausstattung *f* / storage eqiuipment || ~**balken** *m* (Zimm) / sole, ground sill, [ground] sleeper || ~**behälter**, Sammelbehälter *m* / storage tank || ~**belastung** *f* / bearing load || ~**bestand**, -vorrat *m* / stock, warehouse stock, store || ~**bestand** *m* / stock in store, goods on hand [in the store] *pl* || ~**bestand** *m*, Inventar *n* / inventory || ~**bestand Null** *m*, Fehlteil *n* / stock outage || ~**beständigkeit** *f* / shelf o. storage life, stability in storage || ~**bestandsaufnahme** f / stock taking || ~**bestandsaufstellung** *f* (DV) / stock-status report || ~**bestandskartei** *f* / stock file, inventory file || ~**bestandsprüfung** *f* / inventory verification || ~**bier** *n* / lager [beer] || ~**bildung** *f* / inventory building || ~**bock** m, -stütze *f* (Masch) / pillow block, pedestal || ~**bock**, -stuhl *m* (Brücke) / bearing chair o. block o. stool || ~**bock** *m* **für bewegliche schwenkende Lagerung** / swivel fixed pivot bracket || ~**bock** *m* **für die Lichtmaschine** (Kfz) / dynamo bracket || ~**bohrung** *f* / bore of the bearing || ~**bronze** *f* / bronze for bearings and bushes || ~**brücke** *f* (Elektr) / end bracket (GB), bearing bracket (US) || ~**buchführung** *f* / store bookkeeping || ~**buchse** *m*, -büchse f / bearing bush o. shell, brass || ~**buchse** *m* (Uhr) / bearing bush || ~**deckel** *m* (Masch) / cap piece of the bearing, plummer block cover || ~**deckel** *m*, Deckplatte f (Masch) / crown || ~**dimensionsliste** *f* / list of dimensions in stock || ~**disposition** *f* / inventory management || ~**druck** *m* / pressure per surface unit of bearing

aus: Ernst (1989:600)

Beispiel 2 findet sich in dem alphabetisch gegliederten „Wörterbuch der industriellen Technik" (Deutsch-Englisch) von Ernst, das eine Vielzahl technischer Bereiche abdeckt. Da das Wort „Lager" nicht nur in der Gemeinsprache mehrdeutig ist, sondern auch mit jeweils unterschiedlicher Bedeutung in mehreren technischen Fachsprachen auftritt, erscheint es hier nun als polyseme Benennung in einem Wörterbucheintrag.

5.5 Deskriptive und normative (Fach-)Wörterbücher

Während das deskriptive Wörterbuch den tatsächlichen Sprachgebrauch beschreibt, legt das normative Wörterbuch einen bestimmten Sprachgebrauch fest. Beispiele für deskriptive Wörterbücher – der bei weitem häufigere Fall – wurden u. a. in 5.4 gegeben. Ein Beispiel für ein normatives Wörterbuch der Gemeinsprache ist der Duden; ein normatives Fachwörterbuch ist beispielsweise das ebenfalls in 5.4 erwähnte International Electrotechnical Vocabulary.

5.6 Beispiele

Methoden und Probleme der terminologischen Lexikographie sollen im Folgenden anhand von Auszügen aus Fachwörterbüchern unterschiedlicher Art dargestellt werden. Fachliche Schwerpunkte sind dabei einerseits Naturwissenschaften und Technik, andererseits Recht und Verwaltung. Diese Bereiche wurden – abgesehen von ihrer grundsätzlichen Bedeutung – vor allem deshalb ausgewählt, weil sich die Arbeitsvoraussetzungen für – insbesondere mehrsprachige – Terminologiearbeit in beiden Gebieten erheblich unterscheiden (vgl. 4.4.4).

5.6.1 Terminologische Lexikographie in Naturwissenschaften und Technik

Das Beispiel ist einem einsprachigen, alphabetisch gegliederten Fachwörterbuch entnommen. Wie im Vorwort (Almássy 1985:6) überzeugend dargelegt wird, handelt es sich bei der Messtechnik um einen verzweigten Wissenschaftsbereich, der sich in dynamischer Entwicklung befindet. Dies wirkt sich auch auf der begrifflich-sprachlichen Ebene aus:

> Eine Orientierung und korrekte Abgrenzung der einzelnen Begriffe auf diesem komplexen Gebiet sind selbst für den Spezialisten schwierig. Aus diesem Grund ist es notwendig, ein das Gebiet der Messtechnik übersteigendes und die Begriffe ordnendes Lexikon herauszugeben, das seinem Benutzer hilft, sich zu orientieren und zu informieren.

Beispiel 1:

Halbwertszeit: Zeit, in der eine Größe auf die Hälfte ihres Anfangswertes gesunken ist.
a) Die *physikalische H.* $T_{1/2}$ ist die Zeit, in der die Hälfte der vorhandenen Atome eines radioaktiven Isotops zerfällt. Sie ist gekennzeichnet durch die Zerfallsgeschwindigkeit (s. a. Aktivität).
b) Die *biologische H.* ist die Zeit T_{bio}, in der die Hälfte einer gegebenen Isotopenmenge auf dem Wege des Stoffwechsels aus dem menschlichen Körper ausgeschieden wird. Sie ist eine für die Ausscheidung von radioaktiven Isotopen aus dem menschlichen Körper charakteristische Größe.
c) Die *effektive H.* ist eine in der ↑ Dosimetrie übliche Größe zur Kennzeichnung der Ausscheidung von radioaktiven Stoffen aus dem Organismus durch physikalischen Zerfall *und* Stoffwechsel:

$$T_{eff} = \frac{T_{1/2} T_{bio}}{T_{1/2} + T_{bio}}$$

Hall-Generator, HALL-*Sonde:* Halbleiter-Bauelement, das eine von der Induktion eines darauf wirkenden Magnetfelds und dem durchfließenden Strom abhängige Spannung (HALL-Spannung) liefert. Der H. wird als *Multiplikator,* zur Messung der magnetischen *Induktion* und als *Leistungsmesser* verwendet (s. a. Leistungsmessung).
Halogenlampe: Wolframglühlampe, die mit einem gasförmigen Halogen gefüllt ist (s. a. Lichtquelle).
Hämatokrit: prozentualer Anteil der roten Blutkörperchen (*Erythrozyten*) am gesamten Blutvolumen. Der H. wird i. allg. durch ↑ *Zentrifugieren* bestimmt und ist nicht nur von der Anzahl der Erythrozyten, sondern auch von ihrem Volumen abhängig. Dadurch wird seine indirekte Bestimmung auf elektronischem Wege (*Blutkörperchenzählung*) ermöglicht.

aus: Almássy (1985:193f.)

Diesem Anspruch wird das Werk voll gerecht. Von besonderem Wert sind hier die fachlich abgesicherten Definitionen, die durch zusätzliche Fachinformationen ergänzt werden. Entsprechend seiner klaren fachwissenschaftlichen Orientierung bietet dieses Wörterbuch keine im engeren Sinne sprachbezogenen Informationen (Worterklärungen o.Ä.).

Beispiel 2 ist einem alphabetisch gegliederten zweisprachigen Fachwörterbuch entnommen, das (laut Vorwort) den Wortschatz folgender Gebiete zum Gegenstand hat: Kernenergie, Reaktortechnik, Fusionstechnik, Sonnenenergie, Windenergie, Gezeitenenergie, Strahlenschutz, nukleare Sicherheitsforschung, Kohlevergasung und Kohleverflüssigung, Vertragswesen und Wissenschaftsmanagement. Aus dem alphabetischen Aufbau ergibt sich, dass trotz des relativ begrenzten Gegenstandsbereichs sehr unterschiedliche Teilgebiete aufeinandertreffen, wobei die inhaltlichen Zusammenhänge bzw. Abgrenzungen nicht immer deutlich werden.

Die lexikographische Präsentation lässt in einigen Punkten zu wünschen übrig. So ist nicht einzusehen, warum das Stichwort „Umwandlung von Wärmeenergie aus dem Meer“ zweimal auftaucht. Möglicherweise soll dem Benutzer verdeutlicht werden, dass „sea solar power“ und „OTEC = Ocean Thermal Energy Conversion“ im Englischen nicht synonym verwendet werden können. Dann wäre es aber sinnvoller, den Benutzer darüber zu informieren, inwiefern sich beide Benennungen unterscheiden bzw. in welchen Kontexten sie verwendet werden können. Dasselbe gilt für die Einträge „Umwelt-belastung *f*, Umwelteinfluß *m*“ sowie „Umweltschutz *m*“. Auch wird der Zugang zu den Einträgen unnötig erschwert; der Zugang zu „Umwandlung *f* von Wärmeenergie aus dem Meer“ ist nur über das Suchwort „Umwandlung“ möglich; ein entsprechender Verweis bei „Wärmeenergie“ oder „Meer“ findet sich nicht; das gleiche gilt für den Eintrag „Umwelt *f* (weniger) belasten“.

Beispiel 2:

	Umweltstrahlungsüberwachungssystem
Umformungspunkt *m*	transformation temperature
Umformungstemperatur *f*	transformation temperature
Umgang *m* mit radioaktiven Stoffen	handling radioactive substances
Umgangsorte *m pl*	locations of use (nuclear material)
umhüllende Kurve *f*	contour line
umhüllende Kurve *f*	enveloping curve
Umlenkrollen *f pl* (Windenergie)	deflection pulleys
Umlenkschaufeln *f pl*	baffle blading
Umschließung *f*	enclosure
Umsetzplan *m*	fuel shuffling plan
umwälzen	to recycle
Umwandlung *f* von Wärmeenergie aus dem Meer	sea solar power
Umwandlung *f* von Wärmeenergie aus dem Meer	OTEC — Ocean Thermal Energy Conversion
Umwandlungsgrad *m*	conversion ratio
Umwelt *f* (weniger) belasten	to have (less) adverse effect on the environment
Umweltbelastung *f*, Umwelteinfluß *m*	environmental exposure
Umweltbelastung *f*, Umwelteinfluß *m*	environmental impact
Umweltbelastung *f*, Umwelteinfluß *m*	environmental pollution
Umweltbewußtsein *n*	environmental consciousness
umweltfreundlich	ecologically beneficial
umweltfreundlicher, noch ...	which will have even less impact on the environment
Umweltfreundlichkeit *f*	environmental conservation
Umweltkarzinogene *n pl*	environmental carcinogens
Umweltschonung *f*	conservation of the environment
Umweltschützer *m*	environmentalist
Umweltschutz *m*	environmental control
Umweltschutz *m*	protection to the environment
Umweltschutzbehörde *f*	Environmental Protection Agency (EPA) (US)
Umweltschutzbestimmungen *f pl*	environmental regulations
Umweltschutzfachmann *m*	ecological expert
Umweltschutzmaßnahmen *f pl*	anti-pollution measures
Umweltstörungen *f pl* und -belastungen *f pl*	environmental disturbance and damage

aus: Mannhardt (1981:71)

Von dieser Form der Lexikographie hebt sich das Wörterbuch, das im Folgenden betrachtet werden soll (Beispiel 3), vorteilhaft ab. Hier erhält der Benutzer neben den sprachlichen eine Fülle von fachlichen Informationen, die es ihm erlauben, die Arbeit des Lexikographen kritisch zu überprüfen.

Beispiel 3:

Gehalt
m * content
"der Säure-" * "the acid -"

Gehäuse
nt (1. allg.) * body;
(2. Katalysator) * shell (s. auch Katalysatorgehäuse)

Gehäusefalz
→ Katalysatorgehäusefalz

Gehäusehalbschale
f * shell
"die obere und untere - sind zusammengeschweißt" * "the upper and lower - are welded together"

Gehäusenaht
→ Katalysatorgehäusenaht

Gemisch
→ Kraftstoff/Luft-Gemisch

Gemischaufbereitung, Gemischbildung
f * carburetion
(Engl. "carburetion" wird sowohl als Oberbegriff im Sinne von Gemischaufbereitung verwendet als auch als Unterbegriff im Sinne von Vergaseranlagen im Gegensatz zu Einspritzanlagen)

Gemischaufbereitungssystem
nt * carburetion system

Gemischregler
m (Jetronic) * mixture control unit
Fig → mixture control unit; oxygen sensor emission control system

Generator m, Lichtmaschine f
(1. allg.) * generator
"das Ladesystem besteht in erster Linie aus dem Generator" * "the charging system consists mainly of a -";
(2. Drehstrom-) * alternator, AC generator
"ab Bj.81 sind alle XY Modelle mit einem Drehstromgenerator ausgerüstet" * "since MY 81 all XY models are fitted with an -";
(3. Gleichstrom-) * [DC] generator, dynamo
"die Gleichstrom-Lichtmaschine wurde mittlerweile durch den Drehstromgenerator verdrängt" * "the DC generator, or dynamo, has been superseded by the alternator"

geregelter Katalysator, - Dreiweg-K.
m (1. als chemische Funktionseinheit) * computer-controlled catalyst;
(2. Konverter, Bauteil der Auspuffanlage)* computer-controlled catalytic converter,
(als Gesamtsystem bei GM:) C-4 system
"alle Fahrzeuge mit geregeltem Katalysator" * "all cars [equipped] with the - "
(Im Dt. weitverbreitete Bezeichnung für das Einbettsystem mit geregelter Gemischaufbereitung, d.h. für einen Dreiweg-Katalysator mit Lambda-Sondenregelung; ein - erreicht im frischen Zustand bei Betriebstemperatur Konvertierungsraten von ca.90 % für CO, HC und NOx; dieses System ist nur realisierbar in Verbindung mit einer elektronisch gesteuerten Kraftstoffeinspritzanlage bzw. einem geregelten Vergaser mit Steuergerät und einer Lambdasonde)
Fig → oxygen sensor controlled fuel injection; oxygen sensor emission control system

geregelter Vergaser
m * feedback carburetor, electronically controlled carburetor, controlled A/F ratio carburetor, (GM) electrical solenoid controlled carburetor
(Vergaser, der das zum Betrieb eines Dreiwege-Katalysators mit Lambdasonde erforderliche Kraftstoff/Luft-Gemisch mit definiertem Lambda-Wert liefert)

Gesamtschadstoffkonzentration
f * total emission concentration

geschlossene Kurbelgehäuseentlüftung
f * positive crankcase ventilation, PCV

geschlossener Regelkreis
→ Regelkreis

Geschwindigkeitsbegrenzung
f * speed limit

Gewindestift
m * worm screw

aus: Schmitt (1986:21)

MIXTURE CONTROL UNIT
GEMISCHREGLER
(Bosch K-Jetronic)

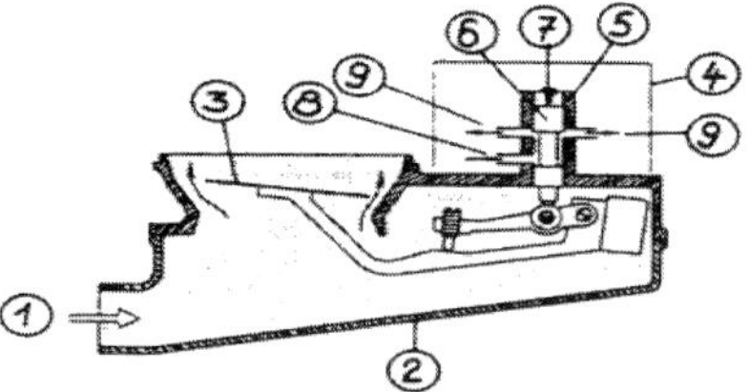

1 air intake
Lufteinlaß

2 air volume sensor
Luftmengenmesser

3 sensor plate
Stauscheibe

4 fuel distributor
Kraftstoffmengenteiler

5 metering unit
Schlitzträger

6 control plunger
Steuerkolben

7 fuel system pressure
Steuerdruck

8 fuel supply
Kraftstoffzulauf

9 metered fuel flow
(to fuel injectors)
zugemessene Kraftstoffmenge
(zu den Einspritzventilen)

aus: Schmitt (1986:31)

Es handelt sich um das „Lexikon der Katalysatortechnik – Abgasreinigung in Kraftfahrzeugen, Englisch - Deutsch, Deutsch - Englisch“ von Peter A. Schmitt (1986). In diesem Wörterbuch werden, wie der Auszug verdeutlicht, die im lexikographischen Teil enthaltenen Angaben durch einen ausführlichen Anhang mit Graphiken ergänzt.

Im Vorwort heißt es:

> Das Wörterbuch soll die Arbeit desjenigen erleichtern, der auf dem hier behandelten Spezialgebiet mit englischen bzw. deutschen Fachausdrücken konfrontiert wird und diese übersetzen oder auch nur verstehen muss. Dies trifft auf Fachübersetzer ebenso zu wie auf Fachleute im Bereich der Kfz-Technik.
> Deshalb werden jeweils die Hintergrundinformationen geliefert, die man benötigt, um dem betreffenden ausgangssprachlichen Ausdruck einen je nach Sachverhalt geeigneten zielsprachlichen Ausdruck zuordnen zu können. Zum ersten Mal in einem Fachwörterbuch wird daher der jedem Profi-Übersetzer geläufigen Tatsache Rechnung getragen, dass es auch bei Fachausdrücken unterschiedliche Stilebenen geben kann – so ist es zwar von der Sache her, also begrifflich, das gleiche, ob man „multifunktioneller Katalysator“ sagt oder „3-Wege-Kat“, beliebig austauschbar sind diese Wörter dagegen genauso wenig wie „Frau Großmutter“ und „Oma“.
> Zu den nötigen Zusatzinformationen gehören ggf. Erklärungen oder Definitionen, sowie – ebenfalls ein Novum in Fachwörterbüchern – Hinweise auf typische Anwendungsbeispiele und typische Fehlübersetzungen.
> Kurz: Es handelt sich weniger um ein „Wörterbuch“ im üblichen Sinne, sondern eher um ein zweisprachiges Lexikon.

Aufgrund seiner lexikographisch-methodischen Präzision und der Zuverlässigkeit der fachlichen Inhalte stellt dieses Werk ein zuverlässiges Arbeitsinstrument dar. Schmitt hat das Konzept, das dem „Lexikon der Katalysatortechnik" zugrunde liegt, systematisch weiterentwickelt und es in „Langenscheidts Fachwörterbuch Technik und angewandte Wissenschaften Englisch-Deutsch, Deutsch-Englisch" (Schmitt 2004) erfolgreich auf einen wesentlich größeren Fachwortbestand übertragen; dieses Wörterbuch ist nicht nur in fachsprachlicher, sondern auch in methodischer Hinsicht von großem Interesse, wie das folgende Beispiel zeigt:

Beispiel 4:

Bauschreiner *m* <holz> • carpenter
Bauschutt *m* <bau.ents> *(betont: von Abbrucharbeiten)* • demolition debris; demolition rubble; construction waste
Bauschutt *m* <bau.ents> *(allg. von Baumaßnahmen, Baustellen)* • construction waste; waste building material; builders' rubble; building rubbish; rubble *coll*
Bauspant *n* <nav> • constructional section
Bauspantenriss *m* <nav> • framing body plan; framing plan
Baustähle *f* <metall> *(diffuser Oberbegriff)* • constructional steels
Baustahl *m* <mat> *(Stahlprofile; z. B. L, T, U, I)* • structural steel; sectional steel; steel shape
Baustahl *m* <metall> *(0,03% bis 0,2% Kohlenstoff; relativ weicher Massenstahl)* • carbon steel *pract*; plain carbon steel; low-carbon steel; structural steel; structural carbon steel
Baustahlgewebe *n* <bau.mat> *(für Stahlbeton)* • steel mesh fabric
Baustahlgewebematte *f* <bau.mat> *(für Stahlbeton)* • rebar mat; reinforcement bar mat *form*; bar mat *rare*
Baustatik *f* <bau.mech> • structural statics
baustatische Berechnung *f* <bau.mech> • structural calculation
Baustein *m ugs* <tech.allg> *(austauschbare Baueinheit)* • module; modular component; module component; modular unit *pract*; building block *coll.rare*
Baustein *m ugs* <bau.mat> *(z. B. Stein, Poroton, Hohlblock)* • building block
Bausteinprinzip *n* <tech.allg> *(abstrakt)* • modular design principle (UCP); module principle of construction; unit/unitized principle of construction; units construction principle; building-block principle
Baustelle *f* <bau> • construction site; building site; erection site *rare*; field *rare*

aus: Schmitt (2004)

Das kunststofftechnische Wörterbuch von Wittfoht, dem der Auszug in Beispiel 5 entnommen ist, ist grundsätzlich alphabetisch aufgebaut, es enthält jedoch auch Elemente des begrifflich gegliederten Fachwörterbuchs sowie des Sachwörterbuchs. An geeigneten Stellen werden einzelne Begriffe eingehender behandelt, als dies im Rahmen der alphabetischen Systematik möglich wäre. In solchen Fällen (z.B. unter dem Stichwort „pistolage à la flamme") werden Graphiken, technische Erläuterungen – gelegentlich auch ganze Begriffsfelder – eingefügt; dabei werden hin und wieder auch fachlich-inhaltliche Erklärungen gegeben, die das Verständnis fördern. Die in diesem Werk gewählte flexible Darstellungsform zeichnet sich durch ein hohes Maß an Benutzerfreundlichkeit aus.

Ebenfalls von methodischem, zugleich aber auch von historischem Interesse sind die folgenden lexikographischen Werke zu Naturwissenschaft und Technik, die von sehr unterschiedlichen Ansätzen ausgehen. Jedes dieser Werke, die lange vor der Einführung des Computers entstanden, hat auf seine Weise zur Entwicklung der modernen Fachlexikographie beigetragen.

Beispiel 5:

pilote *m*
1. *(masch)* Führungsstange *f*, Führungsstift *m*, Paßstift *m*
2. *(Preßform)* Führungssäule *f* *(Führungsstift)* *(siehe procédé 11 A, 9; moule 3 g, 9 II, c)*

alésage-pilote *m* Führungsloch *n* (Loch für den Führungsstift)
cylindre-pilote *m* Leitwalze *f* *(siehe calandre)*

pin *m* Fichte *f*
— **commun** Kiefer *f* *(Baum)*

pince *f* Klemme *f*, Klammer *f*, kleinere Klemmvorrichtung *f*
— *(= tenaille)* Pinzette *f*
— **coupante** *(inj)* Abkneifzange *f* (zum Entfernen des Angusses — *pour arracher la carotte)*
— **à creuset** *m* Tiegelzange *f*
— **à linge** *m* Wäscheklammer *f*
— **de Mohr** Quetschhahn *m*
— **à polir** *(= pointe à polir)* Zungenring *m (zum Schwabbeln)* (poliert hohe enge Teile von innen)

pinceau *m (lac)* Pinsel *m*

pincer abknipsen, abkneifen *(siehe procédé 1 B, C)*

pinçure *f* Falte *f*, Kniff *m*

pion *m (ku)* Knopfrohling *m*

pipérazine *f* Piperazin *n*

pipette *f* Pipette *f*
— **graduée** Meßpipette *f*

piquage *m* Anbohrschelle *f* *(siehe tube E, 3)*

piqué steppdeckenartig genäht *(siehe capitonnage)*

piqûre *f (= trou d'épingle)* Preßfehler *m (tiefes und enges Loch)*, Fadenlunker*** *m* *(vgl. Zusammenstellung défaut)*

piscine *f (ku)* Schwimmbassin *n* *(auch aus Ku, z. B. für den Garten)*

piste *f* Mahlbahn *f* *(im Kollergang und Tellermischer)* *(siehe mélangeur 10, 21 a)*

pistolables, produits *mpl* verspritzbare Stoffe od. Materialien

pistolage *m* **à la flamme** *f* *(= plastication à chaud ou projection d'un plastique à travers une flamme)* Flammspritzen *n* — *vgl. Erkl. PLASTICATION* —

---

pistolage à la flamme *(projection à travers une flamme)* Flammspritzen *n*

A air m, oxygène m et gaz inflammable — Luft, Sauerstoff und brennbares Gas
B matière f à projeter — zu verspritzendes Material

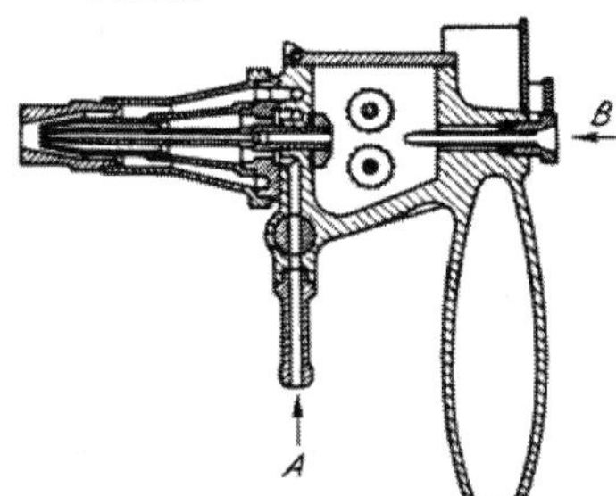

pistolet m de projection f à la flamme — Flammspritzpistole *f*

Dieses Bild zeigt eine Einkomponentenpistole — *pistolet monofluide;* Zweikomponentenpistole *siehe pistolet bifluide.*

---

pistoler verspritzen, versprühen *(siehe z. B. Bild pistolage)*

pistolet *m*
1. *(math)* Kurvenlineal *n*
2. *(techn)* Spritzpistole *f* *(siehe Bild pistolage)*

— **à air*** *m* **(comprimé)** Druckluftpistole *f*, Preßluftpistole *f* *(z. B.* zum Lösen des Preßteils aus der Form und zum Reinigen oder Ausblasen der Preßform — *pour le démoulage et nettoyage du moule)*
— **bi-fluide** doppelte Spritzpistole *f*, Zweistoff-Pistolen *fpl*, Zweikomponenten-Pistolen *fpl* *(comportant deux arrivées, l'une pour la matière de base, l'autre pour le catalyseur ou l'agent de condensation provoquant la polymérisation de la masse* — eine Zuleitung für das Grundmaterial, eine für den Katalysator — *vgl. Bild pistolage)*

aus: Wittfoht (1966:360)

Beispiel 6:

AROMATIC ACIDS

c The carboxyl group may be either in the nucleus or in the side chain e.g. $(CH_3)C_6H_4COOH$, *toluic acid*; $C_6H_5CH_2COOH$, *phenylacetic acid*. Both these classes resemble the aliphatic acids. The hydrogen of the nucleus may, of course, be substituted; *salicylic acid*, for example, is *o-hydroxybenzoic acid*, $C_6H_4(OH)COOH$, and occurs as the methyl ester in *oil of Wintergreen*. The
d acid is an antiseptic; the acetyl derivative is the well-known drug *aspirin*. *Protocatechic acid* is one of the six isomeric *dihydroxybenzoic acids* and is related to the *tannins*, as is *gallic acid*, a *trihydroxybenzoic acid*. *Tannic acid*, which can be obtained from *oak-galls*, is used in the *tanning of leather* and the *manufacture of ink*.

e *Benzene dicarboxylic acid*, $C_6H_4(COOH)_2$, exists in three isomers. The o-isomer is known as *phthalic acid*, the m- as *isophthalic acid*, and the p- as *terephthalic acid* used with glycol to make *terylene* (*dacron*), a *polyester fiber*. Only the o- acid forms an anhydride, *phthalic anhydride*, which is condensed with phenols to form the *phthalein* group of *dyes*.

f Amongst acids with the carboxyl group in the side chain are *mandelic* (*phenylhydroxyacetic*) *acid* and *cinnamic* (*phenylacrylic*) *acid*, $C_6H_5CH{:}CHCOOH$. *o-Hydroxycinnamic acid* forms a *lactone*, *coumarin*

g

$$C_6H_4\begin{array}{l} \diagup CH{=}CH \\ \qquad\quad | \\ \diagdown O{-}CO \end{array}$$

AROMATISCHE SÄUREN

c Die Carboxylgruppe kann entweder im Kern oder in der Seitenkette sitzen, z.B. $(CH_3)C_6H_4COOH$, *Toluylsäure*; $C_6H_5CH_2COOH$ *Phenylessigsäure*. Beide Klassen ähneln aliphatischen Säuren. Der Wasserstoff im Kern läßt sich natürlich substituieren. *Salicylsäure* ist z. B. *o-Hydroxybenzoesäure*, $C_6H_4(OH)COOH$, und kommt als Methylester im *Wintergrünöl* vor. Diese Säure ist ein Anti-
d septicum; das Acetylderivat ist das bekannte Arzneimittel *Aspirin*. *Protocatechusäure* ist eine der sechs isomeren *Dihydroxybenzoesäuren* und ist mit den *Gerbstoffen* (*Tanninen*) verwandt, ebenso wie die *Gallussäure*, eine *Trihydroxybenzoesäure*. (*Gallus-*) *Gerbsäure*, welche aus *Galläpfeln* gewonnen werden kann, dient zum *Gerben von Leder* und zur *Herstellung von Tinte*.

e *Benzoldicarbonsäure*, $C_6H_4(COOH)_2$, existiert in drei Isomeren. Das o-Isomere ist *Phthalsäure*, das m-Isomere ist *Isophthalsäure* und das p-Isomere *Terephthalsäure*, die zusammen mit Glykol zur Herstellung von *Terylen* (*Dacron*), einer *Polyesterfaser*, dient. Nur das o-Isomere bildet ein Anhydrid, *Phthalsäureanhydrid*, das mit Phenolen unter Bildung der *Phthalein*-Gruppe
f von *Farbstoffen* kondensiert.

Säuren mit der Carboxylgruppe in der Seitenkette sind unter anderem *Mandelsäure* (*Phenylglykolsäure*) und *Zimtsäure* (*Phenylacrylsäure*), $C_6H_5CH : CHCOOH$. *o-Hydroxyzimtsäure* bildet ein *Lacton*, das *Cumarin*.

g

$$C_6H_4\begin{array}{l} \diagup CH{=}CH \\ \qquad\quad | \\ \diagdown O{-}CO \end{array}$$

aus: Fromherz/King (1968:205f.)

In 2.5 war bereits von den Fachwendungen (Fachphrasen) und ihrer Bedeutung für die Fachsprachen die Rede. Phraseologische Angaben sind in jedem Fachwörterbuch wichtig, sie können aber auch zum Hauptgegenstand eines Wörterbuchs gemacht werden; in diesem Falle spricht man von (fachsprachlichen) phraseologischen Wörterbüchern. Einem solchen phraseologischen Wörterbuch ist Beispiel 6 (siehe vorige Seite) entnommen.

Dieses Werk ist nicht nur ein phraseologisches Wörterbuch, sondern zugleich ein Lehrbuch der chemischen Fachsprache im Englischen und Deutschen. Im Vorwort (Fromherz/King 1968:VII) heißt es:

> Dieses Buch, das zum ersten Mal im Jahre 1934 herausgegeben wurde, stellt einen mehr oder weniger vollständigen Leitfaden durch die ganze Chemie in englischer und deutscher Sprache dar, worin der englische und der deutsche Text Seite an Seite gegenübergestellt wurde, um einen bequemen Vergleich zu ermöglichen. Im zusammenhängenden Text kann die Bedeutung der gebräuchlichen Fachausdrücke besser umschrieben werden als in einem Wörterbuch.

Der Zugriff auf die im Text durch Kursivdruck hervorgehobenen Fachwörter und Fachphrasen wird durch ein alphabetisches Register am Ende des Bandes ermöglicht. Obwohl es sich hier um einen interessanten methodischen Ansatz handelt, sind Werke dieser Art selten geblieben.

Das systematisch gegliederte englisch-französische Wörterbuch „The Machine Tool", dem Beispiel 7 entnommen ist, entstand im Rahmen eines von Wüster geleiteten Projekts, das zum Ziel hatte, die ebenfalls auf Überlegungen Wüsters aufbauenden terminologischen Grundsatznormen der ISO zu erproben; eine Schilderung des Projektverlaufs findet sich in der Einleitung zu „The Machine Tool". Das Wörterbuch ist somit streng nach den Grundsätzen der Terminologielehre aufgebaut; die Systematik beruht auf der Dezimalklassifikation (siehe Kap. 8). Von zentraler Bedeutung für die Struktur der Wortstellen sind die jeweiligen Normen, an denen sich die Definitionen und die erklärenden Zeichnungen orientieren.

Das Beispiel „The Machine Tool" zeigt gleichzeitig, dass die Erstellung eines in jeder Hinsicht zufriedenstellenden Fachwörterbuchs sehr aufwendig ist. Auf der anderen Seite besteht ein großer Bedarf an Fachwörterbüchern in den verschiedensten Sprachen und Fachgebieten. Zur Reduzierung des erforderlichen Arbeitsaufwands hat Wüster folgende Lösung vorgeschlagen: Zu einem ein- oder mehrsprachigen, systematisch aufgebauten Grundband, der Definitionen, gegebenenfalls auch Illustrationen, enthält, werden einsprachige Ergänzungsbände geschaffen, die nach demselben Begriffssystem aufgebaut sind und deren Wortstellen die gleiche sprachenunabhängige Kennzeichnung haben.

Wüster hat diesen Vorschlag auch in die Tat umgesetzt; der Auszug in Beispiel 8 ist dem deutschen Zusatzband zu „The Machine Tool" entnommen.

Beispiel 7:

UDC 621.883 Spanners (wrenches) and screw drivers

CDU 621.883 Clés et tournevis

731 UDC 621.883.1/.5

spanner BS; **wrench**[II] ASA (for nuts): A ⌜hand tool (1328) for gripping and turning a nut (697) or the head (644) of a bolt (650) or screw[IV] (653). It consists of a handle at the end of which is either a female part—two jaws (*see* 732–734, 749–753) or a sleeve (*see* 735–739)—or a male part—an extremity of polygonal section (*see* 740–743) or one or two hook-like projections (*see* 744–747).

clé à écrous; clé NF; **clef** VSM: ⌜Outil à main (1328) pour saisir et tourner un écrou (697) ou la tête (644) d'une vis[III1] (643, *c.-à-d.* 653 *ou* 650). Il consiste en une tige portant à son extrémité soit une partie femelle—deux mâchoires (*voir* 732–734, 749–753) ou une douille (*voir* 735–739)—soit une partie mâle—un bout profilé (*voir* 740–743) ou une ou deux saillies semblables à des crochets (*voir* 744–747).

Vide spec. fig. 733–753

732 UDC 621.883.12/.13

open-ended spanner BS; **open-jawed spanner** BS; **open end wrench; engineers' wrench:** A spanner (731) with jaws (958) which is applied to the nut (697) in a direction transverse to the axis of the nut.

clé plate NF; [1]**clef à fourche**[1] (simple ou double); **clé ouverte:** Clé (731) à mâchoires (958) qu'on introduit transversalement à l'axe de l'écrou (697).

Vide spec. fig. 733, 734

733 UDC 621.883.12

single-ended open-jawed spanner ~BS; **single end wrench; single-head wrench:** An ⌜open-ended spanner (732) having jaws (958) at one end only.

clé plate simple NF; [II]**clef à fourche**[II] VSM: ⌜Clé plate (732) qui n'a des mâchoires (958) qu'à une seule extrémité.

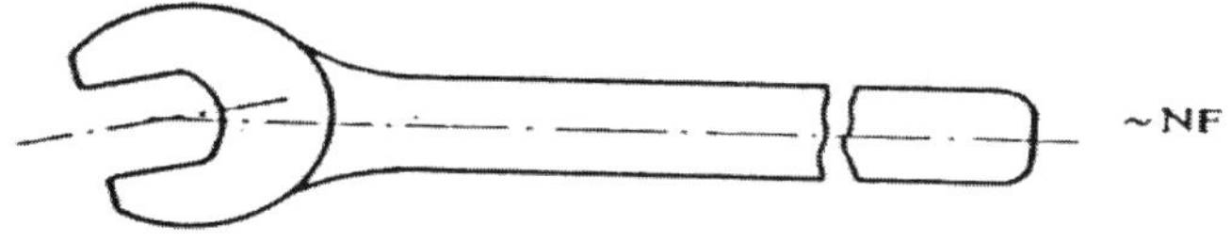

aus: Wüster (1968:8.207f.)

Beispiel 8:

DK 621.883 Schraubenschlüssel und Schraubenzieher

731 **Schraubenschlüssel** DIN, ÖN, VSM; **Schlüssel**

732 **Maulschlüssel; offener Schraubenschlüssel** (733 od. 734)

733 **Einmaulschlüssel** DIN; **Einfach-Schraubenschlüssel** ÖN; **Einfach-schraubenschlüssel; Gabelschlüssel**[2] VSM

734 **Doppelmaulschlüssel** DIN; **Doppel-Schraubenschlüssel** ÖN; **doppelter Gabelschlüssel; Doppel-Gabelschlüssel** VSM

735 **geschlossener Schlüssel; > Hülsenschlüssel** (736) *od.* **> Steck-schlüssel** (737)

736 **Hülsenschlüssel für Vierkante; geschlossener Vierkantschrauben-schlüssel** DIN, ÖN; **Hahnschlüssel für Vierkante** VSM

737 **Aufsteckschlüssel** DIN; **Steckschlüssel** DIN, ÖN

738 **Steckschlüssel aus Rohr** DIN, VSM

739 **Vierkant-Aufsteckschlüssel mit Quergriff; Vierkant-Aufsteck-schlüssel** DIN

740 **Einsteckschlüssel** DIN

aus: Wüster (1967:8.26f.)

Allerdings setzt dieses Verfahren voraus, dass die betreffenden Begriffssysteme in den einzelnen Sprachen nicht allzu stark voneinander abweichen, eine Voraussetzung, die im Bereich der Werkzeugmaschinen erfüllt ist. Wesentlich schwieriger – wenn nicht gar unmöglich – wird dieses Verfahren jedoch bei Sachgebieten, deren Begriffssysteme in den einzelnen Sprachen stark divergieren, z.B. in der Rechtswissenschaft (vgl. 5.6.2).

Die in Beispiel 9 auszugsweise wiedergegebene Norm der International Electrotechnical Commission (IEC) wurde von vornherein als Parallelwörterbuch konzipiert. Die Definitionen zu den aufgeführten Begriffen wurden in Englisch, Französisch und Russisch abgefasst.

Beispiel 9:

902–01–13

technische Funkstörung:

elektrischer Lärm:

Elektromagnetische Störung, die von Maschinen, technischen Geräten oder Anlagen erzeugt wird.

A n m e r k u n g : Die russische Benennung schließt die Aussendung von Funksendern auf Vielfachen der Eigenfrequenz nicht ein.

Bruit d'origine artificielle; **Parasite industriel:**	**Man-made noise:**	**Индустриальная помеха**	**ruido artificial; parásito industrial** **rumore industriale** **industriële ruis** **zakłócenia przemysłowe** **teknisk störning**
Bruit électromagnétique ayant son origine dans des machines, appareils ou installations techniques.	Noise generated in machines or other man-made devices.	Помеха, создаваемая машинами, приборами или другими промышленными устройствами. *Примечание* В русском языке термин « индустриальная радиопомеха » не включает в себя излучения радиопередатчиков на присвоенных им частотах.	

902–01–14

Knackstörung:

Elektromagnetische Störung von einer bestimmten, festgelegten Höchstdauer, gemessen bei festgelegten Bedingungen.

A n m e r k u n g : Hinsichtlich der Grenzwerte und Meßbedingungen siehe CISPR-Publikationen.

Claquement:	**Click:**	**Кратковременная помеха**	**chasquido** **crepitio** **klikstoring** **trzask radioelektryczny** **klick**
Perturbation électromagnétique brève dont la durée, mesurée dans des conditions spécifiées, est inférieure à une valeur spécifiée. *Note.* — On trouve dans les publications du C.I.S.P.R. des indications sur les conditions de mesure de la durée de la perturbation et sur la limite supérieure de cette durée.	A disturbance of a duration less than a specified value when measured under specified conditions. *Note.* — For the specified values and conditions, guidance should be found in C.I.S.P.R. publications.	Помеха, длительность которой, измеренная в регламентированный условиях, оказывается меньше некоторой регламентированной величины. *Примечание* Регламентированные величины и условия измерений приведены в Публикациях СИСПР.	

aus: DIN IEC 50 Teil 902 (1978:7)

Diese Definitionen wurden durch Benennungen in einer Reihe von Zusatzsprachen ergänzt; auch für diese Benennungen sind die jeweils in Französisch, Englisch und Russisch abgefassten Definitionen maßgeblich. Wie Beispiel 9 zeigt, wurde die internationale Norm in das deutsche Normenwerk übernommen, sodass sie nun als DIN-Norm erscheint; die deutschen Benennungen wurden mit deutschen Definitionen versehen und damit zum Hauptgegenstand der Norm gemacht.

5.6.2 Terminologische Lexikographie im Bereich des Rechts

Wie bereits in 4.4.4 gesagt wurde, liegt das besondere Problem vergleichender Terminologiearbeit im Bereich des Rechts darin, dass man nur sehr bedingt von einem für beide Sprachgebiete identischen Gegenstandsbereich ausgehen kann. Darum ist hier eine methodische Vorgehensweise, die die begrifflichen Strukturen beider Systeme in gleicher Weise berücksichtigt, besonders wichtig. Eine solche streng onomasiologische Arbeitsmethode kommt zumeist auch im systematischen Aufbau der Fachwörterbücher zum Ausdruck.

Das im folgenden Beispiel 1 in einem kurzen Auszug dargestellte, nach Begriffen gegliederte Wörterbuch ist entsprechend der inneren Systematik des behandelten Gebiets in Teilsachgebiete unterteilt. Es baut auf gründlichen rechtsvergleichenden Untersuchungen auf. Der Grad der Äquivalenz zwischen den beiden verglichenen Begriffen wird jeweils angegeben. Dort, wo völlige Übereinstimmung angenommen wird, steht das Gleichheitszeichen (z.B. *Berufung = appel*). Dort, wo eine weitgehende, wenn auch nicht vollständige, begriffliche Übereinstimmung festgestellt wurde, wird das Plus-Minus-Zeichen gesetzt (z.B. zwischen *Urteilsberichtigungsverfahren* und *recours en rectification d'erreur matérielle*). Wo einem Begriff der einen Sprache kein Begriff in der anderen Sprache entspricht, wird dies durch das durchgestrichene Gleichheitszeichen angedeutet; es folgt ein Übersetzungsvorschlag sowie in vielen Fällen eine Erläuterung, die dem Benutzer die Funktion des Begriffs erklärt:

> Beschwerde f.
> (pourvoi; en droit allemand, recours contre les décisions des tribunaux administratifs n'ayant pas la qualité de jugement ou rejetant de plano la demande ainsi que contre les décisions du président du tribunal)

Beispiel 1:

235	Berufung f. (§ 124 VwGO)	=	appel m. (Rivero n° 232)
236	Revision f. (§ 132 VwGO)	=	recours m. en cassation (Rivero n° 233, Waline n° 427 et ss.).
237	Urteilsberichtigungsverfahren n. (§§ 118, 119 VwGO, vgl. auch §§ 319, 320 ZPO)	±	recours m. en rectification d'erreur matérielle (Rivero n° 234, Laubadère I n° 960, Waline n° 412, Code administratif – Petits codes Dalloz 1964 – Ordonnance du 31 juillet 1945, art. 78)
238	≠ (Einspruch; Rechtsbehelf gegen Versäumnisurteile des Conseil d'Etat; im deutschen Verwaltungsstreitverfahren ist ein Versäumnisurteil nicht bekannt) (Redeker/v. Oertzen, Anm. 6 zu § 107 VwGO)		opposition f. (voie de recours admise seulement à l'encontre des décisions du Conseil d'Etat; le droit allemand de la procédure contentieuse administrative ne connait pas de jugement par défaut) (Waline n° 409, Rivero n° 234)
239	Beschwerde f. (im deutschen Recht Rechtsmittel gegen Entscheidungen der Verwaltungsgerichte, die nicht Urteile oder Vorbescheide (s. dort) sind, und gegen Entscheidungen des Vorsitzenden) (§§ 146 ff. VwGO)		≠ (pourvoi; en droit allemand, recours contre les décisions des tribunaux administratifs n'ayant pas la qualité de jugements ou rejetant de plano la demande, ainsi que contre les décisions du président du tribunal)
240	Erinnerung f. (im deutschen Recht Rechtsbehelf gegen Entscheidungen des beauftragten oder ersuchten Richters oder des Urkundsbeamten der Geschäftsstelle) (§ 151 VwGO)		≠ (réclamation; en droit allemand, recours contre les décisions d'un juge chargé de certaines fonctions procédurales ou d'un juge chargé d'une commission rogatoire ou encore contre les décisions d'un greffier)

aus: Internationales Institut für Rechts- und Verwaltungssprache (1985:53f.)

Aufgrund der umfangreichen sprachlichen und sachlichen Informationen, die dieses Werk liefert, eignet es sich nicht nur als Nachschlagewerk, sondern auch zur systematischen Einarbeitung in die Terminologie des behandelten Sachgebiets. Das Handbuch der Internationalen Rechts- und Verwaltungssprache hat aufgrund seiner methodischen Originalität und seiner inhaltlichen Präzision in Fachkreisen große Anerkennung gefunden, und es hat die Entwicklung der terminologischen Lexikographie im Recht in den vergangenen Jahrzehnten nachhaltig beeinflusst. Es ist daher bedauerlich, dass das Internationale Institut für Rechts- und Verwaltungssprache seine Arbeit inzwischen eingestellt hat.

Die Vorzüge solcher systematisch gegliederten, stark spezialisierten Fachwörterbücher werden besonders deutlich, wenn man einzelne Einträge mit den entsprechenden Einträgen in breiter angelegten alphabetisch gegliederten Fachwörterbüchern vergleicht. Man sollte jedoch nicht übersehen, dass auch hier in den letzten Jahren erhebliche Fortschritte zu verzeichnen sind. Das zeigt ein Vergleich der 2. und 3. Auflage des „Wörterbuchs für Wirtschaft, Recht und Handel“ von Potonnier. Wie die Beispiele „Beschwerde“ und „Erinnerung“ (Beispiel 2) belegen, kommt der Gesichtspunkt des Rechtsvergleichs in der jüngsten Auflage wesentlich stärker zum Tragen als in der vorhergehenden Auflage.

Diese wenigen Beispiele zeigen bereits, dass terminologische Untersuchungen auf rechtsvergleichender Grundlage am ehesten dann zu überzeugenden Ergebnissen führen, wenn man sich dabei jeweils auf kleine Teilgebiete beschränkt. Dabei handelt es sich allerdings um ein sehr aufwendiges Verfahren, sodass bislang erst wenige Glossare dieser Art vorliegen. Man ist also vorerst weiterhin auf alphabetisch gegliederte Wörterbücher, die zum Teil ebenfalls einen hohen Qualitätsstandard haben, angewiesen. Dort, wo jedoch bereits systematisch gegliederte Glossare zu Teilgebieten vorliegen, stellen diese eine wertvolle Ergänzung dar.

Beispiel 2:

Potonnier (2. Aufl. 1982)

Beschwerde *f* (*Reklamation, Monierung, Vorwurf, Klagegrund*) réclamation *f*; doléances *fpl*; grief *m* || (*Beschuldigung, Klage*) plainte *f*; charge *f* || (*Forderung, Geltendmachung eines Anspruchs*) revendication *f* || (*Beanstandung, Einwand*) contestation *f*; protestation *f*; objection *f*; pétition *f* || (*Widerspruch*) opposition *f* || (*Einspruch, Rechtshilfe*) recours *m*; requête *f*; pourvoi *m* || (*vgl. Beschwerdeverfahren*) ||

~verfahren *n* procédure *f* de recours || *verwaltungsrechtliches ~verfahren* procédure *f* de recours en matière administrative; contentieux *m* administratif; (*vgl. verwaltungsrechtliche Beschwerde*) ||

Erinnerung *f* (*Zahlungsaufforderung*) rappel *m* (à payer).

Potonnier (3. Aufl. 1997)

Beschwerde *f* (*Reklamation, Monierung, Vorwurf, Klagegrund*) réclamation *f*; doléances *fpl*; grief *m* || (*Beschuldigung, Klage*) plainte *f*; charge *f* || (*Forderung, Geltendmachung eines Anspruchs*) revendication *f* || (*Beanstandung, Einwand*) contestation *f*; protestation *f*; objection *f*; pétition *f* || (*Widerspruch*) opposition *f* || (*Rechtsmittel gegen alle Entscheidungen – Beschlüsse und Anordnungen – jedoch nicht gegen Urteile; im Sinne der §§ 304–311 StPO und 567–577 ZPO*) pourvoi *m*; recours *m*; (*vgl. verwaltungsrechtliche Beschwerde, Beschwerdeverfahren*) || ~

~verfahren *n* procédure *f* de recours || *verwaltungsrechtliches ~verfahren* procédure *f* de recours en matière administrative; contentieux *m* administratif; (*vgl verwaltungsrechtliche Beschwerde*) ||

Erinnerung *f* (*Zahlungsaufforderung*) rappel *m* (à payer) || (*im Sinne der §§ 104 Abs. 3, 732, 766 ZPO; Rechtsbehelf; keine Entsprechung im französischen Recht, etwa:*) moyen *m* de droit de la réclamation (*od* de la contestation).

Aus dem Gesagten folgt zwangsläufig, dass es äußerst schwierig sein muss, Rechtsterminologien in drei oder mehr Sprachen zu vergleichen; dies gilt insbesondere dann, wenn man dabei alphabetisch vorgeht. Trotzdem wird dies gelegentlich versucht, wie Beispiel 3 zeigt.

In den hier wiedergegebenen Einträgen werden vielfach tatsächliche oder vermutliche „Äquivalente“ kommentarlos aufgereiht; Sinngruppen werden dabei gelegentlich durch Strichpunkte gegeneinander abgegrenzt. Der Benutzer erfährt nicht, ob es sich bei den angegebenen Äquivalenten in der jeweiligen Zielsprache lediglich um Umschreibungen handelt oder ob in den betreffenden Rechtssystemen tatsächlich vergleichbare Begriffe existieren. Da keine Zusatzinformationen gegeben werden, muss der Benutzer, der mit der deutschen Rechtssprache nicht gut vertraut ist, den Eindruck gewinnen, es handle sich bei den angegebenen deutschen Entsprechungen um Synonyme. Tatsächlich repräsentieren aber beispielsweise *Beschwerde*, *Rekurs*, *Berufung*, *Regress*, *Rückanspruch*, *Rechtsmittel* sehr unterschiedliche Begriffe. Bei der Klärung solcher Fragen bietet der alphabetische Aufbau des Wörterbuchs dem Benutzer keine Hilfe. Dies ist im Falle der englischen Rechtssprache besonders problematisch, da sich das angelsächsische Recht von den kontinentaleuropäischen Rechtssystemen grundlegend unterscheidet.

Noch komplizierter wird die Sache schließlich dadurch, dass jede der hier verglichenen Sprachen in mehreren Ländern mit wiederum unterschiedlichen Rechtsordnungen (z.B. Deutschland, Österreich, Schweiz, Niederlande, Belgien usw.) gesprochen wird, sodass man auch innerhalb eines Sprachgebietes nicht ohne weiteres von der Eindeutigkeit der Benennungen ausgehen kann. Ein mehrsprachiges Rechtswörterbuch wie das hier vorgestellte ist daher von recht begrenztem Wert.

Besonders nachdenklich stimmt die Tatsache, dass die hier wiedergegebenen Einträge unverändert in zwei weitere Auflagen (1987, 1995) desselben Werks übernommen wurden – wenn man einmal davon absieht, dass Niederländisch durch Spanisch ersetzt wurde.

Beispiel 3:

recours m. (J)	**verhaal** n., **verzoek** n.
- recours en cassation f.	- voorziening f. in cassatie f.
- recours en droit m.	- verhaal in rechten pl.
- recours en grâce f.	- verzoek om genade f.
- recours contre des tiers	- verhaal tegen derden
- recours régulier	- regelmatig regres n.
- avoir recours à la justice f.	- zijn toevlucht tot het gerecht nemen
recouvrement m.	**invordering** f., **inning** f., **incassering** f., **heffing** f.
- (C) recouvrements pl.	- uitstaande invorderingen pl.
- recouvrement des droits fiscaux pl.	- inning van de fiskale rechten pl.
- envoyer en recouvrement	- ter incasso inzenden
rectificatif a.	**verbeterend**
- jugement m. rectificatif	- vonnis n. van rectificatie
rectification f.	**verbetering** f., **rectificatie** f.
- rectification d'un acte m. de l'état civil m.	- verbetering van een akte f. van de burgerlijke stand m.
- (C) rectification d'un compte m.	- rectificatie, verbetering van een rekening f.
recourse, resort, resource	**Beschwerde** f., **Rekurs** m., **Berufung** f., **Regreß** m., **Rückanspruch** m., **Rechtsmittel** n.
- appeal (to the *Court of Cassation*)	- Kassationsbeschwerde, Nichtigkeitsbeschwerde
- appeal (in court)	- zivilrechtliche Beschwerde
- petition for a reprieve; plea of mercy	- Gnadengesuch n.
- recourse against a third party	- Regreß (Rückgriff) auf einen Dritten
- regular recourse	- Reihenregreß, Reihenrückgriff m.
- to appeal to the court	- vor Gericht gehen
recovery, collection of bills, debts, taxes	**Einziehung** f., **Einzug** m.
- outstanding debts	- Außenstände pl.
- collection of taxes	- Beitreibung f. von Steuern pl.
- to remit for collection	- zum Inkasso, zum Einzug senden
correcting	**berichtigend**
- rectification judgment	- Berichtigungsurteil n.
correction, rectification	**Berichtigung** f., **Rektifikation** f.
- rectification by judgment of court of civil status (in public registers of births, marriages and deaths)	- Berichtigung des Zivilstandes m., Berichtigung einer Zivilstandsurkunde f.
- adjustment of an account	- Berichtigung einer Rechnung f.

aus: Le Docte (1978:474f.)

Solche Werke können ihrem Anspruch nur dort gerecht werden, wo ihnen ein international vereinheitlichtes Rechtssystem zugrunde liegt. Dies gilt insbesondere für das Recht der Europäischen Union mit ihren 24 gleichberechtigten Amtssprachen (Stand: 2013). Im Falle der Rechts- und Verwaltungsterminologie der EU haben wir es also jeweils mit einem einzigen Begriff zu tun, dem 24 verschiedene Benennungen – möglicherweise mit Synonymen – in diesen Sprachen entsprechen. Anders als in den bisher erörterten Beispielen geht es hier also tatsächlich um Eins-zu-Eins-Entsprechungen. Das zeigt das Beispiel, das einen Auszug aus *IATE,* der Terminologiedatenbank der EU-Institutionen, darstellt.

Beispiel 4:

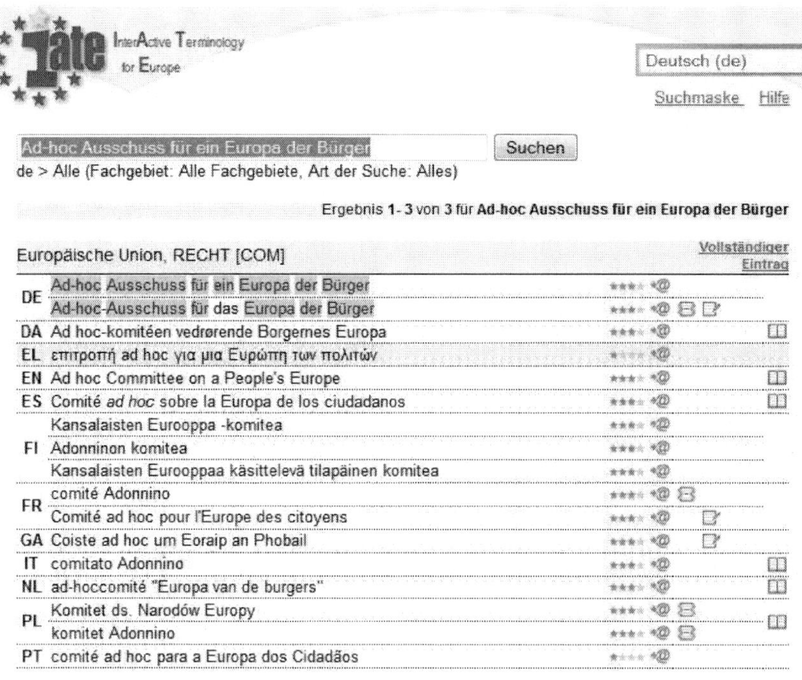

Europäische Union, RECHT [COM]		Vollständiger Eintrag
DE	Ad-hoc Ausschuss für ein Europa der Bürger	
	Ad-hoc-Ausschuss für das Europa der Bürger	
DA	Ad hoc-komitéen vedrørende Borgernes Europa	
EL	επιτροπή ad hoc για μια Ευρώπη των πολιτών	
EN	Ad hoc Committee on a People's Europe	
ES	Comité *ad hoc* sobre la Europa de los ciudadanos	
FI	Kansalaisten Eurooppa -komitea	
	Adonninon komitea	
	Kansalaisten Eurooppaa käsittelevä tilapäinen komitea	
FR	comité Adonnino	
	Comité ad hoc pour l'Europe des citoyens	
GA	Coiste ad hoc um Eoraip an Phobail	
IT	comitato Adonnino	
NL	ad-hoccomité "Europa van de burgers"	
PL	Komitet ds. Narodów Europy	
	komitet Adonnino	
PT	comité ad hoc para a Europa dos Cidadãos	

aus: IATE (2013)

Die Terminologiedatenbank IATE wird seit 2004 als übergreifende Terminologie-Ressource von allen Institutionen und Agenturen der Europäischen Union genutzt; eine nur in bestimmten Abständen aktualisierte und nicht alle Einträge umfassende Version von IATE steht kostenfrei der Öffentlichkeit zur Verfügung. In IATE sind die Bestände der früher autonom verwalteten

Terminologiedatenbanken der Europäischen Kommission (Eurodicautom), des Europäischen Parlaments (Euterpe), des Europäischen Rates (TIS), des Europäischen Rechnungshofs (CDCTERM) und des Übersetzungszentrum für die Einrichtungen der Europäischen Union (EuroTerms) zusammengeführt worden. Beispiel 4 zeigt die gesuchte Benennung mit seinen Äquivalenten in vielen EU-Sprachen. Im vollständigen Eintrag sind weitere Informationen zum Begriff und zu den Benennungen zu finden, wie Definitionen oder Referenz-Dokumente.

5.7 Elektronische Wörterbücher

Seit einigen Jahren werden zunehmend Wörterbücher und Fachwörterbücher in elektronischer Form angeboten: Einerseits können sie in Form von CD-ROMs oder als Downloads gekauft werden, andererseits können sie (meistens kostenlos) im Internet konsultiert werden. Oft ist auch ein Zugriff von mobilen Endgeräten, wie beispielsweise von Smartphones, mittels einer speziellen Anwendung (App) möglich. Häufig handelt es sich dabei um Kopien der auch in Buchform angebotenen (Fach-)Wortbestände.

Ein großer Vorteil der elektronischen Wörterbücher besteht darin, dass nicht nur nach den alphabetisch angeordneten Stichwörtern gesucht werden kann. In der Regel kann der gesamte Wortbestand durchsucht werden; dadurch können auch Wörter in Definitionen oder in Erläuterungen gefunden werden, sodass – zumindest theoretisch – die Trefferrate erhöht wird.

Ein weiterer Vorteil liegt darin, dass man – sofern der Anbieter dies unterstützt – auf mehrere Wörterbücher zugreifen kann, d.h., eine Suchanfrage hat zur Folge, dass mehrere Wörterbücher durchsucht werden.

Schließlich verfügen diese Softwareprodukte in der Regel über eine Funktion, die die Erfassung von persönlichen Anmerkungen und Ergänzungen erlaubt. Auf diese Zusatzinformationen kann bei späteren Suchanfragen zurückgegriffen werden.

5.8 Wörterbuchzeichen

Häufig vorkommende gleichartige Informationen werden in den meisten Wörterbüchern durch kurze Zeichen wiedergegeben, die die Benutzung des Wörterbuchs vereinfachen sollen. Oft wird jedoch genau das Gegenteil erreicht, weil in den einzelnen Wörterbüchern unterschiedliche Zeichen und Zeichensysteme verwendet werden, die einander vielfach widersprechen. Daher sollten einheitliche Wörterbuchzeichen verwendet werden.

Die ISO hat im Rahmen ihrer terminologischen und dokumentarischen Grundsatznormung einschlägige Normen herausgegeben:

a) ISO 1951 (2007) „Presentation/representation of entries in dictionaries – Requirements, recommendations and information“
Die in der ISO 1951 angeführten Zeichen (Annex B) sind besonders für systematisch aufgebaute Definitionswörterbücher bestimmt; sie können aber auch in Wörterbüchern anderer Art verwendet werden. Diese Zeichen bieten Angaben zur Benennung selbst (z.B. Sprache, Form der Benennung, grammatische Kategorien, Synonyme und Homonyme) sowie zur Einordnung des Begriffs in sein Begriffssystem. Dieser internationalen Norm entspricht die DIN-Norm 2336 (2004) „Darstellung von Einträgen in Fachwörterbüchern und Terminologie-Datenbanken“.
b) ISO 639-1 (2002) „Code for the representation of names of languages”
Im deutschen Normenwerk entspricht dies der DIN 2335. Die in diesen Normen aufgelisteten Sprachenzeichen werden auch in diesem Buch verwendet. Ein Beispiel für die Verwendung von Sprachenzeichen zeigt das Beispiel 4 mit dem Eintrag aus der IATE-Datenbank; dort sind allerdings die korrekten Sprachenzeichen in Großbuchstaben dargestellt und nicht wie empfohlen in Kleinbuchstaben.

positon	fr
positron	en, sv
positrón	es
Positron	de
positrone	it
pozyton	pl

Wie man dem Beispiel entnehmen kann, basieren Sprachenzeichen in der Regel auf der Bezeichnung, die in der betreffenden Sprache verwendet wird; so wird beispielsweise *español* (Spanisch) zu *es*, *ellinikà* (Griechisch) wird zu *el*. Die Sprachenzeichen für einige wichtigere europäische Sprachen lauten:

Dänisch	da
Deutsch	de
Englisch	en
Französisch	fr
Griechisch	el
Italienisch	it
Niederländisch	nl
Polnisch	pl
Portugiesisch	pt
Rumänisch	ro

Russisch	ru
Schwedisch	sv
Spanisch	es
Tschechisch	cs
Ungarisch	hu

c) ISO 3166-1 (2006) „Codes for the representation of names of countries and their subdivisions - Part 1: Country codes"
Die hier aufgelisteten Länderzeichen können u.a. zur Ergänzung der Sprachenzeichen genutzt werden, um unterschiedlichen Sprachgebrauch innerhalb eines Sprachgebiets (z.B. britisches im Gegensatz zum amerikanischen Englisch) zu kennzeichnen. Die entsprechende deutsche Norm ist DIN EN ISO 3166 (2006) „Codes für die Namen von Ländern und deren Untereinheiten – Teil 1: Codes für Ländernamen"

Beispiele:

1. The element for connecting a commutator segment to the winding is called fr *jonction au collecteur*; en *commutator lug* GB; *commutator riser* US.
2. en GB *flame-proof*; en US *explosion-proof*; fr *antidéflagrant*; it *antideflagrante*; de *explosionsgeschützt*

6 Methoden der praktischen Terminologiearbeit

6.1 Formen der Terminologiearbeit

Von systematischer Terminologiearbeit spricht man dann, wenn der Terminologe ein Sachgebiet und dessen Terminologie im Zusammenhang bearbeitet. Die berufliche Wirklichkeit mit ihrem Termindruck lässt dies allerdings längst nicht immer zu. Daher spielen „punktuelle“ Untersuchungen häufig eine weit wichtigere Rolle; in diesem Falle geht es darum, einzelne Wortgleichungen – möglichst mit einem relevanten, d.h. aussagekräftigen Kontext – zu finden, die der Fachübersetzer für eine konkrete (meist eilige) Übersetzung benötigt. Trotzdem kommt systematischen terminologischen Untersuchungen, die beispielsweise in Form von Glossaren allgemeine Verbreitung finden können, ein besonderer Wert zu; dabei kann es sich auch um Diplomarbeiten handeln.

Für die Form, in der praktische Terminologiearbeit stattfindet, sind insbesondere folgende Faktoren bestimmend:

- die Zielsetzung der Arbeit, die in aller Regel auch den Umfang der Arbeit bestimmt
- die Zielgruppe bzw. die Zielgruppen, die es anzusprechen gilt
- die verfügbaren Mitarbeiter
- die verfügbare Zeit
- die verfügbare Dokumentation
- die verfügbare Datentechnik

Von großer Bedeutung sind in den allermeisten Fällen wirtschaftliche Gesichtspunkte, besonders dann, wenn es um spezialisierte Publikationen in Sprachen mit geringer Verbreitung geht. Die Überlegung, ob eine terminologische Publikation auf dem Markt genügend Abnehmer finden wird, kann die Durchführung eines Projekts so stark beeinflussen, dass das Ergebnis eine von anerkannten Grundsätzen der Terminologiearbeit abweichende Kompromisslösung ist.

6.2 Vorstufen systematischer Terminologiearbeit

In der Praxis gibt es eine Reihe verschiedener Arbeitsmethoden, die häufig unterschiedslos als „Terminologiearbeit“ bezeichnet werden, obwohl sie nicht alle strengen Ansprüchen gerecht werden. Im Folgenden sollen die wichtigsten dieser Arbeitsmethoden dargestellt werden.

6.2.1 Punktuelle Untersuchung

Wie einleitend gesagt wurde, ist es in der täglichen Übersetzungspraxis längst nicht immer möglich, terminologische Untersuchungen anzustellen, die ein – wenn auch kleines – Teilgebiet erschöpfend behandeln und die dann ihren Niederschlag in einem Glossar finden. Oft ist eine punktuelle Untersuchung erforderlich, um ein akutes Übersetzungsproblem zu lösen. Solche Untersuchungen streifen häufig die Nachbarbegriffe des zu klärenden Begriffs, ohne näher auf sie einzugehen, sodass lediglich ein Teil des Begriffsfeldes oder des Begriffssystems erfasst wird.

Oft wird das Ergebnis der Untersuchung in einem – heute zumeist elektronisch gespeicherten – Datenbestand festgehalten, damit man es bei einer späteren Gelegenheit wieder verwenden kann. Der terminologische Nutzen dieses Verfahrens ist allerdings begrenzt. Will man zu einem auf längere Sicht brauchbaren terminologischen Material kommen, muss man die punktuellen Untersuchungen zusammenfassen und sie in eine terminologische Analyse des jeweiligen Sachgebietes einfügen. Punktuelle Untersuchungen können daher als eine Vorstufe der systematischen Terminologiearbeit aufgefasst werden.

6.2.2 Kompilation von Fachwörtern

Nicht wenige Fachwortsammlungen entstehen dadurch, dass Fachwörter einfach aufgelistet und in eine alphabetische Reihenfolge gebracht werden. Hierbei lässt sich nicht feststellen, ob alle Begriffe des Fachgebietes erfasst sind; außerdem werden oftmals fachgebietsfremde Benennungen aufgenommen. Bei der Auswahl der aufzunehmenden Benennungen lässt sich der Verfasser von seiner Erfahrung leiten, d.h., er geht weitgehend intuitiv vor.

Die Definitionen – soweit vorhanden – sind oft sehr unterschiedlich strukturiert oder sogar formal unkorrekt. Zudem versuchen viele Wortsammlungen, die auf diese Weise entstehen, eine möglichst große Anzahl von Fachgebieten abzudecken, was zu weiteren Ungenauigkeiten führt. Die wenigen Ausnahmen, die es innerhalb dieser Kategorie gibt, können an dem negativen Gesamtbild nichts ändern. Von Terminologiearbeit im engeren Sinne kann bei dieser Arbeitsmethode jedenfalls nicht die Rede sein.

6.2.3 Bearbeitung größerer, grob strukturierter Begriffsfelder

Man geht von der Definition des zu bearbeitenden Fachgebietes oder Teilgebietes aus und teilt es nach Gesichtspunkten, die sich aus dem Fach ergeben, oder auf der Grundlage einer Sachgebietsklassifikation in kleinere überschaubare Einheiten auf. Danach werden die gefundenen bzw. ausgewählten Begriffe diesen Einheiten zugewiesen. Werden die so entstehenden Teilmengen von Begriffen nun nicht weiter strukturiert, so bleibt es schwierig, die Vollständigkeit der Bestände und die Richtigkeit der ermittelten Äquivalenzen zu überprüfen.

Diese Methode bedeutet zwar eine wesentliche Verbesserung gegenüber der in 6.2.2 beschriebenen einfachen Kompilation von Fachwörtern; da aber auch sie keine völlig systematische Bearbeitung darstellt, muss sie ebenfalls als terminologische Vorarbeit bezeichnet werden.

6.3 Systematische Bearbeitung von Terminologien

Auch bei der bis in alle Einzelheiten systematisch durchgeführten terminologischen Erschließung eines Fachgebietes erfolgt zunächst eine Grobeinteilung; diese wird jedoch anschließend bis zur detaillierten Bearbeitung jedes einzelnen Begriffs im Rahmen des Systems weitergeführt.

Dieses Verfahren umfasst im Wesentlichen folgende Arbeitsschritte:

- Organisatorische Vorüberlegungen
- Abgrenzung des Fachgebietes
- Aufteilung des Fachgebietes in kleinere Einheiten
- Beschaffung und Analyse des Dokumentationsmaterials
- Sammlung und vorläufige Zuordnung der gefundenen Benennungen und Begriffe sowie aller zweckdienlichen Informationen
- Erarbeitung der Begriffssysteme
- Bearbeitung des Materials im Systemzusammenhang sowie terminologische Analyse
- Bereitstellung für den Benutzer

Diese Arbeitsschritte sollen im Einzelnen erläutert werden.

6.3.1 Organisatorische Vorüberlegungen

Bevor man mit der terminologischen Bearbeitung eines Gebietes beginnt, sollte man einige grundlegende Fragen klären, die für die Arbeitsmethodik und letztlich für den Erfolg der Arbeit von Bedeutung sind.

Die Wahl des Fachgebietes oder Teilgebietes wird – ebenso wie die Festlegung der Arbeitssprachen – häufig durch die Bedürfnisse der Berufspraxis bestimmt. Zahlreiche Gebiete sind noch nicht terminologisch bearbeitet worden; in anderen Fällen entspricht das vorliegende Material nicht (oder nicht mehr) den Anforderungen. Man muss sich daher Klarheit über die Zielsetzung der Arbeit und über ihre Zielgruppe verschaffen. Gerade die genaue Bestimmung der Zielgruppe kann in einer so frühen Phase der Arbeit Schwierigkeiten bereiten.

Zu klären ist weiterhin die Frage, in welcher Form die Arbeitsergebnisse veröffentlicht werden sollen. Entscheidet man sich für die Form des herkömmlichen Wörterbuches, so wird die Zahl der Informationen, die man aufnehmen kann, geringer sein, als wenn das bearbeitete Material in Form einer terminologischen Datenbank veröffentlicht wird. Terminologische Datenbanken bieten – neben zahlreichen weiteren Vorteilen – bedeutend mehr Raum für Zusatzinformationen, wodurch die Einträge exakter und verwendungsfähiger werden; damit bieten sich Perspektiven, die einem herkömmlichen Wörterbuch verschlossen bleiben.

Sehr wichtig ist, dass Experten des betreffenden Fachgebietes von Anfang an – zumindest beratend – im Projekt mitarbeiten, weil gerade in der Anfangsphase vielfach entscheidende Weichenstellungen erfolgen, die ein hohes Maß an Sachkompetenz erfordern.

6.3.2 Abgrenzung des Fachgebietes

Besteht Einigkeit über das zu bearbeitende Fachgebiet, so muss dieses möglichst genau gegen benachbarte Gebiete abgegrenzt werden. Dieser Punkt erweist sich in der Praxis oft als kompliziert. Besonders deutlich wird dies bei Arbeitsgebieten, die mehrere Fachgebiete berühren, z.B. beim Umweltschutz.

Als Hilfsmittel für die Abgrenzung haben sich Klassifikationen – generelle wie die DK (Universelle Dezimalklassifikation) und/oder spezielle Fachklassifikationen – als nützlich erwiesen. Da Klassifikationen nicht unbedingt den letzten Stand der Entwicklung widerspiegeln und nicht immer die benötigte Unterteilungstiefe besitzen, wird schon jetzt deutlich, welche Bedeutung dem Mitwirken von Fachleuten zukommt.

6.3.3 Aufteilung des Fachgebietes in kleinere Einheiten

Damit das gesamte Fachgebiet von Anfang an überblickt werden kann, muss es in kleinere Einheiten unterteilt werden. Man kann durchaus – bei entsprechender Anstrengung – 1 000 Begriffe in einem einzigen Begriffssystem unterbringen, doch wäre ein solches System völlig unübersichtlich und damit letztlich unbrauchbar. Die Unterteilung des Fachgebietes ermöglicht es gleichzeitig, die Arbeit unter mehreren Projektmitarbeitern zu verteilen. Darüber hinaus besteht so für die mitarbeitenden Fachleute die realistische Möglichkeit, fachliche Überprüfungen vorzunehmen.

6.3.4 Beschaffung und Analyse des Dokumentationsmaterials

Grundlegend für die Terminologiearbeit ist die Beschaffung geeigneten Dokumentationsmaterials. Diese Tätigkeit erfolgt in enger Zusammenarbeit mit Bibliotheken sowie mit Institutionen, die Spezialpublikationen verwalten; die

Bedeutung von Information und Dokumentation für die Terminologiearbeit wird im Einzelnen in Kap. 8 erörtert.

Auch bei der Literaturbeschaffung sollten Fachleute einbezogen werden, da sie mit der Spezialliteratur ihres Fachgebietes häufig besser vertraut sind als das Bibliothekspersonal. In jedem Falle sollte man das gefundene Material gemeinsam mit einem Fachmann analysieren, um so eine tragfähige Grundlage für die eigentliche Terminologiearbeit zu schaffen. Unachtsamkeiten, die in dieser ersten Phase begangen werden, können später erhebliche Zusatzarbeit erforderlich machen.

Bei der Auswahl von Literatur sollten im Interesse der sachlichen und sprachlichen Zuverlässigkeit insbesondere folgende Gesichtspunkte berücksichtigt werden:

- Muttersprachenprinzip: Die betreffende Sprache sollte die Muttersprache des betreffenden Autors sein
- Fachkompetenz: Der Autor muss auf dem betreffenden Gebiet Fachmann sein
- Aktualität: Die Quelle sollte den aktuellen Stand der Wissenschaft wiedergeben, es sei denn, es handelt sich um eine diachrone Analyse

Ebenso wichtig ist im Falle der zweisprachigen Terminologiearbeit die Gleichartigkeit bzw. Gleichwertigkeit der Quellen in den beiden zu vergleichenden Sprachen, da sonst eine korrekte Aussage zur Äquivalenz kaum möglich ist. So ist es wenig sinnvoll, Terminologie, die aus einer Terminologienorm stammt, ohne weiteres mit Terminologie zu vergleichen, die aus einer Fachzeitschrift extrahiert wurde.

Als besonders nützlich und zuverlässig haben sich folgende Arten von Quellen erwiesen:

- nationale und internationale Normen
- einsprachige Fachlexika
- allgemein verwendete Fachlehrbücher
- Enzyklopädien

Auch Fachaufsätze und Abhandlungen, die von Fachleuten in ihrer Muttersprache verfasst wurden, können hilfreich sein, jedoch sollte von Fall zu Fall geprüft werden, inwieweit sich die Autoren um terminologische Systematik bzw. Präzision bemüht haben.

6.3.5 Sammlung und vorläufige Zuordnung der gefundenen Benennungen und Begriffe

Eine wichtige Funktion kommt der terminologischen Sekundärinformationen zu, insbesondere Fachgebietsangabe, Definition, Kontext und Quellenangabe.

Diese und weitere dem Dokumentationsmaterial entnommene Informationen werden zu terminologischen Datensätzen zusammengestellt. Dass dabei – insbesondere im Falle der IT-gestützten Terminologiearbeit – Präzision und Klarheit von entscheidender Wichtigkeit sind, liegt auf der Hand.

Bereits während der Vorarbeiten hierzu ist ein übersichtlich strukturiertes Eingabeformular oder ein entsprechend gegliederter Erfassungsbogen unerlässlich. Da die Zielsetzungen terminologischer Projekte recht unterschiedlich sind, gibt es kaum allgemeingültige Regeln für die Gestaltung eines solchen Formulars. Das Schema auf der nächsten Seite ist daher nur als Beispiel zu verstehen, das entsprechend den jeweiligen Bedürfnissen und im Rahmen der Möglichkeiten, die die jeweilige Software bietet, abgeändert werden kann.

Die wichtigsten Kategorien sollen kurz erläutert werden:

- Benennung
  Im Mittelpunkt der Erfassung steht die Benennung, die einen Begriff repräsentiert. Zu der Benennung sollten gleichzeitig die notwendigen grammatikalischen Angaben wie z.B. Genus notiert werden; auch eventuelle Kurzformen oder Abkürzungen sowie orthographische Varianten sollten festgehalten werden.

  Auf jedem der Erfassungsbögen sollte jeweils nur eine Benennung erscheinen und ausführlich dokumentiert sein. Oft stellt sich nämlich heraus, dass anfänglich als Synonyme betrachtete Benennungen sich doch auf verschiedene Begriffe beziehen. Will man die vermeintlichen Synonyme später trennen, so kostet das mehr Zeit als eine nachträgliche Zusammenführung von zwei oder mehreren Erfassungsbögen.

  Gelegentlich werden im Dokumentationsmaterial Begriffe beschrieben, die eine wenig gebräuchliche oder überhaupt keine Benennung haben. Auch solche Informationen sollten festgehalten werden, da vielfach ein späterer Vergleich mit den Begriffs- und Benennungssystemen anderer Sprachen zeigt, dass der Begriff dort bekannt, benannt und gebräuchlich ist.

  Von Interesse kann sein, zu welcher Sprachregion eine Benennung gehört, z.B. coche (Spanien) – Auto ./. carro (Kolumbien) – Auto, sowie das Stilniveau einer Benennung, z.B. JVA – Justizvollzugsanstalt – Gefängnis – Knast.

Erfassungsmaske in schematischer Darstellung

<table>
<tr><td colspan="3">Fachgebiet(e)</td><td>Sprache</td></tr>
<tr><td>Teilbestand</td><td>Projektcode</td><td>Notation</td><td>Klassifikations-schlüssel</td></tr>
<tr><td colspan="3">Benennung</td><td>Quelle</td></tr>
<tr><td colspan="3">(Kurzformen, Abkürzungen, orthographische Varianten)</td><td>Grammatische Angaben</td></tr>
<tr><td colspan="3">Definition(en)</td><td>Quelle(n)</td></tr>
<tr><td colspan="3">Kontext(e)</td><td>Quelle(n)</td></tr>
<tr><td colspan="3">Bemerkungen</td><td></td></tr>
<tr><td colspan="3">Synonyme (falls nicht als separater Eintrag, dann mit Angabe der Quelle)</td><td>Quelle(n)</td></tr>
<tr><td>Erfasser – Datum</td><td colspan="2">Bearbeiter - Datum</td><td>Eintragsklasse</td></tr>
</table>

- Notation
  Die Notation gibt Auskunft über die Position des Begriffs in seinem Begriffssystem; sie kann erst in einem relativ weit fortgeschrittenen Bearbeitungsstadium festgelegt werden.
- Quelle
  Informationen wie Benennung, Definition und Kontext sollten eine Quellenangabe erhalten, gegebenenfalls in codierter Form.
- Definition(en)
  Unter diesem Punkt werden alle Angaben und Informationen zusammengetragen, die etwas über den Begriff aussagen, also beispielsweise auch Erklärungen und Illustrationen. Doch kann längst nicht jede Definition unbesehen übernommen werden; Definitionen werden oft zu

einem bestimmten Zweck formuliert und lassen sich dann nicht ohne weiteres in ein System, das eine ganz andere Zielsetzung verfolgt, einfügen (vgl. Kap. 3.5.4).

- Kontext(e)
  Hier wird in der Regel der sprachliche Kontext erfasst, der etwas über gebräuchliche und relativ feste Verbindungen der Benennungen mit anderen sprachlichen Elementen aussagt. Eine wichtige Rolle spielt auch die Angabe von Fachwendungen (Phrasen), deren Bedeutung für die Fachsprachen bereits in Kap. 2.5 behandelt wurde.
- Bemerkungen
  Diese Rubrik sollte alle Informationen aufnehmen, die nicht in den vorherigen Rubriken unterzubringen sind, die aber für den Bearbeiter oder für den Benutzer von Bedeutung sein können, z.B. Angaben zum geographischen Anwendungsbereich sowie zur Stilebene der Benennung und ihrer Synonyme, außerdem Kommentare zum Begriff, die sich nicht in eine Definition fassen lassen.

Heute wird sehr häufig bei der Terminologiearbeit nicht mehr mit Papierformularen gearbeitet, sondern die Daten werden direkt in ein Terminologieverwaltungssystem eingegeben. Hierbei sind besondere Aspekte zu beachten, die in Kap.7 näher behandelt werden.

6.3.6 Erarbeitung der Begriffssysteme

Zumeist stellt man während der Bearbeitung des Dokumentationsmaterials beim Sammeln von Benennungen und Sekundärinformationen eine dem Fachgebiet eigene begriffliche Ordnung fest, die ein Ausgangspunkt für den Aufbau des Begriffssystems sein kann.

Das Begriffssystem sollte nach Möglichkeit in Zusammenarbeit mit Fachleuten erstellt werden; zumindest sollte der Bearbeiter das fertige System einem Fachmann zur Überprüfung vorlegen, um sich der fachlichen Richtigkeit seiner Arbeit zu vergewissern.

Werden mehrere Sprachen terminologisch bearbeitet, so sind die bisher dargestellten Arbeitsschritte – wie dies bereits in Kap. 4.4.1 erörtert wurde – für jede Sprache *getrennt* durchzuführen. Denn erst wenn Begriffssysteme vorliegen, die in jeder Sprache nach den gleichen Gesichtspunkten erstellt worden sind, ist ein Vergleich dieser Systeme sinnvoll. Bei Gebieten, die ein international weitgehend einheitliches bzw. vereinheitlichtes Begriffssystem aufweisen, gilt diese Voraussetzung selbstverständlich nicht in gleichem Maße wie bei stark divergierenden Begriffssystemen.

Allerdings sollte man nie ohne weiteres von einer solchen Einheitlichkeit ausgehen; vielmehr ist in jedem Falle zunächst jeder einzelne Begriff der Sprache A mit dem entsprechenden Begriff der Sprache B zu vergleichen.

Das gemeinsame Begriffssystem bleibt also eine Arbeitshypothese, bis durch die terminologische Analyse der Begriffe eine endgültige Struktur gefunden worden ist.

6.3.7 Bearbeitung des Materials im Systemzusammenhang sowie terminologische Analyse

Wenn das Begriffssystem in seiner vorläufigen Form fertig gestellt ist und die erfassten Daten der einzelnen Sprachen zusammengeführt worden sind, können die Notationen vergeben werden, sodass der Bestand systematisch geordnet ist. Damit werden zugleich synonyme Benennungen zusammengeführt, da sie notwendigerweise dieselbe Notation erhalten.

Nachdem die einzelnen Benennungen dem jeweiligen Begriff ohne nähere Überprüfung zugeordnet worden sind, ist die so entstandene terminologische, mehrsprachige Einheit nun zu analysieren.

Dabei geht es um folgende Fragenbereiche:

- Liegt Äquivalenz vor?
- Gibt es Synonyme zur Benennung?
- Sind aus den ermittelten Definitionen eine oder mehrere ausgewählt worden? Sind diese zu ergänzen bzw. der formalen Definitionsstruktur anzupassen, um den Systemzusammenhang sichtbar werden zu lassen?
- Sind Bemerkungen zu Synonymie, Äquivalenzgrad, Stil usw. erforderlich?
- Sollen relevante Fachwendungen angegeben werden?
- Sind graphische Darstellungen, Illustrationen usw. auszuwählen?
- Falls eine Benennung in einer Sprache fehlt: Sollen Benennungsvorschläge gemacht werden?
- Machen neue Erkenntnisse oder sonstige bislang nicht berücksichtigte Faktoren Änderungen der Begriffssysteme erforderlich?

Aus der Beschreibung der Arbeitsweise folgt, dass man hier nicht, wie beim Übersetzen, von Ausgangs- und Zielsprache sprechen kann. Hier geht es höchstens bei Benennungs- und Begriffslücken darum, Übersetzungsvorschläge zu machen.

Nach Abschluss der terminologischen Analyse und der Auswahl der Zusatzinformationen werden die endgültigen Daten in den terminologischen Eintrag übernommen, der dann gegebenenfalls in der terminologischen Datenbank abgespeichert wird.

6.3.8 Bereitstellung der terminologischen Daten für den Benutzer

Die Bereitstellung terminologischer Daten ist insbesondere von zwei Faktoren abhängig:

1. dem Nutzerkreis, z.B. Fachübersetzer, Technischer Redakteur usw.
2. dem Medium, z.B. Wörterbuch, Fachwortliste, Website, Smartphone

Welche Möglichkeiten die IT in diesem Zusammenhang bietet, wird im nächsten Kapitel erläutert.

6.4 Deskriptive und normende Terminologiearbeit

Der beschriebene Arbeitsablauf gilt ganz allgemein für die deskriptive Erarbeitung von Terminologien, d.h. die Erfassung des bestehenden Sprachzustandes. Soll dagegen auf die Terminologie aktiv Einfluss genommen werden, spricht man grundsätzlich von präskriptiver Terminologiearbeit. Es empfiehlt sich allerdings, in diesem Rahmen zwischen „normender Terminologiearbeit" und „Terminologienormung" zu unterscheiden.

„Terminologienormung" ist der engere Begriff, unter dem man im Allgemeinen nur die Arbeit der Normungsgremien und vergleichbarer Institutionen versteht (siehe dazu Kap. 9). Unter den Begriff „normende Terminologiearbeit" lässt sich darüber hinaus auch die Terminologiearbeit fassen, die beispielsweise in zahlreichen größeren Industrieunternehmen geleistet wird. Die so entstehende firmeneigene Terminologie spielt in der Praxis eine wichtige Rolle. Sie ist für die Kommunikation in der betreffenden Firma bindend und gewinnt häufig über deren Grenzen hinaus Einfluss.

Aber auch die Arbeit des Terminologen im Übersetzungsdienst hat häufig einen gewissen normenden Charakter, beispielsweise dann, wenn in einem behördlichen Sprachendienst die fremdsprachigen Äquivalente für die Bezeichnungen von Ämtern, Ministerien usw. verbindlich festgelegt werden. Vielfach geht es um graduelle Abstufungen, sodass Trennlinien schwer zu ziehen sind.

Beide Formen präskriptiver Terminologiearbeit setzen eine vorhergehende deskriptive Bearbeitung voraus, da zunächst der bestehende Sprachzustand bekannt sein muss; die normende Arbeit ist somit, ebenso wie die Terminologienormung, eine Weiterführung der deskriptiven Arbeit. Allerdings ist eine Weiterführung der deskriptiven Arbeit in normender Form nicht immer sinnvoll; so waren die meisten der in Kap. 5 vorgestellten Fachwörterbücher deskriptiv ausgerichtet.

Die scheinbare Dichotomie „normativ/präskriptiv" ./. „deskriptiv" mag unmittelbar nützlich erscheinen, doch sie verstellt den Blick auf die sprachliche/terminologische Wirklichkeit mit ihren fachlichen, sozialen, zweckgebundenen u.a. Faktoren. Das folgende Modell soll einen ersten Einblick in die Problematik geben.

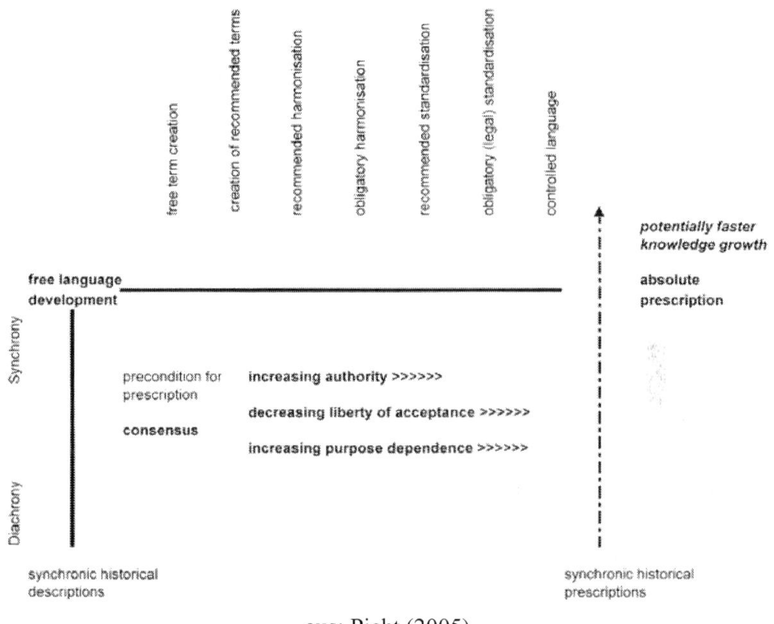

aus: Picht (2005)

Die beiden vertikalen Linien stellen die Synchronie-Diachronie-Beziehung dar, wobei links der gleitende Übergang und rechts der in der Präskription typische in Zeitintervallen stattfindende Übergang, z.B. in der Normung, angeführt sind, was Drezens Begriff der dynamischen Normung (Averbuh 1994:66) entspricht.

Die horizontale Linie bezeichnet den Übergang von der freien Sprach- und Terminologieentwicklung zur absolut kontrollierten Sprache/Terminologie, wie sie z.B. in der Kommunikation der Fluglotsen anzutreffen ist. Die sieben Grade sind lediglich Beispiele; zwischen den Polen können sehr wohl weitere Grade der Präskription abhängig vom Ziel eines gegebenen Eingriffs liegen.

In der Mitte des Modells sind soziolinguistische Faktoren angeführt, die Einfluss auf die verschiedenen Grade der Präskription ausüben.

Es wurde bereits mehrfach darauf hingewiesen, dass die IT heute ein unverzichtbares Hilfsmittel der Terminologiearbeit darstellt. Daher sollen die Möglichkeiten der rechnergestützten Terminologiearbeit nun näher betrachtet werden.

7 Rechnergestützte Terminologiearbeit

7.1 Grundlagen, Definitionen und Einsatzszenarien

Viele Schritte und Formen der Terminologiearbeit haben sich durch die rasante Entwicklung der Informationstechnologie, die weltweite Vernetzung von Computern und Computernetzwerken sowie den leichten und schnellen Zugriff auf Informationen mittels dieser Technologien entscheidend verändert. Nahezu alle der in der Definition von Terminologiearbeit genannten Teilaufgaben wie „Planung, Erarbeitung, Bearbeitung oder Verarbeitung, Darstellung oder Verbreitung von Terminologie“ (DIN 2342: 2011) können durch den Einsatz von elektronischen Werkzeugen und Ressourcen unterstützt werden. Ist dies der Fall, spricht man von rechnergestützter Terminologiearbeit.

Die **Planung** terminologischer Aktivitäten in Unternehmen und Organisationen, aber auch bei freiberuflich arbeitenden Redakteuren und Übersetzern, kann durch Projektmanagementsysteme oder Prozesssteuerungsprogramme unterstützt werden. Da es hierfür keine spezifischen Lösungen für die Terminologiearbeit gibt, wird auf diese IT-Unterstützung der Terminologiearbeit nicht eingegangen.

Die **Erarbeitung** von Terminologie betrifft vor allem die Suche nach und Überprüfung von terminologierelevanten Informationen. Während früher Recherchen nach terminologischen Informationen nur sehr aufwändig in Archiven, Bibliotheken und Dokumentationsstellen oder durch die persönliche Befragung von Experten durchgeführt werden konnten, bietet das Internet heute ein riesiges, für die Terminologiearbeit leicht und schnell nutzbares Informationsbecken. Wie man die neuen und riesigen Recherchequellen für die Terminologiearbeit nutzen kann, wird ausführlich in Kapitel 7.2 beschrieben.

Die **Bearbeitung** und **Verarbeitung** von terminologischen Daten war einer der ersten Bereiche, in denen die elektronische Datenverarbeitung schon vor vielen Jahrzehnten die Arbeit von Terminologen unterstützt hat. Die Ersetzung von Listen, Karteikarten und Wörterbüchern durch Terminologiedatenbanken und Terminologieverwaltungssysteme ist eine der wesentlichen Innovationen in der Terminologiearbeit, der nicht nur die Arbeitsweisen von Terminologieproduzenten und Terminologienutzern entscheidend verändert hat; auch die Theoriebildung in der Terminologiewissenschaft ist dadurch wesentlich beeinflusst worden. Alle Aspekte der rechnergestützen Verarbeitung von Terminologie werden in Kapitel 7.3 ausführlich behandelt, wobei ein Schwerpunkt auf der Konzeption und Einrichtung einer adäquaten computergestützten Lösung zur Terminologieverwaltung liegt.

Die „normale“ Suche mit Stichwörtern zeigt eine Trefferliste von Webseiten, die dieses Stichwort enthalten. Die Anzahl der Treffer zeigt an, dass und wie häufig eine Benennung benutzt wird. Die URLs (Uniform Resource Locator = eindeutige Adresse einer Webseite) geben Auskunft darüber, ob Benennungen in bestimmten Regionen der Welt (hauptsächlich) verwendet werden, von bestimmten Unternehmen bevorzugt werden oder in speziellen Umgebungen (Normung, Hochschulen, Regierungsorganisationen) üblich sind. Der Verweis von der Trefferliste der Suchmaschine auf die entsprechende Seite zeigt sehr häufig das gesuchte Stichwort in textlicher Umgebung; diese Textstelle kann als sprachlicher Kontext in die entsprechende Datenkategorie des terminologischen Eintrags übernommen werden.

Mehrwortbenennungen lassen sich in Suchmaschinen besonders effizient durch das Einschließen in Anführungszeichen finden. Ebenso lässt sich die Suche optimieren, indem Suchwörter durch das Minuszeichen ausgeschlossen, durch das Pluszeichen (muss nicht explizit angegeben werden) in die Suchanfrage einbezogen werden oder indem die Recherche auf bestimmte Dateitypen, Webseiten, Länder oder Sprachen beschränkt wird. Gerade die Konzentration auf Webseiten in einer bestimmten Sprache kann für die terminologische Recherche nach Äquivalenten erfolgreich sein; man sucht eine ausgangssprachliche Benennung nur in Webseiten der Zielsprache und findet sehr oft die zielsprachliche Benennung in der direkten Nähe des Suchwortes.

Von den weiteren Operatoren (siehe „Einstellungen“ oder „Hilfe zur Suche“ auf der Google-Startseite: www.google.de), mit denen man bei Google seine Suchanfrage optimieren kann, ist „define:“ für die Terminologierecherche besonders wichtig. Stellt man „define:“ dem Suchwort voran, beschränkt sich Google bei der Suche auf Definitionen bzw. auf das, was Google für Definitionen hält. In der Praxis sind die Suchergebnisse erstaunlich gut.

Neben der normalen Suche nach Stichwörtern auf Webseiten bietet Google einige weitere Möglichkeiten der Recherche nach terminologischen Informationen. So finden sich unter der Rubrik „Mehr“ die Unterpunkte Bücher/Books, Blogs/Blogger oder Übersetzer. Die Suche in von Google elektronisch zugänglich gemachten Büchern führt sehr häufig zu aussagekräftigen Kontextbeispielen und Definitionen; dabei ist es in der Regel nicht nachteilig, dass aus Urheberschutzgründen nicht das ganze Buch vollständig für die Recherche nutzbar ist. Die Suche im Unterpunkt Blogs (web-basiertes Tagebuch oder Journal) bringt ebenso interessante Fundstellen, die nicht auf Webseiten sondern in Blogs erscheinen; hierbei sollte verstärkt auf die sprachliche Qualität geachtet werden, da in Blogs oft sehr umgangssprachlich kommuniziert wird. Der Unterpunkt Übersetzer öffnet ein Dialogfeld zum automatischen Übersetzungssystem von Google; hier können auch einzelne Benennungen eingegeben werden, die dann in die Zielsprache übersetzt werden. Bei der automatischen Übersetzung von Benennungen ist ebenso Vorsicht geboten wie bei der automatischen Übersetzung von Sätzen oder Texten.

Als letzte für die Terminologierecherche wichtige Funktionalität von Suchmaschinen soll die Bildersuche (und evtl. die Videosuche) erwähnt werden. Sie erlaubt es nicht nur, Abbildungen für die Dokumentation des terminologischen Eintrags zu finden; sie kann ebenso genutzt werden, um sich über unklare Begrifflichkeiten oder potentielle synonyme Benennungen kundig zu machen. Auch für die Überprüfung von Äquivalenten oder die Absicherung von Übersetzungsvorschlägen ist die Bildersuche hilfreich; so kann man bei Begriffen, die konkrete Gegenstände repräsentieren, meist anhand der Bilder verifizieren, ob hinter einer Benennung in der einen Sprache das Gleiche steht wie hinter einer Benennung in einer anderen Sprache.

Enzyklopädien, Wörterbücher und Terminologiedatenbanken

Neben der expliziten eigenen Suche nach terminologischen Informationen im World Wide Web mittels Suchmaschinen können natürlich auch direkt Enzyklopädien, Wörterbücher oder Terminologiedatenbanken im Internet konsultiert werden.

Die wohl bekannteste Enzyklopädie im Internet ist Wikipedia (www.wikipedia.de). Wikipedia ist ein Projekt zum Aufbau einer Enzyklopädie aus freien Inhalten in allen Sprachen der Welt. Seit Mai 2001 sind über eine Million Artikel in deutscher Sprache und über drei Millionen Artikel in Englisch entstanden. Viele andere Sprachen sind vertreten, auch recht seltene, aber nicht immer gibt es Entsprechungen in allen Sprachen. Aus terminologischer Sicht ist Wikipedia eine wichtige Informationsquelle, da das Wissen begriffsorientiert aufgebaut ist. Dies bedeutet, dass man einerseits gut Definitionen und andere Informationen zum gesuchten Begriff finden und übernehmen kann, andererseits aber auch, dass die Verlinkung zu einer anderen Sprache zu einem gleichen oder sehr ähnlichen Begriff führt und dass die dort angegeben Benennung mit großer Sicherheit als das korrekte Äquivalent in dieser Sprache anzusehen ist.

Ähnlich wie Wikipedia kann auch Wiktionary (www.wiktionary.de), ein zur Wiki-Gruppe gehörendes freies Wörterbuch im Web, bei der Terminologierecherche helfen. Auch wenn Wiktionary weniger umfangreich und eher lexikographisch orientiert ist, findet man dort Informationen zu Benennungen und deren grammatischen Eigenschaften, zu Übersetzungen in anderen Sprachen, eine systematisch aufgebaute Liste von Fachwörtern sowie Verweise zu anderen Wörterbüchern im Internet.

Es existiert natürlich noch eine ganze Reihe von anderen im Netz verfügbaren ein-, zwei- oder mehrsprachigen Wörterbüchern, von denen hier nur kurz Leo (www.leo.org) und Onelook (www.onelook.com) erwähnt werden sollen. Leo bietet meist eine große Anzahl an Treffern, die aber in Leo und in den angeschlossenen einsprachigen Wörterbüchern oder in anderen Quellen verifiziert werden sollen. Onelook konsultiert mehrere Wörterbuchbestände und kann auch Übersetzungen und Definitionen finden.

Neben den Enzyklopädien und Wörterbüchern finden sich im Internet auch spezielle Terminologiedatenbanken wie IATE und EuroTermBank. IATE (http://iate.europa.eu) ist die gemeinsame Terminologiedatenbank der EU-Institutionen, die Benennungen und sehr oft auch Definitionen in allen offiziellen EU-Sprachen enthält; natürlich sind hier die „großen" und „alten" EU-Sprachen viel stärker vertreten als die „neuen" und „kleinen" Sprachen. EuroTermBank (www.eurotermbank.com) ist aus einem EU-geförderten Projekt entstanden und enthält mehrsprachige Terminologie in vielen Fachgebieten und Sprachen; interessant bei EuroTermBank ist die Tatsache, dass über eine Oberfläche mehrere verteilte Terminologiebestände in Echtzeit konsultiert und auch Einträge aus unterschiedlichen Sammlungen zu einem Eintrag kombiniert werden.

Auch Hochschulen bieten Terminologiedatenbanken mit Inhalten aus terminologischen Abschlussarbeiten im Internet kostenfrei an. Als Beispiele können die Terminologiedatenbank der Universität Innsbruck (http://webapp.uibk.ac.at/terminologie) und die Terminologiebestände der Fachhochschule Köln (www.iim.fh-koeln.de/webterm) genannt werden. Das Besondere bei Webterm der FH Köln ist, dass mehr als 200, nach Fachgebieten geordneten Einzeldatenbanken nicht nur alphabetisch nach Benennungen sondern auch begriffssystematisch über ein Begriffssystem konsultiert werden können.

Eine besondere Art von „Terminologiedatenbank" stellt die Webseite von Linguee (www.linguee.de) dar, die neben einem redaktionell betreuten Wörterbuch das „Web als Übersetzungsspeicher" nutzt. Hier werden (derzeit nur mit den Sprachen Deutsch, Englisch, Französisch, Spanisch und Portugiesisch) parallele Webseiten, nach Aussage der Betreiber mehr als 100 Millionen zweisprachige Texte, konsultiert und dann gewichtete und bewertete Übersetzungen mit den entsprechenden Kontextbeispielen angezeigt.

Terminologie-Portale

Sucht man nach sehr fachgebietsspezifischen terminologischen Informationen und helfen die zuvor beschriebenen Wörterbücher und Terminologiebestände nicht weiter, so bleiben zwei weitere Möglichkeiten. Zu einem kann man mit einer universellen Suchmaschine wie Google nach dem Fachgebiet und dem Stichwort „Terminologie" oder „Glossar" suchen und findet evtl. einen spezifischen Terminologiebestand im Netz. Oder man nutzt die aufgelisteten Terminologiebestände in so genannten Terminologie-Portalen. Terminologie-Portale verweisen auf vielfältige Informationen, die für die Terminologiearbeit und -recherche wichtig sein können, und damit auch auf andere fachgebietsspezifische Terminologiesammlungen.

Als Beispiel für ein Portal kann das Deutsche Terminologie-Portal, das von der Fachhochschule Köln in Zusammenarbeit mit dem deutschen Terminologie-Tag e.V. (DTT) betrieben wird (www.termportal.de), genannt werden. Hier finden sich neben anderen für die Terminologiearbeit relevanten Informationen Verweise auf sowohl einsprachige als auch mehrsprachige Terminologiesammlungen nach Fachgebieten geordnet, allerdings immer mit Deutsch als eine der Sprachen.

Weitere Nachweise und Linksammlungen zu Terminologiebeständen finden sich auch bei Berufsverbänden (z.B. www.bduebn.de/Links/Links_datenbanken.htm), Übersetzer-Plattformen (z.B. www.proz.com und dort KudoZ-Glossare oder GlossPost) oder bei Wörterbuchseiten (z.B. www.yourdictionary.com und dort Other Dictionaries).

7.2.3 Nutzung und Bewertung der recherchierten Informationen

Hat man nun nach Nutzung der aufgezeigten unterschiedlichen Recherchemöglichkeiten die terminologische Information gefunden, die man gesucht hat, so sollten die Informationen möglichst direkt in der eigenen Terminologiedatenbank gespeichert werden. Kleinere Informationseinheiten wie grammatische Informationen oder Daten über den Gebrauch und die Verwendung von Benennungen gibt man meist direkt in den terminologischen Eintrag ein; mittelgroße Informationsblöcke wie Kontexte, Definitionen oder zitierte Anmerkungen werden in der Regel durch Markieren auf der Webseite, Kopieren und Einfügen übernommen. Bilder können je nach benutztem Internet-Browser durch Rechtsklick als Datei auf dem eigenen Rechner gespeichert und in den terminologischen Eintrag eingebunden werden. Bei längeren Textpassagen wie Definitionen und Kontexten sowie bei Bildern sollte auf jeden Fall die URL der Webseite als Quelle, ergänzt um das Datum des letzten Zugriffs auf diese Webseite, in einer eigenen Datenkategorie „Quelle“ des terminologischen Eintrags abgelegt werden.

Werden größere Informationseinheiten aus dem Internet übernommen, etwa ganze Glossare oder Terminologiesammlungen, so müssen die Daten meist auf dem eigenen Rechner abgelegt, umgewandelt und aufbereitet, und dann über die Import-Funktion des eigenen Terminologieverwaltungssystems in den eigenen Bestand übernommen werden. Gerade hier, aber auch schon bei einzelnen Definitionen und Abbildungen, wird man mit der Problematik des Urheber- und Nutzungsrechts konfrontiert. Auch wenn es viele Diskussionen über dieses Thema gibt, so kann man vereinfacht festhalten, dass das

Thema umso relevanter und kritischer wird, je mehr Informationen man übernimmt und je größer die weitere (kommerzielle) Nutzung dieser Daten ist. Zu dieser Thematik wurde bereits 1992 ein Symposion des Deutschen Terminologie-Tags durchgeführt (Beiträge in Arntz/Mayer/Reisen 1992), und auch in der aktuellen Fassung des Best-Practice-Ordners des Deutschen Terminologie-Tags (2014) findet sich ein Kapitel hierzu.

Auch wenn man im Internet – wie auch in anderen traditionellen Quellen – sehr schnell und leicht viele Informationen für seine eigene Terminologiearbeit findet, so muss doch auf das Problem der Qualität hingewiesen werden. Im Einzelfall muss immer bewertet werden, für wen die gefundene Information ursprünglich gedacht war und wie aktuell die Informationen tatsächlich sind. Auch der Eigentümer der Webseite kann als Indiz für die Qualität der Informationen herhalten; handelt es sich um offizielle Stellen, Normungsorganisationen, Fachverbände oder renommierte Experten, kann man meist den terminologischen Informationen vertrauen. Umgekehrt müssen Webseiten von Einzelpersonen nicht unbedingt terminologisch schlecht sein.

Oft kann auch die sprachliche Qualität der Inhalte, die Professionalität der Webseitengestaltung oder die durchscheinende terminologische Arbeitsmethode ein Hinweis auf die Qualität der Informationen liefern. In nahezu jedem Fall sollten aber im Internet gefundene Informationen mehrfach überprüft und nur dann übernommen werden, wenn mehrere voneinander unabhängige Seiten diese bestätigen.

7.2.4 Vor- und Nachteile der Internet-Nutzung

Das Internet ist eine ideale Ressource für die Terminologiearbeit. Im Gegensatz zu traditionellen Quellen für die Terminologierecherche ist sie leicht und kostengünstig zugänglich und enthält einen enormen und aktuellen Fundus an Informationen. Auch für die Suche nach sekundären Informationen wie Experten, Unternehmen, Software für die Terminologiearbeit und Weiterbildungsmöglichkeiten ist das Internet sehr gut geeignet.

Allerdings verändern sich das Internet und die dort zu findenden Daten stündlich. Gute Quellen für die eigene Terminologiearbeit sind plötzlich nicht mehr auffindbar oder wurden modifiziert. Auch der Zeitfaktor muss bedacht werden. Man kann mit der Recherche im Internet sehr viel Zeit verbringen; Erfahrungen helfen entscheidend, die gewünschten Informationen schnell und mit gutem Erfolg zu finden und zu nutzen. Aber die Recherche-Methoden müssen ständig auf dem Laufenden gehalten werden.

7.3 Verwaltung von Terminologie

7.3.1 Arten von Terminologieverwaltungssystemen

Für die Verwaltung terminologischer Daten hat man in der Vergangenheit vorwiegend Zettelkästen oder einfache Glossarlisten benutzt. Mit dem Aufkommen der elektronischen Datenverarbeitung begannen große Sprachendienste etwa Mitte der 1960er Jahre damit, eigene Terminologiedatenbanken für die hausinterne Terminologieverwaltung einzusetzen. Derartige Datenbanken werden z. B. beim Bundessprachenamt (Lexis), bei den Institutionen der Europäischen Gemeinschaft (IATE, früher EURODICAUTOM bei der EU-Kommission) oder bei der Kanadischen Regierung (TERMIUM) auch heute noch gepflegt und genutzt.

Durch die rasanten Entwicklungen im Bereich der Informationstechnologie – zunächst Minicomputer, dann Personalcomputer und heute vernetzte PCs oder web-basierte Software-Lösungen – stehen derzeit leistungsfähige rechnergestützte Werkzeuge zur Verfügung, die auch von Einzelpersonen sowie kleineren und mittleren Sprachabteilungen in Unternehmen und Organisationen für die Terminologieverwaltung genutzt werden können. Neben Eigenentwicklungen, oft auf der Basis von universellen relationalen Datenbankprogrammen, und Standardprogrammen wie Textverarbeitungssystemen oder Tabellenkalkulationsprogrammen werden in der Praxis meist spezielle Terminologieverwaltungssysteme genutzt.

Als Terminologieverwaltungssysteme oder Terminologie-Management-Systeme werden Software-Lösungen bezeichnet, die speziell für die Verwaltung terminologischer Datenbestände und für die Nutzung innerhalb der technischen Redaktion, bei der Übersetzung von Fachtexten und für die Terminologiearbeit konzipiert sind. Sie sind in der Regel datenbankähnlich aufgebaut, haben aber nicht die volle Leistungsfähigkeit eines (relationalen) Datenbanksystems; dafür erlauben sie aber alle für die Verwaltung von Terminologie notwendigen Operationen in effizienter und intuitiver Weise.

Es muss an dieser Stelle darauf hingewiesen werden, dass Tabellen in Textverarbeitungsprogrammen oder Tabellenkalkulationsprogramme für die systematische Verwaltung von Terminologiebestände wenig geeignet sind; eine vernünftige (begriffsorientierte) Strukturierung der Daten ist nicht oder nur sehr umständlich möglich. Beginnt man aber seine ersten Schritte der Nutzung von Computern für die Terminologiearbeit mit diesen Standardprogrammen, so sollte man darauf achten, dass die einzelnen terminologischen Informationen systematisch und konsistent erfasst und unterschiedliche Informationsarten sauber voneinander getrennt werden. Nur dann ist es möglich, diese terminologischen Daten später verlust- und fehlerfrei in ein professionelles Terminologieverwaltungssystem zu importieren.

Terminologieverwaltungssysteme lassen sich nach folgenden Kriterien in Typen einteilen:

- nach Anzahl der Sprachen / nach Komplexität *(einsprachig, zweisprachig, mehrsprachig)*
- nach Eintragsstruktur *(Datenkategorien/Felder vorgegeben, frei definierbar, hybrid)*
- nach Eigenständigkeit *(autonome Systeme, integrierte Komponenten eines anderen Systems, autonom und integrierbar)*
- nach zugrunde liegender Softwaretechnologie *(stand-alone, client-server, web-/browserbasiert)*
- nach zugrunde liegendem Geschäftsmodell *(Eigenentwicklung, kommerziell, open-source/freeware)*

Nach Anzahl der Sprachen / Komplexität

Die ersten auf dem Markt angebotenen einfachen Programme zur Terminologieverwaltung gehörten zur Klasse der sprachenpaarorientierten Systeme. Diese Programme folgen eher dem benennungsorientierten oder lexikographischen Ansatz und sind vorwiegend für den Einsatz durch den Einzelübersetzer oder den Autor zweisprachiger Wörterbücher bzw. Glossare konzipiert.

Mehrsprachige Terminologieverwaltungssysteme dagegen erlauben die weitgehend gleichberechtigte Behandlung von Fachwortbeständen mehrerer Sprachen auf der Basis des begriffsorientierten Ansatzes (siehe Kap. 7.3.2.2), wobei jede Sprache als Such- oder Ausgangssprache gewählt werden kann. Alle Informationen zu einem Begriff werden einander zugeordnet und in einem terminologischen Eintrag gespeichert. Für die spezifischen Anforderungen beim Übersetzen erlauben manche dieser Systeme eine zweisprachige (sprachrichtungsbezogene) Sicht auf den mehrsprachigen Terminologiebestand. Die meisten dieser Systeme sind wegen des begriffsorientierten Ansatzes in der Lage, neben den Bedürfnissen von Übersetzern auch die Anforderungen zu erfüllen, die an die einsprachige Terminologiearbeit im Bereich der technischen Redaktion, der Terminologienormung, der Sprachplanung und der Nutzung durch Fachleute im jeweiligen Gebiet gestellt werden.

Vor allem bei leistungsfähigen mehrsprachigen Terminologieverwaltungssystemen gehört die Benennungsautonomie (siehe Kap. 7.3.2.2) zu den generellen Funktionsprinzipien. Manche dieser Systeme bieten Benennungsautonomie nur bei Synonymen, aber nicht bei Abkürzungen und Schreibvarianten, andere Systeme jedoch für alle alternativen Benennungsformen.

Nach Eintragsstruktur

Terminologieverwaltungssysteme mit vorgegebener Eintragsstruktur basieren auf vom Systementwickler festgelegten Datenkategorien und Eintragsmodellen, die in der Regel durch den Nutzer nicht oder nur unwesentlich verändert werden können. Der Nutzer muss (kann) das System nicht selbst auf seine Anwendung hin konfigurieren; er sollte aber in jedem Fall genau prüfen, ob seine spezifischen Anforderungen an die Terminologieverwaltung durch das jeweilige System erfüllt werden können. Unter den Systemen mit fester Eintragsstruktur gibt es einfache Systeme mit wenigen Datenkategorien und komplexe Systeme mit einer ausgereiften Eintragsstruktur.

Terminologieverwaltungssysteme mit definierbarer Eintragsstruktur erlauben eine Anpassung des Systems an die eigenen Anforderungen: Hier können die notwendigen Datenkategorien sowie die zu verwaltenden Sprachen durch den Anwender festgelegt werden. Wenn die Datenkategorien und die Eintragsstruktur zu Beginn der Arbeit mit dem System festgelegt worden sind, muss sich der Nutzer beim Erfassen terminologischer Einträge an die vordefinierte Struktur halten; hierdurch ist die Voraussetzung für eine konsistente Terminologieverwaltung gegeben. Auch eine spätere Erweiterung und Änderung der definierten Eintragsstruktur bei geänderten Anforderungen an die Terminologieverwaltung ist bei diesen Systemen möglich. Soll eine solche Modifikation der bestehenden Struktur jedoch bei einer bereits mit Daten gefüllten Terminologiesammlung vorgenommen werden, können Probleme auftreten, die eine manuelle Anpassung der Datensätze erfordern können.

Da Nutzer oft mit der Definition und Modellierung der Eintragstruktur überfordert sind, verfolgen viele Terminologieverwaltungssysteme einen hybriden Ansatz. Entweder gibt es empfohlene Modellierungen, die dem Nutzer in Form von Templates vorgeschlagen werden, oder es gibt vordefinierte Datenkategorien, die vom Benutzer direkt genutzt, aber auch verändert und ergänzt werden können.

Nach Eigenständigkeit

Die meisten Terminologieverwaltungssysteme auf dem Markt sind eigenständige Softwareprodukte, die als solche beschafft werden und die autonom auf den entsprechenden Rechnern laufen. Oft gibt es Programmschnittstellen (API = application programming interface), durch die auch aus anderen Anwendungsprogrammen direkt auf die Funktionen zur Terminologieverwaltung zugegriffen werden kann. In einigen Fällen ist die Terminologieverwaltung als (feste) Komponente in eine andere Softwareanwendung integriert, z.B. in ein Übersetzungstool. Hier sind die Schnittstellen zu den anderen Werkzeugen wie Editor, Translation-Memory oder Projektmanagement optimal implementiert; das Modul zur Terminologieverwaltung kann aber nicht eigenständig beschafft und genutzt werden. Bei wenigen Systemen wird ein hybrider Ansatz verfolgt; das Terminologieverwaltungssystem kann sowohl eigenständig genutzt als auch optimal in ein CAT-Tool (computer-aided translation) als Komponente integriert werden.

Nach Softwaretechnologie

Viele Terminologieverwaltungssysteme sind als eigenständige Softwarelösungen konzipiert, die auf dem entsprechenden Rechner installiert werden und dort auch ohne Verbindung zu einem lokalen oder weltweiten Netzwerk laufen können. Auch wenn die Daten(banken) auf einem gemeinsamen Netzwerk-Laufwerk gespeichert sind und so von mehreren Nutzern erarbeitet und genutzt werden können, ist die Software als *stand-alone* auf dem jeweiligen Arbeitsplatzrechner bereitzustellen.

In den letzten Jahren sind auf dem Markt immer mehr Terminologieverwaltungsprogramme angeboten worden, die nach dem Client-Server-Modell arbeiten. Hier ist auf dem Rechner des Anwenders nur ein Teil der Software (der Client) implementiert, der hauptsächlich für die Nutzer-Interaktion zuständig ist; die Datenbank-Programme sind ebenso wie die Daten selbst auf einem Server abgelegt und können von jedem Client interaktiv genutzt werden.

Eine noch weitergehende Verlagerung der Software auf die Server-Seite finden wir bei web-basierten Terminologieverwaltungssysteme. Hier benötigt der Nutzer nur einen ganz normalen Web-Browser; mit diesem kann er auf die Terminologiedaten über das Internet zugreifen, ohne dass auf dem eigenen Rechner eine spezifische Software installiert sein muss. Ein Vorteil dieser Lösung ist auch, dass die Terminologieverwaltung unabhängig vom Betriebssystem des Nutzerrechners verwendet werden kann; so kann von Windows- und Apple-Rechnern mit unterschiedlichen Betriebssystemversionen, aber auch von Tablet-Computern oder Smartphones Terminologie genutzt werden.

Terminologieverwaltungssysteme, die nach dem Client-Server-Modell oder web-basiert arbeiten, sind natürlich für mittlere und größere Organisationseinheiten besonders gut geeignet, bei denen eine Vielzahl von Nutzern auf die Terminologiebestände zugreifen möchte. Allerdings erfordern derartige Software-Lösungen eine ausgereifte Nutzerverwaltung mit genau definierten Rechten und ein besonderes Augenmerk auf Datenschutz und Datensicherheit. Auch wenn derartige web-basierte Terminologieverwaltungssysteme für einige Nutzer sehr attraktiv sind, da keine eigene Software gekauft und installiert werden muss (nach dem SaaS-Modell = Software as a Service), ist diese Lösung für andere Nutzer inakzeptable, da die Terminologie als sensible

Unternehmens- oder Kundendaten nicht mehr auf den eigenen Rechnern abgelegt ist.

Nach Geschäftsmodell

Fast alle auf dem Markt angebotenen Terminologieverwaltungssysteme sind kommerzielle Softwarelösungen, die entweder gekauft oder gemietet werden müssen. Freie Software in Sinne von Open-Source-Entwicklungen oder Freeware-Programmen ist für die Terminologieverwaltung kaum zu finden. Einige (größere) Unternehmen und Organisationen bevorzugen Eigenentwicklungen zur Verwaltung ihrer Terminologie. Auch wenn hierdurch eine Software-Lösung entsteht, die ideal auf die terminologischen und organisatorischen Bedürfnisse der Institution angepasst ist, die keine Abhängigkeit von kommerziellen Software-Firmen erzeugt und die keine direkten Kosten in der Beschaffung marktüblicher Systeme verursacht, sollte doch der immense Aufwand für die Entwicklung und Wartung dieser proprietären Software-Lösung für die Terminologieverwaltung nicht unterschätzt werden.

7.3.2 Konzeption einer rechnergestützten Terminologieverwaltung

Abhängig von den Personengruppen, die Terminologie erarbeiten und nutzen, und vom organisatorischen Umfeld, in dem Terminologiearbeit betrieben wird, müssen konzeptionelle Überlegungen zur Terminologieverwaltung angestellt werden. Dabei ist es wichtig festzulegen, welche Arten von Daten verwaltet und wie diese Daten strukturiert werden sollen. Derartige Überlegungen sollten zunächst nicht davon abhängen, welches Werkzeug dazu eingesetzt wird (siehe Kap. 7.3.1). Im Laufe der Überlegungen wird man jedoch feststellen, dass die Art der Terminologieverwaltung und die Wahl des Werkzeuges auch Auswirkungen auf die inhaltliche Konzeption der Terminologie-Struktur, d. h. auf die benutzten Datenkategorien und den Aufbau des terminologischen Eintrags, haben.

Die folgenden Überlegungen orientieren sich an den Bedürfnissen von Technischen Redakteuren, Übersetzern und Fachexperten; spezielle Aspekte der Sprachplanung, Normung und Fachwörterbuchproduktion sind nur ansatzweise berücksichtigt.

7.3.2.1 Auswahl und Definition von Datenkategorien

Bevor wir uns mit der Auswahl der Datenkategorien für die Terminologiearbeit befassen, sollen die Begriffe „Datenelement“ und „Datenkategorie“ eindeutig definiert werden.

Ein terminologisches Datenelement ist die kleinste identifizierbare terminologische Informationseinheit, die eine eigenständige Bedeutung hat. In

der ISO 12620 (2009:1) wird data element definiert als „unit of data that, in a certain context, is considered indivisible".
Beispiele:

a) Regenbogenhaut
b) f.
c) Wüster 1968
d) 30.11.2012

Eine terminologische Datenkategorie kann als Klasse terminologischer Datenelemente gleichen Typs bezeichnet werden, mit den Worten der 12620 (2009:2) als „result of the specification of a given data field".

Das folgende Beispiel zeigt, wie die Datenelemente des obigen Beispiels den entsprechenden terminologischen Datenkategorien zugeordnet werden können.
Beispiele:

a') Benennung
b') Genus
c') Quelle
d') Änderungsdatum

Die Datenkategorien entsprechen den Feldern auf einer Karteikarte, in einem Erfassungsformular oder in einer Datenbank; die Datenelemente sind die jeweiligen Inhalte dieser Felder.

Bei der Auswahl von Datenkategorien für die Terminologieverwaltung und der darauf basierenden Eintragsmodellierung ist die ISO 12620 zu Rate zu ziehen. Leider wurde die Fassung von 1999 (ISO 12620:1999), in der über 200 wichtige Datenkategorien für die Terminologieverwaltung spezifiziert wurden, zurückgezogen und durch eine neuere Fassung (ISO 12620:2009) ersetzt, in der selbst keine Datenkategorien mehr beschrieben sind. Die „ausgelagerten" terminologischen Datenkategorien finden sich in einem sogenannten Data Category Registry, einem Datenkategorieverzeichnis, das im Internet frei zugänglich konsultiert werden kann (www.isocat.org). Auch die ISO-Norm 26162 (2012) ist für Konzeption einer Terminologielösung und die Auswahl der notwendigen Datenkategorie sehr hilfreich; eine deutsche Fassung ist als DIN-ISO-Norm verfügbar.

In der ISO 12620 (2009) und in der ISO 26162 (2012) unterscheidet man:

- offene Datenkategorien: Inhalt ist frei formulierbar und nicht vorhersehbar; Beispiel: Benennung, Definition, Anmerkung
- geschlossene Datenkategorien: Inhalt stammt aus einer vorgegebenen Werteliste; Beispiel: Genus, Wortklasse, Status

- <u>einfache Datenkategorien:</u> Kann nur die Werte ja/nein annehmen und ist in der Regel ein Wert einer geschlossenen Datenkategorie; Beispiel: feminin, Substantiv, abgelehnt

Die ISO 26162 (2012) teilt Datenkategorien auch noch in obligatorische, optionale und automatische Datenkategorien sowie in Nur-Lese-, Lese-Schreib- und versteckte Datenkategorien ein. Obligatorische Datenkategorien müssen vom Benutzer mit Werten gefüllt werden, wenn ein terminologischer Eintrag erfasst oder bearbeitet wird, optionale Datenkategorien können gefüllt werden, und automatische Datenkategorien werden vom System automatisch mit Werten belegt, so z.B. bei Angaben zum Bearbeiter oder zum Datum. Nur-Lese-Datenkategorien können im Gegensatz zu Lese-Schreib-Datenkategorien nicht modifiziert werden; versteckte Daten-kategorien sind (für bestimmte Nutzer(gruppen)) nicht sichtbar und damit natürlich auch nicht veränderbar.

Neben diesen eher technischen Typisierungen von Datenkategorien findet man in der einschlägigen Literatur eine inhaltlich motivierte Gruppierung von Datenkategorien, wobei oft zwischen begriffsbezogenen, benennungsbezogenen und verwaltungstechnischen Datenkategorien unterschieden wird. Auch wenn es Gründe für eine derartige Einteilung gibt, so erscheint es doch sinnvoller, Datenkategorien auf Basis der Ebenen im terminologischen Eintrag, auf denen sie erscheinen, zu gruppieren und zu beschreiben. Das dem Eintrag zugrunde liegende terminologische Meta-Modell wird ausführlich in Kapitel 7.3.2.3 erläutert.

Datenkategorien auf Eintragsebene / Begriffsebene

Auf Eintrags- oder Begriffsebene werden administrative Daten über den Eintrag und sprachenunabhängige Informationen zu dem dokumentierten Begriff verwaltet. Zu den administrativen Daten zählen Angaben zum Datum und zum Erfasser der Information; diese werden ebenso wie die eindeutige Eintragsnummer oft vom Terminologieverwaltungssystem automatisch vergeben und gespeichert.

Eine wichtige und sinnvolle Datenkategorie auf Eintragsebene ist das Fachgebiet, in das der dokumentierte Begriff einzuordnen ist. Dabei kann es sich um eine allgemeine Fachgebietsklassifikation handeln oder eine firmeninterne Einteilung. Sie kann in Form von Nummern oder Kürzeln kodifiziert oder als Volltextangabe erfasst werden.

In Abhängigkeit von den Abläufen im Terminologieprozess des Unternehmens können Zuständigkeiten und Vertraulichkeitsebenen gekennzeichnet oder der Status neuer Einträge im Rahmen des Erarbeitungs- und Validierungsprozesses dokumentiert werden.

Wird die Terminologie anhand eines Begriffssystems verwaltet, in dem die Begriffe in ihren Beziehungen zueinander angeordnet sind und ihre Stellung mithilfe einer Kennziffer, einer so genannten Notation, definiert wird, so ist diese Notation ebenfalls auf Eintrags- bzw. Begriffsebene zu erfassen.

Eine grundsätzliche Überlegung wert ist die Platzierung der recht zentralen Datenkategorie Definition. Da eine Definition in erster Linie den Begriff beschreibt, wäre eine Ansiedelung auf Eintragsebene logisch. In der Praxis wird die Definition meistens auf Sprach- oder Benennungsebene erfasst, da bisweilen mehrere Definitionen aufgenommen werden, die in der Datenbank der jeweiligen Sprache bzw. einer Benennung in der jeweiligen Sprache zugeordnet werden. Um sich die Option offen zu halten, Definitionen zu einem Begriff in mehreren Sprachen zu verwalten, ist es deshalb sinnvoll, die Datenkategorie Definition auf der Sprachebene anzusiedeln.

Nichtsprachliche Beschreibungselemente, beispielsweise Abbildungen, gehören auf die Eintragsebene, sofern sie kulturunabhängig sind. Denkbar sind jedoch auch kultur- oder länderspezifische Abbildungen, die besser auf die Sprachebene passen würden.

Andere Datenkategorien, beispielsweise Angaben zu Kunden oder Produktmodellen, können auf Eintrags- bzw. Begriffsebene oder auf Benennungsebene angesiedelt werden, je nachdem, ob sich die Angaben auf den gesamten Begriff oder einzelne Benennungen beziehen.

Mögliche Datenkategorien auf Eintrags- oder Begriffsebene sind in der folgenden Tabelle aufgeführt:

Datenkategorie	**Anmerkung**
Eintragsnummer/ Begriffsnummer	Eindeutige Kennzeichnung des Eintrags; wird oft automatisch vergeben und verwaltet
Notation	Position im Begriffssystem
Begriffsbeziehung	Verweis zu einem verwandten Begriff
Angelegt am	Anlagedatum; wird oft automatisch verwaltet
Geändert am	Änderungsdatum; wird oft automatisch verwaltet
Angelegt von	Erfasser des Eintrags (oft automatisch)
Geändert von	Nutzer, der geändert hat; (oft automatisch)
Eintragsstatus	Bearbeitungsstatus des Eintrags, z.B. freigegeben, gesperrt, vorläufig
Fachgebiet	Zuordnung des Begriffs zu einem Fachgebiet, auch mittels einer Klassifikation wie z.B. Euro-Voc
Verwendung	z.B. intern, vertraulich, Abteilung A, Dokument B, Projekt C, Modell D, Kunde E (evtl. auch spezifischer in mehreren Datenkategorien)

Abbildung	multimediale Objekte (auch Video oder Sound)
Abbildungsquelle	Quelle der Abbildung; hierarchisch an Abbildung
Anmerkung	Sonstige Anmerkungen zum Begriff
(Sprachen)	Anbindung der Sprachebene

Datenkategorien auf Sprachebene

Auf der Sprachebene werden alle Benennungen zu einem Begriff angebunden sowie andere sprachspezifische Informationen verwaltet. Wie bereits erwähnt ist es sinnvoll, Definitionen auf der Sprachebene anzusiedeln, wenn Definitionen in verschiedenen Sprachen erfasst werden sollen. Definitionen sollten mit Quellenangaben dokumentiert werden. Solche bibliografischen Angaben können in Form von vollständigen Literaturangaben oder in gekürzter Form mit Querverweis auf einen eigenen bibliografischen Eintrag gestaltet werden.

Sollen oder können keine Felder auf Sprachebene angelegt werden, so können die Definitionen auch auf der Begriffsebene (evtl. in mehreren Sprachen) oder auf der Benennungsebene dokumentiert werden. Dabei ist zu bedenken, dass nicht für jede Benennung einer Sprache eine eigene Definition eingegeben werden muss, da die Definition den Begriff beschreibt.

Mögliche Datenkategorien auf Sprachebene sind in der folgenden Tabelle aufgeführt:

Datenkategorie	**Anmerkung**
Definition	Definition des Begriffs in der jeweiligen Sprache
Definitionsquelle	Quelle der Definition; hierarchisch an Definition
Sprachblockstatus	Bearbeitungsstatus des Sprachblocks
Abbildung	Multimedia-Element, wenn sprachabhängig
Abbildungsquelle	Quelle der Abbildung; hierarchisch an Abbildung
Anmerkung	Anmerkung zur Sprache (Kultur)
(Benennungen)	Anbindung der Benennungsebene

Datenkategorien auf Benennungsebene

Auf der Benennungsebene werden die Informationen zu allen Benennungen eines Begriffs verwaltet; dies sind in erster Linie Informationen über das grammatische, stilistische und pragmatische Verhalten von Benennungen.

Zu den Informationen über Benennungen zählen auch Kontexte, die insbesondere bei Übersetzungen hilfreich sein können. Wenn Kontexte erfasst werden, sollten sie immer mit Quellen belegt werden. Dafür gelten die Erläuterungen zu den Quellenangaben für Definitionen gleichermaßen. Werden keine Kontexte erfasst oder ist für eine Benennung kein Kontext vorhanden, so ist die Quelle, aus der die Benennung stammt, zu belegen. Die Quellen von Benennungen können unabhängig davon, ob Kontexte verwaltet werden sollen oder nicht, regelmäßig erfasst werden, wenn das sinnvoll erscheint.

Auch auf Benennungsebene kann die Verwaltung von administrativen Informationen sinnvoll sein. So kann dokumentiert werden, wer eine Benennung eingibt, ändert oder freigibt, ob sie freigegeben wurde, für welche Abteilungen, Dokumente oder Produktversionen sie verwendet werden soll etc.

Die Benennungsebene ist theoretisch nicht zu verwechseln mit der Wortebene (*term component section*, siehe Meta-Modell in 7.3.2.3), da Benennungen aus mehreren Wörtern bestehen können. Jedoch wird die Wortebene in der Praxis selten implementiert, und die wortbezogenen In-formationen wie Wortklasse, Genus und Numerus werden auf der Benennungsebene verwaltet.

Mögliche Datenkategorien auf Benennungsebene sind in der folgenden Tabelle aufgeführt:

Datenkategorie	**Anmerkung**
Benennung	Sprachliche Repräsentation des Begriffs
Benennungsquelle	Quelle der Benennung; hierarchisch an Benennung
Angelegt am	Anlagedatum; wird oft automatisch verwaltet
Geändert am	Änderungsdatum; wird oft automatisch verwaltet
Angelegt von	Erfasser des Eintrags (oft automatisch)
Geändert von	Nutzer, der geändert hat; (oft automatisch)
Wortklasse	Lexikalisch-grammatische Kategorie, z.B. Verb
Genus	Grammatisches Geschlecht, z.B. Maskulinum
Numerus	Zählform, z.B. Singular
Benennungstyp	Art der Benennung z.B. Vollform, Abkürzung
Benennungsstatus	Normativer Status der Benennung, z.B. bevorzugt, erlaubt, abgelehnt
Verwendung	z.B. intern, vertraulich, Abteilung A, Dokument B, Projekt C, Modell D, Kunde E (evtl. auch spezifischer in mehreren Datenkategorien)
Regionalcode	Angabe zur spezifischen regionalen Verwendung der Benennung, z.B. Österreich, Deutschland
Sprachebene/Stil	z.B. literarisch, umgangssprachlich
Kontext	Sprachliche Umgebung einer Benennung
Kontextquelle	Quelle des Kontext; hierarchisch an Kontext
Anmerkung	Sonstige Anmerkungen zur Benennung

7.3.2.2 Prinzipien der terminologischen Datenmodellierung

Sowohl beim Konzipieren und Einrichten einer Lösung für die Terminologieverwaltung als auch beim Erfassen und Bearbeiten von terminologischen Daten ist auf die folgenden Prinzipien zu achten.

Typgerechtheit von Datenelementen

Beim Erstellen von Einträgen in einer Terminologiesammlung ist darauf zu achten, dass nur diejenigen Datenelemente eingegeben werden, die der Definition der jeweiligen Datenkategorie entsprechen. Kann beim Terminologieverwaltungssystem der Typ der Datenkategorie (offen, geschlossen, einfach) festgelegt und kontrolliert werden, so kann z.B. bei geschlossenen Datenkategorien der Benutzer keinen beliebigen Inhalt eingeben, sondern lediglich vorgegebene Werte aus einer Liste auswählen, z. B. im Datenfeld „Genus" nur die drei Werte maskulin, feminin oder neutrum. Ähnlich lässt sich der Inhalt von Datenkategorien für Zahlen- oder Datumsangaben oder von einfachen Datenkategorien (nur die Werte „ja" und „nein") auf Typgerechtheit kontrollieren. Bei offenen Datenkategorien ist dies nicht möglich; so lässt sich kaum automatisch feststellen, ob in der Datenkategorie „Definition" wirklich eine (gute) Definition erfasst wurde.

Elementarität von Datenkategorien

Bei der Terminologieverwaltung sollte, wie bei anderen Datenbankanwendungen auch, sichergestellt werden, dass das Prinzip der Elementarität befolgt wird. Unter der Elementaritätsforderung versteht man, dass Datenkategorien nur mit genau einem, der Definition der Kategorie entsprechenden Datenelement gefüllt werden. Dies bedeutet beispielsweise, dass mehrere Definitionen für einen Begriff nicht zusammen in einem Datenfeld „Definition" abgelegt werden sollen; das Datenmodell muss vielmehr eine Wiederholung der Kategorie „Definition" erlauben. Ein in der Praxis recht häufig vorkommender Verstoß gegen das Prinzip der Elementarität, vor allem bei einfacher strukturierten Systemen, ist die Verwaltung unterschiedlicher Informationen in einer Datenkategorie, z. B. die Speich-erung eines Kontextbeispiels und der dazugehörigen Quelle in einer Kategorie „Kontext" oder die Speicherung der Genusinformation zusammen mit der Benennung im Benennungsfeld.

Granularität von Datenkategorien

Unter der Granularitätsforderung versteht man, dass Datenkategorien so eng wie möglich definiert werden sollen. Ein typisches Beispiel für eine zu geringe Granularität ist die Definition einer Datenkategorie „Grammatik“ statt der engeren Kategorien „Genus“, „Numerus“ und „Wortklasse“. Die ISO 12620 (1999) bzw. die Datenkategorien in ISOCAT (siehe 7.3.2.1) erlauben zwar beide Realisierungen, das Nichtbeachten des Granularitätsprinzips führt aber zwangsläufig zu Problemen bei einer systematischen Auswertung und Nutzung des Terminologiebestandes sowie beim Datenaustausch. Werden beispielsweise in der Datenkategorie „Grammatik“ die Eingaben „m“ und „npl“ gemacht, die aussagen, dass die Benennung ein maskulines Substantiv im Plural ist, so ist bei einer Suche nach allen Substantiven oder nach allen Benennungen im Plural ein aufwändiges und fehlerträchtiges Analysieren der Inhalte des Feldes „Grammatik“ notwendig. Auch die Übertragung von Daten in eine andere terminologische Sammlung, die feinere Datenkategorien (z. B. „Genus“, „Numerus“, „Wortklasse“) besitzt oder das Grammatikfeld anders besetzt (z. B. sub, pl, mask.), führt zu höherem Umwandlungsaufwand und möglichen Fehlinterpretationen.

Begriffsorientierung

Ein terminologischer Eintrag enthält per Definition alle Informationen zu einem Begriff. Die Strukturierung des Eintrags muss diese Begriffsorientierung widerspiegeln. Dies bedeutet, dass es möglich sein muss, alle begriffsbezogenen Informationen einschließlich aller Benennungen mit ihren benennungsbezogenen Informationen einem Eintrag zuzuordnen und in entsprechenden Datenkategorien abzulegen. Terminologische Informationen zu verschiedenen Begriffen müssen in verschiedenen Einträgen abgelegt werden; dies darf nicht durch Wiederholung von Datenkategorien im gleichen Eintrag umgangen werden.

Das folgende Beispiel soll die Begriffsorientierung veranschaulichen: Gibt es zwei Begriffe, die die gleichlautende Benennung „Maus“ haben (Homonymie), so müssen zwei terminologische Einträge angelegt werden und alle Informationen zu Maus (Biologie) in den einen Eintrag und zu Maus (IT) in den anderen Eintrag aufgenommen werden.

Es widerspricht dem Prinzip der Begriffsorientierung des terminologischen Eintrags aber nicht, wenn beispielsweise aus Zeitmangel während des Erstellens eines technischen Fachtextes oder einer Übersetzung nur Benennungen, jeweils mit Projektcode sowie Sachgebiet, Erstellungsdatum und Autor, in einem Eintrag erfasst werden. Wichtig ist aber, dass weitere Benennungen (Synonyme) zum gleichen Begriff nicht als neue Einträge gespeichert, sondern in den existierenden Begriffseintrag aufgenommen werden.

Benennungsautonomie

Die Benennungsautonomie ist eine Eigenschaft des terminologischen Eintrags, die direkt mit der Abhängigkeit der Datenkategorien untereinander und der Begriffsorientierung des Eintrags zu tun hat. Unter Benennungsautonomie versteht man, dass alle Typen von Benennungen (z. B. Vorzugsbenennung, Synonym, orthographische Variante oder Kurzform) als eigenständige Teileinheiten des terminologischen Eintrags betrachtet und jeweils selbst mit einer Reihe von (abhängigen) Datenkategorien dokumentiert werden. Beispiele für diese benennungsbezogenen abhängigen Datenkategorien sind etwa die Benennungsquelle, grammatische Angaben, geographische und stilistische Einschränkungen, Kunden- und Projektinformationen sowie der Kontext.

7.3.2.3 Terminologischer Eintrag und terminologisches Meta-Modell

Auf der Basis der Auswahl der terminologischen Datenkategorien und unter Beachtung der im vorangehenden Abschnitt erläuterten Datenmodellierungsprinzipien ergibt sich für eine bestimmte Anwendungsumgebung eine passende, genau definierte Struktur des terminologischen Eintrags. Diese Eintragsstruktur, die allen terminologischen Einträgen zu Grunde liegt, gibt an, welche Datenkategorien benutzt werden können und wie diese Datenkategorien hierarchisch zueinander angeordnet sind. Die Eintragsstruktur ist immer als Maximalmodell anzusehen: nicht alle Datenkategorien des Eintragsmodells müssen bei jedem einzelnen Eintrag mit Informationen gefüllt werden, aber Informationen zu Datenkategorien, die nicht in der Eintragsstruktur berücksichtigt wurden, können nicht in einem terminologischen Eintrag untergebracht werden.

In der Vergangenheit ist oft versucht worden, die Struktur des terminologischen Eintrags eindeutig festzulegen, um z. B. den Austausch terminologischer Daten zu vereinfachen. Dies musste jedoch scheitern, da Terminologieverwaltung immer zweckorientiert und anwendungsspezifisch erfolgt, was Konsequenzen für die Auswahl der Datenkategorien und die Strukturierung des Eintrags haben muss. Es hat sich aber gezeigt, unter anderem bei der Entwicklung der ISO-Normen 12200 (Martif) und 12620 (Datenkategorien) Ende der 1990er Jahre, dass den meisten in der Praxis implementierten Modellierungen des terminologischen Eintrags eine Grundstruktur gemeinsam ist. Diese Grundstruktur kann durch das terminologische Meta-Modell verdeutlicht werden, das in unterschiedlichen Darstellungsformen in der ISO 12200 (1999), der ISO 16642 (2003) und der ISO 26162 (2012) zu finden ist.

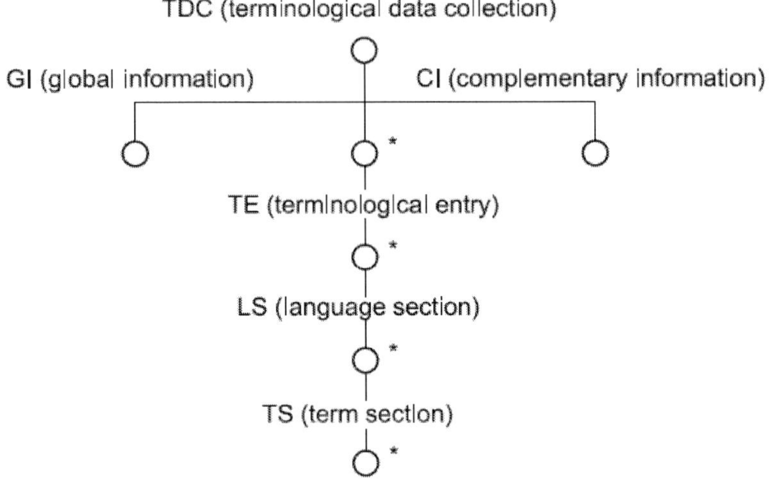

Terminologisches Meta-Modell aus ISO 16620 (2003)

Das terminologische Meta-Modell legt als abstraktes konzeptuelles Datenmodell die grundlegende Hierarchie der Informationsebenen fest, denen der terminologische Eintrag in jeder terminologischen Datensammlung (*TDC terminological data collection*) entsprechen soll. Neben den globalen Informationen über die Sammlung (*GI global information*) und den Zusatzinformationen (*CI complementary information*), die die gemeinsamen Ressourcen enthält, auf die in der gesamten Datensammlung Bezug genommen werden kann, besteht die Datensammlung vorwiegend aus einer bestimmte Anzahl terminologischer Einträge (*TE terminological entry*). Jeder Eintrag kann über eine oder mehrere Sprachebenen (*LS language section*), jede Sprachebene über eine oder mehrere Benennungsebenen (*TS term* section) und jede Benennungsebene über eine oder mehrere Benennungskomponentenebenen (*TCS term component* section) verfügen.

Auf allen hierarchischen Ebenen des Meta-Modells, von der Eintragsebene bis zur Benennungskomponentenebene, können unterschiedliche deskriptive und administrative Informationen angeordnet werden; dies geschieht durch die Anbindung der entsprechenden terminologischen Datenkategorien. In Kapitel 7.3.2.1 wurde im Detail beschrieben, welche Datenkategorien man typischerweise auf den einzelnen Ebenen des Meta-Modells findet. Zusätzlich kann es auf jeder Ebene Verweise auf unterschiedliche gemeinsame Ressourcen (in CI Zusatzinformationen) geben. Zu solchen Ressourcen zählen beispielsweise bibliographische Angaben zu genutzten Quellen, Fachgebietsklassifikationen oder auch Abbildungen.

Das terminologische Meta-Modell spiegelt sehr gut die in Kap. 7.3.2.2 beschriebenen Modellierungsprinzipien wider. Die Begriffsorientierung zeigt sich daran, dass als oberste hierarchische Ebene der terminologische Eintrag gewählt wurde, der alle Informationen zu genau einem Begriff enthält. Die Benennungsautonomie kann man in der hier gezeigten Darstellung des Meta-Modells aus der ISO 16642 (2003) nicht so explizit erkennen wie beispielsweise in der älteren ISO 12200 (1999); sie wird aber durch die Bedingung deutlich, dass auf jeder Benennungsebene (*TS term section*) nur genau eine Benennung erlaubt ist. Dies bedeutet, dass bei mehreren Benennungen in einer Sprache pro Begriff (z.B. bei Synonymen, Kurzformen oder Schreibvarianten) der Benennungsblock auf Benennungsebene zu wiederholen ist.

Abschließend muss noch angemerkt werden, dass die Benennungskomponentenebene (*TCL term component level*) zwar theoretisch notwendig und auch sinnvoll ist, z.B. zur Verwaltung von Informationen zu einzelnen Wörtern einer Mehrwortbenennung, in der Praxis aber kaum Verwendung findet.

Die folgende Abbildung zeigt noch einmal die grundsätzliche Struktur des terminologischen Eintrags unter Anwendung des terminologischen Meta-Modells. Mit Metadaten sind in dieser Abbildung die deskriptiven und administrativen Datenkategorien auf Begriffs-/Eintragsebene, auf Sprach-ebene und auf Benennungsebene bezeichnet.

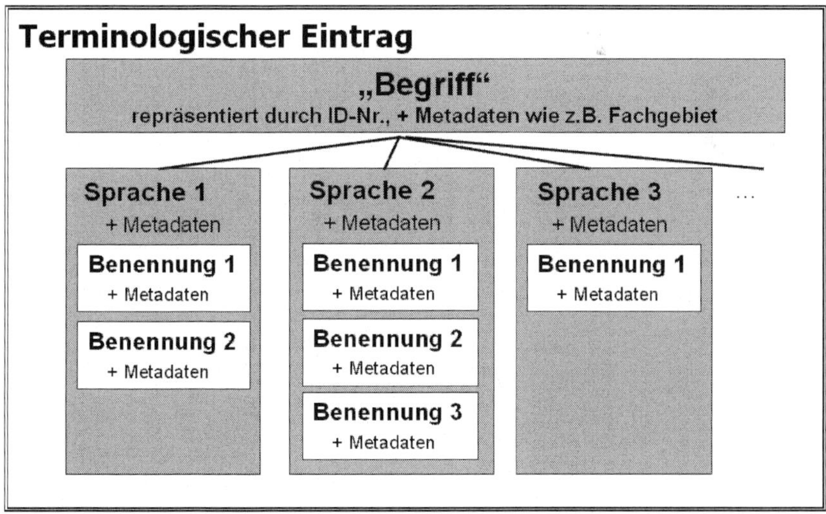

Struktur des terminologischen Eintrags

7.4 Extraktion von Terminologie aus Texten

7.4.1 Grundlagen, Definitionen und Anwendungsbereiche

Grundsätzlich sollte Terminologiearbeit vor der Verwendung der Terminologie im Rahmen der fachsprachlichen Kommunikation erfolgen, d.h. dass Begriffe genau definiert und (bevorzugte) Benennungen dafür eindeutig festgelegt werden, bevor diese Terminologie in Texten benutzt wird. Dies gilt sowohl für die Erstellung von Texten im Rahmen der Technischen Redaktion als auch für die Verwendung von mehrsprachiger Terminologie im Kontext von Übersetzungen.

Bei der Extraktion von Terminologie aus Texten geht es genau um den umgekehrten Fall: es sollen Termini in Fachtexten identifiziert und für eine weitere terminologische Bearbeitung herausgefiltert werden. Die DIN 2342 (2011) definiert Terminologieextraktion als „Teil der Terminologiearbeit, der darin besteht, Termini aus einem Korpus herauszufiltern", wobei mit Korpus eine Zusammenstellung von mehreren Texten (oder auch Textelementen) bezeichnet wird.

Terminologieextraktion kann aus unterschiedlichen Gründen und deswegen mit unterschiedlichen Zielsetzungen, Ausgangsmaterialien und Verfahren erfolgen. Die wichtigsten Zielsetzungen und in der Praxis am häufigsten zu findenden Anwendungsfälle für die Extraktion sind:

- <u>Aufbau oder Ergänzung eines Terminologiebestandes:</u> Wird in einem Unternehmen oder einer Organisation erstmalig eine Terminologiesammlung aufgebaut oder soll eine existierende Terminologiesammlung um die Terminologie eines neuen Fachgebietes, Themenbereiches oder Produktes erweitert werden, so kann vorhandenes Textmaterial durch Terminologieextraktion ausgewertet werden.
- <u>Aufwandsabschätzung und Vorbereitung eines Übersetzungsprojektes:</u> Vor allem bei größeren Übersetzungs-projekten, an denen auch mehrere Übersetzer beteiligt sein können, sollte vorher der Aufwand der notwendigen Terminologiearbeit ermittelt werden und danach die terminologischen Abklärung und Festlegung gezielt erfolgen, bevor mit der Übersetzung selbst begonnen wird. Hierzu ist die Extraktion der im ausgangssprachlichen Textmaterial enthaltenen Termini, evtl. mit einem Abgleich der vorhandenen Terminologie, sinnvoll.
- <u>Überprüfung der terminologischen Konsistenz von Texten:</u> Soll die korrekte und konsistente Verwendung von Terminologie in Texten im Rahmen der Qualitätssicherung überprüft werden, so müssen die

Termini in den zu überprüfenden Texten identifiziert werden. Hierzu ist die Erkennung der Termini im Textmaterial notwendig. Dieser Anwendungsbereich der Terminologieextraktion unterscheidet sich etwas von den anderen beiden Zielsetzungen und wird später in Kapitel 7.5.2 genauer betrachtet.

Bezüglich der Ausgangsmaterialien kann man die einsprachige, die zweisprachige und die mehrsprachige Terminologieextraktion unterscheiden. Bei der einsprachigen oder monolingualen Extraktion liegt das Textmaterial (nur) in einer Sprache vor. Bei der zweisprachigen oder bilingualen Terminologieextraktion liegen parallele Texte in zwei Sprachen vor, oft als Übersetzungen voneinander. Diese parallelen Texte sollten beim Einsatz von automatischen Verfahren zur Terminologieextraktion segmentiert und aligniert sein, d.h. in Segmente etwa von Satzgröße zerlegt und dabei das Segment der einen Sprache dem inhaltlich entsprechenden Segment der anderen Sprache zugeordnet sein. Ideale Korpora für die bilinguale Terminologieextraktion sind Inhalte von Übersetzungsspeichern (*translation memories*). Mehrsprachige Terminologieextraktion findet in der Praxis sehr selten statt und wird dann, unabhängig davon, ob man automatische Verfahren einsetzt oder nicht, eher als mehrfache zweisprachige Extraktion realisiert.

Die Extraktion von Terminologie aus Texten kann rein menschlich oder maschinengestützt erfolgen. Bei der Terminologieextraktion durch Menschen werden geeignete Quellen von einem Terminologen mit fachlichem und terminologischem Wissen systematisch nach Fachwörtern durchsucht. Neben der Identifizierung und Markierung der Benennungen kann der Bearbeiter im gleichen Bearbeitungsschritt relevante Zusatzinformationen wie Kontexte, Definitionen oder Definitionsteile etc. im Textmaterial finden. Ebenso kann der Mensch beim Durcharbeiten der Texte Begriffsbeziehungen erkennen und evtl. sogar synonyme Benennungen und orthographische Varianten einander zuordnen. Die humane Terminologieextraktion liefert sicherlich sehr gute und aussagekräftige Ergebnisse, ist aber auch recht zeitaufwändig und damit kostenintensiv; fehlerhafte Ergebnisse können manchmal durch Übermüdung oder fehlende Kenntnisse im Fachgebiet verursacht werden.

7.4.2 Maschinengestützte Terminologieextraktion

Als maschinengestützte Terminologieextraktion bezeichnen wir alle Verfahren, bei denen der Rechner die Extraktion von Termini aus Texten unterstützt. Die Unterstützung kann dabei unterschiedliche Ausmaße annehmen, von einfachen Textmanipulationsoperationen mit gängigen Standardprogrammen bis hin zu einer nahezu vollautomatischen Terminologieextraktion mit speziellen Software-Werkzeugen. Da auch im letzten Fall der Eingriff des

Menschen notwendig ist, um die Ergebnisse der speziellen Termextraktionsprogramme zu überprüfen und zu ergänzen, sprechen wir hier nicht von maschineller oder vollautomatischer sondern (nur) von maschinengestützter Terminologieextraktion.

Für alle Formen der maschinengestützten Terminologieextraktion müssen die zur Analyse heranzuziehenden Texte in maschinenlesbarer Form vorliegen, und zwar in den Formaten, die die zur Unterstützung eingesetzten Programme lesen und verarbeiten können. Ein Einscannen von nur in Papierform vorliegenden Texten ist in der Regel nicht (mehr) effizient, da der notwendige Aufwand zur Überprüfung von Fehlern bei der Schrifterkennung (OCR) zu groß ist.

Einfache Verfahren mit „Bordmitteln“

Als erstes einfaches Verfahren zur Extraktion von Terminologie aus Texten kann die Nutzung von meist vorhandenen Textverarbeitungs- und Tabellenkalkulationsprogrammen angesehen werden. Hierzu werden nach Einlesen des Textes im Textverarbeitungsprogramm alle Leerzeichen und alle Satzzeichen durch Zeilenumbrüche ersetzt. Die so entstandene Liste wird in die Tabellenkalkulation übernommen, dort alphabetisch sortiert und von Duplikaten befreit. Werden jetzt noch die Stoppwörter, also Wörter, die keine Termini sind, wie Artikel, Konjunktionen oder Präpositionen, entfernt, enthält die verbliebene Liste nur noch die im Text vorhandenen Terminologiekandidaten.

Natürlich hat dieses Verfahren einige Nachteile. So können vor allem Mehrwortbenennungen nicht erkannt werden, da die einzelnen Bestandteile der Mehrwortbenennung voneinander getrennt werden. Ebenso sind doch viele Schritte händisch durchzuführen, so auch die Überführung der Ergebnisliste in eine Terminologiedatenbank, was das Verfahren aufwändig und fehleranfällig macht. Weitere Nachteile, die aber nicht nur bei diesem Extraktionsverfahren in Kauf zu nehmen sind, werden in Kapitel 7.4.3 dargestellt.

Nutzung von Konkordanzprogrammen

In der Sprach- und Literaturwissenschaft, vor allem auch in der Korpuslinguistik, werden Computerprogramme dazu eingesetzt, alphabetische Listen aller Wörter eines Textkorpus zu erzeugen. Dazu werden die Wörter mit Textbelegstellen und oft auch statistischen Werten wie z.B. Häufigkeiten versehen. Auch CAT-Tools (Werkzeuge zum computerunterstützten Übersetzen) enthalten oft eine Konkordanz-Komponente mit ähnlichen Funktionalitäten. Derartige Programme können natürlich auch für die Terminologieextraktion genutzt werden.

Auch wenn diese Konkordanzprogramme vielfältige Möglichkeiten der Auswertung von Korpora bieten, fehlen einige Mechanismen, die für die Terminologieextraktion sinnvoll sind. So können Mehrwortbenennungen zwar in der Darstellung der Konkordanzen, z.B. in einem KWIC-Index, durch einen menschlichen Bearbeiter erkannt werden, sind aber nicht automatisch als solche im Index enthalten. Einige der Konkordanzprogramme bieten zusätzlich eine Lemmatisierung oder Normalisierung an, bei der flektierte Wortformen im Text auf die gemeinsame Grundform zurückgeführt werden. Dies hat nicht nur Vorteile für die Interpretation der Auftretenshäufigkeiten, sondern reduziert den Nachbearbeitungsaufwand und unterstützt wesentlich die Übernahme der Benennungskandidaten in die Terminologiedatenbank, in der ja die Benennungen in der Grundform enthalten sein sollen.

Statistische Verfahren

Bei den speziellen Programmen oder Modulen zur Terminologieextraktion kann man generell zwei Verfahren unterscheiden, die aber auch manchmal in hybriden Ansätzen kombiniert werden: die eher mit statistischen Methoden arbeitenden Extraktionsverfahren und die, die linguistische Regeln einer bestimmten Sprache für die Identifizierung von Termini in Texten ausnutzen.

Die statistischen Terminologieextraktionsprogramme ermitteln die Häufigkeit bestimmter Wörter in einem Text und vermuten bei hoher Auftretenshäufigkeit, dass es sich um Fachwörter handelt. Diese Annahme muss nicht immer richtig sein, führt jedoch bei großen Textmengen zu vernünftigen Ergebnissen, wenn man mit Stoppwortlisten für Funktionswörter und für die häufigsten Wörter der Gemeinsprache arbeitet. Mehrwortbenennungen können durch statistische Berechnungen ebenfalls erkannt werden, wenn ermittelt wird, welche Wörter häufig in der Nähe bestimmter anderer Wörter vorkommen (N-Gramme). Detailliertere Informationen zur Terminologieextraktion finden sich beispielweise bei Witschel (2004).

Häufig kann der Nutzer bei statistischen Verfahren den Schwellenwert der Auftretenshäufigkeit beeinflussen, ab dem Benennungskandidaten als Ergebnis der Extraktion angezeigt werden. Wird eine hohe Häufigkeit gefordert (Silence), ist die Qualität der Kandidatenliste sehr hoch, d.h. es finden sich sehr wenige Vorschläge, die vom Benutzer verworfen werden müssen, da sie keine Termini sind. Es kann aber durchaus passieren, dass wichtige Benennungen nicht angezeigt werden, da sie nur selten auftreten. Wird eine eher niedrige Häufigkeit als Schwellenwert (Noise) eingestellt, so sind vermutlich alle relevanten Benennungskandidaten in der dann sehr langen Ergebnisliste enthalten, allerdings umgeben von einer großen Anzahl von falschen und irrelevanten Ergebnisse, die manuell entfernt werden müssen. Oft kann nur durch Probieren ein optimaler Schwellenwert für bestimmte Textsorten ermittelt werden.

Statistische Verfahren haben den großen Vorteil, dass sie für die Extraktion von Terminologie aus Texten in allen Sprachen einsetzbar sind. Auch wenn von diesen Verfahren oft sprachspezifische Stoppwortlisten genutzt werden, so kommen sie doch ohne einzelsprachspezifisches Regel- oder Muster-Repertoire aus. Die Qualität der Ergebnisse einer Terminologieextraktion mit statistischen Verfahren hängt sehr stark vom Umfang der genutzten Textmenge (mehr Text liefert bessere Ergebnisse) und von den morphologischen Eigenschaften der jeweiligen Sprache ab; bei Sprachen mit variantenreicher Flexion sind die Ergebnisse schlechter, bei Sprachen mit Neigung zu häufiger Komposition bei der Wortbildung sind bessere Ergebnisse zu erwarten. Insgesamt bleibt aber die Qualität der Ergebnisse bei der statistischen Terminologieextraktion hinter denen mit linguistischen Verfahren zurück.

Linguistische Verfahren

Linguistische Verfahren zur Terminologieextraktion nutzen einzelsprachspezifisches linguistisches Wissen zur Identifikation von Benennungskandidaten. Dieses Wissen besteht im Normalfall aus Wörterbuchinformationen, aus morphologischen und syntaktischen Regeln sowie aus Musterstrukturen. So können linguistische Verfahren unterschiedliche flektierte Wortformen im Text auf ihre gemeinsame Grundform zurückführen. Ebenso können Wortarten und – mittels einer syntaktischen Analyse – auch Satzglieder erkannt werden, die dann zur Identifikation von Mehrwortbenennungen oder sogar elliptischen Konstruktionen genutzt werden. Im deutschen typische Fachwörter, die aus Adjektiv und Substantiv bestehen, könne so leicht erkannt werden.

Linguistisch-basierte Terminologieextraktionsverfahren liefern in der Regel nicht nur bessere Ergebnisse als Verfahren, die auf rein statistischen Methoden beruhen, sie verringern auch den Nachbearbeitungsaufwand durch die Überführung der flektierten Wortformen aus dem Textmaterial in die für die Terminologieverwaltung notwendige Grundform. Allerdings existieren linguistische Terminologieextraktionsverfahren nicht für alle Sprachen, sondern nur für die Sprachen, für die bisher die linguistischen Regeln und Daten erarbeitet und in die Extraktionsprogramme integriert wurden, und das sind nur die wenigen „großen“ Sprachen wie Englisch, Französisch, Deutsch, Spanisch und ein paar andere.

7.4.3 Probleme und Grenzen der Terminologieextraktion

Das Ergebnis der maschinengestützten (und oft auch manuellen) Terminologieextraktion ist in der Regel eine Liste mit Benennungs-kandidaten, die im Idealfall (bei linguistischen Verfahren) bereits auf die Grundform zurückgeführt sind. Je nach genutztem Werkzeug und Verfahren können die Benennungskandidaten jeweils um Kontexte (aus dem genutzten Textmaterial), Häufigkeitswerte und grammatische Angaben wie z.B. Wortklasse ergänzt werden. Diese Kandidatenlisten müssen im Anschluss von Terminologen überprüft, bereinigt und weiterbearbeitet werden. Insbesondere die Bewertung der extrahierten Benennungen sowie ihre Zusammenführung auf Begriffsebene bleibt eine Aufgabe, für die menschliches Sprach- und Sachwissen erforderlich ist. Synonyme Benennungen, Kurzformen oder orthographische Varianten erscheinen in der Kandidatenliste alphabetisch eingeordnet an verschiedenen Stellen; da sie aber alle den gleichen Begriff repräsentieren, müssen sie in einer begriffsorientierten Terminologiedatenbank im selben Eintrag verwaltet werden. Diese Zuordnung sowie die Bewertung von Benennungen (z.B. abgelehnt, veraltet oder unangemessen) kann ein automatisches Verfahren nicht leisten. Deshalb sprechen wir hier immer von maschinengestützter Terminologieextraktion, die eigentlich nur eine Zuarbeit für den Terminologen sein kann.

Der Hauptvorteil der maschinengestützten Terminologieextraktion liegt in der leichteren Verarbeitbarkeit der Daten und vor allem in der Zeitersparnis. Eine automatische Übernahme der (bereinigten) Liste der Benennungskandidaten in die Terminologiedatenbank erspart ebenso Aufwand wie etwa der bei bestimmten Anwendungsszenarien sinnvolle Abgleich der Kandidatenliste mit bereits in der Datenbank enthaltenen Benennungen. Bei der Berechnung der Zeitersparnis muss natürlich auch der Aufwand für die menschliche Überprüfung und Aufbereitung der Ergebnisse mit eingerechnet werden. In vielen Fällen ist der Nachbearbeitungsaufwand für maschinell generierte Listen so aufwendig, dass eine rein menschliche Extraktion sinnvoller gewesen wäre.

7.5 Nutzung von Terminologie

Sind nun die terminologischen Daten erarbeitet und im Terminologieverwaltungssystem abgelegt, können sie von allen Personen (und Systemen) innerhalb und außerhalb des Unternehmens oder der Organisation genutzt werden. Über die Art und den Umfang der Bereitstellung informiert das folgende Kapitel 7.5.1. In vielen Fällen wird der Nutzer die gefundene Terminologie in Texte einarbeiten oder bei der Erstellung von Texten nutzen, sei es im Rahmen der Technischen Redaktion oder der Übersetzung von Fachtexten. Über die Möglichkeiten, die korrekte Verwendung von Terminologie in diesen Texten zu kontrollieren, informiert das Kapitel 7.5.2. Damit die Übernahme gefundener Terminologie beim Schreiben von Texten effizient abläuft, müssen die zur Terminologieverwaltung eingesetzten Programme mit den Werkzeugen zur Unterstützung des Schreib- und Übersetzungsprozesses zusammenarbeiten. Diese Interaktion sowie die mit anderen sprachtechnologischen Anwendungen ist in Kapitel 7.5.3 beschrieben. Ein abschließendes Kapitel 7.5.4 befasst sich der Problematik der Wieder- oder Weiterverwendung terminologischer Daten beim Übergang von einem Terminologieverwaltungsprogramm zu einem anderen, d.h. mit der Nutzung von Terminologie durch den Austausch terminologischer Daten.

7.5.1 Bereitstellung von Terminologie

Sind die relevanten terminologischen Daten eines Fachgebiets, Themenbereichs oder Unternehmens gesammelt, bearbeitet, dokumentiert und in der Terminologiedatenbank gespeichert, kann die Terminologie den Nutzern bereitgestellt werden. Dies kann mit unterschiedlichem Informationsumfang und in unterschiedlichen Medien erfolgen.

Das traditionelle Medium für die Bereitstellung und Verbreitung von Terminologie ist das Papier. Gedruckte Wörterbücher, Glossare oder auch einfache Wortlisten können in der Regel ohne großen Aufwand aus dem Terminologieverwaltungsprogramm erzeugt werden, wobei für den Nutzer jeweils die geeignetste Informationsmenge und Darstellungsform gefunden werden muss. Nicht alle Nutzer wollen Terminologie in allen Sprachen oder allen Fachgebieten erhalten, und auch nicht alle Informationsarten (Datenkategorien) und Präsentationsformen sind für alle Nutzer gleichermaßen hilfreich. Oft stehen bei Terminologieverwaltungsprogrammen Ausgaberoutinen zur Verfügung, die gängige Bereitstellungs- und Druckformate erzeugen können. Werden individuelle Formate benötigt, sollten über Filter Untermengen der terminologischen Einträge (z.B. nur das Fachgebiet IT oder nur Einträge aus dem Jahr 2014) spezifiziert und über Exportroutinen der Informationsumfang pro Eintrag (z.B. mit Definitionen, aber ohne Kontexte) festgelegt werden können. Oft werden auch bestimmte Funktionalitäten für die lexikographische Aufbereitung der begriffsbezogen verwalteten terminologischen Daten bereitgestellt, etwa zur Einordnung und Darstellung von Synonymen oder Homonymen.

Üblicherweise wird heute aber Terminologie in elektronischer Form bereitgestellt. Dies kann im Intranet eines Unternehmens direkt über das Terminologieverwaltungsprogramm geschehen, wobei in diesem Fall aber entsprechende Nutzerrechte für rein lesenden Zugriff eingerichtet werden sollten, da nicht alle Nutzer terminologische Daten erfassen und bearbeiten wollen, können und sollen. Auch muss überlegt werden, ob die Kosten für Nutzungslizenzen nicht entsprechend der Rechte gestaffelt werden können; so brauchen viele Nutzer nicht den vollen Funktionsumfang der Terminologieverwaltungssoftware, da sie nur Konsumenten der bereitgestellten Terminologie sind.

Eine Bereitstellung von Terminologie über das Internet erlaubt es Nutzern auf der ganzen Welt, den Terminologiebestand ohne Installation einer bestimmten Software zu konsultieren. So können nicht nur Mitarbeiter eines Unternehmens, das weltweit Standorte hat, die Terminologie nutzen, sondern auch Zulieferfirmen, Kooperationspartner oder Kunden. Viele Firmen haben erkannt, dass durch eine derartige Bereitstellung der Unternehmensterminologie eine große Chance besteht, die Terminologie der eigenen Branche entscheidend mitzuprägen, was zur Verbesserung der Corporate Identity, der Position am Markt und zur Kundenbindung führen kann.

Viele Terminologieverwaltungssysteme haben aus diesem Grund eine Web-Schnittstelle, die einen Zugriff ohne spezifische Softwarelizenzen auf den (zentral gehaltenen) Terminologiebestand mittels eines ganz normalen Internet-Browsers erlaubt. Diese Schnittstellen sind mittlerweile so ausgereift, dass darüber nicht nur das Konsultieren der Terminologie sondern auch fast alle Operationen der Terminologiearbeit möglich sind. Manche Terminologieverwaltungsprogramme arbeiten grundsätzlich nur webbasiert, d.h. auf dem eigenen Rechner oder dem Intranet eines Unternehmens werden keine Programme mehr installiert und auch keine Daten mehr verwaltet; Software und Daten liegen im Internet, was Vieles einfacher macht, aber aus Sicht des Datenschutzes und der Datensicherheit nicht ganz unproblematisch ist.

Als letztes und innovativstes Medium der elektronischen Bereitstellung von Terminologie müssen noch Smartphone und Tablet genannt werden. Während bei Tablets wegen der Größe des Bildschirms oft die ganz normalen Webanwendungen zur Konsultation von Terminologie gute Ergebnisse liefern, müssen Apps (Anwendungen und Programme für Smartphones) die terminologischen Informationen anders aufbereiten oder sogar anders zusammenstellen, damit man auf den kleineren Bildschirmen vernünftig die Daten lesen kann. Hierzu werden meist die terminologischen Daten aus dem Terminologieverwaltungsprogramm unter Anwendung von Filtern und Exportspezifikationen herauskopiert und in ein für die App sinnvolles Format umgewandelt. Auf die in diesem Format gespeicherte Terminologie greifen dann die Apps entweder direkt auf dem Smartphone oder übers Internet zu.

7.5.2 Kontrolle von Terminologie in Texten

Um Technische Redakteure bei der Einhaltung einer korrekten und konsistenten Terminologie zu unterstützen, werden Terminologiekomponenten immer häufiger auch in Redaktions- oder Autorensysteme integriert (siehe auch Kap. 7.5.3). Sie erleichtern den Schreibenden das Nachschlagen von Benennungen sowie die Übernahme von Fachausdrücken in den von ihnen zu verfassenden Text. Auch in computergestützte Übersetzungswerkzeuge wie beispielsweise Translation-Memory-Systeme sind in der Regel Terminologiekomponenten integriert. Hier wird in einem speziellen Fenster jeweils die in dem gerade zu übersetzenden Textsegment verwendete Terminologie, die in der Datenbank enthalten ist, mit den ebenfalls enthaltenen zielsprachlichen Äquivalenten angezeigt. Diese können auf Tastendruck in die Übersetzung übernommen werden. Dadurch wird auch sichergestellt, dass nicht nur die Begriffe recherchiert werden, von denen der Autor oder Übersetzer meint, sie nachschlagen zu müssen, sondern alle im Fachtext enthaltenen Termini.

Trotz dieser Unterstützung der Schreibenden bei der Verwendung der Terminologie kann es sinnvoll sein, im Rahmen der Qualitätssicherung zu überprüfen, ob die korrekte, empfohlene oder vorgeschriebene Terminologie verwendet wurde. Spezielle Prüfroutinen können eingesetzt werden, um die in einem Dokument verwendete Terminologie mit der in einer Terminologiedatenbank enthaltenen freigegebenen Terminologie zu vergleichen. Dies gilt gleichermaßen für neue Texte im Rahmen der Technischen Dokumentation wie für Übersetzungen von Fachtexten, auch wenn die Schwerpunktsetzungen bei der Überprüfung unterschiedlich sein können.

Grundsätzlich kann eine weitgehend korrekte Verwendung von Terminologie dadurch sichergestellt werden, dass die Schreibenden computergestützte Systeme verwenden, die die Wiederverwendung existierender Textteile erlauben, die dann natürlich korrekte Terminologie enthalten müssen. Dies sind im einsprachigen Bereich Content-Memory-Systeme oder Authoring-Memory-Systeme, im Übersetzungsbereich Translation-Memory-Systeme. Da auch bei Verwendung dieser Technologien ein gewisser Spielraum bei den Autoren und Übersetzern vorhanden ist, ist eine zusätzliche Überprüfung der korrekten Verwendung von Terminologie in jedem Fall sinnvoll.

Die Kontrolle der Terminologie ist ein wichtiger Baustein beim Lektorat von Texten oder bei der Überprüfung von Übersetzungen. Dies kann natürlich durch menschliche Bearbeiter erfolgen, die neben der Terminologie auch die formale, sprachliche und inhaltliche Korrektheit, die Einhaltung von Stilrichtlinien, die Verständlichkeit und vor allem bei Übersetzungen zusätzlich die Vollständigkeit prüfen. Dies geschieht in der Regel nach Fertigstellung des Textes als eigenständiger Schritt der Qualitätssicherung.

Neben der menschlichen Überprüfung gibt es auch Programme oder Module bestimmter Softwareprodukte (z.B. in Programmen zur maschinengestützten Übersetzung), die eine Überprüfung der korrekten Verwendung von Terminologie in Texten vornehmen können, entweder als eigenständige Aufgabe oder als Komponente im Rahmen des sogenannten Maschinellen Lektorats, bei dem neben der Terminologie auch andere linguistische Überprüfungen vorgenommen werden. Dabei ist in den meisten Fällen eine Verbindung zur Terminologiedatenbank notwendig, in der ja im begriffsorientierten Eintrag dokumentiert ist, ob eine bestimmte Benennung bevorzugt, erlaubt oder abgelehnt ist. Einige dieser Programme führen auch bei dem zu überprüfenden Textdokument zusätzliche eine Terminologieextraktion (siehe Kapitel 7.4) durch, um festzustellen, ob in dem Dokument neben den erlaubten und verbotenen Benennungen auch Benennungen verwendet werden, die bisher noch nicht in der Terminologiedatenbank gespeichert und dokumentiert sind.

Ein grundsätzliches Problem, dass auch schon bei der Terminologieextraktion (Kap. 7.4) thematisiert wurde, tritt auch bei der Terminologiekontrolle auf: Benennungen im Text erscheinen in flektierter Form, in der Terminologiedatenbank sind die Benennungen aber in der Grundform gespeichert. Ein für die Überprüfung von Terminologie in Texten notwendiger Abgleich der flektierten mit der kanonischen Form der Benennung ist normalerweise nur mit Hilfe morphologischer Regeln und Daten möglich; deshalb basieren viele Programme zur Terminologiekontrolle auf linguistischen Verfahren, die ja auch für die anderen Schritte der sprachlichen Überprüfung im Rahmen des Maschinellen Lektorats notwendig sind. Andere Prüfprogramme, die ohne einzelsprachspezifische Linguistik auskommen und deshalb auch für Texte in allen Sprachen einsetzbar sind, nutzen Fuzzy-Algorithmen für einen „unscharfen" Abgleich der Textform der Benennung mit der in der Datenbank enthaltenen Grundform.

7.5.3 Interaktion mit anderen Werkzeugen

Besonders in der heutigen Zeit ist es wichtig, bei der Einrichtung einer Terminologieverwaltung und bei der Auswahl der entsprechenden Software die Interaktion des Terminologieverwaltungssystems mit anderen Systemen sicherzustellen, da viele Aufgaben bei der ein- und mehrsprachigen Fachkommunikation durch Computerprogramme unterstützt werden und viele Informations- und Wissensressourcen in Unternehmen und Organisationen in Form sprachlicher Daten vorliegen.

Die beiden wichtigsten Interaktionsszenarien wurden bereits zu Beginn des vorangehenden Kapitels 7.5.2 genannt. Technische Redakteure, Autoren von Fachtexten und Fachübersetzer müssen während des Erstellens von Texten auf Terminologie zugreifen, d.h. dass entweder die Terminologieverwaltung eine feste Komponente von Textverarbeitungsprogrammen, Editoren, Reaktionssystemen oder CAT-Tools sind oder dass eigenständige Terminologieverwaltungsprogramme eine Schnittstelle zu diesen Systemen anbietet.

Zwei weitere IT-Anwendungen, die sehr eng mit der Terminologieverwaltung kooperieren müssen, sind Programme zur computergestützten Terminologieextraktion (siehe Kap. 7.4) sowie Programme zur Kontrolle der richtigen Verwendung von Terminologie in Texten (siehe Kap. 7.5.2). In beiden Fällen ist entweder eine Schnittstelle implementiert, über die diese Anwendungen direkt auf den Terminologiebestand oder die Funktionalitäten des Terminologieverwaltungssystems zugreifen können, oder es gibt indirekte Schnittstellen, die mittels Datenaustausch zwischen den beteiligten Systemen in periodischen Abständen interagieren.

Werden innerhalb bestimmter organisatorischer Umgebungen andere sprachtechnologische Anwendungen eingesetzt, so kann auch hier eine Interaktion mit der Terminologieverwaltung sinnvoll sein, da man die sprachlichen Daten nur an einer und nicht an mehreren Stellen pflegen will und dadurch Inkonsistenzen und Kosten vermeiden möchte. So brauchen etwa regelbasierte Maschinelle Übersetzungssysteme Wörterbücher für Analyse, Transfer und Generierung, deren Inhalte sinnvollerweise aus dem Terminologiebestand übernommen oder abgerufen werden können. Auch Programme zur Lokalisierung von Software-Oberflächen sollten sinnvollerweise mit der Terminologieverwaltungssoftware interagieren, da gerade in diesem Anwendungsbereich eine konsistente Verwendung von Benennungen unbedingt notwendig ist.

7.5.4 Austausch terminologischer Daten

Sorgfältige Terminologiearbeit und professionelles Terminologiemanagement sind zeitaufwändige und damit kostenintensive Tätigkeiten in Unternehmen und bei Freiberuflern. Der Zugang zu und die Wiederverwendung von bereits bestehenden terminologischen Ressourcen kann den Aufwand für Terminologiearbeit deutlich reduzieren. Diese ökonomischen Argumente sind in vielen Fällen die Beweggründe für die Beschäftigung mit dem Austausch terminologischer Daten, wobei in den meisten Fällen eher an eine Übernahme von existierender Terminologie als an eine Weitergabe eigener Bestände gedacht wird.

Auch im Zusammenspiel zwischen Auftraggebern, Sprachdienstleistern und Freiberuflern ist die Weitergabe terminologischer Daten in beide Richtungen durchaus üblich. Unternehmen stellen ihre Terminologie für den Übersetzungsprozess zur Verfügung und Übersetzer geben aktualisierte Terminologiebestände wieder zurück. Besonders die Einhaltung konsistenter Terminologieverwendung in größeren Projekten, an denen mehrere Freiberufler beteiligt sind, kann nur dann sichergestellt werden, wenn alle auf die gleiche Terminologie zugreifen können; unterschiedliche Terminologiewerkzeuge und individuelle Modellierungen von Terminologiebeständen erschweren aber den verlustfreien und konsistenten Austausch von terminologischen Daten.

Als letztes wichtiges Szenario für den Austausch terminologischer Daten muss noch die Migration von Terminologie von einem System auf ein anderes genannt werden. Dies kann notwendig werden, wenn ein Anwender von einem Terminologieverwaltungssystem auf ein System eines anderen Herstellers umsteigt, aber auch, wenn terminologische Daten in anderen Programmen wie z.B. Content-Management-Systemen oder (regelbasierten) Maschinellen Übersetzungssystemen oder auch in anderen Formaten wie z.B. HTML oder XML gebraucht werden.

Da aber in all diesen Szenarien die Anforderungen an die benötigten Sprachen und Informationskategorien bei der Terminologieverwaltung je nach Nutzergruppe und organisatorischem Umfeld recht unterschiedlich sein können, sind die jeweiligen Terminologiebestände auch unterschiedlich strukturiert. Ein Austausch von Terminologiebeständen zwischen verschiedenen Anwendern und/oder Systemen wird hierdurch enorm erschwert.

Neben den inhaltlichen Aspekten, auf die beim Austausch terminologischer Daten zu achten ist, sind auch wirtschaftliche und juristische (geistiges Kapital, Urheber- und Nutzungsrechte) sowie hardware-technische Aspekte (Datenträger, Schnittstellen) zu berücksichtigen. Der Schwerpunkt der folgenden Betrachtung liegt aber eher auf den inhaltlichen Problemen, die beim Austausch terminologischer Daten zwischen Systemen mit unterschiedlichen Datenkategorien und Datenmodellierungen auftreten können.

Austauschroutinen zwischen zwei bestimmten Terminologiedatenbanken müssen normalerweise immer individuell entwickelt werden; hierzu muss man die formalen Export- und Importformate und vor allem die „Semantik" der Datenkategorien und der Datenmodelle der beiden beteiligten Systeme kennen. Sind mehrere Systeme am Austausch terminologischer Daten beteiligt, so erhöht sich sehr schnell die Anzahl der notwendigen Konvertierungsroutinen. Deshalb möchte man gerne auf genormte Austauschformate zurückgreifen, wobei jedes der beteiligten Terminologieverwaltungssysteme „nur" einen Import von Daten aus dem genormten Austauschformat und „nur" einen Export in das genormte Austauschformat bereitstellen muss.

Eines der bekanntesten und oft bereitgestellten Formate ist das CSV-Format (comma-separated values). Bei diesem Format werden Informationen durch Kommata oder Tabulatoren und Datensätze durch Returns oder Absatzmarken getrennt. Auch wenn die einzelnen Daten in der Regel sauber voneinander getrennt werden, so ist doch die Bedeutung und Interpretation der einzelnen Daten unklar und nicht im Format abgelegt.

```
60 → J.·Spiegel→2011-02-24T18:07:26 → J.·Spiegel→2011-02-24T18:07:26
  → Atraumatische·Klemme.jpg → Allgemeinchirurgie|Gefäßchirurgie → vorläufig
  → Atraumatische·Klemme → J.·Spiegel→2011-02-24T18:07:26 → J.·Spiegel
  → 2011-02-24T18:07:26 → sub → f. → sg. → bevorzugt → Der·überschüssige·
Ureter·wird·durch·atraumatische·Klemmen·gefasst·und·abgetrennt.→Die·
atraumatische·Klemme·dient·zur·Gewebepräparation,·aber·auch·zum·Fassen·von·
Gefäßen·beim·Anlegen·einer·Ligatur.· → vorläufig → Atraumatic·clamp→J.·
Spiegel → 2011-02-24T18:07:26 → J.·Spiegel→2011-02-24T18:07:26 → sg. → sub
  → bevorzugt → US|UK→The·catheter·should·be·clamped·with·an·atraumatic·clamp·
between·the·catheter·exit·site·and·the·damaged·area·when·damage·occurs·and·must·
remain·clamped·during·repair.→An·atraumatic·clamp·is·a·surgical·instrument·
designed·to·compress·a·structure,·such·as·a·blood·vessel·or·a·cut·end·of·the·
intestine·.·Atraumatic·clamps·are·used·to·stop·bleeding·from·the·cut·vessels·and·
are·designed·not·to·damage·the·arterial·wall.→vorläufig → 2.3.2→J.·Spiegel
  → 2011-02-24T18:07:26 → J.·Spiegel→2011-02-24T18:07:26 → ¶
61 → J.·Spiegel→2011-02-24T18:08:02 → J.·Spiegel→2011-02-24T18:21:47
  → Atraumatische·Nadel.jpg→Allgemeinchirurgie → vorläufig → Atraumatische·
Nadel→J.·Spiegel→2011-02-24T18:08:02 → J.·Spiegel→2011-02-24T18:08:02 → sub
  → f. → sg. → bevorzugt → Die·atraumatische·Nadel·besitzt·im·Schaft·eine·
axiale·Bohrung,·in·die·der·Faden·eingebracht·wird. → Die·atraumatische·Nadel·
zählt·zu·den·chirurgischen·Nadeln·und·dient·zur·Gewebevereinigung.·Im·Gegensatz·
zur·Öhrnadel·ist·bei·der·atraumatischen·Nadel·der·Faden·in·das·Nadelende·
```


Daten einer spezifischen Terminologiedatenbank im CSV-Format

Das CSV-Format wird oft benutzt, um Daten aus und in Excel-Tabellen zu konvertieren. Dabei sind manchmal in der ersten „Zeile" der Austauschdatei die Namen der benutzten „Spalten" angegeben, die einen Rückschluss auf die Semantik der folgenden Daten erlaubt. Dies kann allerdings nur funktionieren, wenn die Struktur der terminologischen Daten nicht zu komplex ist und wenn jeder Datensatz gleich aufgebaut ist; bei variablen Daten (z.B. unterschiedliche Anzahl von Benennungen in verschiedenen Sprachen) „verrutschen" die Spalten, wodurch eine korrekte Interpretation der Daten unmöglich wird.

Die Verwendung einer Auszeichnungssprache wie XML (*extensible markup language*) umgeht genau diese Problematik. Einer Information kann nicht nur durch die Markierung mit einem sogenannten Tag eine Bedeutung mitgegeben werden; auch die Gruppierung und Zuordnung von Daten wird mittels XML eindeutig festgelegt.

```
<concept>60</concept>¶
<transacGrp><transac·type="origination">J.·Spiegel</transac><date>2011-02-
24T18:07:26</date></transacGrp>¶
<transacGrp><transac·type="modification">J.·Spiegel</transac><date>2011-02-
24T18:07:26</date></transacGrp>¶
<descripGrp><descrip·type="Abbildung">Atraumatische·
Klemme.jpg</descrip><descripGrp><descrip·type="Quelle"><xref·
Ulink="http://www.dimeda.de/pdf/general/kap_13.pdf">http://www.dimeda.de/pdf/gen
eral/kap_13.pdf</xref></descrip><transacGrp><transac·type="origination">J.·
Spiegel</transac><date>2011-02-
22T17:32:35</date></transacGrp><transacGrp><transac·type="modification">J.·
Spiegel</transac><date>2011-02-22T17:32:35</date></transacGrp></descripGrp>¶
</descripGrp><descripGrp><descrip·
type="Fachgebiet">Allgemeinchirurgie|Gefäßchirurgie</descrip></descripGrp>¶
<descripGrp><descrip·type="Qualitätsstatus">vorläufig</descrip></descripGrp>¶
<languageGrp><language·lang="DE"·type="Deutsch"/>¶
<descripGrp><descrip·type="Definition">Die·atraumatische·Klemme·dient·zur·
Gewebepräparation,·aber·auch·zum·Fassen·von·Gefäßen·beim·Anlegen·einer·Ligatur.·
</descrip>¶
```

Daten einer spezifischen Terminologiedatenbank in einem XML-Format

Um zu einem genormten Austauschformat zu kommen, ist es jetzt nicht mehr weit; man muss eigentlich nur noch die Auszeichnungselemente in den spitzen Klammern, die Tags, standardisieren, damit ein sogenannter „blinder Austausch" zwischen Terminologiebeständen möglich ist. Blind bedeutet hier, dass man keine Kenntnisse über die Struktur, die benutzten Datenkategorien und deren Werte in der Ausgangs- und Zieldatenbank braucht. Genau dies versucht das in der ISO 30042 (2008) festgelegte Austauschformat TBX (TermBase eXchange). TBX nutzt das in der ISO 16642 (2003) definierte terminologische Meta-Modell (siehe Kap. 7.3.2.3) für die Ebenen und Strukturelemente der XML-Datei und die in ISOCAT (www.isocat.org) spezifizierten Datenkategorien (siehe Kap. 7.3.2.1) für die Auszeichnung der einzelnen Informationswerte. Die folgende Abbildung zeigt sehr vereinfacht einen Ausschnitt aus einem terminologischen Eintrag in TBX.

```
...
<text><body>
  <termEntry id='ID0000073578'>
    <descrip type='subjectField'>Materialbeschaffenheit</descrip>
    <langSet lang=de>
      <descrip type='definition'>Maß für die Lichtundurchlässigkeit</descrip>
      <ntig>
        <termGrp>
            <term>Opazität</term>
            <termNote type='partOfSpeech'>Substantiv</termNote>
            <termNote type='grammaticalGender'>f.</termNote>
        </termGrp>
      </ntig>
      ...
    </langSet>
    ...
  </termEntry>
  ...
</body></text>
```

Vereinfachter Auszug aus einer TBX-Datei

Auch wenn TBX als ISO-Norm spezifiziert ist, so stellt man schon beim Konsultieren von ISOCAT fest, dass es verschiedene „TBXe“, also verschiedene TBX-Varianten gibt. Die Norm selbst definiert so etwas wie eine Familie von TBX-kompatiblen Formaten, wobei TBX-Default den Gesamtumfang an Datenkategorien der TBX-Familie berücksichtigt, TBX-Basic zum Beispiel eine kleinere Untermenge an Datenkategorien, um für unterschiedliche Anwendergruppen und unterschiedlich komplexe Datenbanken jeweils spezifische Untermengen und damit leichter zu implementierende Import- und Export-Routinen zu erlauben.

Abschließend müssen zur Austauschproblematik noch zwei Dinge angesprochen werden, die den Austausch terminologischer Daten extrem erschweren können: die fehlende Striktheit von Austauschformaten wie TBX und die Flexibilität moderner Terminologieverwaltungssysteme.

TBX versucht bei sogenannten geschlossenen Datenkategorien auch die Werte, die auftreten können, als einfache Datenkategorien festzulegen. Das mag bei bestimmten Datenkategorien wie Genus ganz gut funktionieren (Genus = m., f. oder n.), bei anderen wiederum auch noch ganz gut möglich sein (der Bearbeitungsstatus kann in unterschiedlichen Umgebungen unterschiedliche Werte erfordern), muss aber bei bestimmten Kategorien wie Fachgebiet zum Scheitern verurteilt sein, da sich keine Fachgebietsklassifikation finden lässt, die allen Bedürfnissen gerecht werden kann. Deshalb kann ein vollkommen „blinder“ Datenaustausch mit TBX nicht für alle Datenkategorien sichergestellt werden, da TBX z.B. keine Werte für die Datenkategorie Fachgebiet spezifiziert.

Sinnvollerweise sollte dem (normalen) Nutzer von kommerziellen Terminologieverwaltungssystemen eine bereits vom Systemhersteller implementierte Import- und Exportfunktion für TBX bereitgestellt werden. Dies ist aber nur dann möglich, wenn das Terminologieverwaltungssystem eine fest vorgegebene Eintragsstruktur mit festgelegten Datenkategorien hat; nur in diesem Fall kennt der Systementwickler die Semantik der Datenkategorien und kann sie adäquat in TBX abbilden. Hat man aber Terminologieverwaltungssysteme, bei denen der Nutzer die Datenmodellierung selbst vornehmen muss/kann oder eine vorgeschlagene Datenmodellierung modifizieren kann, so kann der Systementwickler keine saubere TBX-Schnittstelle bereitstellen, da er die Bedeutung der vom Benutzer individuell abgelegten Datenkategorien nicht kennen kann. In diesen Fällen kann entweder nur ein spezielles Mapping-Tool helfen, durch das der Nutzer seine eigenen Datenkategorien auf die genormten ISOCAT-Datenkategorien abbildet (mappt), oder der Nutzer orientiert sich gleich beim Anlegen oder Modifizieren seiner Terminologiedatenbank an den genormten Datenkategorien in ISOCAT und am terminologischen Meta-Modell.

8 Terminologie und Dokumentation

Wer sachgerechte Terminologiearbeit leisten will, benötigt hochwertiges Dokumentationsmaterial. Schon aus dieser Tatsache ergibt sich eine enge Verbindung zwischen der *Terminologie* und der *Dokumentation*, die wiederum eng mit dem Bereich *Information* verknüpft ist; aber auch Information und Dokumentation sind ihrerseits auf die Terminologie angewiesen, wie bereits in 1.3 angedeutet wurde.

Information kann man als „schriftlich festgehaltenes oder vermitteltes Wissen" definieren (Friis-Hansen et al. 1996:74). *Dokumentation* kann sowohl den Prozess des Dokumentierens, d.h. die Be- und Verarbeitung von Dokumenten und Daten als auch das Ergebnis dieses Prozesses bezeichnen, d.h. eine Menge von Dokumenten, die zu einem bestimmten Zweck gespeichert werden. Damit ergibt sich für das Fachgebiet *Dokumentation* ein weites Aufgabenspektrum, nämlich „die Sammlung, Ordnung (Strukturierung), Registrierung, Lagerung, Wiederauffindung und Vermittlung von Informationen (Wissen)" (Friis-Hansen et al. 1996:50).

Zwischen Terminologie und Dokumentation gibt es im Wesentlichen drei Verbindungen:

1. Dokumentation *ist ein Fachgebiet* mit eigener Terminologie,
2. Dokumentation *wendet* Terminologie *an*,
3. Dokumentation *macht* terminologisches Wissen *zugänglich* (Terminologiedokumentation).

8.1 Dokumentation als Fachgebiet mit eigener Terminologie

Diese Verbindung entspricht derjenigen, die zwischen allen übrigen Fachgebieten, z.B. dem Recht oder der Chemie und der Terminologie besteht. Die Terminologie der Dokumentation ist auch Gegenstand der Normung. Im Rahmen der ISO widmet sich diesem Bereich ein spezieller technischer Ausschuss, ISO/TC 46 „Information and Documentation".

8.2 Dokumentation als Terminologieanwender

Wichtige Werkzeuge der Dokumentationsarbeit sind Thesaurus und Klassifikation; für beide spielt die Terminologie eine grundlegende Rolle.

8.2.1 Terminologie beim Aufbau von Thesauri

Je umfangreicher ein Dokumentationsbestand – Zeitschriftenaufsätze, Normen, Patentschriften o.Ä. – wird, umso schwieriger wird es, aus der Menge der Dokumente genau diejenigen herauszufinden, in denen die in einer konkreten Situation benötigten Informationen enthalten sind. Der Zugang zu den gesammelten Daten lässt sich dadurch erleichtern, dass aus jedem Dokument die für ihren Inhalt besonders charakteristischen Benennungen herausgefiltert und in übersichtlicher Form dargestellt werden. Diese Benennungen werden als Deskriptoren bezeichnet, weil sie die Aufgabe haben, den Inhalt eines Dokuments zu beschreiben. Deskriptoren spielen in Dokumentationssystemen eine wichtige Rolle, weil sich das Suchgebiet mit ihrer Hilfe beliebig einengen bzw. erweitern lässt; dabei bedient man sich heute in aller Regel der IT. Einen Anwendungsbereich von Deskriptoren stellt das *Abstract* – auch als Referat oder Kurzfassung bezeichnet – dar. Darunter versteht man „die Zusammenfassung einer vollständigen wissenschaftlichen Arbeit. Es dient der Schnellinformation und soll die Relevanzentscheidung durch den Benutzer ermöglichen" (Schneider 1997:4).

Deskriptoren können ihre Funktion nur dann zufriedenstellend erfüllen, wenn derjenige, der einem Dokument bestimmte Deskriptoren zuordnet – man spricht hier von Indexieren – und derjenige, der – vielleicht Jahre später – ausgehend von diesen Deskriptoren Informationen aus dem Dokumentationsbestand abfragt – dies wird als Retrieval bezeichnet – sich der gleichen (Fach-)Sprache bedienen, d.h., die Begriffe müssen einheitlich definiert und benannt werden, damit die Suche nicht ins Leere führt bzw. der Suchende auf seine Frage nicht die falsche Antwort bekommt. Diese Einheitlichkeit im Sprachgebrauch wird durch den Thesaurus erzielt.

Ein Thesaurus ist eine Sammlung von Fachwörtern eines bestimmten Gebietes, in der die Begriffsbeziehungen angegeben sind und bei der insbesondere sichergestellt ist, dass eine Benennung jeweils einen Begriff eindeutig repräsentiert. Diese Eindeutigkeit wird dadurch erreicht, dass es, vereinfacht gesagt, zwei Arten von Eintragungen gibt, auf der einen Seite den Deskriptor, d.h. die Vorzugsbenennung, und auf der anderen Seite die abgelehnte Benennung, den Nichtdeskriptor. Solche Nichtdeskriptoren sind in erster Linie Synonyme eines Deskriptors (z.B. Schraubenzieher statt Schraubendreher, Glühlampe statt Glühbirne), aber auch unterschiedliche Schreibweisen (Fotografie statt Photographie) und Abkürzungen. Sogar Benennungen, die dem Deskriptor semantisch nahe stehen, aber keine Vollsynonyme sind, können als Nichtdeskriptoren Verwendung finden. Deskriptoren repräsentieren damit Begriffe, deren Inhalt künstlich und nur für den Bereich des jeweiligen Thesaurus festgelegt ist.

Nach seiner Funktion ist ein Thesaurus somit ein Mittel zur terminologischen Kontrolle, nach seiner Struktur ein dynamisches und offenes Vokabular von semantisch und generisch verbundenen Benennungen, das einen bestimmten Fachbereich begriffsmäßig abdeckt (vgl. Schuck 1977:114). Thesauri decken größere oder kleinere Fachgebiete ab; sie sind aber nie universal wie z.B. die DK.

Die begriffliche Beziehung zwischen Deskriptor und Nichtdeskriptor wird als Äquivalenzbeziehung bezeichnet, auch wenn eine echte begriffliche Äquivalenz nicht vorliegt. Für die Thesaurusarbeit sind zwei weitere Arten von Begriffsbeziehungen von Bedeutung, die Hierarchiebeziehung und die Assoziationsbeziehung.

Die Hierarchiebeziehung wurde im Zusammenhang mit den Begriffssystemen bereits eingehend erörtert. Was dort über hierarchische Begriffssysteme (Abstraktionssysteme und Bestandssysteme) gesagt wurde, lässt sich auf den Bereich des Thesaurus übertragen; allerdings werden im Thesaurus in hierarchischen Begriffssystemen zwischen Ober- und Unterbegriff häufig einzelne Abstraktionsstufen übersprungen.

Bei der *Assoziationsbeziehung* besteht lediglich eine thematische Verwandtschaft, wie sie vielfach Begriffsfeldern zugrunde liegt. Typische „verwandte“ Begriffe sind beispielsweise Antonyme (*Wasserhärte ./. Wasserweichheit*) und Kausalbeziehungen (*Lehren ./. Lernen*), jedoch können sich aufgrund des ausgeprägten Anwendungsbezuges von Thesauri gelegentlich auch Beziehungen ergeben, die über den bereits relativ weiten Rahmen des Begriffsfeldes noch hinausgehen (vgl. Schuck a.a.O.:119f.).

Die Struktur eines Thesaurus soll an einem Beispiel verdeutlicht werden, das den „Guidelines for the Establishment and Development of Monolingual Thesauri“ (1981:47) entnommen wurde.

35mm CAMERAS
  BT: MINIATURE CAMERAS

CAMERAS
  BT: OPTICAL EQUIPMENT
  NT: MOVING PICTURE CAMERAS
  STEREO CAMERAS
  STILL CAMERAS
  UNDERWATER CAMERAS
  RT: PHOTOGRAPHY

CINE CAMERAS
  BT: MOVING PICTURE CAMERAS
  NT: UNDERWATER CINE CAMERAS
  RT: CINEMA

CINEMA
  RT: CINE CAMERAS

DIVING
  RT: UNDERWATER CAMERAS

INSTANT PICTURE CAMERAS
  SN: Cameras which produce a finished print directly
  BT: STILL CAMERAS

Land cameras *USE* VIEW CAMERAS

MICROSCOPES
  BT: OPTICAL EQUIPMENT

MINIATURE CAMERAS
  BT: STILL CAMERAS
  NT: 35mm CAMERAS

MOVING PICTURE CAMERAS
  BT: CAMERAS
  NT: CINE CAMERAS
  TELEVISION CAMERAS

OPTICAL EQUIPMENT
  NT: CAMERAS
  MICROSCOPES

PHOTOGRAPHY
  RT: CAMERAS

REFLEX CAMERAS
  BT: STILL CAMERAS
  NT: SINGLE LENS REFLEX CAMERAS
  TWIN LENS REFLEX CAMERAS

SINGLE LENS REFLEX CAMERAS
  BT: REFLEX CAMERAS

STEREO CAMERAS
  BT: CAMERAS

STILL CAMERAS
  BT: CAMERAS
  NT: INSTANT PICTURE CAMERAS
  MINIATURE CAMERAS
  REFLEX CAMERAS
  VIEW CAMERAS

TELEVISION
  RT: TELEVISION CAMERAS

TELEVISION CAMERAS
  SN: Cameras for both broadcasting and videotape recording
  BT: MOVING PICTURE CAMERAS
  RT: TELEVISION

TWIN LENS REFLEX CAMERAS
  BT: REFLEX CAMERAS

UNDERWATER CAMERAS
  BT: CAMERAS
  NT: UNDERWATER CINE CAMERAS
  RT: DIVING

UNDERWATER CINE CAMERAS
  BT: CINE CAMERAS
  UNDERWATER CAMERAS

VIEW CAMERAS
  SN: Cameras with through-the-lens focusing and a range of movements of the lens plane relative to the film plane
  UF: Land cameras
  BT: STILL CAMERAS

Die Begriffsbeziehungen werden jeweils durch standardisierte Kurzformen verdeutlicht: Bei der Äquivalenzbeziehung verweist die Form USE vom Nichtdeskriptor auf den Deskriptor, die Form UF (*used for*) vom Deskriptor auf den Nichtdeskriptor (Beispiel: Land cameras USE VIEW CAMERAS; VIEW CAMERAS UF: Land cameras).

Bei der Hierarchiebeziehung wird der Oberbegriff mit BT (*broader term*), der Unterbegriff mit NT (*narrower term*) bezeichnet. Die Assoziationsbeziehung wird mit RT (*related term*) gekennzeichnet. SN steht für *scope note*, was hier der Definition entspricht.

Im vorliegenden Fall wurde die alphabetische Darstellungsform gewählt, die leicht durch die begriffliche, aus der sie entwickelt worden ist, ersetzt werden kann.

8.2.2 Terminologie beim Aufbau von Klassifikationssystemen

Mit Hilfe des Thesaurus kann man, ausgehend von Deskriptoren, ein benötigtes Dokument aus einer größeren Menge von Dokumenten herausfinden. Dagegen ist es kaum möglich, mit Hilfe eines Thesaurus Dokumente (oder Gegenstände) zu ordnen. Um dieses Ziel zu erreichen, benötigt man eine *Klassifikation*. Zu einer Klassifikation gelangt man, indem man Klasseneinteilungen wiederholt unterteilt. Grundlegend für eine Klassifikation ist also, dass sie mehrere Klassen umfasst und dass sie Relationen zwischen diesen aufweist, die zumeist hierarchischer Natur sind.

Eine Klassifikation spielt in vielen Bereichen eine Rolle. Entsprechend den unterschiedlichen Benutzerbedürfnissen sind sehr verschiedenartige Klassifikationssysteme entwickelt worden. Für alle Systeme ist jedoch terminologische Klarheit und Präzision gleichermaßen unerlässlich.

Dies zeigt das Beispiel der Universellen Dezimalklassifikation (DK), des wohl wichtigsten Klassifikationssystems. Die DK wird weltweit in vielen Bibliotheken zur Katalogisierung von Buchbeständen verwendet, hat aber auch zahlreiche andere Organisationssysteme stark beeinflusst. Es handelt sich um eine Universalklassifikation, d.h., die DK ist nicht auf ein bestimmtes Sachgebiet begrenzt; es geht vielmehr grundsätzlich um die Ordnung des gesamten menschlichen Wissens.

Wie die Bezeichnung „Dezimalklassifikation" bereits besagt, wird die Gesamtheit der Wissensgebiete stufenweise in jeweils 10 Elemente aufgegliedert, sodass man zu immer kleineren Einheiten gelangt; dabei muss jede Einheit präzise benannt werden. Die Funktionsweise des Systems veranschaulichen die beiden Auszüge aus der französischsprachigen und der englischsprachigen Ausgabe der DK. Der Vergleich beider Auszüge verdeutlicht das terminologische Problem, das darin liegt, dass die Ausgaben der DK in einer Reihe von Sprachen parallel erarbeitet werden müssen. Andererseits können die jeweils einsprachigen Ausgaben der DK als Parallelwörterbücher verwendet werden, da unter einer bestimmten Notation immer nur derselbe Begriff auftreten kann.

671	**Objets en métaux précieux, gemmes, pierres précieuses** → 669.21/.23
671.1	**Objets en or, en argent, et en autres métaux précieux. Bijouterie, joaillerie** → 391.7 ; 681.11 ; 739.1/.2
671.11	Objets en or et en argent. Objets gravés, ciselés et repoussés
671.12	Bijouterie, joaillerie
671.121.2	Broches. Epingles de parure. Agrafes décoratives
671.121.3	Bracelets, bracelets de montre, etc. Fermoirs, boucles, etc. de bracelet
671.121.4	Bijoux pour les oreilles. Boucles d'oreille, pendants, clips, etc.
671.121.5	Anneaux (pour les doigts). Alliances de mariage. Bagues, chevalières, etc.
671.121.6	Porte-clés. Dispositifs de sécurité et mécanismes de sûreté pour les montres, bracelets, etc.
671.121.9	Autres objets décoratifs. Guillochis. Objets ornés de guillochures. Articles en métal guilloché. Objets en métal treillagé, entrelacé. Pendentifs. Pendants d'oreilles. Médaillons portés en parure
671.123	Parures et ornements pour la tête. Tiares, mitres, diadèmes, etc.
671.125	Insignes royaux, insignes et signes distinctifs divers. Sceptres. Couronnes. Poignées et gardes d'épées, manches de dague, fourreaux et gaines. Bâtons représentatifs d'une fonction
671.128	Emblèmes, badges et décorations similaires → 355.134 ; 671.42 ; 929.71

aus: Classification Décimale Universelle, Edition moyenne internationale (1993:307)

671.1	**Gold and silver articles. Articles of other precious metals. Jewellery**
	→ *391.7, 681.11, 739.1/.2*
671.11	**Gold and silver articles. Engraved and embossed articles**
671.12	**Jewellery**
671.121	**Brooches. Bracelets. Rings etc.**
671.121.2	Brooches. Decorative pins, clasps
671.121.3	Bracelets. Closures, buckles etc. for bracelets. Including: Wristwatch bands
671.121.4	Ear jewellery. Ear-piercers. Including: Earrings. Ear-clips
671.121.5	Rings (finger rings). Including: Wedding rings. Signet rings
671.121.6	Key rings. Security devices for watches, bracelets etc.
671.121.9	Other decorative objects. Including: Articles of guilloche, lattice metalwork. Pendants. Lockets
671.123	**Jewellery for the head. Including: Tiaras. Diadems**
671.125	**Various regalia, insignia. Including: Sceptres. Crowns. Sword or dagger hilts, sheaths. Batons, staffs of office**
671.128	**Badges and similar decorations**
	→ *355.134.2, 671.42, 929.71*

aus: Universal Decimal Classification, International Medium Edition (1993:759)

8.3 Terminologiedokumentation

Terminologie-relevante Dokumente können in traditioneller Buch- oder Zeitschriftenform oder in elektronischer Form auftreten. Dabei bietet das Internet auch hier wieder eine sehr gute Informationsquelle für derartige Dokumente (siehe 7.2). Im Einzelnen kann man je nach Typ der Dokumente folgende Dokumentformen unterscheiden:

terminologische Datendokumentation
terminologische Faktendokumentation
terminologische Literaturdokumentation

Bei der terminologischen Datendokumentation stehen die Informationen zu einem Begriff und seinen Benennungen im Vordergrund. Dabei geht es bei dieser für die Terminologiearbeit wichtigsten Dokumentationsform um die Angaben, die in einem terminologischen Eintrag im Wörterbuch, in einer terminologischen Abschlussarbeit oder in einer Terminologiedatenbank zu finden sind. Manchmal wird auch der Verweis auf solche Daten in Form von Bibliographien als sekundäre Datendokumentation bezeichnet.

Die terminologische Faktendokumentation konzentriert sich auf die Sammlung und Verbreitung von Informationen über Institutionen, Organisationen und Verbände mit terminologischen Tätigkeiten sowie über Experten mit terminologischer Erfahrung auf bestimmten Fachgebieten. Während früher solche Informationen eher in gedruckter Form verfügbar gemacht wurden (z.B. der von Infoterm herausgegebene „World Guide to Terminological Activities"), findet man heute wegen der Schnelllebigkeit diese Informationen eher im Internet auf den Seiten der Terminologie-Portale (siehe Kap. 7.2.2).

Bei der terminologischen Literaturdokumentation geht es um die Beschaffung von Dokumenten, die sprachliche bzw. sachliche Informationen enthalten, welche für die Ermittlung und Weiterentwicklung von Terminologien erforderlich sind. Die Bereitstellung der benötigten Dokumente kann in direkter (primäre Literaturdokumentation) oder indirekter (sekundäre Literaturdokumentation) Form erfolgen, wobei bei der ersten Form die Dokumente selbst bereitgestellt werden und bei der zweiten Form ein Verweis auf relevante Dokumente in Form von Bibliographien erfolgt.

Die drei genannten Dokumentationsformen treten im Internet entweder in reiner Form oder – was immer häufiger der Fall ist – gebündelt auf.

9 Terminologienormung

In Kapitel 3.10 wurde gezeigt, welche Probleme sich bei der Zuordnung von Begriff und Benennung ergeben können; auch wurde bereits mehrfach darauf hingewiesen, dass für eine problemlose fachliche Kommunikation eindeutige Benennungen erforderlich sind. Es ist daher ein naheliegender Wunsch, eine Institution, die die nötige Autorität besitzt, möge bestimmte Terminologien verbindlich festlegen.

Tatsächlich beschäftigen sich die Normungsinstitutionen der meisten Länder in unterschiedlichem Umfang mit Terminologienormung. Solche Normungsaktivitäten haben keineswegs das Ziel, die Sprachbenutzer in ihren sprachlichen Möglichkeiten einzuengen; es geht ausschließlich darum, eine eindeutige Verständigung zwischen Fachleuten zu sichern. Dazu ist die Festlegung von Begriffen und ihren Benennungen unerlässlich. Die Vorbehalte gegen eine „Sprachnormung", die vielfach bei Sprachwissenschaftlern, aber auch bei Laien, festzustellen sind, sind daher im Falle der Terminologienormung unbegründet.

9.1 Geschichtliche Entwicklung

Die Bemühungen um eine Klärung der zu bestimmten Fachgebieten gehörenden sprachlichen Ausdrucksmittel haben bereits eine Jahrhunderte lange Tradition. Als ein bedeutender Vorläufer heutiger Normungsbestrebungen kann Vesalius (1514 - 1564), der Begründer der modernen Anatomie, gelten, der einen wichtigen Beitrag zur Entwicklung der anatomischen Terminologie leistete. In diesem Zusammenhang kann auch Albrecht Dürer (1471 - 1528) genannt werden, der sich – allerdings ohne Erfolg – bemühte, eine deutschsprachige Terminologie der Mathematik zu schaffen.

Im 18. Jahrhundert begann man mit der systematischen Entwicklung von Nomenklaturen im Bereich der Naturwissenschaften. So schuf Carl von Linné (1707 - 1778) die noch heute gültigen Grundlagen der botanischen Nomenklatur; für den Bereich der Chemie erlangten die Arbeiten von Jakob von Berzelius (1779 - 1848) vergleichbare Bedeutung.

Von einer systematischen Terminologiearbeit im eigentlichen Sinne kann man jedoch erst seit der zweiten Hälfte des 19. Jahrhunderts sprechen. Den Anstoß gab die um die Mitte des Jahrhunderts einsetzende technologische Revolution, die zwar zu großen Fortschritten, vielfach jedoch auch zu einem ungeordneten Nebeneinander und Durcheinander technischer Entwicklungen führte.

So gab es in den einzelnen deutschen Ländern zunächst nicht weniger als 15 verschiedene Maßeinheiten für den „elektrischen Widerstand" und acht für die „motorische Kraft". Dies führte zwangsläufig zu kostspieligen Missverständnissen, die sich äußerst nachteilig auf den Handel auswirkten. Aufgrund solcher Erfahrungen setzte sich in den Industriestaaten bereits relativ früh die Erkenntnis durch, dass Normung einen wichtigen Beitrag zum technischen Fortschritt leisten kann. So begann der englische Fabrikant Whitworth schon im Jahre 1841, die von ihm hergestellten Gewinde zu normen, und bereits 1850 wurde eine einheitliche Spurweite für die Eisenbahnen der deutschen Länder festgelegt.

Zunächst ging es also um die Erarbeitung von Sachnormen, d.h. um die Vereinheitlichung von Gegenständen und Verfahren. Allerdings wurden diese Normungsbemühungen vielfach durch Verständigungsprobleme erheblich behindert. Es war nämlich fast die Regel, dass für einen Begriff mehrere konkurrierende Benennungen verwendet wurden (vgl. dazu das Beispiel in 1.2). Damit wurde schon bald die Terminologienormung erforderlich, denn Gegenstände und Verfahren lassen sich nur dann verbindlich und zweifelsfrei vereinheitlichen, wenn auch über die Verwendung der hierzu verwendeten sprachlichen Mittel Einigkeit besteht.

So begann die International Electrotechnical Commission (IEC) unmittelbar nach ihrer Gründung im Jahre 1906 damit, die elektrotechnische Terminologie zu klären und zu bereinigen. Die Durchführung dieser Arbeit nahm 32 Jahre in Anspruch; in diesem Zeitraum wurden wertvolle terminologische Erkenntnisse gesammelt, die auch heute noch Gültigkeit haben.

Ähnliche Überlegungen wurden recht früh auch in Deutschland angestellt. Bereits 1917 erhielten die Fachausschüsse des DNA (Deutscher Normenausschuss) Terminologieunterausschüsse. Auch die 1926 gegründete ISA (International Federation of the Standardizing Associations), deren Ziel eine Vereinheitlichung der nationalen Normen auf internationaler Ebene war, widmete sich von Anfang an terminologischen Problemen.

Dabei ging es zunächst vorrangig um die Festlegung einzelner Begriffe und ihrer Benennungen; sehr bald erkannte man jedoch, dass die terminologische Einzelnormung nur dann zu brauchbaren Ergebnissen führen kann, wenn für alle an der Arbeit Beteiligten einheitliche Grundsätze gelten. Man begann daher, nach Gesetzmäßigkeiten in der Struktur der bestehenden Terminologien zu suchen, um Regeln für die Bildung neuer Benennungen festzulegen. Diese Bemühungen bildeten den Ausgangspunkt für die Entwicklung terminologischer Grundsatznormen (siehe 9.2, 9.3.1).

Für die genannten Bestrebungen war die Arbeit Eugen Wüsters (1898 - 1977) von großer Bedeutung. 1931 veröffentlichte Wüster sein grundlegendes Werk „Internationale Sprachnormung in der Technik, besonders in der Elektrotechnik“, in dem er sein Konzept einer wissenschaftlich fundierten Terminologielehre entwickelte und methodische Wege zur Lösung terminologischer Probleme aufzeigte. Dieses Werk, das die weitere terminologische

Forschung ebenso wie die praktische Terminologiearbeit prägen sollte, war in linguistischer Hinsicht von den Gedanken de Saussures (1857 - 1913) beeinflusst, der als Begründer der strukturalistischen Sprachwissenschaft gilt. Allerdings begegneten viele Sprachwissenschaftler Wüsters Arbeit mit Skepsis und Kritik. Die größten Bedenken richteten sich gegen die entscheidende Rolle des Systemgedankens sowie ganz allgemein gegen normative Festlegungen im sprachlichen Bereich.

Der häufig erhobene Einwand, Sprache lasse sich nicht normen, ging allerdings an der Sache vorbei, da Wüster niemals für eine Normung der Gemeinsprache eingetreten ist; vielmehr wollte Wüster Eingriffe immer auf den Bereich der Terminologien – wo sie sinnvoll und notwendig sind – beschränkt sehen. Wüster wusste, dass Normung nicht statisch sein kann und darf, dass sie nicht in allen Fachgebieten möglich und sinnvoll ist und dass sie nicht in allen Fällen mit gleicher Intensität betrieben werden kann.

Insbesondere den Bemühungen Wüsters war es zu verdanken, dass die ISA bereits 1936 einen Terminologieausschuss (ISA 37 „Terminology") einsetzte, der damit begann, terminologische Grundsatznormen zu erarbeiten.

Diese Arbeiten wurden durch den Krieg unterbrochen. Die als Nachfolgerin der ISA im Jahre 1946 gegründete ISO (International Organization for Standardization) setzte 1952 ein Technisches Komitee für Terminologiefragen (ISO/TC 37 „Terminology (principles and co-ordination)") ein, das die Arbeit der ISA fortsetzte. 1973 war die Erarbeitung der Grundsatznormen abgeschlossen. 1974 wurde eine Phase der Normenüberprüfung eingeleitet. Inzwischen liegen die meisten Grundsatznormen in gründlich überarbeiteter Fassung vor.

Entsprechende, mit der ISO abgestimmte Aktivitäten hat auch das Technical Committee 1 der IEC durchgeführt, das im Rahmen der IEC für die Koordinierung der Terminologiearbeit zuständig ist.

9.2 Terminologische Festlegung und terminologische Grundsatznormung

DIN 820-3 (2010) definiert „Normung" wie folgt:

> Normung ist die planmäßige, durch die interessierten Kreise gemeinschaftlich durchgeführte Vereinheitlichung von materiellen und immateriellen Gegenständen zum Nutzen der Allgemeinheit. Sie darf nicht zu einem wirtschaftlichen Sondervorteil einzelner führen

In diesem Rahmen legt die Sachnormung Eigenschaften oder Gegebenheiten einer Sache, eines Zustandes oder eines Verfahrens fest. Auf diese Weise entstehen Liefernormen, Gütenormen, Verfahrensnormen, Prüfnormen, Stoffnormen, Abmessungsnormen oder Maßnormen. Sachnormung setzt

Mit Hilfe dieser Normen soll erreicht werden, dass

- Terminologen soweit wie möglich nach den gleichen Grundsätzen arbeiten, um auf diese Weise bessere und besser vergleichbare Ergebnisse zu erzielen;
- terminologische Arbeitsergebnisse so dargestellt werden, dass sie ohne Änderungen ausgetauscht werden können;
- die Disziplin „Terminologie" ihrerseits über eine einheitliche, zweckmäßig strukturierte Terminologie verfügt.

Von besonderer Bedeutung für die praktische Terminologiearbeit sind die bereits mehrfach genannten Grundsatznormen DIN 2330 und DIN 2331. Diesen nationalen Normen entsprechen vergleichbare internationale Normen, die von der ISO herausgegeben wurden. Die internationalen Normen sind so allgemein konzipiert, dass sie im Prinzip in allen Sprachgebieten Anwendung finden können. Sie bilden damit den Rahmen für die entsprechenden nationalen Normen, die auf die speziellen Bedürfnisse des jeweiligen Landes bzw. Sprachgebietes abgestimmt sind.

9.3 Terminologienormung auf nationaler Ebene

Systematische Normungsarbeit und damit zugleich systematische Terminologienormung wird heute – wenngleich mit unterschiedlicher Intensität – in einer Vielzahl von Staaten betrieben. Für diese Arbeit sind jeweils auf nationaler Ebene zentrale Institutionen zuständig, die in etwa vergleichbare Funktionen wahrnehmen, sich allerdings hinsichtlich ihres Rechtsstatus und ihrer Durchsetzungsfähigkeit z.T. erheblich unterscheiden. Beispiele sind die Association Française de Normalisation (AFNOR) in Frankreich, das American National Standards Institute (ANSI) in den USA, die British Standards Institution (BSI) in Großbritannien und die Asociación Española de Normalización y Certificación (AENOR) in Spanien. Die Arbeit der nationalen Normungsinstitute wird auf internationaler Ebene in erster Linie von der ISO und – soweit es um die Elektrotechnik geht – von der IEC koordiniert.

Hier soll in aller Kürze die Terminologienormung in der Bundesrepublik Deutschland behandelt werden. Ausführlichere Darstellungen bieten insbesondere Herzog (2008, 2011).

9.3.1 Arbeit des DIN

Das DIN (Deutsches Institut für Normung e.V.) ist ein eingetragener, als gemeinnützig anerkannter Verein mit Sitz in Berlin. Das Institut, das 1917 gegründet wurde, betreibt Normungsarbeit in einer Vielzahl von technischen Gebieten.

Die Normungsarbeit wird in Normenausschüssen (NA) geleistet, die sich ihrerseits in Arbeitsausschüsse (AA) auffächern. Es gibt 70 Normenausschüsse (z.B. Bauwesen, Materialprüfung, Elektrotechnik, Akustik usw.) mit 3168 Arbeitsausschüssen. In allen diesen Ausschüssen arbeiten Fachleute des betreffenden Gebiets, insgesamt 30.051, als ehrenamtliche Mitarbeiter, unterstützt von ca. 500 hauptamtlichen Mitarbeitern des DIN am Deutschen Normenwerk; die Gesamtzahl der Normen lag 2012 bei 33.149, die der Normentwürfe bei 4.138 (sämtliche Zahlen laut Geschäftsbericht 2012). Mitglied des DIN können Firmen oder Verbände sowie alle an der Normung interessierten Körperschaften, Behörden und Organisationen sein (vgl. Klein 1997:13). Diese Mitglieder tragen neben der Entrichtung der Mitgliedsbeiträge insbesondere dadurch zur Arbeit des DIN bei, dass sie Fachleute aus ihrem jeweiligen Bereich zur ehrenamtlichen Mitarbeit in die Ausschüsse entsenden (vgl. Krieg/Heller/Hunecke 1983:14).

Das DIN vertritt die Bundesrepublik Deutschland in den europäischen und internationalen Normungsorganisationen, insbesondere ISO, IEC und CEN/CENELEC. Internationale und europäische Normen werden z.B. als DIN-ISO-Normen oder DIN-EN-Normen in das Normenwerk des DIN übernommen (vgl. Klein 1997:13).

Das Normungsverfahren ist recht langwierig; in vereinfachter Darstellung sind folgende Etappen zu durchlaufen: Antragstellung - Erstellung einer Normvorlage - Bearbeitung/Beratung im Ausschuss - Prüfung durch eine Normenprüfstelle - Veröffentlichung des Norm-Entwurfs - Aufnahme in das Deutsche Normenwerk - ggf. Veröffentlichung als Vornorm - Veröffentlichung als endgültige Norm (siehe dazu im Einzelnen Krieg/Heller/Hunecke 1983:14f.).

Um sicherzustellen, dass die in Normen enthaltenen Festlegungen dem jeweiligen Stand der Technik entsprechen, werden alle DIN-Normen in bestimmten Zeitabständen – in der Regel alle fünf Jahre, bei Bedarf früher – auf ihre Aktualität hin überprüft. Auf diese Weise wird eine dynamische Normung gesichert.

Zwar liegt die primäre Aufgabe der Fach- und Arbeitsausschüsse des DIN darin, „Sachen“ zu normen; diese Art der Normung lässt sich aber, wie oben dargelegt wurde, nicht von der Terminologienormung trennen. Daher verfügen zahlreiche Fachnormenausschüsse über eigene Terminologie-Unterausschüsse, denen die Klärung terminologischer Fragen obliegt, die im Zusammenhang mit Normungsvorhaben auftreten.

Die Erarbeitung terminologischer Grundsatznormen ist Aufgabe des DIN NA 105 „Normenausschuss Terminologie (NAT)“, der aus folgenden Unterausschüssen besteht:

- NAT/AA 1: Grundlagen der Terminologiearbeit
- NAT/AA 3: Übersetzungs- und Dolmetschdienstleistungen
- NAT/AA 5: Systeme für die Verwaltung von Terminologie, Wissen und Content
- NAT/AA 6: Sprachressourcen

Die vor allem vom NAT/AA 1 erarbeiteten Grundsatznormen lassen sich folgendermaßen in Gruppen zusammenfassen:

<u>1. Grundbegriffe</u>

DIN 2342	Begriffe der Terminologielehre (2011)

<u>2. Theorie und Methodik</u>

DIN 2330	Begriffe und Benennungen: Allgemeine Grundsätze (2013)
DIN 2331	Begriffssysteme und ihre Darstellung (1980)
DIN 2332	Benennen international übereinstimmender Begriffe (1988)
DIN 2340	Kurzformen für Benennungen und Namen (2009)

<u>3. Ausarbeitung und Gestaltung von Fachwörterbüchern</u>

DIN 2335	Sprachenzeichen (1986)
DIN 2336	Darstellung von Einträgen in Fachwörterbüchern und Terminologie-Datenbanken (2004)
DIN 2344	Ausarbeitung und Gestaltung von terminologischen Festlegungen in Normen (2000)

Zur Geschichte und Arbeit des DIN-NAT siehe vor allem Herzog (2008 und 2011).

9.3.2 Arbeit des VDI

Wertvolle Beiträge zur Terminologiearbeit hat lange Zeit hindurch auch der Verein deutscher Ingenieure e.V. (VDI) geleistet (siehe dazu im Einzelnen: Bausch/Schewe/Spiegel 1976:158ff.). Von besonderer Bedeutung war in diesem Zusammenhang die Arbeit des VDI-Ausschusses „Sprache und Technik", in dem Ingenieure und Sprachwissenschaftler zusammenarbeiteten. Dieses Gremium hat u.a. eine Reihe von Richtlinien zu den technischen Fachsprachen erarbeitet. Obwohl der VDI seine Arbeit an den Richtlinien inzwischen eingestellt hat, sind diese von grundsätzlichem Interesse, sodass sie hier kurz vorgestellt werden sollen.

Während die terminologischen Grundsatznormen des DIN so allgemein gehalten sind, dass sie sich auf eine Vielzahl von Terminologien anwenden lassen, tragen diese Richtlinien dem in der Praxis vielfach geäußerten Wunsch nach konkreteren Angaben zur Anwendung einzelner Wortbildungsverfahren Rechnung. Die VDI-Richtlinien können somit als Ergänzung der einschlägigen DIN-Normen, insbesondere der DIN 2330, betrachtet werden.

Eine solche Richtlinie stellt zunächst in kurzer Form die Verwendung eines Wortes bzw. Wortbildungselements innerhalb der Gemeinsprache dar und gibt dann Empfehlungen bezüglich seiner Verwendung in den technischen Fachsprachen. Dabei geht es in erster Linie um eine möglichst präzise fachliche Kommunikation.

Ein Beispiel ist die VDI-Richtlinie 2270 „Adjektivbildungen mit -los und -frei“. Diese Richtlinie empfiehlt, bei der Bildung eines Adjektivs auf der Grundlage eines Substantivs das Suffix *-los* zu verwenden, wenn die Abwesenheit von Gegenständen oder Stoffen „ohne Wertung sachlich festgestellt“ werden soll, z.B. *drahtlos*, *fettlos*, *nietlos*. Soll die Abwesenheit von Stoffen oder Gegenständen hingegen nicht wertneutral, sondern als wünschenswert dargestellt werden, ist nach dieser Richtlinie der Adjektivbildung mit *-frei* der Vorzug zu geben, z.B. *arsenfrei*, *chromfrei*, *säurefrei* (vgl. VDI 2270 1963:2). Eine Liste der VDI-Richtlinien findet sich u.a. in Bausch/Schewe/Spiegel (1976:162).

9.3.3 Terminologienormung in Firmen und Behörden

Terminologienormung findet auch außerhalb der Normungsinstitutionen statt, z.B. in Firmen, die den firmenrelevanten Fachwortschatz festlegen. In diesem Rahmen entstehen auch Richtlinien für die Terminologiearbeit, die auf die besonderen Bedürfnisse eines bestimmten Bereichs zugeschnitten sind. Diese Arbeit steht nicht etwa im Gegensatz zur Arbeit der Normungsorganisationen, an der die großen Firmen ja im Allgemeinen beteiligt sind, sie führt diese vielmehr weiter.

Ein Beispiel für spezialisierte Normungstätigkeit im staatlichen Bereich ist die Arbeit der Terminologieausschüsse der Bundeswehr, die die in der Bundeswehr verwendeten Terminologien normen.

9.4 Terminologienormung auf europäischer Ebene

Das European Committee for Standardization (CEN) wurde am 30.10.1975 in Brüssel geschaffen, geht aber auf das Comité Européen de Normalisation/Europäisches Komitee für Normung, das 1961 ins Leben gerufen wurde, zurück. Daher die Abkürzung CEN. Das CEN verbindet die Normung der Mitgliedstaaten von EU und EFTA. Es hat 33 Mitglieder und ist das Forum für die Entwicklung von Europäischen Normen (EN) und anderen technischen Dokumenten.

Die europäischen Verordnung zur europäischen Normung (1025/2012), die am 01.01.2013 in Kraft getreten ist, bildet den gesetzlichen Rahmen für die Europäischen Normungsinstitutionen CEN, CENELEC und ETSI.

Seit 1991 besteht eine enge Zusammenarbeit zwischen dem CEN und der ISO, die vor allem eine Vereinheitlichung der Normentexte beider Institutionen zum Ziel hat.

Das Besondere am CEN ist seine enge Bindung an die Europäische Union. 1985 beschloss die damalige Europäische Gemeinschaft, ihre Verordnungen weniger detailliert zu gestalten und die technischen Teile in den Bereich der Normung zu verlagern. Dieser Beschluss führte zu einem neuen Normungskonzept in Europa, dessen Träger das CEN und die mit ihm zusammenarbeitenden Institutionen (CENELEC (Comité Européen de Normalisation Électrotechnique) und ETSI (European Telecommunications Standards Institute)) wurden. Dieser Beschluss sichert den Vorrang der europäischen vor der nationalen Normung durch folgende Regelungen:

1. Übernahmeverpflichtung: Jede Europäische Norm muss grundsätzlich von jedem CEN-Mitglied als nationale Norm übernommen werden.

2. Stillhalteverpflichtung: Während der Ausarbeitung einer Europäischen Norm darf kein vom Thema her gleiches nationales Normungsvorhaben fertig gestellt werden.

3. Mehrheitsbeschluss: Grundsätzlich wird Konsens angestrebt. Europäische Normen können aber durch Mehrheitsbeschluss (gewichtete Stimmabgabe) angenommen werden.

4. Zurückziehungsverpflichtung: Widersprechende nationale Normen müssen zurückgezogen werden.

Diese Verpflichtungen zeigen deutlich die dominierende Rolle des CEN in der europäischen Normung, auch bei der terminologischen Einzelnormung. Terminologische Grundsatznormung findet auf europäischer Ebene kaum statt.

9.5 Terminologienormung auf internationaler Ebene

In der International Organization for Standardization (ISO) mit Sitz in Genf haben sich Normungsinstitute aus 164 Ländern (111 Vollmitglieder, 49 korrespondierende Mitglieder, 4 „subscriber members") zusammengeschlossen (Stand 2012). Die Bundesrepublik Deutschland wird durch das DIN vertreten.

Die ISO stellt sich wie folgt vor:

ISO (International Organization for Standardization) is the world's largest developer of voluntary International Standards. International Standards give state of the art specifications for products, services and good practice, helping to make industry more efficient and effective. Developed through global consensus, they help to break down barriers to international trade.

ISO is a non-governmental organization established in 1947. The mission of ISO is to promote the development of standardization and related activities in the world with a view to facilitating the international exchange of goods and services, and to developing cooperation in the spheres of intellectual, scientific, technological and economic activity.
ISO's work results in international agreements which are published as International Standards.

http://www.iso.org/iso/home/about.htm (20.01.2013)

Die einzelnen Arbeitsaufgaben werden von Technischen Komitees (Technical Committees = TC) wahrgenommen, denen Vertreter der Mitgliedsinstitutionen angehören, die auf dem betreffenden Gebiet mitarbeiten wollen. Im Jahre 2012 gab es 224 TCs, die eine Vielzahl von Tätigkeitsbereichen abdecken. Zur Lösung besonderer Aufgaben setzen sie Unterausschüsse (Subcommittees = SC) oder Arbeitsgruppen (Working Groups = WG) ein. In den meisten TCs befasst sich ein SC oder eine WG mit der Terminologie des jeweiligen Fachgebietes.

Die veröffentlichten internationalen Normen sind im jährlich erscheinenden ISO-Katalog aufgeführt. Seit 1947 hat die ISO etwa 19.500 Normen herausgegeben.

Von besonderer Bedeutung für die Terminologiearbeit auf nationaler und internationaler Ebene sind die terminologischen Grundsatznormen der ISO, die vom TC 37 „Terminology and other language and content resources" erarbeitet werden. Im TC 37 arbeiten zur Zeit 5 Unterausschüsse:

- TC37/SC 1: Principles and methods
- TC37/SC 2: Terminographical and lexicographical working methods
- TC37/SC 3: Systems to manage terminology, knowledge and content
- TC37/SC 4: Language resource management
- TC37/SC 5: Translation, interpreting and related technology

Terminologische Grundsatznormen werden vor allem von den Unterausschüssen SC 1, SC 2 und SC 3 erarbeitet. Ende 2012 galten folgende wichtige Normen oder befanden sich in unterschiedlichen Stadien des Normungsverlaufs:

TC37/SC 1: Principles and methods	
ISO 704	Terminology work – Principles and methods (2009)
ISO 860	Terminology work – Harmonization of concepts and terms (2007)
ISO 1087-1	Terminology work – Vocabulary – Part 1: Theory and application (2000)
ISO/TR 22134	Practical guidelines for socioterminology (2007)
ISO/TR 24156	Guidelines for using UML notation in terminology work (2008)
ISO 29383	Terminology policies – Development and implementation (2010)
TC37/SC 2: Terminographical and lexicographical working methods	
ISO 639-1	Codes for the representation of names of languages – Part 1: Alpha-2 code (2002)
ISO 639-2	Codes for the representation of names of languages – Part 2: Alpha-3 code (1998)
ISO 639-3	Codes for the representation of names of languages – Part 3: Alpha-3 code for comprehensive coverage of languages (2007)
ISO 639-4	Codes for the representation of names of languages – Part 4: General principles of coding of the representation of names of languages and related entities, and application guidelines (2010)
ISO 639-5	Codes for the representation of names of languages – Part 5: Alpha-3 code for language families and groups (2008)
ISO 639-6	Codes for the representation of names of languages – Part 6: Alpha-4 code for comprehensive coverage of language variants (2009)
ISO 1951	Presentation/representation of entries in dictionaries – Requirements, recommendations and information (2007)
ISO 10241-1	Terminological entries in standards – Part 1: General requirements and examples of presentation (2011)
ISO 10241-2	Terminological entries in standards – Part 2: Adoption of standardized terminological entries (2012)
ISO 12615	Bibliographic references and source identifiers for terminology work (2004)
ISO 12616	Translation-oriented terminography (2002)
ISO 15188	Project management guidelines for terminology standardization (2001)

ISO 22128	Terminology products and services – Overview and guidance (2008)
ISO 23185	Assessment and benchmarking of terminological resources – General concepts, principles and requirements (2009)
TC37/SC 3: Systems to manage terminology, knowledge and content	
ISO 12200	Computer applications in terminology – Machine-readable terminology interchange format (MARTIF) – Negotiated interchange (1999)
ISO 12620	Terminology and other language and content resources – Specification of data categories and management of a Data Category Registry for language resources (2009)
ISO 16642	Computer applications in terminology – Terminological markup framework (2003)
ISO 22274	Systems to manage terminology, knowledge and content – Concept-related aspects for developing and internationalizing classification systems (2013)
ISO 26162	Systems to manage terminology, knowledge and content – Design, implementation and maintenance of terminology management systems (2012)
ISO 30042	Systems to manage terminology, knowledge and content – TermBase eXchange (TBX) (2008)

Die terminologischen Grundsatznormen gelten nicht nur für die Terminologiearbeit der ISO selbst. Wichtiger ist, dass sie eine Grundlage für die Erarbeitung entsprechender nationaler Grundsatznormen bieten. Die internationalen Normen lassen in ihren Formulierungen einen relativ weiten Spielraum, sodass sie an die Bedingungen eines bestimmten Landes bzw. einer bestimmten Sprache angepasst werden können.

Eng mit der ISO arbeitet die IEC (International Electrotechnical Commission) zusammen. Sitz dieser Organisation ist ebenfalls Genf.

Das Arbeitsverfahren der IEC entspricht weitgehend dem der ISO; auch ihre Arbeitsergebnisse haben den Charakter internationaler Normen, die in nationale Normen überführt werden können.

9.6 Zur Durchsetzbarkeit von Terminologienormen

Es wurde bereits gesagt, dass das DIN die Rechtsform eines eingetragenen Vereins hat; schon daraus folgt, dass DIN-Normen nicht „verordnet" werden können. In anderen – auch westeuropäischen – Staaten haben die nationalen Normungsorganisationen z.T. weitergehende Kompetenzen; dies gilt beispielsweise für Frankreich (vgl. DIN Vorlesungsunterlagen zur Normung 1981:36).

Obwohl DIN-Normen also nur empfehlenden Charakter haben, finden sie im Allgemeinen problemlos Anwendung. Dies liegt daran, dass sich das DIN bei seiner Arbeit auf Fachleute und fachliche Vereinigungen stützt, von denen auch häufig die Normungsvorschläge und -wünsche kommen. Da dieselben Fachleute dann auch in den Ausschüssen mitarbeiten, ist ein fachlich hohes Niveau garantiert und die spätere Befolgung der Norm weitgehend gesichert; dazu trägt natürlich auch die Tatsache bei, dass eine Nichtanwendung von Normen im Wirtschaftsleben erhebliche finanzielle Nachteile zur Folge haben kann.

Allerdings gilt dies in weit stärkerem Maße für die Sachnormung als für die Terminologienormung; mit anderen Worten: nicht immer hat Terminologienormung in der Praxis Erfolg. Dies liegt daran, dass die Sprachverwendung – auch im fachlichen Bereich – ein komplizierter, von psychologischen und soziologischen Faktoren beeinflusster Prozess ist, der sich nicht immer beliebig regeln lässt – auch wenn gewichtige Gründe für eine Regelung sprechen.

Daher ist die Durchsetzung genormter Terminologien insbesondere dann, wenn diese von einem bereits bestehenden, gefestigten Sprachgebrauch abweichen, mit vielfältigen Schwierigkeiten verbunden; denn die Sprachbenutzer – und das gilt auch für die Fachleute – finden sich im Allgemeinen nur sehr zögernd dazu bereit, eine ihnen vertraute Benennung mit einer neuen Bedeutung zu verwenden oder gar an die Stelle einer im Sprachgebrauch verankerten eine neue Benennung zu setzen.

Bekannte Beispiele sind die vom DIN genormten Benennungen „Schraubendreher“ und „Glühlampe“, die allerdings inzwischen von den meisten Fachleuten in der Fachkommunikation „normgerecht“ verwendet werden. In der nichtfachlichen Kommunikation dagegen werden nun die „alte“ und die „neue“ Bezeichnung (Schraubenzieher/Schraubendreher, Glühbirne/Glühlampe) vielfach synonym verwendet.

Es ist daher grundsätzlich leichter, genormte Benennungen für neue Begriffe einzuführen, als für solche, die bereits seit Längerem etabliert sind. Die Normung der Terminologie neu entstehender Fachgebiete stößt so im Prinzip auf geringere Widerstände. In der Praxis erweist sich allerdings auch dies als problematisch, weil die Terminologienormung ihrem Wesen nach fachlichen Entwicklungen nicht vorauseilen kann, sondern erst dann einsetzt, wenn das betreffende Fachgebiet – und damit auch seine Terminologie – bereits eine gewisse Stabilität aufweist.

Das Problem wird vielfach dadurch verschärft, dass die Normen – in dem Bestreben, Begriffe besonders präzise und fachlich korrekt zu benennen –

Benennungen enthalten, die sich aufgrund ihrer Schwerfälligkeit auch im fachlichen Sprachgebrauch nur mit Mühe durchsetzen. So schlägt DIN 70024 „Begriffe für Einzelteile von Kraftfahrzeugen und deren Anhängefahrzeugen" (1977) statt der allgemein üblichen Benennung *Scheinwerfer-Waschanlage* (oder *Scheinwerfer-Reinigungsanlage*) das sicherlich fachlich korrekte, aber zunächst recht ungewohnte *Streuscheibenreinigungsanlage* vor; der *Anzeiger der Motordrehzahl* tritt an die Stelle des vertrauten *Drehzahlmessers*. In einer ganzen Reihe von Fällen kann man sich fragen, ob man es noch mit einer Benennung oder bereits mit einer erklärenden Umschreibung zu tun hat, so bei *Betätigungseinrichtung der Scheibenwaschanlage der Windschutzscheibe* oder bei *Betätigungseinrichtung zur Verriegelung des Türverschlusses* usw.

Diese Beispiele zeigen, dass Terminologienormen gelegentlich (noch) ein ganzes Stück von der fachsprachlichen Realität entfernt sind. Das ändert jedoch nichts an der Tatsache, dass Terminologienormen, aber auch Sachnormen, dem Fachübersetzer und dem Terminologen aufgrund ihrer Zuverlässigkeit eine wertvolle Hilfe bieten. Ein Vergleich zweier nationaler Normen, die denselben Gegenstandsbereich behandeln und eine vergleichbare Struktur aufweisen, kann eine gute Grundlage für die Erarbeitung eines zweisprachigen Terminologiebestandes bilden. Solche Parallelnormen bilden allerdings eher die Ausnahme, da die nationalen Normungsinstitutionen vielfach unterschiedliche fachliche Schwerpunkte setzen und die Struktur der Normen sowie die gewählte Betrachtungsweise häufig voneinander abweichen. Dies hängt eng damit zusammen, dass die Begriffssysteme, die den Terminologien in den einzelnen Sprachen zugrunde liegen, einander nicht immer im Verhältnis 1:1 entsprechen.

10 Zusammenarbeit in der Terminologie

Bis zum Ende der achtziger Jahre konnte man das Netz der Institutionen und Organisationen im Bereich der Terminologie relativ leicht überblicken, sodass die Verbindungen zwischen ihnen sich anschaulich darstellen ließen. Diese Situation hat sich seit den neunziger Jahren wesentlich geändert. Es sind zahlreiche neue Institutionen entstanden, und die bereits bestehenden haben ihre Ziele und Tätigkeiten ausgedehnt. Gleichzeitig haben sich im Bereich der Terminologie neue Bedarfe und neue Formen der Zusammenarbeit entwickelt. Will man ein wirklichkeitsgetreues Gesamtbild dieser Zusammenarbeit zeichnen, muss dies nach mehreren Kriterien erfolgen, die sich teilweise überschneiden.

Die folgende Darstellung geht von drei Kriterien aus. Dabei geht es erstens um die geographische Ebene, zweitens um die durchgeführten Tätigkeiten und drittens um die Unterscheidung zwischen normativer und deskriptiver Arbeit. Angesichts der Vielzahl der Institutionen werden jeweils nur einige von ihnen als Beispiele für bestimmte Profile herausgegriffen.

10.1 Kooperation auf unterschiedlichen geographischen Ebenen

Nach dem geographischen Kriterium können internationale, regionale, nationale und subnationale Organisationen und Institutionen unterschieden werden.

10.1.1 Internationale Ebene

Als bedeutendste internationale Institutionen sind die ISO und die IEC zu nennen, die bereits im Kapitel über die Normung (siehe Kap. 9.5) ausführlich behandelt wurden. Ebenfalls auf internationaler Ebene arbeiten folgende Institutionen:

- Infoterm - Internationales Informationszentrum für Terminologie
- TermNet - Internationales Terminologienetz
- IITF - Internationales Institut für Terminologieforschung

Infoterm wurde 1971 auf Initiative von Eugen Wüster (Wüster 1974) im Rahmen von UNISIST, dem allgemeinen Informationsprogramm der Unesco, beim Österreichischen Normungsinstitut gegründet. Die Hauptaufgabe dieser kleinen, aber effizienten Zentrale war es, Impulse für die Zusammenarbeit zu geben, Informationen zu sammeln und zu verbreiten und alle terminologischen Bemühungen durch Beratung, Ausbildung und Verfügbarmachung von Dokumenten zu fördern.

Seit 1996 ist Infoterm eine unabhängige internationale Gesellschaft, die aus internationalen, nationalen und lokalen Gesellschaften und Vereinigungen im Bereich der Terminologie sowie Fachorganisationen mit terminologischer Orientierung besteht. Das Hauptziel ist nach wie vor die Förderung der internationalen Zusammenarbeit in der Terminologie zum Nutzen der Fachkommunikation und des Wissenstransfers. Mehr Informationen finden sich unter www.infoterm.info.

TermNet wurde 1989 auf Initiative der Unesco gegründet. Ziel dieser Institution ist die Schaffung eines internationalen Terminologiemarktes und die Verbreitung von Informationen zur Terminologie. Dabei konzentriert sich TermNet eher auf die wirtschaftlichen Aspekte der Terminologie und auch die Unternehmen, die mit Terminologie zu tun haben. Eine weiteres Betätigungsfeld von TermNet liegt in der Durchführung von bzw. Mitarbeit in nationalen, europäischen und internationalen Forschungsprojekten. In den letzten Jahren hat TermNet vor allem sein Engagement in der Aus- und Weiterbildung, in der Zertifizierung und in der Beratung im Terminologiebereich ausgebaut. Weitere Informationen finden sich unter www.termnet.org.

Die Verbindung zwischen dem Hochschulbereich und der Anwenderseite stellt das 1989 gegründete Institut für Terminologieforschung IITF her. Dieses Institut versteht sich als ein Forum für die theoretische und angewandte Terminologieforschung und -lehre, das aktiven Forschern, vorwiegend aus dem akademischen Bereich, eine facheigene Plattform für den Erfahrungs- und Informationsaustausch sowie für gemeinsame Forschungs- und Lehrprojekte bietet. Dabei finden auch benachbarte Gebiete wie Wissenschaftstheorie, Wissenstheorie und Wissenstechnik, Informations- und Dokumentationswissenschaft, Informationsmanagement sowie Fachsprachenforschung Berücksichtigung. Informationen zum IITF finden sich unter iitf.fi.

10.1.2 Regionale Ebene

Auf der regionalen Ebene kann man Organisationen und Institutionen zusammenfassen, die in mehreren Ländern tätig sind. Die Beweggründe für eine solche grenzüberschreitende Zusammenarbeit sind, sieht man von dem gemeinsamen Nenner „Terminologie“ ab, unterschiedlich.

Das Europäische Komitee für Normung (CEN) wurde bereits in Kapitel 9.4 besprochen.

Bei Nordterm steht das gemeinsame Interesse an der Terminologie im Vordergrund, sprachliche Gemeinsamkeiten spielen eine geringere Rolle. Diese Organisation wurde 1976 mit dem Ziel gegründet, der Terminologiearbeit in den Staaten Nordeuropas den erforderlichen organisatorischen Rahmen zu bieten. Nordterm bezeichnet sich selbst als „association of organisations and societies in the Nordic countries which are engaged in terminology work, training and research“ (www.nordterm.net). Ein wichtiges Ziel von Nordterm ist es, durch gemeinsam festgelegte Richtlinien die Beteiligung der nordeuropäischen Staaten an der terminologischen Entwicklung zu sichern und damit zugleich ihren Einfluss auf diese Entwicklung zu stärken. Der Tätigkeitsbereich von Nordterm umfasst terminologische Forschung, praktische Terminologiearbeit, Terminologieausbildung sowie andere auf die Terminologie bezogene Tätigkeiten.

Das verbindende Element im Falle von RITerm (Red Iberoamericana de Terminología) ist die Sprachfamilie. RITerm wurde 1988 in Caracas mit dem Ziel gegründet, die Entwicklung terminologischer Tätigkeiten auf iberoamerikanischer Ebene zu fördern. Mitglieder sind Institutionen und Einzelpersonen, die in den Bereichen Terminologie und Wissenstechnik arbeiten. Im Mittelpunkt der Arbeit steht satzungsgemäß die Festigung der Terminologien des Spanischen und Portugiesischen mit dem Ziel, durch Informationsaustausch und Wissenstransfer zur Entwicklung der spanisch- und portugiesischsprachigen Länder beizutragen. Die Satzung bestimmt jedoch zugleich, dass auch andere Sprachen im iberoamerikanischen Sprachraum gefördert werden können und dass weitere Sprachen, die mit dem Spanischen und Portugiesischen verwandt sind, sich an der Zusammenarbeit beteiligen können. Informationen zu RITerm finden sich unter www.riterm.org.

Die Gründung des RaDT (Rat für Deutschsprachige Terminologie) im Jahre 1994 hatte ihren Ausgangspunkt in der Unesco-Resolution 11.34 „Cooperation on terminological matters" (1994). Aufgabe dieses Expertengremiums ist es, im deutschsprachigen Raum das Bewusstsein für die Bedeutung der Terminologie zu stärken und die Zusammenarbeit im Bereich der Terminologie zu fördern; insbesondere soll der RaDT terminologiepolitische und -strategische Leitlinien erarbeiten und an ihrer Umsetzung mitwirken. Der RaDT besteht aus etwa 25 Mitgliedern, die auf Vorschlag des RaDT benannt und gewählt werden; vertreten sind Deutschland, Österreich, die Schweiz, Belgien, Luxembourg und Italien (www.radt.org).

Die EAFT (European Association for Terminology) wurde 1996 in Kolding, Dänemark, mit dem Ziel gegründet, an der Terminologie interessierte Personen und Institutionen zusammenzuführen. Der Anstoß zur Gründung geht auf den Abschlussbericht des von der EU geförderten Pointer-Projektes (Proposals for an Operational Infrastructure for Terminology in Europe) zurück. Zu den Zielen der Gesellschaft gehören die Förderung der europäischen Vielsprachigkeit durch die Terminologie sowie die Durchführung von Maßnahmen zur Förderung des Terminologiebewusstseins und zur Sicherung eines hohen professionellen Standards in der Terminologiearbeit. Zu diesem Zweck entwickelt die EAFT Informationsaktivitäten, führt wissenschaftliche Tagungen und Weiterbildungsveranstaltungen durch und ergreift Maßnahmen zur Förderung der Terminologieforschung. Der Begriff „Europa" wird in den Statuten der EAFT weit gefasst: „Europe is interpreted broadly and is not limited to member states of the European Union." Es bestehen Kooperationsabkommen mit Infoterm, Realiter (Pan-Latin terminology network) und ELRA (European Association for Linguistic Resources). Mehr Informationen finden sich unter www.eaft-aet.net.

10.1.3 Nationale Ebene

Auf dieser Ebene ist das Bild von Land zu Land sehr unterschiedlich, doch lassen sich auch hier gewisse Grundmuster erkennen. Dabei fallen insbesondere folgende Aspekte ins Auge:

- nationale Normung, die durch Normungsinstitute wahrgenommen wird (siehe Kap. 9)
- Zentren, deren wichtigste Aufgabe in der Erarbeitung und Bereitstellung terminologischer Informationen (Wörterbücher, terminologische Datenbanken, terminologische Informationsdienstleistungen usw.) besteht
- Verbände, die die Zusammenarbeit von an Terminologie interessierten Praktikern und Forschern koordinieren und fördern

Ein repräsentatives Beispiel für die Kategorie von Zentren ist die schwedische Zentralsstelle für Terminologie TNC. Hauptaufgabe von TNC ist es, eine für schwedische Verhältnisse zweckmäßige Terminologie auszuarbeiten und dabei eindeutige und effektive Terminologien verbindlich festzugelegen (www.tnc.se). Die Organisation, die hauptsächlich durch staatliche Mittel gefördert wird, leistet praktische und theoretische Terminologiearbeit und arbeitet auch mit anderen nationalen, regionalen und internationalen Institutionen zusammen. Ähnliche Organisationen gibt es auch in anderen Ländern.

Auch das DANTERMcentret in Kopenhagen kann zur Kategorie der nationalen Zentren für Terminologie gezählt werden. Das Zentrum verbindet theoretische und praktische Kompetenz im Bereich der Terminologie mit der Entwicklung terminologiebezogener IT-Anwendungen, insbesondere terminologischer Datenbanken. Auf dieser Grundlage setzt sich das Zentrum für Qualitätssteigerung und -sicherung in der Fachkommunikation ein und entwickelt IT-Systeme für die Verwaltung von Terminologie und Begriffssystemen. Damit trägt das an der Copenhagen Business School angesiedelte DANTERMcentret zum Aufbau von Kompetenz in dänischen Firmen und im staatlichen Bereich sowie zur Sicherung der internationalen Wettbewerbsfähigkeit bei; zugleich beteiligt es sich intensiv an dänischen Forschungs- und Entwicklungsaktivitäten in diesem Bereich. Ein ganz entscheidendes Ziel der Arbeit des DANTERMcentret ist es somit, enge Verbindungen zwischen dänischen Forschungsorganisationen und dem dänischen Wirtschaftsleben herzustellen (Madsen 2001:101f.; www.danterm.dk).

Der Deutsche Terminologie-Tag e.V. ist ein typisches Beispiel für einen vorwiegend auf den deutschsprachigen Raum ausgerichteten Terminologieverband. Er wurde 1987 als gemeinnütziger Verein gegründet und ist mit seinen knapp 300 Mitgliedern der größte Terminologieverband in Europa. Der DTT sieht seine Aufgabe darin, die Probleme der Fachkommunikation bewusst zu machen und Wege zu einer Verbesserung der Kommunikation durch Terminologiearbeit aufzuzeigen. Er tritt durch Veranstaltungen, wie etwa das alle zwei Jahre stattfindende Terminologie-Symposion, und Veröffentlichungen, wie den Best-Practice-Ordner zur Terminologiearbeit oder das Terminologie-Fachmagazin eDITion, in Erscheinung und versteht sich als ständiges Forum zur Behandlung terminologischer Belange, das Einzelpersonen, Firmen und staatliche Stellen im In- und Ausland im Bereich der Terminologie durch Beratung und Koordination unterstützt. Weitere Informationen zum DTT finden sich unter www.dttev.org.

10.1.4 Subnationale Ebene

Diese Ebene hat sich besonders in den letzten 20 Jahren stark entwickelt; eine wichtige Rolle spielen hier die Probleme von Sprachen, die nur in einem Teil eines Staatsgebietes gesprochen werden oder die über das Gebiet mehrerer Staaten verbreitet sind.

Zu dieser Gruppe von Institutionen und Zusammenschlüssen gehört z.B. das von der katalanischen Regierung geförderte Terminologiezentrum TERMCAT in Barcelona (www.termcat.cat). Ähnliche Zentren und Aktivitäten, wenn auch mit bescheideneren Mitteln, gibt es auch für die baskische, walisische, irische oder samische (Fach-)Sprache, wobei vor allem sprachplanerische Bemühungen im Vordergrund stehen.

10.2 Einteilung nach durchgeführten Tätigkeiten

Auch hier ist es nicht immer leicht, die betreffenden Organisationen und Institutionen eindeutig einer bestimmten Kategorie zuzuordnen, da eine ganze Reihe von ihnen mehrere Tätigkeiten miteinander verbinden.

10.2.1 Forschung

Der größte Teil der terminologischen Forschung findet heute an Hochschulen statt, die Forschung und Ausbildung im Bereich der Fachsprachen und der Fachkommunikation betreiben. Es gibt aber auch nichtuniversitäre Zentren – z.B. das DANTERMcentret und die Europäische Akademie Bozen –, die in der Forschung sehr aktiv sind. Ferner wird Grundlagenforschung und angewandte Forschung auch innerhalb von Organisationen im Rahmen von Projekten und Arbeitsgruppen gefördert und durchgeführt. Oft besteht hier jedoch eine enge Zusammenarbeit mit dem Hochschulsektor.

10.2.2 Lehre und Ausbildung

Auch in diesem Bereich haben sich in den letzten Jahren wesentliche Änderungen ergeben. Noch in den achtziger Jahren wurden terminologische Ausbildungskomponenten vor allem von Hochschulen sowie von Institutionen wie Infoterm angeboten. Inzwischen hat sich parallel dazu eine ganze Reihe von Institutionen und Verbänden wie z.B. TermNet oder der Deutsche Terminologie-Tag neben anderen Tätigkeiten darauf spezialisiert, besonders praxisorientierte Fortbildungsveranstaltungen anzubieten. Aber auch internationale Institutionen wie das IITF und regionale Organisationen wie Nordterm und RITerm machen Aus- und Fortbildungsangebote. Die Aus- und Weiterbildung im Terminologiebreich wird ausführlicher im folgenden Kap. 11 behandelt.

10.2.3 Produktion von Terminologien

Organisationen und Institutionen, die sich vorwiegend oder ausschließlich der Erarbeitung und Bereitstellung von Terminologien widmen, sind auf allen vier geographischen Ebenen zu finden.

ISO und IEC erstellen auf internationaler Ebene Terminologienormen und die nationalen Normungsorganisationen decken den nationalen Bereich ab.

Terminologiedienste wie die Terminologiebüros der EU-Institutionen (z.B. TermCoord unter: termcoord.wordpress.com) widmen sich fast ausschließlich der Erarbeitung und Bereitstellung von mehrsprachigen Terminologien, die dann in die gemeinsame Terminologiedatenbank IATE (iate.europa.eu) eingepflegt werden.

Institutionen wie TERMCAT haben sowohl die Erarbeitung als auch die Schaffung und Festlegung von Terminologien zur Aufgabe, sodass eine enge Kopplung von deskriptiver und normativer Tätigkeit gegeben ist, die zudem an die Durchführung einer näher definierten Sprachpolitik gebunden ist.

10.2.4 Beratung im weitesten Sinne

Beratung kann auf sehr verschiedenen Ebenen und in sehr unterschiedlichen Bereichen erforderlich sein. Dabei lassen sich im Wesentlichen drei Bereiche unterscheiden:

1. Der strategische Bereich: Hier geht es vor allem darum, Auftraggeber – vielfach staatliche Stellen, aber auch Industrieunternehmen – bezüg-

lich der Schaffung geeigneter Infrastrukturen für terminologische Arbeit im weitesten Sinne zu beraten.

2. Der terminologieplanerische Bereich: Hier stehen vielfach Rat und Unterstützung bei der Schaffung und Einführung neuer Terminologien im Vordergrund. Dabei können übergeordnete sprachpolitische Aspekte eine wesentliche Rolle spielen. Ebenso wichtig ist auf dieser Ebene die Beratung von Unternehmen, die die Schaffung interner Terminologieeinheiten planen, um die innerbetriebliche ein- oder mehrsprachige Fachkommunikation durch harmonisierte Terminologien zu sichern und qualitativ zu verbessern.
3. Der Informationsbereich: Hier geht es vor allem um die Beschaffung von Informationen zu konkreten terminologischen Anfragen, z.B. „wie übersetzt man X ins Französische?" Dieser Informationsbedarf wird heute zunehmend über das Internet abgedeckt.

Terminologische Beratung für die drei genannten Bereiche wird von den schon mehrfach genannten Organisationen und Institutionen angeboten, vermehrt aber auch von einzelnen Experten, die oft aus dem Hochschulbereich stammen und das als Projekt definieren, oder die als Freiberufler sich auf Terminologieberatung spezialisiert haben.

10.2.5 Terminologiedokumentation im weitesten Sinne

Diese Tätigkeit gehörte in den vergangenen Jahren zu den erklärten Aufgaben von Informationszentren wie Infoterm. Heute kann man feststellen, dass viele Institutionen, die Terminologiedokumentation betrieben haben, diese nicht mehr leisten können und wollen, da einerseits die finanziellen Mittel knapp sind und andererseits viele Informationen im Internet gefunden werden können. Auch wenn das Internet eine saubere Terminologiedokumentation nicht vollständig kompensieren kann, so muss man doch feststellen, dass viele Informationsbedürfnisse dort schnell und mit großer Aktualität befriedigt werden können.

10.2.6 Sprachpolitik und Koordination

Spätestens seit dem Zerfall der Sowjetunion hat das Interesse an der Situation der kleineren Sprachen und der Minderheitensprachen erheblich zugenommen. Gleichzeitig mit dem Entstehen neuer selbständiger Staaten und autonomer substaatlicher Einheiten wurde die Frage akut, wie man erreichen kann, dass die betreffenden Sprachen als vollwertiges Kommunikationsmittel in allen Bereichen des Lebens verwendet werden. Natürlich gehört hierzu auch die Fachkommunikation, sodass sich die Frage nach den Terminologien automatisch stellt.

Ein frühes Beispiel für eine gezielte Sprachpolitik ist Kanada. Das Office de la Langue Française (Québec), das vom Gesetzgeber geschaffen wurde, erarbeitet und verbreitet Terminologien in französischer Sprache; den Ausgangspunkt der Arbeit stellen vielfach terminologische Entwicklungen im Bereich des Englischen dar. Eine wichtige Rolle spielen hier kulturelle bzw. sprachpolitische Gesichtspunkte, die sich aus der Zweisprachigkeit Kanadas ergeben (Rondeau 1991).

Weitere interessante Beispiele für eine gezielte institutionalisierte Sprach- und Terminologieplanung bieten das Baltikum und der nordische Raum, insbesondere Island und der samische Sprachraum (Jónsson 1996, Jónsson et al. 2013). Die Institutionen, die sich dieser Aufgabe annehmen, sind weitgehend in die bestehenden Kooperationsarbeitsnetze eingebunden. In allen diesen Fällen geht es vor allem um die Schaffung, die Einführung und den Ausbau nationaler Terminologien als Teil der Sprachplanung im Bereich der Fachkommunikation.

Eine eher koordinierend-politische Maßnahme war die Durchführung des Pointer-Projekts der EU etwa Mitte der 1990er Jahre; dabei ging es um eine Bestandsaufnahme und Beurteilung der terminologischen Situation in Europa, die die Grundlage für den terminologischen Teil einer zukünftigen Sprachpolitik der EU schaffen sollte.

10.3 Entwicklungstendenzen

Die gegenwärtige sprachpolitische Situation ist einerseits von Globalisierung und Internationalisierung geprägt, andererseits wird das Streben der kleineren Nationen nach kultureller und sozialer Selbstbehauptung und ihr Bemühen um die Bewahrung und den Ausbau ihrer Sprachen immer deutlicher spürbar.

1. Die einzelnen Institutionen, Organisationen und Zusammenschlüsse im Bereich der Terminologie sind heute weit mehr als früher miteinander verbunden. Die Zusammenarbeit ist nicht ausschließlich auf bestimmte Ebenen oder Tätigkeitsbereiche beschränkt. Wer mit wem zusammenarbeitet, hängt in erster Linie von der jeweiligen Zielsetzung und von den vorhandenen Kompetenzen ab.
2. Das Tätigkeitsspektrum der einzelnen Organisationen ist breiter geworden. Einerseits wurde der Kompetenzbereich zahlreicher Organisationen erweitert, andererseits wurden weitere Anwendungsbereiche für Terminologien im Rahmen der Fachkommunikation erschlossen. Auf diese Weise war es möglich, mit der zunehmenden Differenzierung der Benutzeransprüche Schritt zu halten.
3. Die Förderung von Projekten durch regionale Zusammenschlüsse wie die EU hat wesentlich dazu beigetragen, Institutionen auf verschiede-

nen Ebenen und mit unterschiedlicher Zielsetzung zusammenzuführen. Oft ist die internationale Zusammenarbeit eine Voraussetzung für die Finanzierung solcher Projekte.

4. Bei vielen (EU-)Forschungsförderungsprojekten, z.B. zur automatischen Übersetzung oder zu Sprachressourcen allgemein, stellt die Terminologie im weitesten Sinne eine wesentliche Komponente des Gesamtprojekts dar. Dies unterstreicht die Einbindung der Terminologie in den Gesamtbereich der Fachkommunikation. Ähnliches gilt für die Sprachplanung auf nationaler Ebene, bei der die Terminologie einen Teilbereich darstellt.
5. In Forschung und Lehre ist die Terminologie stärker in benachbarte bzw. übergeordnete Fachgebiete wie Linguistik, Computerlinguistik, Information und Dokumentation, Lokalisierung, Fachsprachenforschung, Fachübersetzung und Technische Kommunikation integriert worden. Obwohl diese Einbindung von Fall zu Fall in unterschiedlicher Weise erfolgt, ist diese generelle Entwicklungstendenz deutlich erkennbar.
6. Auch die Zusammenarbeit von Hochschulen und Anwendern verschiedener Art ist enger geworden. Dies zeigen viele Projekte und Kooperationsabkommen zwischen Forschung/Lehre und Praxis. Hochschule und Industrie arbeiten aber auch beim gegenseitigen Wissenstransfer in Form von Praktika und „industrienahen" Abschlussarbeiten eng zusammen.

11 Terminologieaus- und -weiterbildung

11.1 Zielgruppen

Korrekte und konsistente Terminologie ist eine Voraussetzung für die Fachkommunikation und den Wissenstransfer. Deshalb wird Terminologie überall dort benötigt, wo man sich mit Texten fachlichen Inhalts beschäftigt, egal ob man sie erstellt, zusammenfasst, übersetzt, dolmetscht oder nur lesen und verstehen will. Auch der Bereich der Normung kommt ohne festgelegte Terminologie nicht aus, da technische Spezifikationen nur eindeutig sein können, wenn auch die verwendeten Fachwörter eindeutig definiert sind.

In den letzten Jahren haben auch immer mehr Unternehmen und Organisationen, die im globalen Markt mitspielen, erkannt, dass ein durchgängiges Terminologiemanagement im Rahmen einer einheitlichen Unternehmenssprache nicht nur die Qualität und Konsistenz von technischer Dokumentation und Übersetzung sicherstellt; sie unterstützt auch die Prozessoptimierung, die Kundenpflege und -bindung sowie die Markenwahrung (RaDT 2010). Übersetzungs- und Sprachdienstleister können durch Terminologiemanagement qualitativ hochwertige Produkte und eventuell zusätzliche Mehrwert-Dienstleistungen anbieten, die die Basis für eine dauerhafte Zusammenarbeit zwischen Kunden und Dienstleistern bilden.

Hieraus ergeben sich die Zielgruppen, die Kenntnisse im Bereich der Terminologielehre, Terminologiearbeit und rechnergestützten Terminologieverwaltung benötigen.

Terminologie-Nutzer: Alle Personen(gruppen), die an der fachlichen Kommunikation und am Wissenstransfer teilnehmen. Sie konsultieren Terminologiebestände in gedruckter oder elektronischer Form, um Texte mit fachlichen Inhalten zu verstehen oder zu produzieren.

Terminologie-Produzenten: Alle Personen(gruppen), die innerhalb ihrer fachsprachlichen Tätigkeit terminologische Informationen erarbeiten, vereinheitlichen und verwalten. Dies sind in erster Linie Fachleute im Bereich der technischen Kommunikation, Übersetzung, Dolmetschung und Lokalisierung, die Terminologiearbeit neben ihrer eigentlichen Haupttätigkeit durchführen. Aber auch Unternehmensmitarbeiter, die in der Produktentwicklung, in der Teileverwaltung, im Marketing, im Kunden-Support, in der Schulung oder allgemein in der Unternehmenskommunikation arbeiten, sind an der Erarbeitung und Vereinheitlichung von Terminologie beteiligt. Zu den Terminologieproduzenten gehören vor allem natürlich Terminologen und Fachlexikographen, deren Hauptaufgabe die terminologische Arbeit ist. Eine besondere Rolle spielen die Experten in bestimmten Fachgebieten (z.B. Recht, Medizin, Sozialwesen), die die Terminologen bei ihrer Arbeit unterstützen, indem sie bei der Klärung und Absicherung von Begriffsbeziehungen, Definitionen oder auch Synonymie und Äquivalenz helfen (siehe hierzu auch RaDT 2013).

Terminologie-Manager: Alle Personen(gruppen), die an der Planung, Einrichtung und Umsetzung von Terminologieprozessen und rechnergestützten Terminologielösungen im organisatorischen Umfeld eines Unternehmens oder einer Behörde beteiligt sind. Diese Personen nutzen und erstellen zwar keine terminologischen Informationen; sie sind aber verantwortlich für die Modellierung und den Ablauf von Terminologieprozessen sowie für die Konzeption, Auswahl und Bereitstellung von Informationstechnologie für die Terminologiearbeit. Zu diesen Personengruppen gehören neben den Terminologen selbst auch Sprachtechnologen, Informatiker, Projektmanager oder Verantwortliche für das Qualitätsmanagement im Unternehmen.

Oft ist eine genaue Abgrenzung der genannten Zielgruppen nicht möglich, da bestimmte Personen(gruppen) wie etwa freiberufliche Übersetzer sowohl zu den Terminologie-Nutzern als auch zu den Terminologie-Produzenten zählen und zusätzlich in ihrem eigenen organisatorischen Umfeld die Aufgaben eines Terminologie-Managers übernehmen müssen.

In einschlägigen Veröffentlichungen zur Terminologieausbildung werden die Zielgruppen in ähnlicher Weise beschrieben. So nennen Drewer/Schmitz (2013:52f.) typische Ausbildungsgänge mit Terminologieinhalten für:

- translators
- technical writers
- standardizers
- language planners, terminology planners
- software localizers
- interpreters
- LSP dictionary producers
- experts (in all domains)
- etc.

Im Best-Practice-Ordner des Deutschen Terminologietags (DTT 2010, Modul 6), in dem Berufsprofile und Anforderungen für die Terminologiearbeit beschrieben werden, werden 17 unterschiedliche Zielgruppen genannt, so neben den oben bereits genannten auch Revisor, Teamleiter, DB-Administrator, Tool-Entwickler, Berater und Ausbilder.

Das auf Terminologieinhalte ausgerichtete E-Learning-Programm ELCAT, das von der Fachhochschule Köln in Zusammenarbeit mit Vertretern aus der Automobilindustrie und mit einschlägigen Software-Herstellern entwickelt wurde (www.elcat.info), bietet – neben einem Einstiegtest, der den individuellen Bedarf an terminologischem Wissen ermittelt und entsprechende Lerneinheiten vorschlägt – einzelne, empfohlene Lerneinheiten zur Terminologie für unterschiedliche Zielgruppen an. Dort werden folgende Zielgruppen genannt:

- Geschäftsführung
- Marketing
- Normung
- Produktentwicklung
- Technische Dokumentation inkl. Ersatzteildokumentation
- Terminologen
- Übersetzer, Sprachendienst, Fremdsprachentraining
- Unternehmenskommunikation

All die genannten Zielgruppen für eine Terminologieaus- und -weiterbildung sind mit unterschiedlichen Aufgaben an der Terminologiearbeit und am Terminologieprozess beteiligt, wofür sie auch unterschiedliche Kenntnisse und Qualifikationen im Bereich der terminologischen Theorie und Praxis benötigen.

11.2 Berufsprofil

Auch wenn sich unterschiedliche Personengruppen neben ihrer eigentlichen Haupttätigkeit mit einzelnen Teilaufgaben des Terminologieprozesses beschäftigen, so gibt es seit vielen Jahren einen Bedarf an Fachleuten, die sich vollumfänglich und alleinig auf Terminologiearbeit und Terminologieverwaltung konzentrieren. Hieraus hat sich das Berufsbild des Terminologen entwickelt, das der Rat für Deutschsprachige Terminologie in seinem Berufsbild Terminologe/Terminologin (RaDT 2005:1) wie folgt definiert:

> Terminologinnen und Terminologen sind Fachleute für die Erarbeitung, Beschreibung, Verwaltung und Verbreitung von ein- und mehrsprachigen Fachwortschätzen. Sie sind in allen Bereichen tätig, die sich mit Daten, Informationen, Wissen und Kommunikation befassen. Terminologiearbeit ist eine interdisziplinäre Tätigkeit; deshalb arbeiten Terminologinnen und Terminologen sehr häufig mit Fachleuten der unterschiedlichsten Fachgebiete zusammen.

Terminologen üben ihre Tätigkeit oft in Unternehmen oder Organisationen aus, wobei sie meist in der technischen Redaktion, in der Übersetzungsabteilung, im Normen- und Patentwesen, im Bereich der Unternehmenskommunikation oder in der Forschungs- und Entwicklungsabteilung angesiedelt sind. Auch bei großen Sprachdienstleistern arbeiten Terminologen, um beispielweise Übersetzungsvorhaben gezielt zu unterstützen oder Terminologieprojekte für externe Kunden durchzuführen. In Normungsorganisationen, in der Sprachplanung und Sprachpflege sowie in (Wörterbuch-)Verlagen findet sich ebenfalls ein anspruchsvolles Aufgabenfeld für Terminologen. Auch eine selbstständige berufliche Tätigkeit als Terminologe ist denkbar; hier beraten und schulen sie privatwirtschaftliche Unternehmen, Nonprofit-Organisationen und öffentliche Institutionen bei der Anwendung terminologischer Methoden, Daten und Werkzeuge und führen Terminologieprojekte für diese durch (RaDT 2005:1).

Zu den typischen Aufgaben von Terminologen gehören die Erarbeitung von ein- oder mehrsprachigen Terminologien, terminologieplanerische Tätigkeiten, Bereitstellung von (elektronischen) Terminologiesammlungen sowie Beratungs- und Schulungstätigkeiten.

Um diese Aufgaben und Tätigkeiten ausüben zu können, benötigen Terminologen natürlich fachliche Kenntnisse der Terminologielehre, der Terminologiearbeit und im Einsatz von Informationstechnologie für die Terminologieverwaltung. Ebenso sind hervorragende sprachliche Kompetenzen gefordert, in der Muttersprache, aber oft auch in den Fremdsprachen. Arbeiten Terminologen in der Forschung und Lehre, sind zusätzlich didaktische und wissenschaftstheoretische Qualifikationen notwendig.

Neben diesen inhärent terminologischen und sprachlichen Kenntnissen brauchen Terminologen weitere Kenntnisse und Fähigkeiten für ihre Arbeit, die je nach Arbeitsumfeld und Aufgaben unterschiedlich wichtig sein können. Neben sogenannten Soft-Skills wie Kommunikationsfähigkeit, Überzeugungskraft und Argumentationsvermögen seien hier weitere Fähigkeiten wie systematische Arbeitsweise, Abstraktionsfähigkeit oder „detektivisches Gespür" genannt (RaDT 2005 und DTT 2010). Einige dieser Fähigkeiten können während der Aus- und Weiterbildung vermittelt und trainiert werden; vielfach können aber derartige Qualifikationen erst in der Praxis erlernt werden oder müssen bei den potentiellen Terminologen schon vor Beginn einer Aus- und Weiterbildung vorhanden sein (Schmitz 2013b).

11.3 Komponenten und Inhalte einer Terminologieausbildung

Im Folgenden soll versucht werden, mögliche terminologische Ausbildungsinhalte in Form von thematischen Bausteinen zu beschreiben. Diese Bausteine haben nicht den Status einer Lehrveranstaltung, eines Ausbildungsmoduls oder eines Weiterbildungsseminars; sie können aber in solche integriert oder zu solchen ausgebaut werden. Die Relevanz der einzelnen Bausteine für unterschiedliche Zielgruppen und Ausbildungsgänge oder Weiterbildungsmöglichkeiten soll später betrachtet werden.

A1: Terminologiewissenschaft I

Theoretische Grundlagen der Terminologiewissenschaft: Erklärungsmodelle, Gegenstand, Begriff, Benennung, Eigenschaften, Merkmale, Definitionen, Synonymie, Homonymie, Äquivalenz, Begriffsbeziehungen, Begriffssysteme etc.

A2: Terminologiewissenschaft II

Vertiefende Aspekte der Terminologiewissenschaft: Entwicklung des Faches als eigenständige wissenschaftliche Disziplin, terminologische Ontologien, terminologisches Wissensmanagement etc.

B1: Terminologiearbeit I

Arten und Formen der Terminologiearbeit, Arbeitsmethoden, Terminologierecherche, Internet als Quelle für die Terminologierecherche, Auswahl und Schreiben von Definitionen, Auswahl und Bildung von Benennungen etc.

B2: Terminologiearbeit II

Planung und Durchführung von Terminologieprojekten, terminologischer Workflow (im Unternehmen), Qualitätssicherungsmaßnahmen etc.

C1: Terminologieverwaltung I

Terminologieverwaltungssysteme, Übersicht und Typisierung, Arbeit mit Terminologieverwaltungssystemen, Anlegen und Bearbeiten von terminologischen Einträgen, Zugriff auf existierende Ressourcen, Import und Export von Daten, Filterung etc.

C2: Terminologieverwaltung II

Konzeption und Einrichtung von Terminologielösungen, Datenkategorien, Eintragsmodelle, Begriffsorientierung, Benennungsautonomie, unterschiedliche Nutzergruppen und -rechte etc.

C3: Terminologieverwaltung III

Terminologieextraktion, Terminologiekontrolle im Text, Terminologieaustausch, web-basierte Terminologieverwaltung, Terminologie und andere Anwendungssysteme (Maschinelle Übersetzungssysteme, Translation-Memory-Systeme, Content-Management-Systeme, Autorensysteme etc.)

D1: Terminologiestrategie

Terminologienormung, Terminologieplanung, wirtschaftliche Aspekte, rechtliche Aspekte (Copyright), Networking, Terminologie und Cultural Diversity, Terminologieinfrastruktur (Institutionen, Organisationen und Verbände) etc.

E1: Terminologieanwendungen

Fallstudien zur Terminologiearbeit, z.B. Anwendungen im Bereich Sprachplanung, Medizin, Umwelt, Softwarelokalisierung etc.

F1: Terminologieausbildung

Entwicklung von Curricula und Bausteinen für die Terminologieausbildung, für unterschiedliche Nutzergruppen, Einsatz von Programmen für die Terminologieausbildung, web-basierte und E-Learning-Methoden etc.

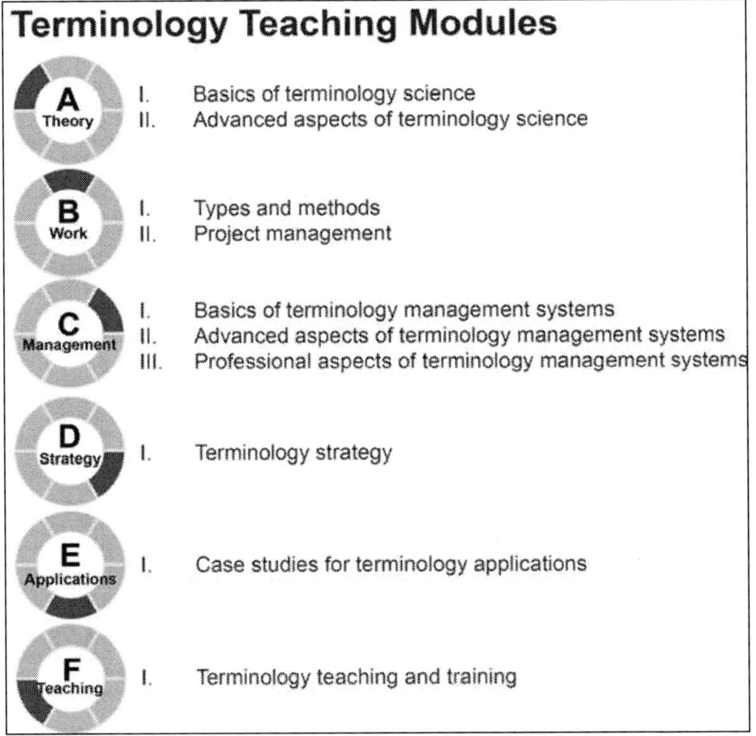

aus: Drewer/Schmitz (2013:53)

Neben diesen terminologischen Fachkenntnissen, die man in Vorlesungen, Übungen, Seminaren und Projekten vermitteln und einüben kann, brauchen Terminologen weitere Kenntnisse und Fähigkeiten für ihre Arbeit, die je nach Arbeitsumfeld und Aufgaben unterschiedlich wichtig sein können (siehe 11.2).

11.4 Terminologiekomponenten in akademischen Ausbildungsgängen

Auch früher fanden sich schon in Diplom-Studiengängen zum Technischen Redakteur, Übersetzer oder Dolmetscher an Universitäten, Fachhochschulen oder den bayrischen Fachakademien terminologiebezogene Studienmodule mit theoretischen und praktischen Inhalten. Eine eigenständige akademische Ausbildung zum Terminologen gab es kaum. Nur in der Schweiz boten die Hochschulen in Genf und Zürich-Winterthur im post-gradualen Bereich spezielle Ausbildungsgänge zur Terminologie an.

Durch die Umsetzung der Bologna-Empfehlungen haben nun viele Ausbildungsinstitutionen im Bereich Technische Redaktion, Übersetzen und Dolmetschen neue modulare und meist gestufte Curricula entwickelt und implementiert. Trotz unterschiedlicher Auffassungen im Hinblick auf die Ausrichtung und das Ausbildungsprofil von Bachelor- und Masterstudiengängen zeichnet sich die Tendenz ab, dass verstärkt die Anforderungen der Berufspraxis berücksichtigt und gezielter Module mit terminologischen Ausbildungsinhalten in die Curricula eingebaut werden.

Innerhalb der meist sechs- oder siebensemestrigen Bachelor-Curricula – unabhängig davon, wie sich die Studiengänge nun nennen mögen – gibt es sehr häufig kleinere Studienmodule mit terminologischen Inhalten; hierfür werden fast immer Teilinhalte aus den oben beschriebenen Bausteinen A1, B1 und C1 angeboten.

Die oft drei- oder viersemestrigen Masterstudiengänge bauen in der Regel auf den entsprechenden Bachelorstudiengängen auf und vermitteln spezifische, weitergehende pragmatische und wissenschaftliche Kompetenzen im translatorischen Bereich, aber auch in verwandten Berufsfeldern; für die Technische Redaktion gibt es weniger einschlägige Angebote an Masterstudiengängen. Die Masterstudiengänge, die quasi die Tradition der alten Diplomausbildung auf höherem fachlichem und wissenschaftlichem Niveau fortführen, tragen Bezeichnungen wie „Translation“, „Übersetzungswissenschaft“, „Internationale Fachkommunikation“, „Fachübersetzen“ oder „Konferenzdolmetschen“ und beinhalten fast überall Ausbildungsmodule mit terminologischen Inhalten. Bei einem stärker anwendungsbezogenen Masterstudiengang bieten sich hier zunächst die Bausteine A1, B1 und C1 an, bei einem eher forschungsorientierten Masterstudiengang eher die Bausteine A1,

A2, B1 und F1. Eine Ergänzung um Teile aus anderen Bausteinen ist je nach Ausrichtung sinnvoll.

Innerhalb des Angebots an Masterstudiengängen ergibt sich aber auch zum ersten Mal die Gelegenheit, umfangreichere Ausbildungskomponenten zur Terminologie in ein Curriculum einzubauen (z.B. MA „Fachübersetzen und Terminologie“) oder gar einen weitgehend eigenständigen Studiengang mit Ausbildung zum Terminologen (z.B. MA „Terminologie und Sprachtechnologie“) anzubieten. Hierbei kann je nach Ausrichtung des Masterstudiengangs das gesamte Spektrum der oben beschriebenen Bausteine angeboten werden.

Auf die einzelnen, im deutschsprachigen Raum angebotenen Hochschulstudiengänge mit terminologischen Ausbildungsmodulen kann hier nicht eingegangen werden; eine Übersicht hierzu findet sich auf dem Deutschen Terminologie-Portal (www.termportal.de) sowie auf den Internetseiten der einschlägigen Berufsverbände für Technische Kommunikation (www.tekom.de) oder für Übersetzen/Dolmetschen (www.adue-nord.de, www.aticom.de, www.bdue.de, www.astti.ch, www.universitas.org).

11.5 Weiterbildungsangebote

Neben den akademischen Vollausbildungen gibt es einen großen Bedarf an terminologischer Weiterbildung. Diese kann von eintägigen elementaren Seminaren (z.B. DTT-Seminar „Terminologiearbeit – Grundlagen, Werkzeuge, Prozesse“) oder themenspezifischen Kursen (z.B. SDL-Webinar „Taking Control of Terminology“) über mehrtägige Schulungen (z.B. „International Terminology Summer School“) bis hin zu längeren und umfänglicheren Ausbildungs- und Qualifikationskursen (z.B. berufsbegleitender Zertifikatslehrgang „Terminologie“ der ZHaW Winterthur) führen. Oftmals werden Weiterbildungsangebote auch durch E-Learning-Module unterstützten, die es besonders Berufspraktikern leichter macht, sich neben der täglichen Arbeit im Bereich Terminologie weiterzuqualifizieren; hier sei der einfache E-Learning-Kurs zur Terminologie auf dem Deutschen Terminologie-Portal (www.termportal.de – Was ist Terminologie?) sowie das interaktive und modular auf einzelne Zielgruppen ausgerichtete ELCAT-Terminologie-Lernsystem (www.elcat.info) als Beispiel erwähnt. Dem Bedarf der Praxis nach Bestätigung der oftmals in der täglichen Arbeitsroutine erworbenen terminologischen Kenntnisse kommt auch der „ECQA Certified Terminology Manager“ entgegen, ein Zertifizierungsprogramm für unterschiedliche Stufen von terminologischen Qualifikationen, das von TermNet in Wien (www.termnet.org) angeboten wird.

Literaturverzeichnis

Agricola, Erhard (Hrsg.) (1982): Wortschatzforschung heute – aktuelle Probleme der Lexikologie und Lexikographie. Leipzig: Verlag Enzyklopädie.

Almássy, György et al. (1985): Fachlexikon ABC Meßtechnik. Thun/ Frankfurt/M.: Deutsch.

Ameling, Walter (1974): Grundlagen der Elektrotechnik II (= Studienbücher Naturwissenschaft und Technik Bd. 12). Düsseldorf: Bertelsmann-Universitätsverlag.

Antia, Bassey (2000): Terminology and Language Planning. An Alternative Framework for Practice and Discourse. Amsterdam/Philadelphia: John Benjamins.

Arntz, Reiner (Hrsg.) (1988): Textlinguistik und Fachsprache. Akten des internationalen übersetzungswissenschaftlichen AILA-Symposions, Hildesheim, 13.-16. April 1987. Hildesheim: Olms.

Arntz, Reiner (1994): Terminologievergleich und internationale Terminologieangleichung. In: Snell-Hornby, M. (Hrsg.) (1994), 283-310.

Arntz, Reiner (2001): Fachbezogene Mehrsprachigkeit in Recht und Technik. Hildesheim: Olms.

Arntz, Reiner / Arranz, Julio César (1999): Die spanischen Fachsprachen im 20. Jahrhundert und ihre Erforschung: eine Übersicht. In: Hoffmann, L. / Kalverkämper, H. / Wiegand, H. E. (Hrsg.) (1999), 1514-1521.

Arntz, Reiner / Mayer, Felix / Reisen, Ursula (Hrsg.) (1992): Geistiges Eigentum an Terminologien. Akten des Symposions, Köln, 11.-12. September 1992. München/Köln: Deutscher Terminologie-Tag e.V.

Arntz, Reiner / Mayer, Felix / Reisen, Ursula (Hrsg.) (2001): Terminologie und Recht. Akten des Symposions, Köln, 3.-7. April 2000. München/Köln: Deutscher Terminologie-Tag e.V.

Auswärtiges Amt (1974): Einheitliche Übersetzung deutscher Gerichtsbezeichnungen in die englische, französische und spanische Sprache. In: Mitteilungsblatt für Dolmetscher und Übersetzer 2/20, 8.

Averbuh, K. Ja. (1994): E. K. Drezen, Terminologist and Standardizer. In: Terminology Science & Research, vol. 5, no. 2, 53-73.

Baldinger, Kurt (1952): Die Gestaltung des wissenschaftlichen Wörterbuchs. In: Rom. Jahrbuch, Jahrgang 5. Hamburg, 65-94.

Baldinger, Kurt (1960): Alphabetisches oder begrifflich gegliedertes Wörterbuch? In: Zeitschrift für romanische Philologie 76/1960, 521-536.

Bartels, Karin (1999): Drehstromgeneratoren: Arten, Aufbau des Synchrongenerators und Dreiphasenwicklungen – Eine terminologische Untersuchung in den Sprachen Deutsch und Englisch. Dipl.-Arb. Universität Hildesheim.

Baumann, Klaus-Dieter / Kalverkämper, Hartwig (Hrsg.) (2004): Pluralität in der Fachsprachenforschung. FFF (= Forum für Fachsprachen-Forschung Bd. 67). Tübingen: Gunter Narr Verlag.

Bausch, Karl-Heinz / Schewe, Wolfgang / Spiegel, Heinz-Rudi (Hrsg.) (1976): Fachsprachen. Terminologie – Struktur – Normung (= DIN-Normungskunde Heft 4). Berlin: Beuth.

Bergenholtz, Henning (1989): Probleme der Selektion im allgemeinen einsprachigen Wörterbuch. In: Hausmann, F. J. / Reichmann, O. / Wiegand, H. E. / Zugusta, L. (Hrsg.) (1989), 772-778.

Blatt, Achim / Freigang, Karl-Heinz / Schmitz, Klaus-Dirk / Thome, Gisela (1985): Computer und Übersetzen: Eine Einführung (= Hildesheimer Beiträge zu den Erziehungs- und Sozialwissenschaften Bd. 21). Hildesheim: Olms.

Bock, Anders (1979): Cykelterminologi. En terminologisk undersøgelse af en cykels hoveddele. Dipl.-Arb. Handelshøjskolen i København.

Bußmann, Hadumod (1990): Lexikon der Sprachwissenschaft. 2., neubearb. Aufl. (= Kröners Taschenausgabe Bd. 452). Stuttgart: Kröner.

Christmann, Ursula (1989): Modelle der Textverarbeitung: Textbeschreibung als Textverstehen (= Arbeiten zur sozialwissenschaftlichen Psychologie 21). Münster: Aschendorff.

Christmann, Ursula / Groeben, Norbert (1996): Textverstehen, Textverständlichkeit – Ein Forschungsüberblick unter Anwendungsperspektive. In: Krings, H. P. (Hrsg.) (1996), 129-189.

Clas, André (1988): Une matrice terminogénétique en plein essor: les binominaux juxtaposés. In: Arntz, R. (Hrsg.) (1988), 215-227.

Classification Décimale Universelle (1993): Édition moyenne internationale, vol. 2. Liège: Éditions du C.L.P.C.F.

Concise Oxford Dictionary of Current English (1999): 10. Aufl. Oxford: Oxford University Press.

Constantinesco, Léontin Jean (1972): Rechtsvergleichung. Bd. 2: Die rechtsvergleichende Methode (= Schriftenreihe Annales Universitatis Saraviensis Bd. 69). Köln: Heymann.

Constantinesco, Vlad / Hübner, Ulrich (1994): Einführung in das französische Recht. 3., völlig neubearb. Aufl. (= Schriftenreihe der Juristischen Schulung Heft 16). München: Beck.

Creifelds, Carl (Hrsg.) (1992): Rechtswörterbuch. 11. Aufl. München: Beck.

Creifelds, Carl (Hrsg.) (2000): Rechtswörterbuch. 16., neubearb. Aufl. München: Beck.
Dahlberg, Ingetraut (1976): Über Gegenstände, Begriffe, Definitionen und Benennungen: Zur möglichen Neufassung von DIN 2330. In: Muttersprache 2/1976, 81-117.
Dahlberg, Ingetraut (1981): Conceptual definitions for INTERCONCEPT. In: International Classification 8/1981, No. 1, 16-22.
Deutscher Terminologie-Tag e.V. (2010): Terminologiearbeit – Best Practices. Köln: Deutscher Terminologie-Tag e.V.
Deutscher Terminologie-Tag e.V. (2014): Terminologiearbeit – Best Practices. 2., erweiterte und überarbeitete Auflage. Köln: Deutscher Terminologie-Tag e.V.
Dictionnaire CEI multilingue de l'électricité / IEC multilingual dictionary of electricity (1983): Genève: Bureau Central de la Commission Electrotechnique Internationale.
DIN 1305 (1988): Masse, Kraft, Gewichtskraft, Gewicht, Last: Begriffe. Berlin: Beuth.
DIN 2330 (1979): Begriffe und Benennungen. Allgemeine Grundsätze. Berlin: Beuth.
DIN 2330 (1993): Begriffe und Benennungen: Allgemeine Grundsätze. Berlin: Beuth.
DIN 2330 (2013): Begriffe und Benennungen Allgemeine Grundsätze. Berlin: Beuth.
DIN 2331 (1980): Begriffssysteme und ihre Darstellung. Berlin: Beuth.
DIN 2332 (1988): Benennen international übereinstimmender Begriffe. Berlin: Beuth.
DIN 2335 (1986): Sprachenzeichen mit einem Anhang von Autoritätszeichen. Berlin: Beuth.
DIN 2336 (2004): Darstellung von Einträgen in Fachwörterbüchern und Terminologie-Datenbanken. Berlin: Beuth.
DIN 2340 (2009): Kurzformen für Benennungen und Namen. Berlin: Beuth.
DIN 2342 Teil 1 (1992): Begriffe der Terminologielehre: Grundbegriffe. Berlin: Beuth.
DIN 2342 (2011): Begriffe der Terminologielehre. Berlin: Beuth.
DIN 2344 (2000): Ausarbeitung und Gestaltung von terminologischen Festlegungen in Normen. Berlin: Beuth.
DIN 820-3 (2010): Normungsarbeit. Begriffe. Berlin: Beuth.
DIN EN ISO 3166 (2006) Codes für die Namen von Ländern und deren Untereinheiten, Teil 1 Codes für Ländernamen. Berlin: Beuth.

DIN 70024 Teil 1 (November 1977): Begriffe für Einzelteile von Kraftfahrzeugen und deren Anhängefahrzeugen: Betätigungseinrichtungen, Anzeige- und Kontrollgeräte. Berlin: Beuth.

DIN EN ISO 286-1 (2010): Geometrische Produktspezifikation (GPS) - ISO-Toleranzsystem für Längenmaße - Teil 1: Grundlagen für Toleranzen, Abmaße und Passungen. Berlin: Beuth.

DIN IEC 50 Teil 902 (Vornorm 1978): Internationales Elektrotechnisches Wörterbuch: Teil 902: Funkstörungen. Berlin: Beuth.

DIN Deutsches Institut für Normung e.V. (1981): Vorlesungsunterlagen zur Normung. 1. Aufl. Berlin/ Köln: Beuth.

Disarmament Terminology (1982): Terminologie der Abrüstung. Zusammengestellt vom Sprachendienst des Auswärtigen Amts der Bundesrepublik Deutschland (= Terminological Series; Vol. 1). Berlin: de Gruyter.

Doucet, Michel / Fleck, Klaus (1994): Wörterbuch der Rechts- und Wirtschaftssprache. Teil 2. Deutsch-Französisch. 5., erw. Aufl. München: Beck.

Drewer, Petra / Schmitz, Klaus-Dirk (2013): Terminology Management in Technical Communication – Principles, Methods, Training. In: Gesellschaft für Technische Kommunikation – tekom e.V. (ed.) (2013): Proceedings of the European Colloquium on Technical Communication 2012. Stuttgart: Verlag tcworld GmbH, 50-61.

Drozd, Lubomir / Seibicke, Wilfried (1973): Deutsche Fach- und Wissenschaftssprache. Bestandsaufnahme – Theorie – Geschichte. Wiesbaden: Brandstetter.

Dubislav, Walter (1981): Die Definition. 4. Aufl., unveränd. Nachdr. d. 3., völlig umgearb. Aufl. von 1931. Hamburg: Meiner.

Ernst, Richard (1989): Wörterbuch der industriellen Technik: unter weitgehender Berücksichtigung der neuzeitlichen Techniken und Verfahren. Bd. 1. 5., überarb. und erh. erw. Aufl. Wiesbaden: Brandstetter.

Feinäugle, Norbert (Hrsg.) (1987): Fach- und Sondersprachen. Arbeitstexte für den Unterricht (= Reclam Universal-Bibliothek 9510). Stuttgart: Reclam.

Felber, Helmut (1984): Terminology Manual. Paris: Unesco: Infoterm.

Felber, Helmut / Budin, Gerhard (1989): Terminologie in Theorie und Praxis (= Forum für Fachsprachen-Forschung Bd. 9). Tübingen: Narr.

Felber, Helmut / Lang, Friedrich / Wersig, Gernot (Hrsg.) (1979): Terminologie als angewandte Sprachwissenschaft: Gedenkschrift für Univ.-Prof. Dr. Eugen Wüster. München: Saur.

Filipec, Josef (1976): Zur Spezifik des spezialsprachlichen Wortschatzes gegenüber dem allgemeinen Wortschatz. In: Bausch, K.H. / Schewe, W.H.U / Spiegel, H.-R. (Hrsg.) (1976), 55-62.

Fluck, Hans-Rüdiger (1996): Fachsprachen. Einführung und Bibliographie. 5., überarb. und erw. Aufl. (= UNI-Taschenbücher 483). München: Francke.

Friis-Hansen, Jens B. / Høst, Torben / Steen Larsen, Poul / Spang-Hanssen, Henning (1996): Informationsordbogen. Ordbog for informationshåndtering, bog og bibliotek. 2. Aufl. DS-Håndbog 109. Charlottenlund: Dansk Standard.

Fromherz, Hans / King, Alexander (1968): Englische und deutsche chemische Fachausdrücke: Ein Leitfaden der Chemie in englischer und deutscher Sprache, 5., neubearb. Aufl. Weinheim/Bergstr.: Verlag Chemie.

Galinski, Christian / Picht, Heribert (1997): Graphic and Other Semiotic Forms of Knowledge Representation in Terminology Management. In: Wright, S.E. / Budin, G. (eds.) (1997): Handbook of Terminology Management, Vol. 1. Amsterdam/Philadelphia: John Benjamins, 42-61.

Gesellschaft für Terminologie und Wissenstransfer GTW (1994): GTW-Report – Empfehlungen für Planung und Aufbau von Terminologiedatenbanken. Saarbrücken: GTW.

Gesellschaft für Terminologie und Wissenstransfer GTW (1996): GTW-Report – Criteria for the Evaluation of Terminology Management Software. Saarbrücken: GTW.

Gläser, Rosemarie (1990): Fachtextsorten im Englischen (= Forum für Fachsprachen-Forschung Bd. 13). Tübingen: Narr.

Glück, Helmut (Hrsg.) (2000): Metzler Lexikon Sprache. 2. Aufl. Stuttgart/Weimar: Metzler.

Göpferich, Susanne (1995): Textsorten in Naturwissenschaften und Technik. Pragmatische Texttypologie – Kontrastierung – Translation (= Forum für Fachsprachen-Forschung Bd. 27). Tübingen: Narr.

Godenjelm, Nina (1999): Quality of a Termbank from the Service Viewpoint – a Case Study on the Nokia Termbank. In: Terminology Science & Research. vol. 10 (1999), no. 1, 30-37.

Goffin, Roger (1978): Le découpage du terme à des fins lexicographiques: critères formels, sémantiques et « contrastifs ». In: Rondeau, G. (Hrsg.) (1979): Table ronde sur les problèmes du découpage du terme (26/8/1978). Québec: Editeur Officiel.

Goffin, Roger (1985): La science terminologique. In: Terminologie et traduction 2/1985, 11-29.

Gramann, Petra (1988): Bohrmaschinen: Arten, Aufbau und Funktionen – eine terminologische Untersuchung in Deutsch - Englisch. Dipl.-Arb. Universität Hildesheim.

Grindsted, Annelise (1976): Toldbehandling af befordringsmidler og varer, der indføres i erhvervsmæssigt øjemed. Terminologi. Dipl.-Arb. Handelshøjskolen i København.

Großhennig, Monika (1997): Digitaler terrestrischer Hörfunk (DAB): Grundlagen und Aufbau – Eine terminologische Untersuchung in den Sprachen Deutsch und Französisch. Dipl.-Arb. Universität Hildesheim.

Grunenberg, Petra (1987): Technologien, Topologien und Zugriffsverfahren Lokaler Netze (LAN) – eine terminologische Untersuchung in Englisch und Deutsch. Dipl.-Arb. Universität Hildesheim.

Guidelines for the establishment and development of monolingual thesauri (1981): Prepared by Derek Austin and Peter Dale. Second revised edition. General Information Programme und UNISIST. Paris: Unesco.

Guinness Buch der Rekorde (1988): Guinness Book of Records. Deutsche Ausgabe. Berlin: Ullstein.

Hahn, Walther von (Hrsg.) (1983): Fachkommunikation: Entwicklung – Linguistische Konzepte – Betriebliche Beispiele (= Sammlung Göschen Bd. 2223). Berlin: de Gruyter.

Hallig, Rudolf / Wartburg, Walther von (1963): Begriffssystem als Grundlage für die Lexikographie: Système raisonné des concepts pour servir de base à la lexicographie. Versuch eines Ordnungsschemas. 2., neu bearb. u. erw. Aufl. Berlin: Akademie-Verlag.

Handwerker, Brigitte (1988): Wortbedeutung und Textverstehen. In: Arntz, R. (Hrsg.) (1988), 333-347.

Hausmann, Franz Josef (1989): Wörterbuchtypologie. In: Hausmann, F. J. / Reichmann, O. / Wiegand, H. E. / Zugusta, L. (Hrsg.) (1989), 968-980.

Hausmann, Franz Josef / Reichmann, Oskar / Wiegand, Herbert Ernst / Zgusta, Ladislav (Hrsg.) (1989): Wörterbücher: Ein internationales Handbuch zur Lexikographie (= Handbücher zur Sprach- und Kommunikationswissenschaft Bd. 5.1-5.3). Berlin/New York: de Gruyter.

Havránek, Bohuslav (1932): Ukoly spisovného jazyka a jeho kultura. Daraus Auszug als: The functional differentiation of the standard language. In: A Prague School Reader on Esthetics, Literary Structure, and Style. Selected and translated by Paul M. Garvin (1964). Washington, D.C., 3-16.

Heisenberg, Werner (1990): Ordnung der Wirklichkeit (= Serie Piper Band 945). München/Zürich: Piper.

Heller, Klaus (1970): Der Wortschatz unter dem Aspekt des Fachwortes – Versuch einer Systematik. In: Wiss. Zeitschr. d. Karl-Marx-Universität Leipzig. Ges.-Sprachw. Reihe, 19/1979, 531-544.

Herzog, Gottfried (2008): Terminologiearbeit in der technischen Normung. In: Hennig, J. / Tjarks-Sobhani, M. (Hrsg.) (2008): Terminologiearbeit für Technische Dokumentation (= tekom Schriften zur Technischen Kommunikation Band 12). Lübeck: Schmidt-Römhild, 20-31.

Herzog, Gottfried (2011): 50 Jahre Normenausschuss Terminologie (NAT). In: DIN-Mitteilungen 10/2011, 15-19.

Hjelmblink, Steen (1991): Retsplejeordbog: Dictionnaire judiciaire, Judicial dictionary, Prozeßwörterbuch. København: Munksgaard.

Hjelmslev, Louis (1973): Für eine strukturale Semantik. In: Naumann, H. (Hrsg.) (1980), 249-269.

Hoffmann, Lothar (1976): Kommunikationsmittel Fachsprache. Eine Einführung. Berlin: Akademie-Verlag.

Hoffmann, Lothar (1985): Kommunikationsmittel Fachsprache: Eine Einführung. 2., völlig neu bearb. Aufl. Tübingen: Narr.

Hoffmann, Lothar / Kalverkämper, Hartwig / Wiegand, Herbert Ernst (Hrsg.) (1998): Fachsprachen: Ein internationales Handbuch zur Fachsprachenforschung und Terminologiewissenschaft. 1. Halbband (= Handbücher zur Sprach- und Kommunikationswissenschaft Bd. 14.1). Berlin/New York: de Gruyter.

Hoffmann, Lothar / Kalverkämper, Hartwig / Wiegand, Herbert Ernst (Hrsg.) (1999): Fachsprachen: Ein internationales Handbuch zur Fachsprachenforschung und Terminologiewissenschaft. 2. Halbband (= Handbücher zur Sprach- und Kommunikationswissenschaft Bd. 14.2). Berlin/New York: de Gruyter.

Hoffmann, Lothar (1998a): Fachsprachen und Gemeinsprache. In: Hoffmann, L. / Kalverkämper, H. / Wiegand H. E. (Hrsg.) (1998), 157-168.

Hoffmann, Lothar (1998b): Syntaktische und morphologische Eigenschaften von Fachsprachen. In: Hoffmann, L. / Kalverkämper, H. / Wiegand H. E. (Hrsg.) (1998), 416-427.

Holtus, Günter / Metzeltin, Michael / Schmitt, Christian (Hrsg.) (1992): Lexikon der romanistischen Linguistik. Bd. 6. Aragonesisch/Navarresisch, Spanisch, Asturianisch/Leonesisch. Tübingen: Niemeyer.

Internationales Institut für Rechts- und Verwaltungssprache (1982): Handbuch der Internationalen Rechts- und Verwaltungssprache – Zivilprozeß Deutsch-Französisch. Köln: Heymanns.

Internationales Institut für Rechts- und Verwaltungssprache (1985): Handbuch der Internationalen Rechts- und Verwaltungssprache – Verwaltungsrecht und Verwaltungsprozeßrecht Deutsch und Französisch. Köln: Heymanns.
ISO (2001): Catalogue 2001. Paris: Jouve.
ISO 639 (1988): Code for the representation of names of languages. Geneva: ISO.
ISO 639-1 (2002): Code for the representation of names of languages – Part 1: Alpha-2 code. Geneva: ISO.
ISO 639-2 (1998): Code for the representation of names of languages – Part 2: Alpha-3 code. Geneva: ISO.
ISO 639-3 (2007): Codes for the representation of names of languages – Part 3: Alpha-3 code for comprehensive coverage of languages. Geneva: ISO.
ISO 639-4 (2010): Codes for the representation of names of languages – Part 4: General principles of coding of the representation of names of languages and related entities, and application guidelines. Geneva: ISO.
ISO 639-5 (2008): Codes for the representation of names of languages – Part 5: Alpha-3 code for language families and groups. Geneva: ISO.
ISO 639-6 (2009): Codes for the representation of names of languages – Part 6: Alpha-4 code for comprehensive coverage of language variants. Geneva: ISO.
ISO 704 (2009): Terminology work – Principles and methods. Geneva: ISO.
ISO 860 (1996): Terminology work – Harmonization of concepts and terms. Geneva: ISO.
ISO 860 (2007): Terminology work – Harmonization of concepts and terms. Geneva: ISO.
ISO 1087-1 (2000): Terminology Work – Vocabulary – Part 1: Theory and application. Geneva: ISO.
ISO 1087-2 (2000): Terminology Work – Vocabulary – Part 2: Computer applications. Geneva: ISO.
ISO 1951 (1997): Lexicographical symbols particularly for use in classified defining vocabularies. Geneva: ISO.
ISO 1951 (2007): Presentation/representation of entries in dictionaries – Requirements, recommendations and information. Geneva: ISO.
ISO 6156 (1987): Magnetic tape exchange format for terminological/lexicographical records (MATER). Geneva: ISO.
ISO 10241-1 (2011): Terminological entries in standards – Part 1: General requirements and examples of presentation. Geneva: ISO.
ISO 10241-2 (2012): Terminological entries in standards – Part 2: Adoption of standardized terminological entries. Geneva: ISO.

ISO 12200 (1999): Computer applications in terminology – Machine-readable terminology interchange format (MARTIF) – Negotiated interchange. Geneva: ISO.

ISO 12620 (1999): Computer applications in terminology – Data categories. Geneva: ISO.

ISO 12620 (2009): Terminology and other language and content resources – Specification of data categories and management of a Data Category Registry for language resources. Geneva: ISO.

ISO 12615 (2004): Bibliographic references and source identifiers for terminology work. Geneva: ISO.

ISO 12616 (2002): Translation-oriented terminography. Geneva: ISO.

ISO 15188 (2001): Project management guidelines for terminology standardization. Geneva: ISO.

ISO 16642 (2003): Terminology and other language and content resources – Specification of data categories and management of a Data Category Registry for language resources. Geneva: ISO.

ISO 22128 (2008): Terminology products and services – Overview and guidance. Geneva: ISO.

ISO/TR 22134 (2007): Practical guidelines for socioterminology. Geneva: ISO.

ISO 22274 (2013): Systems to manage terminology, knowledge and content – Concept-related aspects for developing and internationalizing classification systems. Geneva: ISO.

ISO 23185 (2009): Assessment and benchmarking of terminological resources – General concepts, principles and requirements. Geneva: ISO.

ISO/TR 24156 (2008): Guidelines for using UML notation in terminology work. Geneva: ISO.

ISO 26162 (2012): Systems to manage terminology, knowledge and content – Design, implementation and maintenance of terminology management systems. Geneva: ISO.

ISO 29383 (2010): Terminology policies – Development and implementation. Geneva: ISO.

ISO 30042 (2008): Systems to manage terminology, knowledge and content – TermBase eXchange (TBX). Geneva: ISO.

ISO 3166-1 (2006): Codes for the representation of names of countries and their subdivisions – Part 1: Country codes. Geneva: ISO.

Jahr, Silke (1993): Das Fachwort in der kognitiven und sprachlichen Repräsentatioin (= Allgemeine Literatur- und Sprachwissenschaft 1). Essen: Die Blaue Eule.

Jahr, Silke (1996): Das Verstehen von Fachtexten: Rezeption, Kognition, Applikation (= Forum für Fachsprachen-Forschung Bd. 34). Tübingen: Narr.

Jakob, Karlheinz (1991): Maschine, Mentales Modell, Metapher: Studien zu Semantik und Geschichte der Techniksprache (= Germanistische Linguistik. 123). Tübingen: Niemeyer.

Jónsson, Sigurdur (1996): Terminologisk språkplanering på Island. In: Myking, J., Sæbøe, R., Toft, B. (Hrsg.) (1996): Nordisk minisymposium 1996. Bergen, 239-249.

Jónsson, Sigurdur / Laurén, Christer / Myking, Johan / Picht, Heribert (2013): Parallellspråk og domene. Nordisk språkplanlegging på 2000-tallet, med særlig vekt på forsknings- og utdanningssektoren. Oslo: Novus.

Kalverkämper, Hartwig (1990): Gemeinsprache und Fachsprachen – Plädoyer für eine integrierende Sichtweise. In: Stickel, Gerhard (Hrsg.) (1990), 88-133.

Kalverkämper, Hartwig (1993): Das fachliche Bild. Zeichenprozesse in der Darstellung wissenschaftlicher Ergebnisse. In: Schröder, H. (Hrsg.) (1993): Fachtextpragmatik. Tübingen: Narr, 215-238.

Klein, Martin (1997): Einführung in die DIN-Normen. 12., neubearb. u. erw. Aufl. Stuttgart: Teubner; Berlin: Beuth.

Koch, Gabriele (1988): Ansätze zur Klassifizierung von Texten und ihre Überprüfung anhand von Lehrbuchtexten zum Thema „Transformatoren". Dipl.-Arb. Universität Hildesheim.

Kocourek, Rostislav (1991): La langue française de la technique et de la science. 2. Aufl. Wiesbaden: Brandstetter.

Kohle, Bettina (1986): Strukturen und Funktion von Definitionen in technischen Normen – eine vergleichende Untersuchung anhand deutscher und britischer Normen zur Schweißtechnik. Dipl.-Arb. Universität Hildesheim.

Koller, Werner (1997): Einführung in die Übersetzungswissenschaft. 5., aktualisierte Aufl. (= UNI-Taschenbücher 819). Heidelberg: Quelle und Meyer.

Krieg, Klaus G. / Heller, Wedo / Hunecke, Gunter (1983): Leitfaden der DIN-Normen: Entwicklung, Konstruktion, Fertigung. Hrsg.: DIN Deutsches Institut für Normung e.V. Stuttgart: Teubner; Berlin: Beuth.

Krings, Hans Peter (Hrsg.) (1996): Wissenschaftliche Grundlagen der technischen Kommunikation (= Forum für Fachsprachen-Forschung Bd. 32). Tübingen: Narr.

Kromann, Hans-Peder / Riiber, Theis / Rosbach, Poul (1984): Überlegungen zu Grundfragen der zweisprachigen Lexikographie. In: Germanistische Linguistik 3-6/1984. Studien zur neuhochdeutschen Lexikographie V, hrsg. v. H. E. Wiegand. Hildesheim: Olms, 159-238.

KÜDES (= Konferenz der Übersetzungsdienste europäischer Staaten) (2003): Empfehlungen für die Terminologiearbeit. Bern: Schweizerische Bundeskanzlei.

Kuhn, Wilfried (1984): Lehrbuch der Physik. Bd. 1. Braunschweig: Westermann.

Laurén, Christer / Nordman, Marianne (1987): Från kunskapens frukt till Babels torn: En bok om fackspråk. Stockholm: Liber.

Laurén, Christer / Picht, Heribert (Hrsg.) (1993): Ausgewählte Texte zur Terminologie. Wien: TermNet.

Laurén, Christer / Myking, Johan / Picht, Heribert (1998): Terminologie unter der Lupe. Vom Grenzgebiet zum Wissenschaftszweig (= IITF-Series 9). Wien: TermNet.

Laurén, Christer / Myking, Johan / Picht, Heribert / Jónsson, Sigurdur (2008): Insikter om insikt. Nordiske teser om fackkommunikataion. Oslo: Novus Forlag.

Le Docte, Edgard (1978): Dictionnaire des termes juridiques en quatre langues. Viertalig juridisch woordenboek. Legal dictionary in four languages. Rechtswörterbuch in vier Sprachen. 2., bearb. und erw. Aufl. Brüssel: OYEZ.

Madsen, Bodil Nistrup (2001): DANTERM as provider of IT solutions to the communication and knowledge handling needs of Danish companies. In: LSP and Professional Communication, vol. 1, no. 1, 101-108.

Malige-Klappenbach, Helene (1986): Das „Wörterbuch der Gegenwartssprache“: Bericht, Dokumentation und Diskussion (= Lexicographica Series Maior Bd. 12). Hrsg. v. F.J. Hausmann. Tübingen: Niemeyer.

Mannhardt, Karl-Heinz (1981): Fachwörterbuch zur Energiewirtschaft: nukleare und nichtnukleare Energieträger. Bd. 1: Deutsch-Englisch/ Englisch-Deutsch. Köln: Heymanns.

Mayer, Felix (1998): Eintragsmodelle für terminologische Datenbanken. Ein Beitrag zur übersetzungsorientierten Terminographie (= Forum für Fachsprachen-Forschung Bd. 44). Tübingen: Narr.

Mayer, Felix (Hrsg.) (2001): Language for Special Purposes: Perspectives for the New Millennium. Vol 1: Linguistics and Cognitive Aspects, Knowledge Representation and Computational Linguistics, Terminology, Lexicography and Didactics. Vol. 2: LSP in Academic Discourse and in the Fields of Law, Business and Medicine. Tübingen: Narr.

Mentrup, Wolfgang (Hrsg.) (1979): Fachsprachen und Gemeinsprache. Jahrbuch 1978 des Instituts für Deutsche Sprache (= Sprache der Gegenwart Bd. 46). Düsseldorf: Schwann.

Mincke, Wolfgang (1991): Die Problematik von Recht und Sprache in der Übersetzung von Rechtstexten. In: Archiv für Rechts- und Sozialphilosophie 77-4, 446-465.

Möhn, Dieter / Pelka, Roland (1984): Fachsprachen: Eine Einführung (= Germanistische Arbeitshefte 30). Tübingen: Niemeyer.

Mönke, Helmut (1978): Definitionstypen und Definitionsmatrix. In: Nachrichten für Dokumentation 29, 2/1978, 51-60.

Naumann, Hans (Hrsg.) (1973): Der moderne Strukturbegriff: Materialien zu seiner Entwicklung (= Wege der Forschung Bd. 155). Darmstadt: Wissenschaftliche Buchgesellschaft.

Neubert, Albrecht (1994): Translatorische Relativität. In: Snell-Hornby, M. (Hrsg.) (1994), 85-105.

Nord, Christiane (1988): Textanalyse und Übersetzen: Theoretische Grundlagen, Methode und didaktische Anwendung einer übersetzungsrelevanten Textanalyse. Heidelberg: Groos.

Nöth, Winfried (1985): Handbuch der Semiotik. Stuttgart: J.B. Metzlersche Verlagsbuchhandlung.

Oeser, Erhard (1993): Terminologie als Voraussetzung der Wissenstechnik. In: Laurén, Ch. / Picht, H. (Hrsg.) (1993), 470-479.

Oeser, Erhard / Picht, Heribert (1998): Terminologieforschung in Europa: Ein historischer Überblick. In: Hoffmann, L. / Kalverkämper, H. / Wiegang, H. E. (Hrsg.) (1998), 341-347.

ÖNORM A 2704 (1990): Terminologie: Allgemeine Grundsätze für Begriffe und Bezeichnungen. Wien: Österreichisches Normungsinstitut.

Petermann, Heinrich (1982): Probleme bei der Auswahl und Darstellung von Fachlexik im allgemeinsprachlichen Wörterbuch. In: Agricola, E. (Hrsg.) (1982), 203-220.

Picht, Heribert (1988): Fachsprachliche Phraseologie. In: Arntz, R. (Hrsg.) (1988), 187-196.

Picht, Heribert (1996): Fachkommunikation – Fachsprache. In: Gerhard Budin (ed.) (1996): Multilingualism in Specialist Communication; Proceedings of the 10th European LSP Symposium, Vienna, 29 Aug.-1 Sept. 1995. Vienna: IITF, Infoterm, 27-45.

Picht, Heribert (2001): Die Terminologiearbeit im samischen Sprachraum. In: Mayer, F. (Hrsg.) (2001), 228-238.

Picht, Heribert / Schmitz, Klaus-Dirk (Hrsg.) (2001): Terminologie und Wissensordnung. Ausgewählte Schriften aus dem Gesamtwerk von Eugen Wüster. Wien: TermNet.

Picht, Heribert (2003): The Object – a Unit of Knowledge? In: Lexikologie, Terminologie und Stilistik. Sammlung wissenschaftlicher Arbeiten aus Anlass von Vladimir Moiseevich Leichiks Geburtstag (Übersetzung des russischen Titels). Moscow, Rjazan, 154-159.

Picht, Heribert (2004): Überlegungen zum Gegenstand und zum Begriff in der Terminologie. In: Baumann, K.-D. / Kalverkämper, H. (Hrsg.) (2004): Plurilarität in der Fachsprachenforschung (= Forum für Fachsprachen-Forschung Bd. 67). Tübingen: Narr, 313-340.

Picht, Heribert (2005): Normative and Descriptive Terminology Work – a Real Dichotomy? In: Vital Problems of the English Linguistics and Linguistic Didactics (Übersetzung des russischen Titels). Moscow: Prometheus Publishing House, 189-198.

Pilke, Nina (2000): Dynamiska fackbegrepp. Vasa: Vaasan yliopisto.

Potonnier, Georges Ed. (1964): Wörterbuch für Wirtschaft, Recht und Handel. Band 1. Deutsch-Französisch. Wiesbaden: Brandstetter.

Potonnier, Georges Ed. (1997): Wörterbuch für Wirtschaft, Recht und Handel. Band 1. Deutsch - Französisch. 3., völlig neu bearb. und erw. Aufl. Wiesbaden: Brandstetter.

Puggaard, Hanne (1980): Terminologisk speciale om veksler. Dipl.-Arb. Handelshøjskolen i København.

Rat für Deutschsprachige Terminologie (RaDT) (2005): Berufsprofil Terminologin/Terminologe. Bern: Schweizerische Bundeskanzlei.

Rat für Deutschsprachige Terminologie (RaDT) (2010): Wissen, Marken, Kundenbindung – Kritischer Erfolgsfaktor Terminologie. Köln: Deutscher Terminologie-Tag e.V.

Rat für Deutschsprachige Terminologie (RaDT) (2013): Terminologisches Basiswissen für Fachleute. Köln: Deutscher Terminologie-Tag e.V.

Reinhardt, Werner (1966): Produktive verbale Wortbildungstypen in der Fachsprache der Technik. In: Wissenschaftliche Zeitschrift der Pädagogischen Hochschule Potsdam, Gesellschafts- und Sprachwissenschaftliche Reihe 10, 183-195.

Reinhardt, Werner / Köhler, Claus / Neubert, Gunter (Hrsg.) (1992): Deutsche Fachsprache der Technik. 3., neubearb. Aufl. Hildesheim: Olms.

Reinke, Uwe (1994): Der Austausch terminographischer Daten. In: Lebende Sprachen 1/1994, 1-7.

Reinke, Uwe (1997): Integrierte Übersetzungssysteme. Betrachtungen zu Übersetzungsprozeß, Übersetzungsproduktivität, Übersetzungsqualität und Arbeitssituation. In: Lebende Sprachen 3/1997, 97-106.

Remmler, Sandra (1997): Beschreibung der Prozeßfolge zur Herstellung eines Silizium-ICs mit Schwerpunkt Bedampfungsprozeß – eine terminologische Untersuchung in den Sprachen Deutsch und Englisch. Dipl.-Arb. Universität Hildesheim.

Renz, Sigfried (1971): Zu einigen Problemen des Terminus. In: Muttersprache 81/1971, 304-312.

Richart, José Rodríguez / Thome, Gisela / Wilß, Wolfram (Hrsg.) (1982): Fachsprachenforschung und -lehre. Schwerpunkt Spanisch: Internationales Kolloquium an der Universität des Saarlandes, 6.-8. Nov. 1980 (= Tübinger Beiträge zur Linguistik Bd. 177). Tübingen: Narr.

Roelcke, Thorsten (1999): Fachsprachen (= Grundlagen der Germanistik, 37). Berlin: Erich Schmidt.

Roloff, Hermann / Matek, Wilhelm (1983): Maschinenelemente. Braunschweig/Wiesbaden.

Rondeau, Guy (1991): Introduction à la terminologie. 2. ed. Québec: Gaëtan Morin éditeur.

Sager, Juan Carlos (1990): A Practical Course in Terminology Processing. Amsterdam/Philadelphia: John Benjamins.

Sager, Juan C. / Dungworth, David / McDonald, Peter F. (1980): English Special Languages: Principles and Practice in Science and Technology. Wiesbaden: Brandstetter.

Schaffmeister, Dieter (2001): Entwicklung genormter Übersetzung der Rechtsterminologie. In: Arntz, R. / Mayer, F. / Reisen, U. (Hrsg.) (2001), 29-48.

Schlomann, Alfred (Hrsg.) (1963/1968): Illustrierte technische Wörterbücher in sechs Sprachen: Deutsch, Englisch, Russisch, Französisch, Italienisch, Spanisch. Bd. 1: Maschinenelemente. Unveränd. Neudruck 1968 der Ausgabe von 1938. Bd. 2: Elektrotechnik und Elektrochemie. 3. unveränd. Neudruck der Ausgabe von 1963.

Schmelzer, Karin (1987): Probleme des Definierens und des Definitionsvergleichs, dargestellt am Beispiel deutscher und französischer Normen zur Pulvermetallurgie. Dipl.-Arb. Universität Hildesheim.

Schmitt, Christian (1992): Spanisch: Fachsprachen. In: Holtus, G. / Metzeltin, M. / Schmitt, Ch. (Hrsg.) (1992), 297-327.

Schmitt, Peter A. (1986): Lexikon der Katalysatortechnik – Abgasreinigung in Kraftfahrzeugen. Englisch-Deutsch, Deutsch-Englisch. Wiesbaden: Brandstetter.

Schmitt, Peter A. (1992): PONS Fachwörterbuch der Kfz-Technik. Englisch-Deutsch/Deutsch-Englisch. Stuttgart/Dresden: Klett.

Schmitt, Peter A. (2004): Langenscheidts Fachwörterbuch Technik und angewandte Wissenschaften; Englisch-Deutsch; Deutsch-Englisch. Studienausgabe. 2. Bde. München: Langenscheidt Fachverlag.

Schmitz, Klaus-Dirk / Wahle, Kirsten (Hrsg.) (2000): Softwarelokalisierung. Tübingen: Stauffenburg.

Schmitz, Klaus-Dirk (2008): Terminologie in Zeiten von BA und MA – Rolle der Terminologieausbildung in translatorischen Studiengängen. In: MDÜ, Mitteilungen für Dolmetscher und Übersetzer, Nr. 5/2008, 34-36.

Schmitz, Klaus-Dirk (2009): Zur Rolle der Terminologieausbildung in translatorischen Studiengängen. In: Mayer, F. / Seewald-Heeg, U. (Hrsg.) (2009): Terminologiemanagement – Von der Theorie zur Praxis, Berlin: BDÜ, 128-134.

Schmitz, Klaus-Dirk (2010): Terminologie Aus- und -weiterbildung. In: eDITion, Nr. 2/2010, 7-9.

Schmitz, Klaus-Dirk (2013a): Von Wüster zu ISOcat – Zur geschichtlichen Entwicklung von Datenkategorien. In: eDITion, Nr. 1/2013, 13-17.

Schmitz, Klaus-Dirk (2013b): Qualifikation zur Terminologiearbeit und der Einfluss der Sterne – mit einem Prolog zur Textsorte Festschriftbeitrag. In: Ende, A.-K. / Herold, S. / Weilandt, A. (Hrsg.) (2013): Alles hängt mit allem zusammen. Translatorische Interdependenzen. Festschrift für Peter A. Schmitt. Berlin: Frank & Timme, 283-299.

Schmitz, Klaus-Dirk / Dreßler, Jens / Raupach, Inke (2011): Vorsprung durch Terminologie – ein eLearning-System für alle am Terminologieprozess Beteiligten. In: tekom (Hrsg.) (2011): Jahrestagung 2011 in Wiesbaden – Zusammenfassungen der Referate. Stuttgart: tekom, 441-443.

Schmitz, Klaus-Dirk / Nájera, Blanca (2012): Terminologieaus- und -weiterbildung, auch für Übersetzer und Dolmetscher. In: Baur, W. / Eichner, B. / Kalina, S. / Mayer, F. (Hrsg.) (2012): Übersetzen in die Zukunft. Dolmetscher und Übersetzer: Experten für internationale Fachkommunikation. Berlin: BDÜ-Fachverlag, 275-282.

Schneider, Hans-Jochen (Hrsg.) (1997): Lexikon der Informatik und Datenverarbeitung. 4., aktualisierte u. erw. Aufl. München/Wien: Oldenbourg.

Schneider, Wolf (1976): Wörter machen Leute. Magie und Macht der Sprache. München: Piper.

Schröder, Hartmut (Hrsg.) (1991): Subject oriented Texts. Languages for Special Purposes and Text Theory (= Research in Text Theory 16). Berlin/New York: de Gruyter.

Schuck, H.J. (1977): Was ist ein Thesaurus? In: Der Sprachmittler – Informationshefte des Sprachendienstes der Bundeswehr. 4/1977. Hürth, 111-123.

Schulenberg, Jutta (1987): Der Mikroprozessor 8085 – eine terminologische Untersuchung: Architektur, Befehlssatz, Anschlußbelegung und LSI-Herstellungstechnologien. Eine terminologische Untersuchung Deutsch-Englisch. Dipl.-Arb. Universität Hildesheim.

Schwarz, Monika (1992): Kognitive Semantiktheorie und neuropsychologische Realität. Tübingen: Niemeyer.

Schwarze, Christoph (Hrsg.) (1984): Beiträge zu einem kontrastiven Wortfeldlexikon Deutsch – Französisch (= Ergebnisse und Methoden moderner Sprachwissenschaft Bd. 18). Tübingen: Narr.

Slabý, Rudolf J. / Grossmann, Rudolf (1973): Wörterbuch der spanischen und deutschen Sprache. 3. Aufl. Wiesbaden: Brandstetter.

Snell-Hornby, Mary (Hrsg.) (1994): Übersetzungswissenschaft – Eine Neuorientierung: Zur Integration von Theorie und Praxis. 2., durchges. Aufl. (= UNI-Taschenbücher Bd. 1415) Tübingen: Francke.

Sommerstad, Ingvill (1992): Transformatoren in der elektrischen Energietechnik: Arten, Aufbau, Funktion und Kennwerte – Eine terminologische Untersuchung in den Sprachen Deutsch und Englisch. Dipl.-Arb. Universität Hildesheim.

Statistisches Bundesamt (Hrsg.) (1999): Statistisches Jahrbuch 2000 für die Bundesrepublik Deutschland. Stuttgart/Mainz: Kohlhammer.

Steinhardt, Kerstin (1991): Lumineszenzdioden in Lichtwellenleiter-Systemen: Grundlagen, Aufbau, Typen, Kennwerte – Eine terminologische Untersuchung in den Sprachen Deutsch und Englisch. Dipl.-Arb. Universität Hildesheim.

Stickel, Gerhard (Hrsg.) (1990): Deutsche Gegenwartssprache – Tendenzen und Perspektiven (= Jahrbuch des Instituts für deutsche Sprache 1989). Berlin: de Gruyter.

Suonuuti, Heidi (1997): Guide to Terminology. NORDTERM 8. Helsinki: Tekniikan Sanastokeskus.

Universal Decimal Classification (1993): International Medium Edition. London: Butler & Tanner.

Vesterli, Birte (1976): En terminologisk redegørelse for danske og tyske benævnelser for trykmetoder og trykprincipper. Dipl.-Arb. Handelshøjskolen i København.

Wahrig, Gerhard (2000): Deutsches Wörterbuch. 7., vollst. neu bearb. und aktualisierte Aufl. München: Bertelsmann Lexikon Verlag.

Warner, Alfred (1966): Internationale Angleichung fachsprachlicher Wendungen der Elektrotechnik. Versuch einer Aufstellung phraseologischer Grundsätze für die Technik (= Elektrotechnische Zeitschrift, Beih. 4). Berlin: VDE-Verlag.

Werlen, Iwar (1989): Sprache, Mensch und Welt. Darmstadt.

Whorf, Benjamin Lee (1956): Language, thought and reality. In: Carroll, J.B. (ed.) (1956): Selected writings of B.L. Whorf. Cambridge, Mass.: MIT Press.

Wiegand, Herbert Ernst (1979): Kommunikationskonflikte und Fachsprachengebrauch. In: Mentrup, W. (Hrsg.) (1979), 25-58.

Wilß, Wolfram (1979): Fachsprache und Übersetzen. In: Felber, H. / Lang, F. / Wersig, G. (Hrsg.) (1979), 177-191.

Wirtschaftsförderungsinstitut (1993): Normen für Europa – Normen für Österreichs Wirtschaft. Schriftenreihe des Wirtschaftsförderungsinstituts, Nr. 226. Wien: Wirtschaftsförderungsinstitut der Bundeskammer der gewerblichen Wirtschaft.

Witschel, Hans Friedrich (2004): Terminologie-Extraktion – Möglichkeiten der Kombination statistischer und musterbasierter Verfahren. Würzburg: Ergon.

Wittfoht, Annemarie (1966): Kunststofftechnisches Wörterbuch. Fachausdrücke aus Herstellung, Verarbeitung und Anwendung der Kunststoffe, aus Materialprüfung und Formenbau. Bd. III. München: Hanser.

WMO (1992): International Meteorological Vocabulary. Second ed. Geneva: Secretariat of the World Meteorological Organization.

Wright, Sue Ellen / Budin, Gerhard (Hrsg.) (1997/2001): Handbook of Terminology Management. Volume 1 (1997): Basic Aspects of Terminology Management; Volume 2 (2001): Application-Oriented Terminology Management. Amsterdam/Philadelphia: John Benjamins.

Wüster, Eugen (1967): Grundbegriffe bei Werkzeugmaschinen: Deutscher Ergänzungsband zu dem Grundwerk „The Machine Tool“. London: Technical Press.

Wüster, Eugen (1968): The Machine Tool: An Interlingual Dictionary of Basic Concepts / Dictionnaire Multilingue de la Machine-Outil. London: Technical Press.

Wüster, Eugen (1970): Internationale Sprachnormung in der Technik, besonders in der Elektrotechnik: Die nationale Sprachnormung und ihre Verallgemeinerung. Berlin: VDI-Verlag 1931. 3., aberm. erg. Aufl. Bonn: Bouvier.

Wüster, Eugen (1974): The Road to Infoterm (= Infoterm Series Bd. 1). Pullach bei München: Verlag Dokumentation.

Wüster, E. (1985): Einführung in die Allgemeine Terminologielehre und die Terminologische Lexikographie. 2. Aufl. Kopenhagen: Handelshochschule.

Wüster, Eugen (2001a): Das Worten der Welt, schaubildlich und terminologisch dargestellt. In: Picht, H. / Schmitz K.-D. (Hrsg.) (2001), 21-51.

Wüster, Eugen (2001b): Die allgemeine Terminologielehre: Ein Grenzgebiet zwischen Sprachwissenschaft, Logik, Ontologie, Informatik und den Sachwissenschaften. In: Picht, H. / Schmitz K.-D. (Hrsg.) (2001), 131-174.

Internetquellen

de.wikipedia.org/wiki/Schmuckstein (2014): Schmuckstein.Wikimedia Deutschland. [20.01.2014].
de.wiktionary.org/ (2012): Wikimedia Foundation Inc. [20.01.2014].
dict.leo.org/ (2006-2014): LEO GmbH. [20.01.2014].
iate.europa.eu (2013): IATE – Inter-Active Terminology for Europe. [20.01.2014].
iitf.fi/cms/ (2014): Internationales Institut für Terminologieforschung. [20.01.2014].
webapp.uibk.ac.at/terminologie (2014): Insbrucker Termbank Online. Universität Insbruck: Institut für Translationswissenschaft. [20.01.2014].
www.adue-nord.de (1999-2012): ADÜ Nord – Assoziierte Dolmetscher und Übersetzer in Norddeutschland e.V. [20.01.2014].
www.astti.ch (2014): Schweizerischer Übersetzer-, Terminologen- und Dolmetscher-Verband. [20.01.2014].
www.aticom.de (2011): ATICOM – Fachverband der Berufsübersetzer und Berufsdolmetscher e.V. [20.01.2014].
www.bdue.de (2007-2012): Bundesverband der Dolmetscher und Übersetzer e.V. (BDÜ). [20.01.2014].
www.danterm.dk (2009) DANTERMcentret – Terminologicentret ved Copenhagen Business School. [20.01.2014].
www.din-term.din.de (2014): DIN-TERMinologieportal. DIN e.V. – Deutsches Institut für Normung. [20.01.2014].
www.dttev.org (2014): DTT – Deutscher Terminologie-Tag e. V. [20.01.2014].
www.eaft-aet.net (2014): Europäischer Verband für Terminologie. [20.01.2014].
www.elcat.info (2012): E-Learning-Kurs für Terminologiemanagement: Vorsprung durch Terminologie. Fachhochschule Köln. [20.01.2014].
www.electropedia.org/ (2014): Electropedia: The World's Online Electrotechnical Vocabulary. International Electrotechnical Commission. [20.01.2014].
www.eurotermbank.com (2006-2014): EuroTermBank Consortium. [20.01.2014].
www.google.de (2014): Google Inc. [20.01.2014].
www.iim.fh-koeln.de/webterm/ (2010): WebTerm – Terminologiesammlungen aus Diplomarbeiten an der Fachhochschule Köln. Institut für Informationsmanagement. Fachhochschule Köln. [20.01.2014].
www.infoterm.info (2013): International Information Centre for Terminology – Infoterm. [20.01.2014].

www.iso.org/iso/home.html (2014): ISO – International Organization for Standardization. [20.01.2014].
www.isocat.org (2014): Data Category Registry. [20.01.2014].
www.kleinezeitung.at/nachrichten/chronik/1550584/index.do (2014): Kleine Zeitung GmbH & Co. KG. [20.01.2014].
www.linguee.de (2014): Linguee GmbH. [20.01.2014].
www.nordterm.net (2012): Nordterm Association. [20.01.2014].
www.onelook.com (2014): OneLook – Dictionary Search. [20.01.2014].
www.proz.com (1999-2014): ProZ.com – The translation workspace. [20.01.2014].
www.radt.org (2014): RaDT – Rat für Deutschsprachige Terminologie. [20.01.2014].
www.steinschmuck-halbedelsteine.de/edelsteine-schmucksteine-begriff.php (2004-2013): kleinesundfeines.de. [20.01.2014].
www.tekom.de (2014): Gesellschaft für Technische Kommunikation – tekom e.V. tcworld GmbH.[20.01.2014].
www.termcat.cat/ (2014): termcat – centre de terminologia. [20.01.2014].
www.termnet.org (2006-2013): TermNet – the International Network for Terminology. [20.01.2014].
www.termportal.de (2014): Deutsches Terminologie-Portal. Institut für Informationsmanagement. [20.01.2014].
www.tnc.se (2014): Terminologiecentrum TNC – Schwedische Zentralstelle für Terminologie. [20.01.2014].
www.ufrgs.br/riterm/ (2013): RITerm – Red Iberoamericana de Terminología. [20.01.2014].
www.universitas.org (2011): Universitas Austria – Beurfsverband für Dolmetschen und Übersetzen. [20.01.2014].
www.wikipedia.de (2014): Wikimedia Deutschland – Gesellschaft zur Förderung Freien Wissens e.V. [20.01.2014].
www.yourdictionary.com (1996-2014): YourDictionary – The dictionary you can understand. [20.01.2014].

Sachregister

A

B

C

D

E

H

I

J

K

L

M

N

O

P

U

V

W

Z